个人养老金：
公募基金是好帮手

马美芹　主　编
郑富仕　邹　牧　副主编

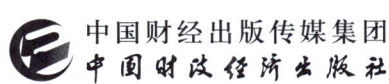

图书在版编目（CIP）数据

个人养老金：公募基金是好帮手 / 马美芹主编；郑富仕，邹牧副主编. --北京：中国财政经济出版社，2023.5

ISBN 978-7-5223-1921-6

Ⅰ.①个… Ⅱ.①马…②郑…③邹… Ⅲ.①退休金—劳动制度—研究—中国 Ⅳ.①F249.213.4

中国国家版本馆CIP数据核字（2023）第027614号

责任编辑：郁东敏　　　　　责任印制：刘春年
封面设计：中通世奥　　　　责任校对：徐艳丽

个人养老金：公募基金是好帮手
GEREN YANGLAOJIN：GONGMU JIJIN SHI HAOBANGSHOU

中国财政经济出版社 出版

URL：http://www.cfeph.cn
E-mail：cfeph@cfeph.cn

（版权所有　翻印必究）

社址：北京市海淀区阜成路甲28号　邮政编码：100142
营销中心电话：010-88191522
天猫网店：中国财政经济出版社旗舰店
网址：https://zgczjjcbs.tmall.com
北京时捷印刷有限公司印刷　各地新华书店经销
成品尺寸：185mm×260mm　16开　28.25印张　449 000字
2023年5月第1版　2023年5月北京第1次印刷
定价：98.00元
ISBN 978-7-5223-1921-6
（图书出现印装问题，本社负责调换，电话：010-88190548）
本社图书质量投诉电话：010-88190744
打击盗版举报热线：010-88191661　QQ：2242791300

编委会

主　编：马美芹

副主编：郑富仕　邹　牧

顾　问：

李一梅　华夏基金管理有限公司总经理
刘　军　建信基金管理有限责任公司原董事长
李　文　汇添富基金管理股份有限公司董事长
江向阳　博时基金管理有限公司董事长
王立新　银华基金管理股份有限公司总经理
窦玉明　中欧基金管理有限公司董事长
韩　勇　华泰柏瑞基金管理有限公司总经理
俞文宏　南方基金管理股份有限公司副总经理
于善辉　民生加银基金管理有限公司副总经理
肖　雯　珠海盈米基金销售有限公司首席执行官（CEO）
罗国华　上海证券有限责任公司总经理
胡立峰　中国银河证券股份有限公司基金研究中心总经理

编　委（按章节排序）：

梁　珉　建信基金数量投资部副总经理
孙悦萌　建信基金数量投资部总经理助理
张小宇　建信基金数量投资部基金经理助理
刘天天　中欧基金战略规划及业务发展部产品经理
潘思怡　中欧基金战略规划及业务发展部产品经理
娄　炎　汇添富基金副总经理
沈赵初　汇添富基金董事会办公室
刘净姿　汇添富基金产品创新服务中心

编　委（按章节排序）：

鱼晋华　南方基金宏观策略部联席总经理
陈紫琳　南方基金宏观策略部研究员
凌天白　南方基金宏观策略部研究员
倪煜凯　南方基金宏观策略部研究员
许哲豪　南方基金产品开发部产品经理
董元星　华泰柏瑞基金副总裁
郑义萨　华泰柏瑞基金固定收益部副总监
孙　博　华夏基金养老金管理部总监
王　君　华夏基金市场部总监
张　璇　华夏基金研究发展部产品经理
崔陈晨　华夏基金养老金管理部产品经理
孔思伟　民生加银FOF基金经理
刘亦千　上海证券机构业务总部联席总经理
　　　　（兼基金评价研究中心业务负责人）
陈丹忆　上海证券基金评价研究中心高级分析师
赵　威　上海证券基金评价研究中心高级分析师
钱佳乐　上海证券基金评价研究中心
石逸斌　盈米基金且慢事业部内容总监
邱　锐　盈米基金内容运营经理
陈　龙　盈米基金投教课程研发经理
王晓远　博时基金董事总经理兼养老金业务中心总经理
周　宵　博时基金养老金业务中心副总经理
王宏涛　博时基金养老金业务中心高级业务经理
何　伟　博时基金养老金业务中心高级业务总监
赵允西　博时基金养老金业务中心高级业务总监

于新铭　王若昆　洪　柳

　　第七次全国人口普查数据显示，我国60岁及以上人口比重达到18.70%，老龄化进程明显加快，养老问题越来越受到社会的广泛关注。在此背景下，构建更加均衡合理、优质高效的养老保障体系，努力满足人民群众日益增长的多层次、多样化养老服务需求至关重要。近年来，我国逐步形成以政府实施普遍保障的"第一支柱"和以职业群体缴费形成的"第二支柱"养老保障体系。第一支柱主要指基本养老保险，由政府发挥主导作用，是我国养老保障体系的基础，其中城镇职工养老保险由单位和个人缴费构成，城乡居民养老保险由政府和个人缴费构成。第二支柱包括企业年金和职业年金，其资金来源为企业（含机关事业单位）和个人。截至2021年末，全国有近12万户企业建立企业年金，规模2.64万亿元，参加职工近3 000万人，职业年金规模近1.8万亿元。随着我国人民生活水平的提升和医疗技术的进步，我国人口平均寿命大大延长，人口老龄化速度逐步提高，同时随着非公有制经济在国民经济中起到越来越重要的作用，第一支柱的养老金替代率明显不足，第二支柱的覆盖范围相对有限。因此，我国的养老保障体系亟须更加灵活和高覆盖率的补充部分，大力发展以个人养老资产准备为核心的"第三支柱"成为当前中国的长远战略选择，具有重要的现实意义。

推动个人养老金发展,是以习近平新时代中国特色社会主义思想为指导,贯彻党的二十大会议精神、实现人民幸福安康的生活目标、积极应对人口老龄化的重要举措。2022年11月,《个人养老金实施办法》正式发布,标志着中国个人养老金进入实际落地阶段。根据《个人养老金实施办法》,符合规定的储蓄存款、理财产品、商业养老保险、公募基金等金融产品可以作为个人养老金的投资标的。公募基金行业自发展之初,就以信义义务为基础,确立了专业管理、组合投资、逐日估值、强制托管、全面信披等系列制度,是信托关系落实最充分、产品运作最透明、投资者权益保护最彻底的行业。作为资本市场成熟的专业机构投资者,服务我国的个人养老事业,服务社会大众理财和养老金保值增值需求,既是行业设立初心,也是行业发展使命。近年来,公募基金行业快速发展,截至2022年末,公募基金资产管理规模突破26万亿元。同时,公募基金行业在养老金投资管理中始终发挥重要作用。在社保基金18家境内投资管理人、基本养老保险基金21家投资管理人、年金基金22家投资管理人中,基金公司分别占16席、14席、11席,是养老金受托投资管理的主力军,受托管理各类养老金资产超4万亿元,并创造了良好的长期收益,积累了丰富的管理经验。除了强大的资产管理能力,公募基金行业在投教宣传方面,尤其是投资者教育的合规性、多样性、科学性和系统性上也有着丰富的实践经验。开展养老金融知识宣传教育,将有利于提高投资者对国家养老制度及养老金融产品的认知,培育社会大众尤其是年轻人的正确养老观念,引导树立长期投资理念。

2023年是我国个人养老金起航后的第一个完整年度,激发民众个人养老意识,引导树立健康、科学的养老投资理念任重而道远。《个人养老金:公募基金是好帮手》一书应运而生,从我国养老保障体系的构建出发,由浅入深,思考和剖析了个人养老金制度的重要意义、当前和未来的发展需求;同时,也在借鉴我国第一、第二支柱和海外个人养老金体系经验的基础上,对我国公募基金行业承接个人养老金业务的禀赋、能力、经验和优势做了全面的分析,对不足之处和未来养老金公募产品的发展方向进行了展望。本书的出版在养老金融知识普及与长期投资理念宣导方面做出了表率,为社会大众认识公募基金在个人养老金业务中的重要作用提供了便捷途径,也为公募基金行业机构与从业人员提供了一个集综合性、专业性和前瞻性为一体的工具。希望读者能通过这本书,了解到国家个人养老金制度,了解到公募基金服务于个人养老金体系的能力和优势,形成尽早规划、资产配置、长期投资的正确养老理财观念和自我保障意识。

此外,感谢本书的主编团队以及参与内容贡献的来自行业机构和研究机构的专家,感谢他们凭借对我国个人养老保障事业的使命感、对公募基金行业的专业性、对个人养老金业务宣传和投教的责任感,第一时间为公众贡献了这样一本好书。

中国证券投资基金业协会

2023年3月

寄语

我们正在迎来长寿时代，养老是每个人都躲不掉的"灰犀牛"，也是牵动着千家万户的"必答题"。作为普惠金融的典范，公募基金一直是养老投资的深耕者和能力者。凭借完善的制度设计、成熟的投研体系、丰富的产品线布局、出色的主动投资管理能力，公募基金在养老第一支柱基本养老基金和养老第二支柱年金基金投资管理中发挥了主力作用。随着个人养老金时代开启，在养老第三支柱中公募基金将继续提供更优秀的养老解决方案，助力更多人完成养老梦想。希望《个人养老金：公募基金是好帮手》这份新时代养老指南，能让更多投资者关注到基金养老，让公募基金有机会用专业的投资和服务，帮助更多朋友在百岁人生的每个阶段都能自信、从容地活出精彩。

华夏基金管理有限公司　　总经理

寄语

  2022年4月，国务院办公厅发布《关于推动个人养老金发展的意见》，提出要坚持以人民为中心的发展思想，推动发展适合中国国情、政府政策支持、个人自愿参加、市场化运营的个人养老金。公募基金公司是我国个人养老金制度的主要参与者及个人养老金产品的提供者，在推动个人养老金业务发展、承担社会责任中可以发挥重要作用。个人养老金制度的设立，在发挥维持社会稳定功能的同时，可以为资本市场提供长期资金来源，提高资本市场有效性；同时，可以满足居民多层次的养老需求。公募基金在个人养老金业务中将大有可为，相信中国的个人养老金业务一定会得到健康长远发展！

刘 军

建信基金管理有限责任公司 董事长（原）

寄语

  公募基金行业经过25年的规范经营和创新发展，已成为居民理财和养老金融服务的中坚力量。当前正值我国个人养老金制度落地和业务全面开展的关键时期，《个人养老金：公募基金是好帮手》的发布正当其时，意义重大。作为养老金融领域的重要著作，本书汇聚了公募基金行业机构的集体智慧，全面展现了公募基金服务养老金体系建设的实践与思考。相信本书能够帮助读者更加全面、清晰地了解我国养老金的发展历程和公募基金行业的专业能力，更好助力我国养老金融事业的发展。汇添富基金有幸参与其中，未来将坚持责任担当，坚信长期的力量，与社会各界携手同行，共同服务好养老金这一伟大事业，为实现居民美好生活和实体经济高质量发展贡献力量。

汇添富基金管理股份有限公司 董事长

寄语

　　养老保险体系建设关乎国计民生，个人养老金作为养老保险体系第三支柱的重要组成部分，将在未来服务我国人民养老事业上扮演越来越重要的角色，而公募基金凭借专业的投资水平、丰富的投资经验有能力也有责任成为个人养老金投资的主力军。在个人养老金星火燎原的关键时刻，《个人养老金：公募基金是好帮手》应运而生。本书不仅强调了个人养老金制度的重要意义，也在总结海外个人养老金发展经验的基础上，对我国养老目标基金试点情况和未来养老金公募产品方向进行了总结与展望，并收集了境内外个人养老相关政策法规，有望成为基金行业同仁们的工具书、指导册，助力公募基金在践行普惠金融、服务国家养老保障大局的新征程上踏浪前行。

江向阳

博时基金管理有限公司　　董事长

寄语

　　个人养老金制度不仅是完善多层次、多支柱养老保险体系的重要举措，同时也为个人投资者提供了一种科学的投资理念和投资方法。

　　作为基金行业老兵之一，我自然对中国基金行业充满感情，最希望看到老百姓通过投资于基金获得超越市场的收益，实现财富增值，过上美好的生活。

　　然而，实践中个人投资者经常会人云亦云、随大流，过度自信、过度交易，注重短期利益、忽视长期利益等，导致出现长期困扰基金行业的"基金赚钱、基民不赚钱"现象。究其根本，是因为个人投资者没有管理好自己的冲动和欲望，往往成为直觉和情绪的奴隶。

　　个人养老金制度是解决这一现象的一把金钥匙，蕴含着一种制度化的长期、定期、定额投资理念和投资方法，通过制度化的方式引导个人投资者悟出"快就是慢、慢就是快"的道理，战胜直觉和情绪，回归理性投资、长期投资，充分分享专业投资机构的价值，充分发挥时间的复利效应，实现自身养老财富稳步增长，切实保障养老生活水平。

王立新

银华基金管理股份有限公司　　总经理

寄语

个人养老金业务的落地将对公募基金行业产生深远影响，个人养老金为行业提升综合财富管理能力提供了客户基础和业务场景，也对行业的投资和服务能力提出了更高要求，基金行业通过高质量发展助力个人养老金将是大势所趋。在此背景下，《个人养老金：公募基金是好帮手》的推出具有很强的时效性。该书从我国养老保障体系构建出发，分析了个人养老金的意义、分工、业务特征，并通过介绍成熟市场的经验，探讨了我国基金行业未来应当在个人养老金的发展中承担何种角色、提供哪些产品，内容全面翔实，对我很有启发。未来已来，我相信个人养老金将开启基金行业发展的新时代，行业定会在此过程中继续成长，为我国养老保障事业添砖加瓦。

中欧基金管理有限公司　　董事长

寄语

　　个人养老金是我国养老保险体系的第三支柱,目前正在大力推进发展中。个人养老金制度的建立,对居民个人增加养老保险金额、提升退休生活质量非常有帮助,对金融市场尤其是资本市场的长远健康发展也意义重大。个人养老金账户可投资的金融产品由专业的金融机构提供,专门根据投资养老需求进行设计,高中低风险有诸多选择,享受国家的税收递延优惠及产品费率优惠等政策。可以预见,个人养老金业务在我国会有很大的发展。公募基金产品是个人养老金最重要的配置资产之一,公募基金公司将为个人养老金业务的发展积极作出贡献。

韩　勇

华泰柏瑞基金管理有限公司　　总经理

寄语

《个人养老金：公募基金是好帮手》作为一本全面而专业地介绍公募基金养老类产品及相关知识的书籍，为我们在个人养老基金这一领域提供了全局性的视角，尤其在中国的个人养老金第三支柱启动之际，这本书的面世，对于我们在个人养老金实践中开阔视野、提升整体认知，具有现实的指导意义。个人养老金制度的正式落地，意味着我国养老第三支柱的发展开始起步，但老龄化的严峻形势以及老百姓的养老需求已经扑面而来，这对担当养老基金投资管理主力的公募基金来说既是机遇也是挑战。本书的出版，也将让更多人了解公募基金在养老金业务中承担的角色和能够提供的服务。公募基金投顾作为财富管理行业的新生力量，将会发挥投顾业务与个人养老金业务结合的优势，为客户提供一揽子的养老投顾解决方案，以帮助更多的客户为全生命周期的养老规划做好准备。

肖雯

珠海盈米基金销售有限公司　　首席执行官（CEO）

寄语

人类历史以来,"养老准备"就是每个人必须面临的重大话题。传统的家庭养老模式在中国已经有了数千年的历史。新中国成立以来,为了更好地保障老年人的养老生活,中国逐渐形成以政府实施普遍保障的第一支柱——公共养老金;以职业群体缴费形成的第二支柱——职业年金和企业年金。

但在中国从传统向现代化转型的今天,尤其是在人口数量超过14.1亿、60岁及以上老年人口高达18.7%并处于快速老龄化的今天,社会、政治、经济、家庭、文化等均已经发生天翻地覆的变化。在孝道文化下形成、以血缘关系为基础、以道德义务为约束的传统家庭"反哺式"养老模式面临巨大的挑战;严重依赖于财政的"第一支柱"面临替代率不足的风险;"第二支柱"受各种因素影响覆盖范围有限。为了更好地满足人民群众老年生活的需要,大力发展以个人储蓄准备为核心的"第三支柱"成为当前中国的长远战略选择,具有重要的现实意义。

在"第三支柱"的可参与储蓄产品中,储蓄存款、理财产品、商业养老保险更加突出风险保障功能,唯有养老基金更加突出长期投资增值,是对未来养老准备更积极的准备。人们通过养老基金进行投资,不仅成为社会经济的主体——企业的股东，充分分享经济发展的成果，也促使企业利润通过"养老金"的方式，形成促进经济发展的长期资本，实现"个人养老准备"和"社会经济发展"的良性循环及"双赢"。美国基于税收递延的、以投资为目的的个人储蓄养老取得了空前的成功，2021年底第三支柱之IRAs计划持有共同基金规模高达6.21万亿美元。他国经验，可以借鉴。

2017年以来，我国个人养老金政策陆续出台。2022年10月26日《个人养老金实施办法》正式发布，标志中国个人养老金实际落地；11月21日，首批129只个人养老金基金名录发布，"基金养老"已经开门作揖。市场迫切需要一本工具书能够为行业各方提供行业范式标准和有益参考；为中国老百姓客观、全面介绍"基金养老"方式，以帮助其更好地认识"基金养老"的价值和意义，更好地为养老准备。本书的编撰和出版可谓应时而出。

真诚祝愿我国老百姓能够合理利用"基金养老"，为未来的老龄生活奠定幸福美满的基础；衷心希望我国公募基金行业为中国个人养老事业勤勉尽职，发挥专业价值，不负重托，为我国老百姓提供风险相对可控、收益更富有竞争力的养老基金产品，满足老百姓养老资金的保值增值需求。

罗国华

上海证券有限责任公司　　总经理

寄语

  当前一小步，历史一大步，2022年我国个人养老金制度终于落地实施。个人养老金制度对于公募基金高质量发展意义重大。个人养老金制度需要公募基金专业投资价值，公募基金也需要个人养老金制度所提供的巨大发展空间，二者之间进一步"交互适应、磨合融合"。个人养老金投资是一辈子的事情，需要投资人与行业都"慢下来""静下来""稳下来"。一直高度市场化迅猛发展的公募基金行业需要为此作出适应性调整。对于投资人来说，个人养老金制度与常规基金投资和财富管理有较大差异，但基本原理是相通的，在投资理念、投资思路、投资习惯等方面需要作些适应性调整与改进优化。本书通俗易懂，深入浅出，为投资人与读者了解个人养老金提供了很好的学习借鉴交流机会。

胡立峰

中国银河证券基金研究中心总经理

基金评价业务负责人

企业年金管委会委员

寄语

  自1998年南方基金等首批六家公募基金公司成立以来，公募基金行业在我国走过了24载砥砺奋进的征程，见证了我国在党和国家改革开放政策的带动下，在城市化、全球化和人口红利的推动下，由当年人均GDP不足7 000元人民币的发展中国家一跃腾飞的激荡历程。通过坚定地投资中国，公募基金行业为我国数亿的基金投资者创造了丰硕的投资回报，也成为我国千千万万普通投资者实现资产保值增值的重要渠道。随着老龄化时代的来临，积极参与养老第三支柱的建设，将我国建设成为老有所养、老有所依的社会，实现共同富裕，无疑已成为公募基金行业新的时代使命。《个人养老金：公募基金是好帮手》这本书的面世，恰逢其时。我很愿意向各位读者进行推荐。

俞文宏

南方基金管理股份有限公司　　副总经理

寄语

  党的二十大报告指出，到2035年，我国发展目标之一是建成健康中国，让人民生活更加幸福美好。充足的养老金是幸福生活必须要解决的物质基础，事关每个人、每个家庭乃至全社会。而为什么养老（目标规划）、如何养老（方法工具）等都是亟待解决的问题，《个人养老金：公募基金是好帮手》立意普适、行文高远，重点阐述了通过选择合理的金融工具——基金来帮个人实现有钱养老的目标，真正起到了唤醒全社会养老意识的作用，意义重大。本书逻辑完整、数据翔实、案例清晰、论证合理，是个人关注基金养老的启蒙书，是金融机构从事基金养老事业的工具书。个人养老必将迎来璀璨的大发展阶段，相信《个人养老金：公募基金是好帮手》将起到重要的奠基作用，助推并加速这一进程。

于善辉

民生加银基金管理有限公司 副总经理

001 第一章
中国养老保障体系的现状及发展个人养老金的现实意义

- 001 第一节 中国当前人口结构及老龄化趋势
- 005 第二节 现阶段中国城乡居民养老收入结构和面临的问题
- 008 第三节 当前我国养老保障体系的现状和结构
- 028 第四节 公募基金参与我国养老保障体系第一、第二支柱的历程、地位和作用
- 035 第五节 推动第三支柱个人养老金的意义和迫切性

038 第二章
中国个人养老金体系中公募基金的角色担当

- 038 第一节 个人养老金业务参与主体
- 040 第二节 相关政策解读
- 044 第三节 公募基金在个人养老金业务中的地位和作用

049 　第四节　基金公司在推动个人养老金发展中的作用、手段和探索方向
055 　第五节　公募基金如何发挥自身投资和财富管理优势更好地服务个人养老金

062　第三章
他山之石——分析和借鉴海外成熟模式

062 　第一节　国际个人养老金体系及发展趋势
075 　第二节　养老目标基金的产品设计与策略分析
099 　第三节　养老目标基金未来发展趋势

132　第四章
公募基金开展个人养老金业务的优势

132 　第一节　个人养老金投资的特点与要求
142 　第二节　公募基金是资管行业的主力军
150 　第三节　公募基金产品体系完备
180 　第四节　养老目标基金的优势
191 　第五节　公募基金凭借突出优势，成为国内养老金投资管理的主力

205　第五章
公募养老基金产品分类

205 　第一节　公募养老基金类产品的分类、定位和市场现状

217	第二节　养老目标基金的产品设计与策略分析
231	第三节　养老目标基金未来发展趋势与建议
247	第四节　养老投资者的教育和引导

259　第六章
公募养老目标基金产品的初始形态——基金中基金（FOF）

259	第一节　FOF的基本介绍
267	第二节　中国FOF市场的发展及现状
272	第三节　FOF产品在满足养老需求上优势凸显

281　第七章
符合个人养老金需求的公募基金产品研究评价

281	第一节　公募养老目标基金业绩比较基准的选取
291	第二节　公募养老目标FOF的评价指标和方法
299	第三节　如何筛选符合个人需求的产品
310	第四节　常规基金如何满足个人养老业务的内在属性要求
312	第五节　基金评价体系与养老基金产品发展

315　第八章
公募个人养老金销售与服务模式分析及建议

| 315 | 第一节　公募个人养老金业务销售与服务现状 |
| 320 | 第二节　公募个人养老金业务销售与服务模式分析 |

| 326 | 第三节　公募个人养老金业务销售与服务环节面临的挑战及渠道变革和服务模式升级的思考 |
| 331 | 第四节　公募基金行业个人养老金业务能力建设方向的思考 |

333　第九章
个人养老金制度相关政策汇编

333	第一节　国务院和综合部门关于个人养老金的政策汇编
359	第二节　金融监管部门关于个人养老金的政策汇编
397	第三节　地方政府关于个人养老金的政策汇编——天津市
404	第四节　海外个人养老业务相关政策索引

407　第十章
各类个人养老产品汇编

407	第一节　公募基金产品
418	第二节　银行养老产品
422	第三节　保险产品

第一章
中国养老保障体系的现状及发展个人养老金的现实意义

养老保障体系,是指为了满足老年人口的养老需求,一个经济体建立的涵盖养老资金积累、老年人口风险分散和养老医疗等多方面的综合性制度安排,主要包括养老保险保障、养老金体系、养老服务等。不同经济体在不同的发展阶段和不同人口社会结构下,养老保障体系的基本任务、目标和达成方式都有所不同。进入21世纪的二十多年中,中国的人口结构和养老保障体系都有了非常大的发展和变化,也产生了新的需求。

第一节 中国当前人口结构及老龄化趋势

一、人口结构:老年人口占比快速提升,且近十年整体呈加速提升态势

当前我国人口结构特点主要包括以下几点:

(1)老龄人口占比持续提升,且在2010年以来呈现加速提升态势。据民政部的数据,截至2021年底,我国60周岁及以上老年人口2.67亿人,占总人口的18.9%。其中,65周岁及以上老年人口2.01亿人,占总人口的14.2%(见图1-1)。在老龄人口占比提升的速度方面,2010—2021年65岁以上人口占比年均提升0.5%,较2000—2009年年均提升0.2%(见图1-2)。老龄人口占比提升主要原因是随着生活水平的提升和医疗技术的进步,人口的平均寿命延长。

图1-1 我国65岁以上人口占比

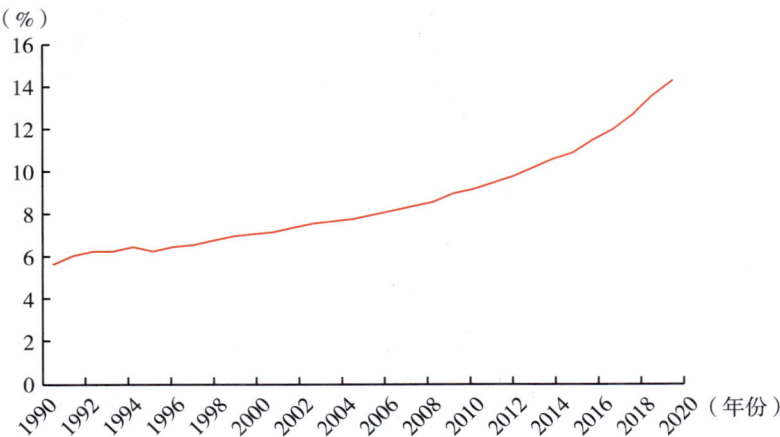

资料来源：民政部，Wind。

图1-2 我国65岁以上人口占比近年来整体上加速提升

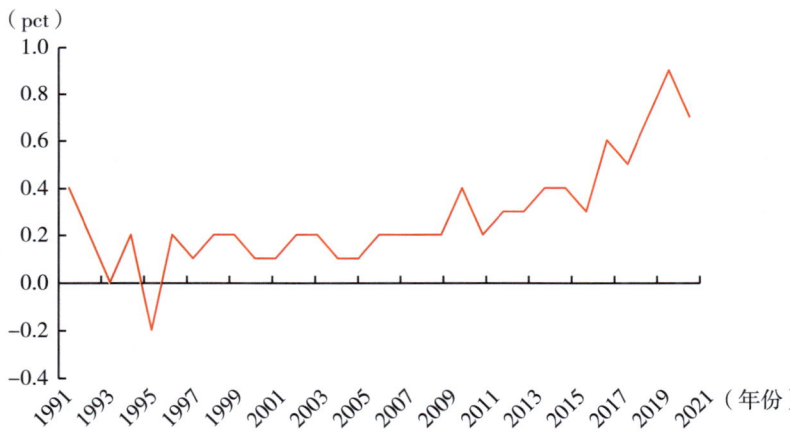

资料来源：民政部，Wind。

据卫健委和Wind的数据，2021年，我国平均预期寿命为78.2岁，较1982年增加10.4岁，较2000年增加6.8岁（见图1-3）。

图1-3 我国平均预期寿命变化情况

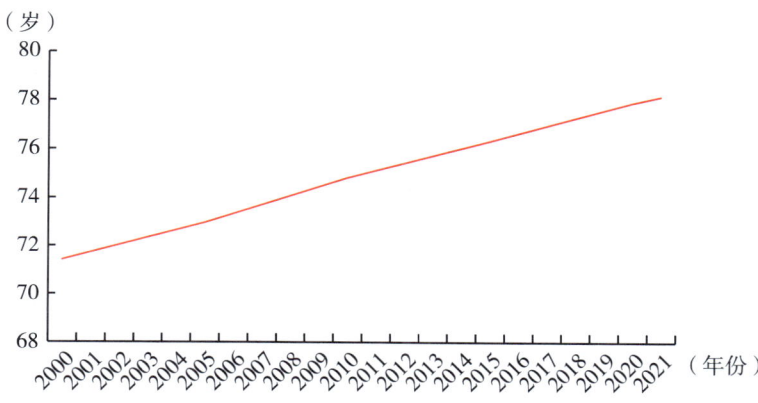

资料来源：国家统计局，卫健委，Wind。

（2）出生人口数量持续下降，呈现"少子化"特点。据国家统计局的数据，我国出生人数自2017年开始呈现显著下滑态势，从2016年的1 883万人下降至2021年的1 062万人，对应的年复合变化率为-10.8%，出生率从2016年的13.57‰下降至2021年的7.52‰，累计下降60.5个基点（见图1-4）。

图1-4 我国出生人数及出生率

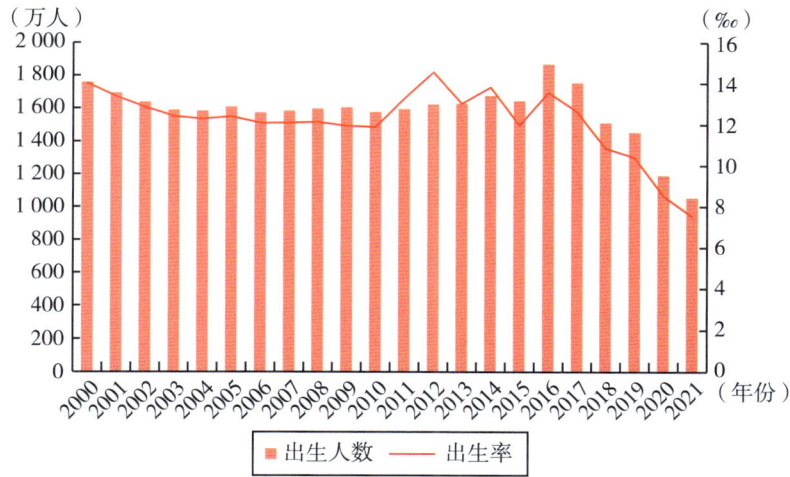

资料来源：国家统计局，Wind。

出生人口数量下降的原因包括三个方面：第一，初婚年龄推迟。据国家统计局发布的《中国人口普查年鉴—2020》，近年来我国平均初婚年龄呈持续提升态势，从2000年的24.21岁提升至2020年的28.67岁，累计提升4.46岁，其中男性和女性分别提升4.27岁、4.67岁；第二，部分适龄青年选择不婚，结婚率下降；第三，抚养成本高，压制生育意愿。根据育娲人口研究智库测算，2019年我国家庭0~17岁孩子的养育成本平均为48.5万元，相当于同期我国人均GDP的6.9倍，而美国（2015年）、英国（2021年）和日本（2010年）分别为4.11倍、5.25倍和4.26倍，说明我国的养育成本在国际上处于较高水平，较为沉重的养育负担增加了我国适龄人口生育的顾虑。

（3）平均家庭户规模下降。第七次全国人口普查数据显示，2020年我国的平均家庭户规模为2.62人，较2010年的3.10人减少了0.48人，且已降至"三口之家"标准以下（见图1-5）。导致平均家庭户规模下降的原因包括出生人口下降、大量的未婚单身青年、人口流动范围广泛且更加频繁、年轻人倾向于婚后独立居住等。平均家庭户规模下降的背后是空巢老人尤其是独居老人数量的增长，这对我国养老保障体系提出了更高要求。

图1-5　我国平均家庭户人口规模

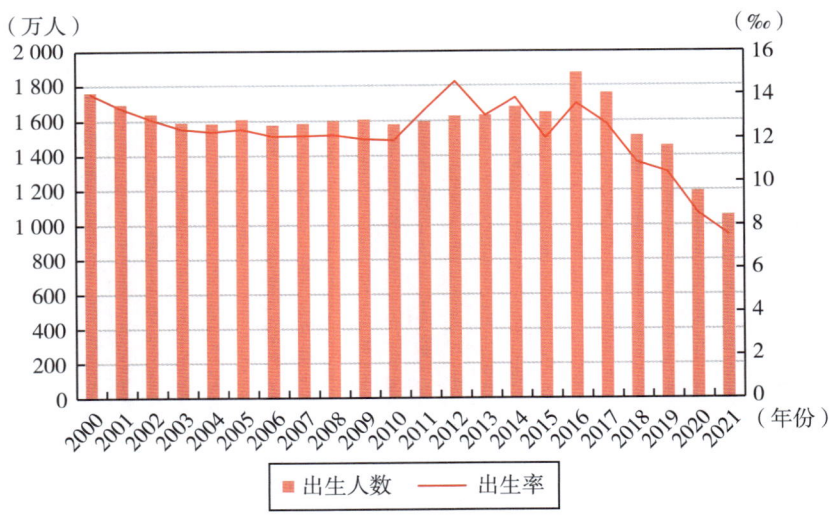

资料来源：国家统计局，Wind。

二、未来趋势：我国人口老龄化趋势难以逆转，且未来老龄化速度会进一步提升

展望未来，我国人口老龄化的趋势难以逆转。一方面，随着我国经济社会的持续发展，人民生活水平进一步提升，医疗技术更加发达，人口平均寿命有望进一步提升；另一方面，受女性劳动参与率的上升、住房和教育成本上升等因素影响，中长期看生育率的下降是工业化国家面临的共同问题，出生人口增长乏力。

随着新中国成立后第二次生育高峰期间出生人口逐步进入老年，我国人口老龄化速度或将进一步提升。新中国成立后我国共有三次生育高峰，当前正处于第二次生育高峰期间出生人口逐步走向老龄化的阶段，我国老龄化速度未来有望进一步提升。新中国成立后我国的三次生育高峰分别为1950—1957年、1962—1971年、1981—1990年，其中第二次生育高峰持续时间最长。根据国家统计局和Wind的数据，第二次生育高峰期间的算数平均出生率水平高达36.18‰，平均每年出生人数高达2 731.9万人，比第一次生育高峰时期的平均数高出了629.9万人。1962年出生的人口已于2022年达到60岁，可以预见在未来十多年时间内我国老年人口数量将快速增加。

第二节 现阶段中国城乡居民养老收入结构和面临的问题

一、养老收入结构：以基本养老保险为主

工资性收入始终在我国城乡居民收入结构中占据主导地位。根据国家统计局的数据，2021年我国居民人均年可支配收入为35 128元。其中，工资性收入为19 629元，占比16.8%，转移净收入、经营净收入和财产净收入占比分别为18.6%、16.8%和8.8%（见图1-6）。当居民退休之后，其收入结构中工资性收入占比会大幅下降，转移净收入占比将明显提升。在我国当前的养老保

障体系下，居民用于养老的转移净收入主要来自基本养老保险。据人社部的数据，若按"基金支出/领取人数"的口径计算领取金额，2021年我国基本养老保险平均每人每月领取金额为1 708元，占人均月可支配收入比重为58.35%。其中，城镇职工基本养老保险的月均领取金额为3 577元，城乡居民基本养老保险的月均领取金额为191元。

图1-6 我国居民可支配收入构成情况

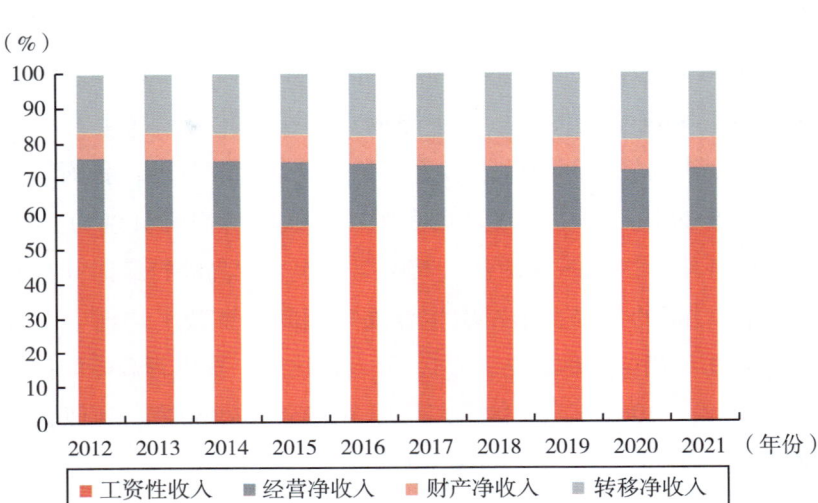

资料来源：国家统计局。

由于企业年金和职业年金（第二支柱）的覆盖人群较少，因此在全国居民的养老收入中二者占比预计较低。而在当前我国个人养老金制度（第三支柱）尚未完全成型的背景下，个人为养老自愿购买的各类金融产品合计规模也不大，尚未成为居民退休收入的主要来源。

二、养老收入结构面临的问题

（一）退休收入结构单一，较依赖基本养老保险

当前我国居民养老收入结构仍然较为单一，主要依赖基本养老保险，第二支柱和第三支柱提供的居民养老收入相对有限。其中，第二支柱占比较低主

要原因是设立企业年金计划的积极性较低,企业年金覆盖人群范围非常有限。而第三支柱刚刚起步,目前未能有效利用税收优惠政策引导居民主动为自身退休生活进行储蓄和投资。

(二)基本养老保险替代率开始下降,未来仅凭基本养老保险难以保证退休生活质量

近年来,我国基本养老保险收入的替代率已经开始出现下降迹象(见图1-7)。未来随着我国人口老龄化程度的进一步提升,以现收现付制为主导的基本养老保险将面临更大支出压力,由此导致基本养老保险为居民提供的退休收入在未来的增速受限,仅依靠基本养老保险作为退休收入来源或将导致我国居民退休生活质量未能达到自身要求。

图1-7 基本养老保险的退休收入占人均可支配收入比重

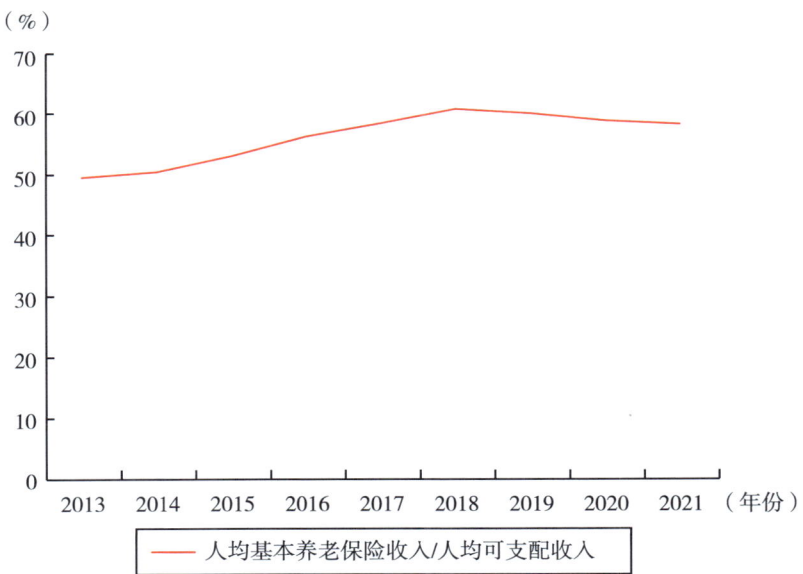

注:人均基本养老保险收入按"基本养老保险基金支出/领取人数"测算。
资料来源:人社部,国家统计局。

第三节　当前我国养老保障体系的现状和结构

一、现状：初步形成了政府、企业、居民共同参与的三支柱养老保障体系

当前我国养老保障体系主要包括以基本养老保险和社保基金为代表的第一支柱、以企业年金和职业年金为代表的第二支柱，以及包含养老目标基金、养老理财、商业养老保险等多种个人养老产品的第三支柱。

（一）第一支柱：基本养老保险和社保基金

我国第一支柱养老金包括基本养老保险和社保基金，由政府发挥主导作用，是我国养老保障体系的基础。其中，基本养老保险由政府、工作单位和个人三方共同缴费，在个人达到法定退休条件后可领取养老金。而社保基金则主要作为中央政府应对未来人口老龄化压力的战略储备，以中央财政预算拨款和国有资本划转作为主要资金来源。据人社部和全国社会保障基金理事会的数据，截至2021年末，我国基本养老保险基金和社保基金规模分别为6.40万亿元、2.70万亿元（见图1-8）。

图1-8　基本养老保险基金结余情况

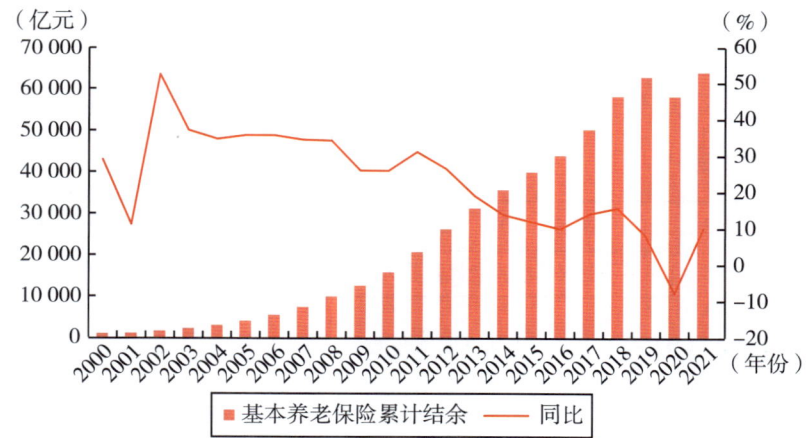

资料来源：人社部。

我国基本养老保险包括城镇职工基本养老保险和城乡居民基本养老保险两部分。其中，城镇职工基本养老保险主要面向企业职工、机关事业单位工作人员、个体工商户和灵活就业人员；城乡居民基本养老保险主要面向年满16周岁（不含在校学生）且未被城镇职工基本养老保险覆盖的城乡居民。据人社部的数据，截至2021年末，城镇职工基本养老保险基金和城乡居民基本养老保险基金的规模分别为5.26亿元、1.14亿元，城镇职工基本养老保险占主体地位；我国基本养老保险的参与人数达10.29亿人（见图1-9），占我国15岁及以上人口数量的比重为88.3%。

图1-9 基本养老保险参与人数

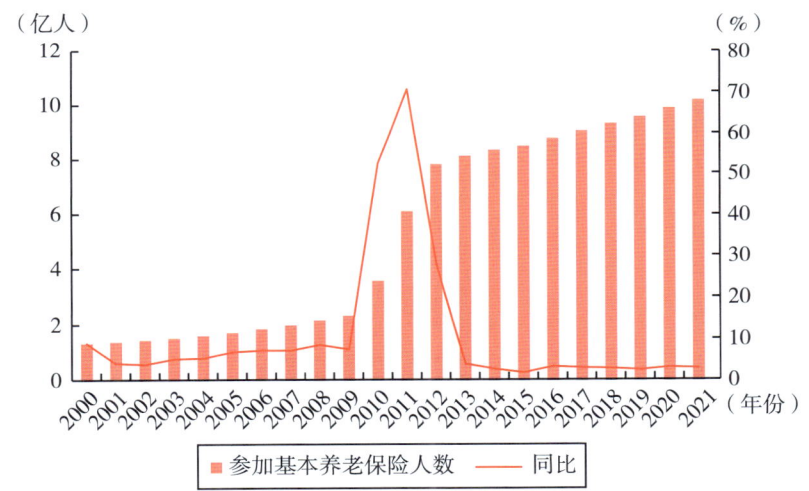

资料来源：人社部。

我国基本养老保险实行社会统筹与个人账户相结合的养老制度。其中，个人账户与特定缴费主体相对应，用于缴费主体退休后的养老金发放；社会统筹账户则实行统收统支制度，可在当期用于其他人的养老金发放。

1.资金流入——参与人员缴费

缴费方面，城镇职工基本养老保险由个人和工作单位（包括企业和机关事业单位）双方缴费，城乡居民基本养老保险由个人、集体和政府三方缴费。对于城镇职工基本养老保险，企业职工和机关事业单位工作人员每月缴纳本人缴费工资的8%，工作单位缴纳单位工资总额的20%；个体工商户和灵活就业人员每月缴纳当地上年度在岗职工平均工资的20%。对于城乡居民基本养老保险，参与者个人可在每年100元、200元、300元、400元、500元、600元、700元、800元、900元、1 000元、1 500元、2 000元12个档次（省、自治区、直辖市人民政府可以根据实际情况增设缴费档次）中自主选择。除个人缴费外，有条件的村集体经济组织应当对参保人缴费给予补助。补助标准由村民委员会召开村民会议民主确定，但不超过当地设定的最高缴费档次标准。地方政府的补贴金额视个人选择的缴费档次而定。对选择最低档次标准缴费的，补贴标准不低于每人每年30元；对选择较高档次标准缴费的，适当增加补贴金额；对选择500元及以上档次标准缴费的，补贴标准不低于每人每年60元，具体标准和办法由省（自治区、直辖市）人民政府确定。2021年，根据人社部的数据，按"基金收入/缴费人数"测算，我国基本养老保险人均月基金收入约746元，其中城镇职工基本养老保险和城乡居民基本养老保险分别为1 484.6元、115.9元。该指标可粗略反映参保人员的平均月缴费水平，但该指标包含了政府的财政补贴收入。

相关资料见图1-10~图1-12。

图1-10 基本养老保险基金收入情况

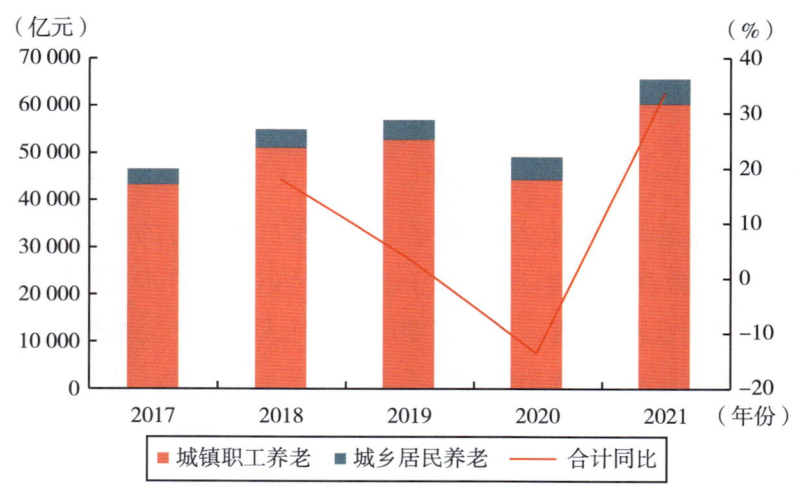

资料来源：人社部。

图1-11 基本养老保险缴费人群数量

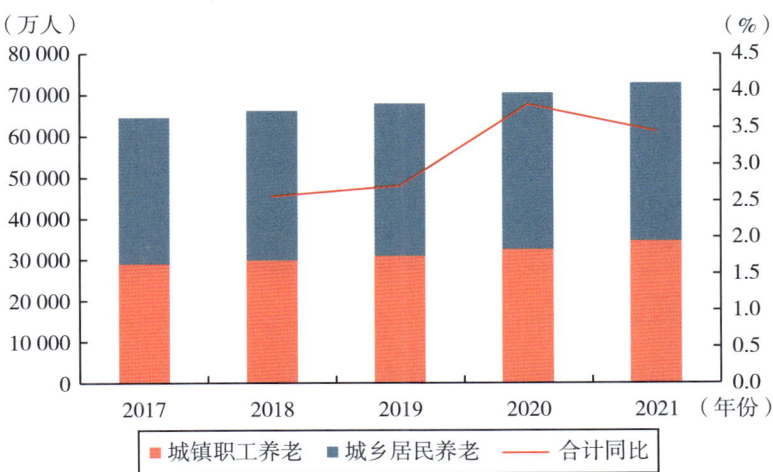

注：城乡居民养老保险缴费人数按照参保人数减去实际领取待遇人数测算。
资料来源：人社部。

图1-12 基本养老保险单个缴费人口对应的月度基金收入

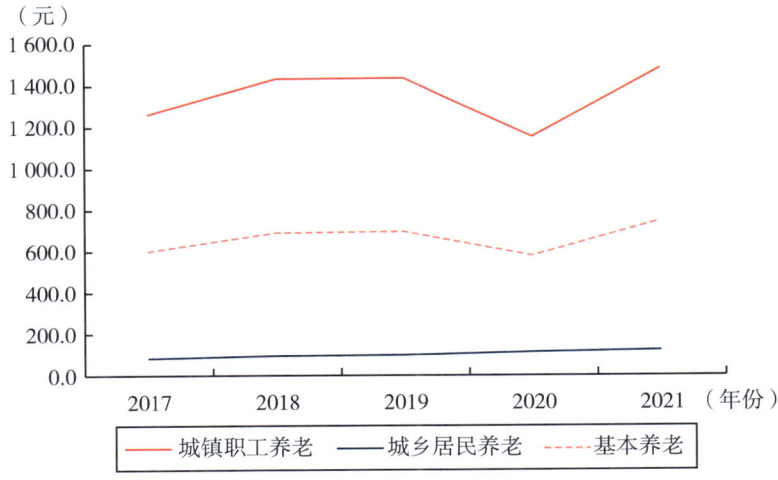

资料来源：人社部。

2.资金投资——养老金投资运营

投资运作方面,各省(自治区、直辖市)人民政府从基本养老保险结余额中预留一定支付费用后,确定具体投资额度,将其委托给全国社会保障基金理事会(以下简称"社保基金会")管理。社保基金会为国务院直属事业单位,由国务院直接领导,并接受国务院或国务院授权部门的监督。据人社部的数据,截至2021年末,我国基本养老保险基金中用于投资运营的规模为1.46万亿元,占总结余规模的比重为22.8%(见图1-13)。

图1-13 基本养老保险基金运营规模

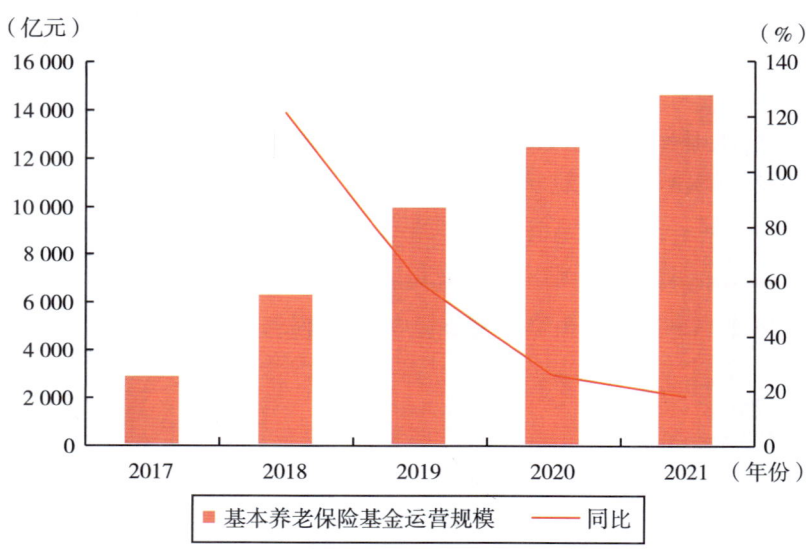

资料来源:人社部。

社保基金会采取直接投资与委托投资相结合的方式开展投资运作。在直接投资模式下,社保基金会直接对基金进行管理运作;在委托投资模式下,社保基金会委托投资管理人对基金进行管理运作。根据社保基金会的数据,截至2021年末,用于投资运营的基本养老保险基金中,直接投资和委托投资的比重分别为38.2%、61.8%(见图1-14)。

图1-14 直接投资和委托投资的基本养老保险基金占比

注：2019年及之前的数据为基金资产规模占比，2020年至今的数据为基金权益规模占比。
资料来源：人社部。

社保基金会按照审慎投资、安全至上、控制风险、提高收益的方针对基本养老保险基金进行投资运营管理，基本养老保险自入市投资以来各年收益率均为正，整体上保值增值的效果较好（见图1-15）。根据社保基金会的数据，基本养老保险基金自2016年12月开始入市投资至2021年末，累计实现投资收益2 619.77亿元，年均投资收益率6.49%，实现了我国第一支柱养老金资产的稳健增值。

图1-15 基本养老保险基金投资收益情况

资料来源：人社部。

3. 资金流出——养老金发放

领取条件方面，城镇职工基本养老保险要求领取者参加工作、个人缴费年限累计满15年，城乡居民基本养老保险要求领取者年满60周岁、累计缴费满15年，且未领取国家规定的基本养老保障待遇。

领取金额方面，每月领取的基本养老保险金包括基础养老金和个人账户养老金。城镇职工基本养老保险的基础养老金计算公式为：

$$基础养老金 = \frac{当地上年度在岗职工月平均工资 + 本人指数化月平均缴费工资}{2} \times \frac{缴费年数}{100}$$

$$个人账户养老金 = \frac{参保人员退休时个人账户累计储存额}{计发月数}$$

其中，本人指数化月平均缴费工资=当地上年度月平均工资 × 本人平均缴费指数；个人账户累计储存额由向个人账户缴费金额（即每月缴纳的本人缴费工资的8%）及其产生的利息组成，利息参考银行同期存款利率确定；计发月数根据职工退休时城镇人口平均预期寿命、本人退休年龄、利息等因素确定。

城乡居民基本养老保险的基础养老金由中央确定最低标准，地方政府可向上调整。根据人社部的数据，按"基金支出/领取人数"口径测算，2021年，城镇职工基本养老保险和城乡居民基本养老保险离退休人员平均每月领取金额分别为3 631.9元、191.8元（见图1-16）。

图1-16　基本养老保险人均每月领取养老金情况

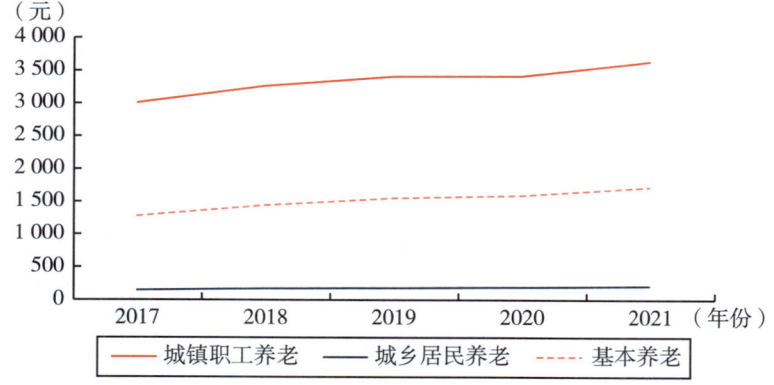

资料来源：人社部。

我国基本养老保险的社会统筹账户面临较大当期支付压力，可用于投资的结余资金有限，而个人账户常年处于空账运行状态。基本养老保险的社会统筹账户实行现收现付制，当期收到的缴费中大部分用于支付当期已退休人员的退休工资，且随着人口老龄化程度的持续提升，社会统筹账户面临的支付压力只会越来越大，因此难以形成较大规模的资金用于投资运营（见图1-17及图1-18）。基本养老保险的个人账户实行完全积累制，通常只有当账户所有人退休时才开始支付，但由于我国在1995年正式向社会统筹与个人账户相结合的养老保险体系转变时，仅凭社会统筹账户内的资金无法承担全部的当期支付，因此就产生了使用个人账户资金去填补社会统筹账户支付缺口的情况，导致我国多数个人账户长期处于空账运行的状态，无法进行投资运营。虽然自2001年起已有多个省市尝试做实个人账户，但均面临较大困难。

图1-17 基本养老保险基金支出情况

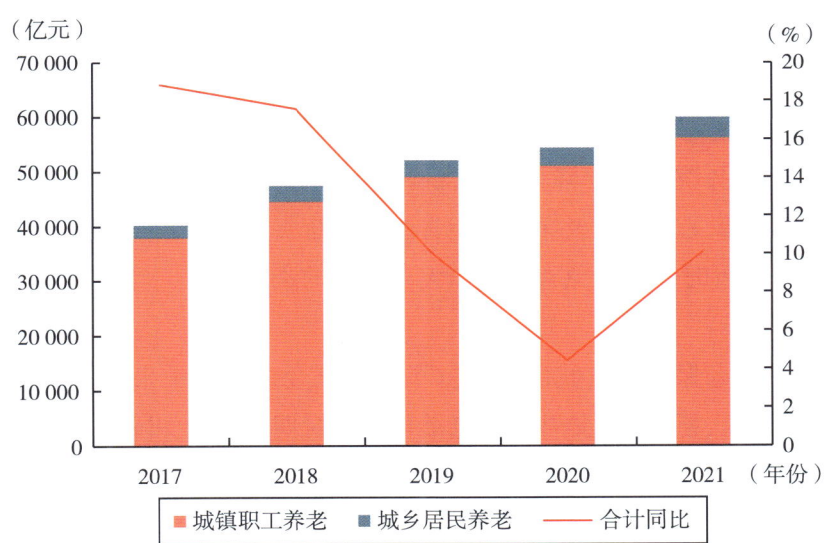

资料来源：人社部。

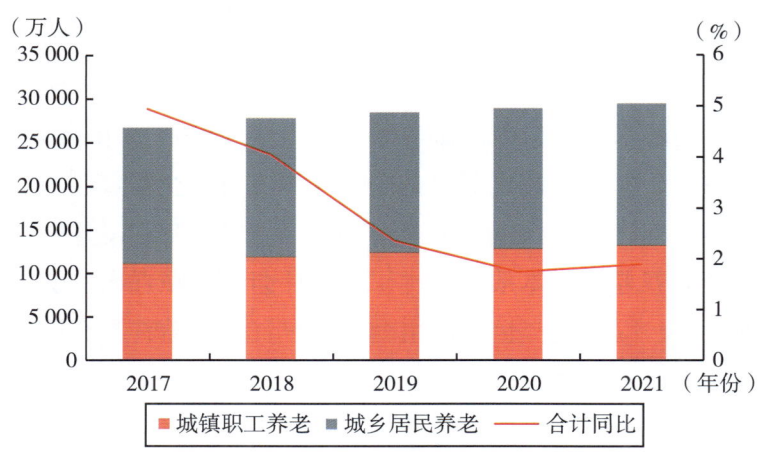

图1-18 基本养老保险领取人群数量

资料来源：人社部。

未来随着我国基本养老保险逐步实现全国统筹，可用于投资运营的资金比例有望提升。长期以来，我国基本养老保险统筹层次长期停留在市县一级，2018年后快速走向省级统筹。但在省级统筹下，仍然需要考虑跨省人员流动带来的基本养老保险支出问题，可用于投资运营的资金规模受限。2018年，我国开始实行企业职工基本养老保险基金中央调剂制度，是走向全国统筹的开端。2019年国务院发布《降低社会保险费率综合方案的通知》提出在2020年底前实现企业职工基本养老保险基金省级统收统支。预计未来我国基本养老保险走向全国统筹时，可避免省际人口流动带来的资金预留，可释放更多资金进行投资运营。

除基本养老保险外，我国还建立了社保基金，作为中央政府集中的社会保障战略储备，主要用于弥补人口老龄化高峰时期的社会保障需要和其他社会保障需要。社保基金的资金来源主要包括中央财政预算拨款和国有资本划转。根据全国社会保障基金理事会的数据，截至2021年末，社保基金规模达2.70万亿元。社保基金由社保基金会进行投资运作，委托投资是主要运作方式。截至2021年末，社保基金资产规模达3.02万亿元（见图1-19）。近年来委托投资资产占比呈现持续提升态势，在2003—2021年，委托投资资产占比累计提升42.1%（见图1-20）。

图1-19 社保基金规模变化情况

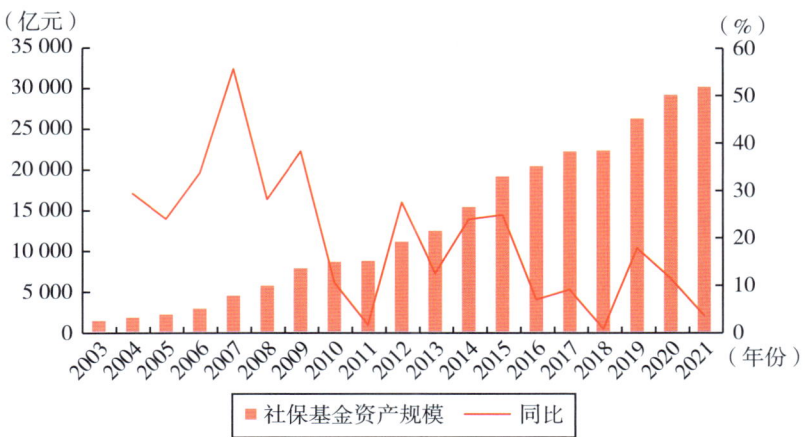

资料来源：全国社会保障基金理事会。

图1-20 社保基金资产中直接投资和委托投资占比

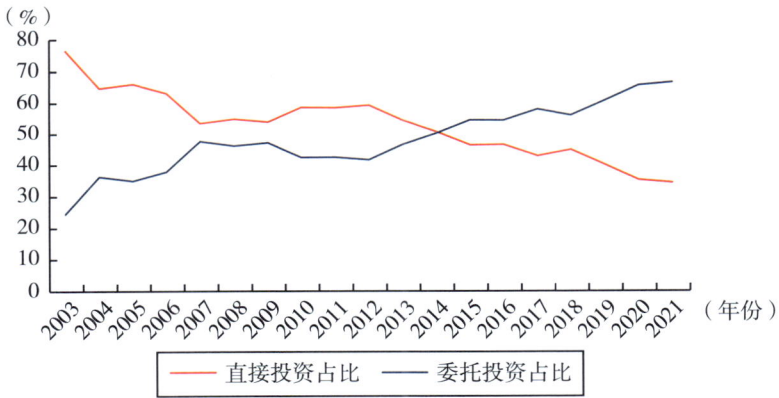

资料来源：全国社会保障基金理事会。

根据全国社会保障基金理事会的数据，社保基金在2000—2021年累计实现收益额17 958.25亿元，年均投资收益率8.30%，同期年均通货膨胀率为2.25%，年均投资收益率较年均通货膨胀率高6.05%，较好地实现了基金财产的保值增值（见图1-21和图1-22）。

图1-21 社保基金各年投资收益额

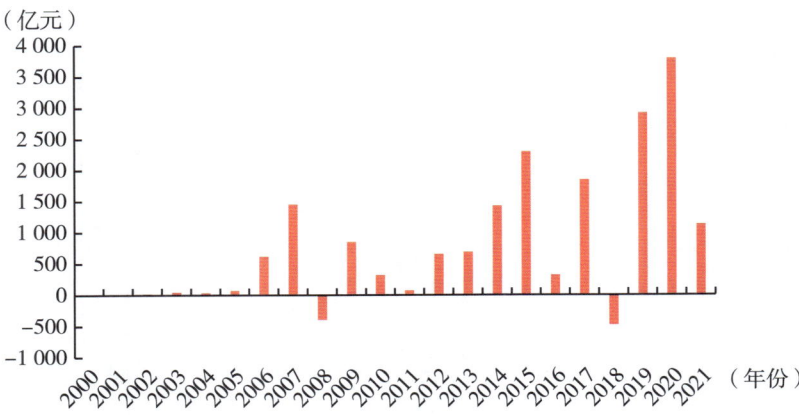

资料来源：全国社会保障基金理事会。

图1-22 社保基金各年投资收益率及通胀率情况

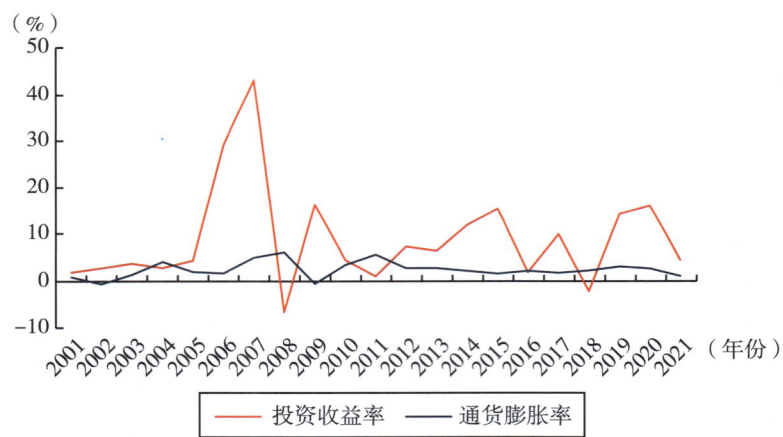

资料来源：全国社会保障基金理事会。

（二）第二支柱：企业年金和职业年金

第二支柱为企业年金和职业年金，其资金来源为个人和企业（含机关事业单位）。企业可以自行选择是否为员工设立企业年金，但是机关事业单位则必须为员工提供职业年金，因此职业年金自2015年推出以来规模快速增长。据人社部的数据，截至2021年末，全国有11.75万户企业建立企业年金，参加职工2 875万人，企业年金基金规模2.64万亿元。相关资料见图1-23~图1-25。

图1-23 建立企业年金的企业数量变化情况

资料来源：人社部。

图1-24 参加企业年金职工人数变化情况

资料来源：人社部。

图1-25 企业年金基金规模变化情况

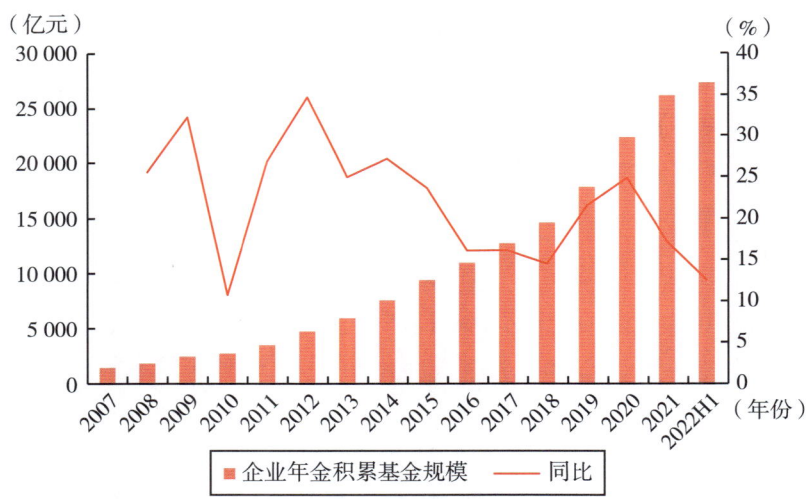

资料来源：人社部。

1.资金流入——参与人员缴费

缴费方面，企业年金和职业年金均由个人和工作单位双方共同缴纳。对于企业年金，双方缴费金额由企业和职工协商确定，但要求企业缴费每年不超过本企业职工工资总额的8%，企业和职工个人缴费合计不超过本企业职工工资总额的12%。对于职业年金，个人缴纳本人缴费工资的4%，工作单位缴纳本单位工资总额的8%。

职工缴纳企业年金和职业年金可享受税收递延。2013年，财政部、人社部和国家税务总局发布了《关于企业年金职业年金个人所得税有关问题的通知》，提出对工作单位缴费部分在缴纳时不征收个人所得税，对个人缴费部分在缴纳时可按照不超过本人缴费工资计税基数的4%标准内的部分税前扣除；对于个人在年金投资期间的收益暂不征收个人所得税；当个人在退休后领取年金时再征收个人所得税。

2.资金投资——养老金投资运营

企业年金的投资运营过程为：建立企业年金计划的企业及其职工首先与企业年金理事会或者法人受托机构签订受托管理合同，建立企业年金计划的企业及其职工为委托人，企业年金理事会或者法人受托机构作为受托人，其中企业年金理事会主要由企业代表和职工代表等人员组成。受托人制定企业年金基金战略资产配置策略，若受托人采取委托投资方式，则受托人可选择投资管理人进行具体的投资运作。企业年金可以采用单一计划和集合计划的形式。其中，单一计划是指受托人将单个委托人交付的企业年金基金，单独进行受托管理的企业年金计划；集合计划，是指同一受托人将多个委托人交付的企业年金基金，集中进行受托管理的企业年金计划。根据人社部的数据，截至2021年底，全国共有1 802个企业年金计划，其中单一计划和集合计划分别为1 727个、58个；单一计划中，企业年金理事会作为受托人的计划为109个，法人受托机构作为受托人的计划为1 618个。

职业年金的投资运营与企业年金的区别在于增加了代理人的角色。职业年金的委托人为参加职业年金计划的机关事业单位及其工作人员，而代理人则是代理委托人集中行使委托职责并负责职业年金基金账户管理业务的中央国家机关养老保险管理中心及省级社会保险经办机构，受托人是受托管理职业年金基金财产的法人受托机构。

根据人社部的数据，截至2021年底，企业年金投资规模为2.61万亿元，占企业年金基金规模比重为98.8%。截至2021年底，职业年金投资运营规模为1.79万亿元。企业年金基金在2007—2021年的年均加权收益率为7.17%（见图1-26）。

图1-26 企业年金基金当年加权平均收益率

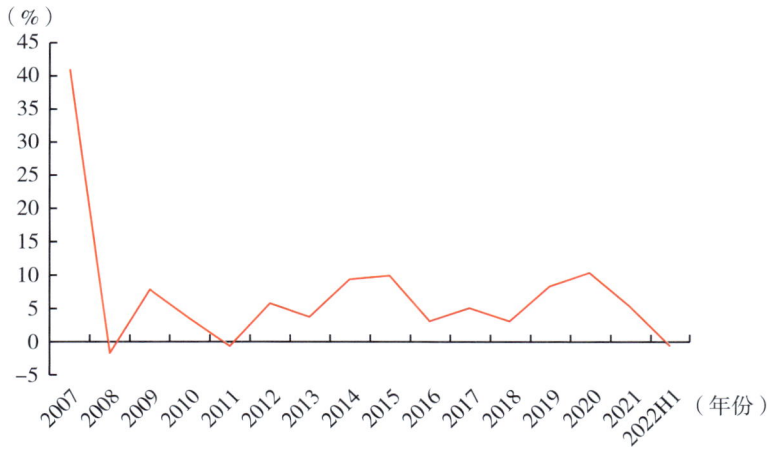

资料来源：人社部。

目前，我国企业年金受托机构共有13家，主要为商业银行、养老保险公司和信托公司。受托机构可以选择直接投资或者委托投资管理人进行投资。2013年，人社部发布《关于扩大企业年金基金投资范围的通知》和《企业年金养老金产品有关问题的通知》，允许受托机构直接投资于投资管理人发行的企业年金基金标准投资组合，有利于简化企业年金的投资流程，提升投资效率。根据人社部的数据，截至2021年末，法人受托的企业年金基金规模为1.86万亿元，其中直接投资于养老金产品的规模为469.95亿元，占比2.5%。

3.资金流出——养老金发放

领取条件方面，工作人员在达到国家规定的退休条件时，可领取企业年金或职业年金。对于企业年金，职工可以从本人企业年金个人账户中按月、分次或者一次性领取企业年金，也可以将本人企业年金个人账户资金全部或者部分购买商业养老保险产品，依据保险合同领取待遇并享受相应的继承权（见图1-27及图1-28）。对于职业年金，工作人员可以选择按照本人退休时对应的计发月数计发职业年金月待遇标准，但不可一次性领取，发完为止，也可选择用职业年金一次性购买商业养老保险产品，依据保险契约领取待遇。

领取金额方面，根据人社部的数据，按"领取金额/领取人数"测算，选择一次性领取企业年金的职工中，2021年人均能一次性领取66 796元，选择分期领取企业年金的职工中，2021年平均人均每月能领取2 107元（见图1-29）。

图1-27 企业年金基金领取金额

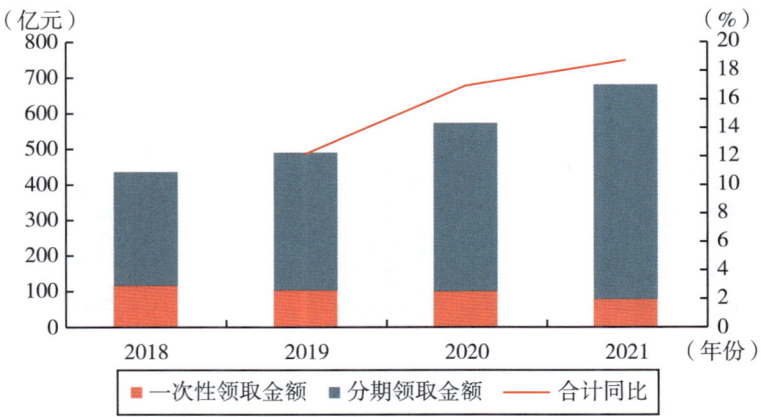

资料来源：人社部。

图1-28 企业年金基金领取人数

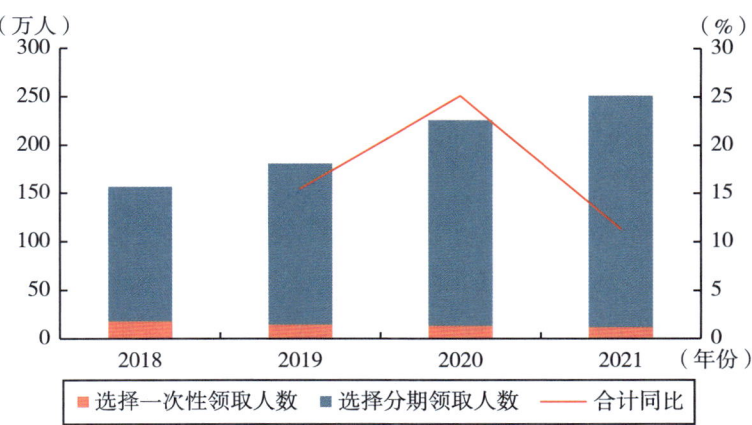

资料来源：人社部。

图1-29 企业年金基金不同领取方式下的人均领取情况

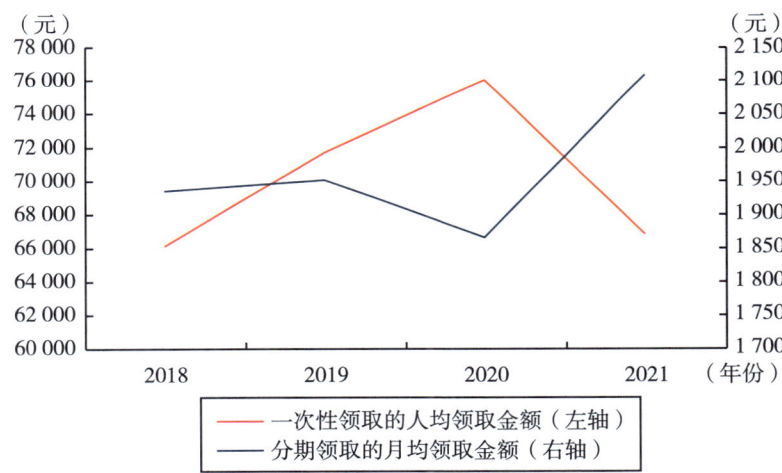

资料来源：人社部。

（三）第三支柱：个人养老金

对于第三支柱个人养老金，居民可将其缴纳的资金自愿投资于各类以养老为目的的金融产品，如养老目标基金、养老理财产品、养老储蓄、养老保险等。

1.养老目标基金

2018年3月6日,中国证监会发布《养老目标证券投资基金指引(试行)》,将养老目标基金定义为"以追求养老资产的长期稳健增值为目的,鼓励投资人长期持有,采用成熟的资产配置策略,合理控制投资组合波动风险的公开募集证券投资基金"。我国养老目标基金均采用FOF形式运作,可采用投资策略包括目标日期策略和目标风险策略。

目标日期策略为:设定一个固定日期,通常与持有人的退休日期一致,基金的资产配置随着目标日期的临近而发生变化,逐步降低权益类资产的配置比例,增加非权益类资产的配置比例,以匹配持有人随着年龄增长而变化的风险偏好。

目标风险策略为:设定一个特定的风险水平,并以此为依据设定权益类资产、非权益类资产的基准配置比例,采取措施保持产品风险水平基本保持在设定水平上。

据Wind数据,截至2022年6月底,养老目标基金规模达1 057亿元(见图1-30),其中目标日期型基金规模为187.81亿元,占比17.8%。

图1-30 养老目标基金规模变化

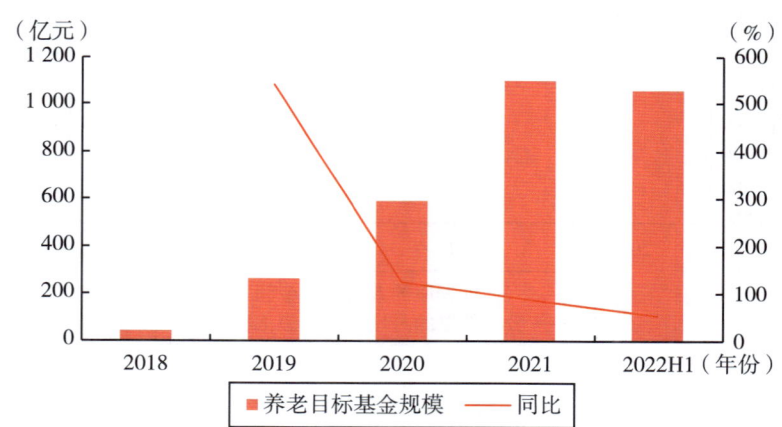

资料来源:中国证券投资基金业协会,Wind。

养老目标基金定期开放的封闭运作期或最短持有期不短于1年,其资产配置限制也与产品的最短持有期有关。《养老目标证券投资基金指引(试行）》要求，养老目标基金定期开放的封闭运作期或投资人最短持有期限不短于1年、3年或5年的，基金投资于股票、股票型基金、混合型基金和商品基金（含商品期货基金和黄金ETF）等品种的比例合计原则上不超过30%、60%、80%。

2. 养老保险产品

个税递延型商业养老保险是一种以养老为目的的个人自主缴费的商业保险，是我国首个享受税收优惠的个人养老金融产品。2018年4月25日，财政部、国家税务总局、人社部、中国银保监会、中国证监会印发《关于开展个人税收递延型商业养老保险试点的通知》，提出自2018年5月1日起，在上海市、福建省（含厦门市）和苏州工业园区实施个人税收递延型商业养老保险试点。

个税递延型商业养老保险采取EET模式，但由于税优力度较为有限，整体规模不及预期。个人购买个税递延型商业养老保险的支出可以在税前扣除，扣除限额按当月工资薪金、连续性劳务报酬收入的6%和1 000元中较低的一方确定。对于计入个人商业养老资金账户的投资收益，暂不征收个人所得税；个人领取商业养老金时再征收个人所得税。个税递延型商业养老保险每年的税延上限为12 000元，税收优惠力度较低，产品吸引力不足。此外，税延型养老险产品的投保手续较普通商业养老保险更为烦琐，投保人除了从保险公司购买保单之外，还需要在银行开立专门账户、注册并登录银保信平台下载"税延养老扣除凭证"、向本单位人力部门提交"税延养老扣除凭证"等，降低了产品的可理解性及投保人的投保体验。根据2022年中国银保监会副主席梁涛在博鳌亚洲论坛分论坛上的讲话，截至2021年底，个税递延型商业养老保险试点实现保费收入6.3亿元。

我国自2021年启动专属商业养老保险试点，目前发展情况良好。专属商业养老保险是指以养老保障为目的，领取年龄在60周岁及以上的个人养老年金保险产品。2021年5月15日，中国银保监会发布《关于开展专属商业养老保险试点的通知》，提出自2021年6月1日起，在浙江省和重庆市开展专属商业养老保险试点。当前，专属商业养老保险试点范围已扩大至全国，可以参与试点的机构包括养老保险公司和6家寿险公司（人保寿险、中国人寿、太平人寿、太平洋人寿、泰康人寿、新华人寿）。根据中国银保监会数据，截至2022

年7月底，专属商业养老保险累计投保件数近21万件，累计保费达23.5亿元，远超个税递延型商业养老保险。

3.养老理财产品

我国于2021年9月开启养老理财试点。2021年9月10日，中国银保监会发布《关于开展养老理财产品试点的通知》，选取工银理财、建信理财、招银理财和光大理财四家机构在武汉、成都、深圳、青岛四地开展养老理财试点，单家试点机构养老理财产品募集资金总规模限制在100亿元人民币以内。2022年2月，中国银保监会发布《关于扩大养老理财产品试点范围的通知》，提出自2022年3月1日起，养老理财产品试点范围扩大至北京、沈阳、长春、上海、武汉、广州、重庆、成都、青岛、深圳十地，并将试点机构数量扩大至10家，其中首批参与试点的4家机构募集资金总规模限制在500亿元以内，第二批参与试点的6家机构募集规模限制在100亿元以内。根据银行业理财登记托管中心数据，截至2022年6月底，已经有27只养老理财产品顺利发售，23.1万名投资者累计认购超600亿元。

4.养老储蓄

2022年7月，中国人民银行和中国银保监会发文开展特定养老储蓄试点工作，试点将于2022年11月20日起正式开始。首批试点选取了中国工商银行、中国农业银行、中国银行和中国建设银行四家机构，在合肥、广州、成都、西安和青岛市五地进行，要求单家试点银行特定养老储蓄业务总规模限制在100亿元以内。

二、结构：第一支柱占比较高，第二支柱覆盖面有限，第三支柱初步发展

（一）政府主导的第一支柱仍是我国养老保障体系中的绝对主体

当前，无论是覆盖人数还是资金规模，我国养老保障体系中占比最大的仍是政府主导的第一支柱。根据人社部和全国社会保障基金理事会的数据，2021年末基本养老保险基金和社保基金规模分别为6.40万亿元和2.70万亿元，合计占比达66.4%。基本养老保险覆盖人口数量高达10.29亿人。

（二）企业单位设立企业年金的积极性有限，第二支柱覆盖人群较少

虽然职业年金的推出推动我国第二支柱近年来发展速度有所提升，但当前我国第二支柱覆盖人群仍然较为狭窄，在分担第一支柱支出压力上发挥的作用有限。根据人社部的数据，截至2021年末，我国企业年金参加职工总数为2 875万人，占城镇职工基本养老保险参加人数比重仅为5.98%（见图1–31）。

图1–31 企业年金参与人数占城镇职工养老保险参与人数比重

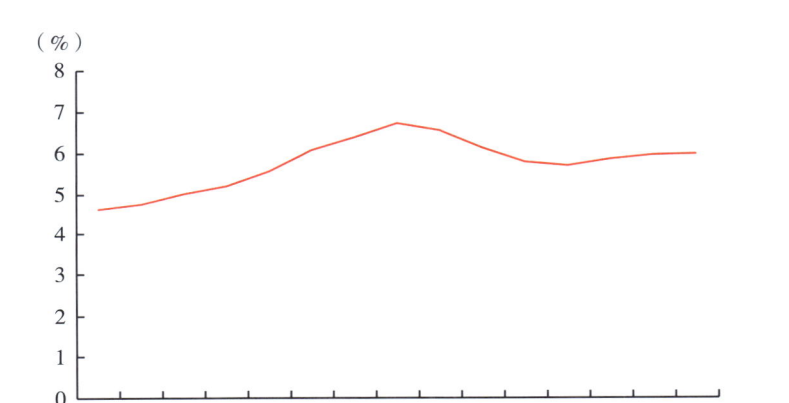

资料来源：人社部，Wind。

企业设立企业年金虽然能够享受税收优惠，但整体上仍然需要增加企业的支出负担，而对于中小企业而言为员工足额缴纳城镇职工基本养老保险本身就已经形成了较为沉重的支出压力，很难有为员工设立企业年金计划的积极性。这也导致在我国设立企业年金计划的企业多为盈利能力稳健的大型成熟企业，覆盖人群范围迟迟未能实现重大突破。虽然我国要求机关事业单位必须为其工作人员设立职业年金计划，并且规定了机关事业单位的缴费比例，但是机关事业单位工作人员相对于我国庞大的人口基数而言仍然是很小一部分，难以从根本上提升第二支柱养老金在我国养老保险体系中的地位。

（三）个人养老金相关政策陆续发布，第三支柱有望实现快速发展

自2021年开始，我国个人养老金融产品创新速度明显提升。继2018年

推出个税递延型商业养老保险试点和养老目标基金后，我国于2021年陆续开启了专属商业养老保险试点和养老理财试点，于2022年开启了养老储蓄试点，个人养老金融产品体系日益完善，为未来我国第三支柱发展打下基础。

关于个人养老金制度的顶层设计也逐步完善，我国第三支柱养老金蓄势待发。2022年4月21日，国务院办公厅正式发布《关于推动个人养老金发展的意见》。这是我国个人养老金制度的首份顶层设计文件。文件明确了个人养老金实行个人账户制度，缴费完全由参加人个人承担，实行完全积累，参与人可通过个人养老金资金账户购买符合规定的银行理财、储蓄存款、商业养老保险、公募基金等运作安全、成熟稳定、标的规范、侧重长期保值的满足不同投资者偏好的金融产品，且参加人可自主选择。2022年6月24日，中国证监会发布《个人养老金投资公开募集证券投资基金业务管理暂行规定（征求意见稿）》以及2022年11月4日发布的《个人养老金投资公开募集证券投资基金业务管理暂行规定》，是《关于推动个人养老金发展的意见》的首份配套政策文件，预计未来各类参与个人养老金制度的金融产品配套细则将陆续出炉，预计我国第三支柱养老金亦将通过与税收优惠政策相结合实现自身的跨越式发展，第三支柱养老金在我国养老保障体系中将发挥更加重要的作用。

第四节　公募基金参与我国养老保障体系第一、第二支柱的历程、地位和作用

一、公募基金参与我国养老保障体系第一、第二支柱的历程

（一）公募基金参与第一支柱的历程

社保基金采用直接投资和委托投资相结合的方式对第一支柱养老金进行投资管理。在直接投资模式下，公募基金主要通过发行养老金产品参与第一支柱养老金发展；在委托投资模式下，公募基金主要通过对被委托投资组合进行

投资管理的方式参与第一支柱养老金发展。当前，公募基金接受社保基金委托对组合进行投资管理是其参与第一支柱建设的主要方式。

2003年6月，社保基金将全国社保基金委托资产分别委托南方基金、博时基金、华夏基金、鹏华基金、长盛基金、嘉实基金六家投资管理人管理，均为公募基金公司，是公募基金参与养老金投资的开端。此后，社保基金于2004年增选境内委托投资管理人，易方达基金、国泰基金和招商基金三家基金公司成为社保基金第二批境内委托投资的基金公司。2010年，大成基金、富国基金、工银瑞信基金、广发基金、海富通基金、汇添富基金、银华基金7家基金公司成为社保基金委托投资管理人。据社保基金，截至2022年6月底，共有16家基金公司具有全国社保基金境内投资管理人资格。

2015年8月17日，国务院印发《基本养老保险基金投资管理办法》，作为我国养老金体系主体的基本养老保险基金开始入市投资。2016年12月，社保基金公布了首批21家基本养老保险基金证券投资管理机构，其中14家为公募基金公司，分别为博时基金、大成基金、富国基金、工银瑞信基金、广发基金、海富通基金、华夏基金、汇添富基金、嘉实基金、南方基金、鹏华基金、易方达基金、银华基金和招商基金。

相关资料见图1-32~图1-34。

图1-32 公募基金公司受托管理社保基金规模变化情况

资料来源：全国社会保障基金理事会，中国证券投资基金业协会。

图1-33 公募基金公司受托管理社保基金占比

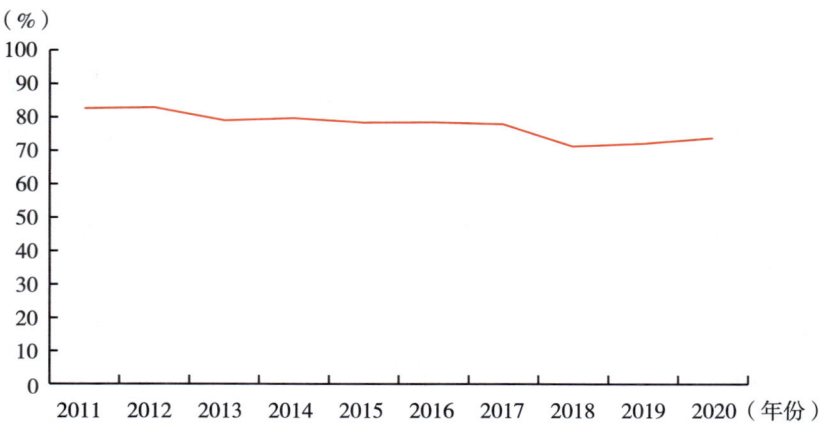

资料来源：全国社会保障基金理事会，中国证券投资基金业协会。

图1-34 公募基金公司受托管理基本养老金规模变化情况

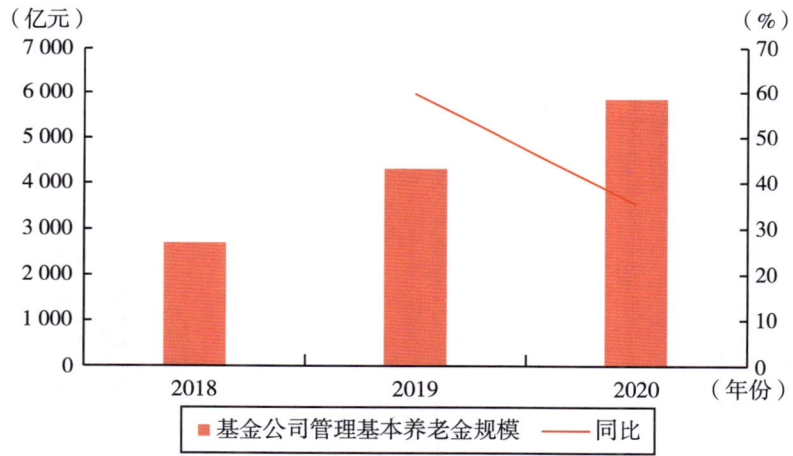

资料来源：人社部，中国证券投资基金业协会。

（二）公募基金参与第二支柱的历程

2004年发布的《企业年金试行办法》标志着我国开始全面推行企业年金

制度，企业年金开始市场化投资。2005年，《企业年金基金管理机构资格认定暂行办法》对参与机构的资格进行了规定，首批获得企业年金投资管理资格的15家机构中有9家为公募基金公司，分别为海富通基金、华夏基金、南方基金、易方达基金、嘉实基金、招商基金、富国基金、博时基金和银华基金。2007年，工银瑞信基金、广发基金和国泰基金成为企业年金基金投资管理人。

2018年8月，中央在京国家机关事业单位职业年金进行投资管理人招标，是首个进行投资管理人招标的职业年金计划，标志着职业年金的市场化投资启动。随后，各个省市的职业年金计划启动投资管理人招标。2021年7月，西藏自治区职业年金计划完成投管人评选，全国33个统筹地区已全部完成首轮职业年金招标，公募基金公司获准成为多个职业年金计划的投资管理人。根据中国证券投资基金业协会的数据，我国基金公司在2019年、2020年管理的职业年金基金规模分别为2 159亿元、5 923亿元。

相关资料见图1-35和图1-36。

图1-35 公募基金公司管理企业年金规模变化情况

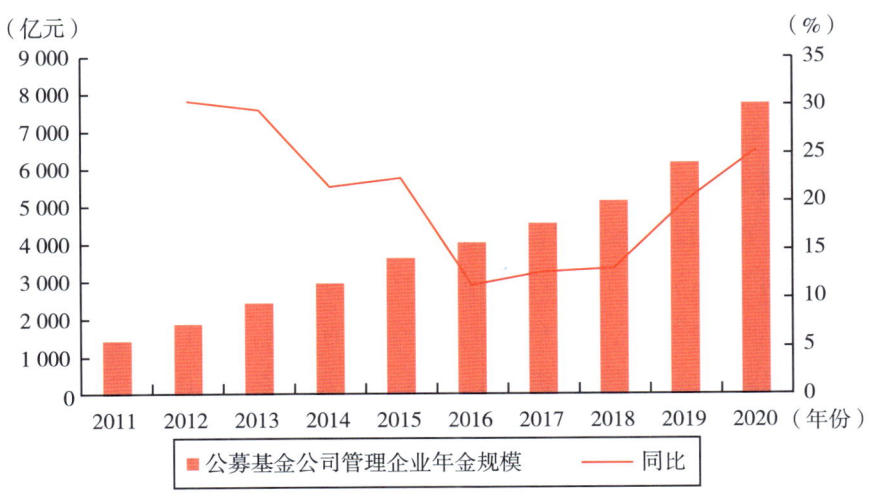

资料来源：中国证券投资基金业协会。

图1-36　公募基金公司管理企业年金占比

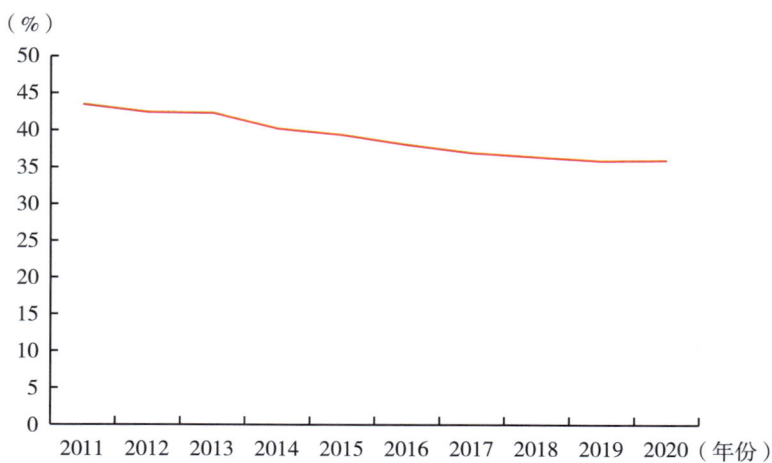

资料来源：中国证券投资基金业协会。

二、公募基金在我国第一、第二支柱养老金投资管理中的地位

公募基金在我国第一支柱养老金投资管理中发挥重要作用，是管理规模最大的委外机构类型，经测算公募基金2020年在第一支柱养老金委外投资中所占比重为74.2%。根据中国证券投资基金业协会的数据，截至2020年底，公募基金行业管理基本养老保险基金和社保基金的规模分别为5 873亿元、14 044亿元，占总投资运营规模的比重分别为47.19%、57.11%，占委托投资规模比重分别为75.8%、73.6%（见图1-37和图1-38）。从机构数量占比来看，公募基金行业同样优势显著。根据社保基金会的数据，截至2022年6月底，21家基本养老保险基金投资管理机构中有14家为公募基金公司，占比66.7%，18家社保基金投资管理机构中有16家为公募基金公司，占比88.9%。

图1-37 基本养老保险委托投资中公募基金占比（2020年底）

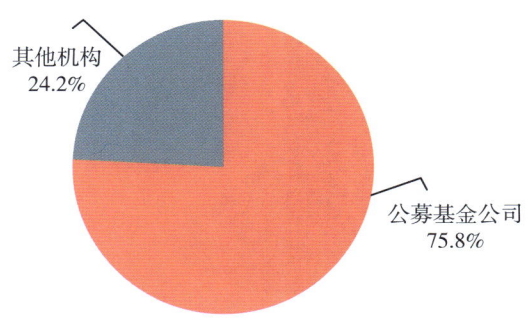

资料来源：中国证券投资基金业协会。

图1-38 社保基金委托投资中公募基金占比（2020年底）

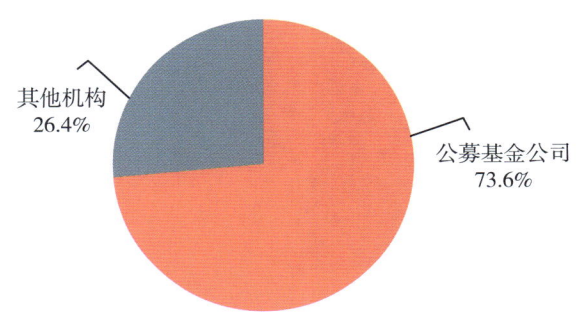

资料来源：中国证券投资基金业协会。

公募基金也是参与企业年金和职业年金管理的重要投资机构。根据中国证券投资基金业协会的数据，2020年公募基金公司在我国第二支柱养老金委外投资中的占比为39.6%。截至2020年底，公募基金管理企业年金和职业年金规模分别为7 781亿元、5 923亿元，占企业年金和职业年金总投资运营规模的比重分别为35.9%、45.9%（见图1-39和图1-40）。

图1-39　企业年金中公募基金占比（2020年底）

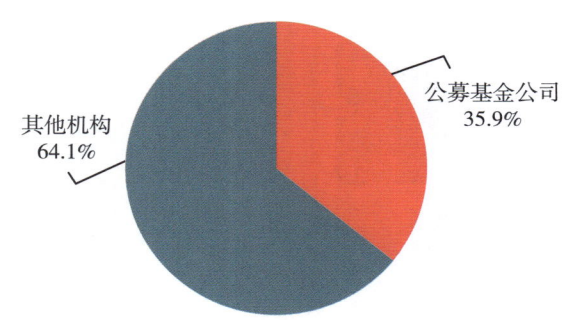

其他机构 64.1%
公募基金公司 35.9%

资料来源：中国证券投资基金业协会。

图1-40　职业年金中公募基金占比（2020年底）

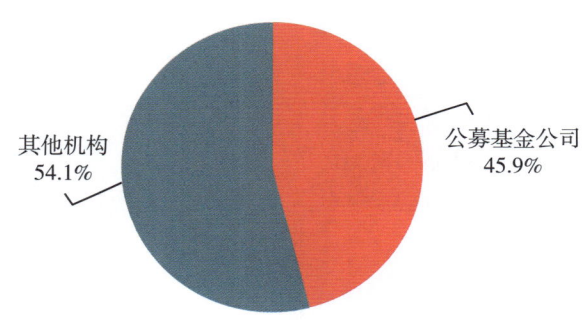

其他机构 54.1%
公募基金公司 45.9%

资料来源：中国证券投资基金业协会。

公募基金在获批进行第二支柱养老金投资管理的机构总数中也占较大比例。据人社部，当前共有22家投资管理机构具有企业年金投资管理资格，其中11家机构为公募基金，占比50%。职业年金方面，据《中国证券报》，新疆职业年金计划的18个投资管理人中，有8家是公募基金公司，占比44.4%，分别为易方达基金、招商基金、工银瑞信基金、南方基金、富国基金、博时基金、海富通基金和华夏基金；据每日经济新闻，中央国家机关事业单位职业年金的22个投资管理人中，有11家公募基金公司，占比50%，分别为华夏基金、易方达基金、南方基金、嘉实基金、招商基金、银华基金、富国基金、海富通基金、博时基金、国泰基金和工银瑞信基金。

三、公募基金在我国第一、第二支柱养老金投资管理中发挥的作用

自2003年养老金市场化投资开始，公募基金就参与其中，全程见证了我国养老金资金市场化投资的启动、发展和完善。公募基金的规范化和专业化发展优化了我国养老金的投资体系，助力养老金投资实现优异业绩。各类养老金通过公募基金进入资本市场，投资运作更加市场化。在养老金资金进行市场化投资之前，存量养老资金多通过银行存款和国债进行投资，虽然收益率稳定，但投资收益率难以达到保值增值的目的。养老金以公募基金为重要途径进入资本市场，借助公募基金的专业化投资能力，投向股票、债券、非标等多类资产，市场化运作程度不断提高，并取得了优异的回报。

在推进市场化投资的同时，养老金管理的合规性、透明度和标准化也不断提高。公募基金凭借"独立运作、组合投资、强制托管、公开披露、严格监管"的制度安排，形成规范、透明、安全、合规的运营体系，既能够满足养老金市场化投资中对信息披露的要求，也为养老金投资的内部管理提供了借鉴。与公募基金定期报告类似，目前运作时间较长的全国社保基金、企业年金和基本养老保险定期披露翔实的投资报告或审计意见，提升了养老金管理的透明度。

第五节　推动第三支柱个人养老金的意义和迫切性

一、推动第三支柱个人养老金的意义

（一）个人养老金有助于防止老年人贫困，维持社会稳定

以现收现付制为主的基本养老保险制度在我国人口老龄化程度不断提升的背景下面临较大的支出压力，相较而言，个人养老金实施市场化投资，并且投资周期长，在多年复利下个人退休后领出的养老金一般来说会远高于缴存金额，有助于提升我国居民退休收入的替代率，防止我国老年人口的贫困问题，有利于社会稳定。

（二）为资本市场提供长期资金来源，提高资本市场有效性，发挥资本市场压舱石作用

国务院发布的《关于推动个人养老金发展的意见》明确提出参加人在达到领取基本养老金年龄、完全丧失劳动能力、出国（境）定居，或者具有其他符合国家规定的情形时，才可领取个人养老金，个人养老金有望通过各类金融产品成为资本市场的重要长期资金来源。个人养老金制度提升了金融产品负债端的稳定性，而负债端稳定性提升后，基金公司等机构投资者才能够更有效地践行长期投资、价值投资理念，充分发挥其专业投资管理能力帮助客户实现资产的长期保值增值。机构投资者践行长期投资、价值投资理念也使资本市场能够更好地发挥价值发现功能，引导资金更多流向质量优秀的企业，从而促进经济要素的优化配置，助力实体经济发展。个人养老金的长期投资属性也使其对于短期价格波动的承受能力更强，有助于提升我国资本市场的稳定性。

（三）满足居民多层次的养老需求

当前我国第一支柱和第二支柱养老金的运作模式均为将多个参与人的资金集中归集后统一投资运作，参与人对于其账户中资金的投资选择没有决策权，不同风险承受能力参与人的差异化投资需求难以得到充分满足。不同人群的风险承受能力和风险承受意愿是存在差异的，一般来讲，对于刚参与工作的年轻人来讲，由于其投资周期较长，可以承受更大投资风险，因此可以为其更多配置权益类资产以使其养老金更好地实现保值增值；而对于即将退休的人群来说，其剩余投资周期较短，主要目标是在保证当前资金安全的前提下适度追求较为稳健的收益，因而其养老金更多配置于固定收益类投资。如果将所有参与人的养老金集合管理，投资管理人出于规避风险的考量，通常会导致养老金的整体投资风格较为保守，限制了养老金在长期实现增值的能力，不利于养老金替代率水平的提升。个人养老金由个人主导，参与者可以根据自身需求自行选择匹配的金融产品，政府则通过税收优惠政策间接引导个人参与，做大个人养老金总量。此时，养老金的投资决策权被下放至参与者个人，更有助于满足人们多层次的养老需求。

二、推动个人养老金发展的迫切性

近年来,我国老年人口数量快速提升,出生人口数量下滑明显,并且这些趋势预计在短期难有改变,人口老龄化问题已成为当前我国经济发展面临的重要挑战。人口老龄化会带来日益沉重的养老金负担,当前我国养老金体系中,以基本养老保险为代表的第一支柱成为居民退休收入的主要来源。但是以现收现付制为主的基本养老保险基金需要准备大量资金用于当期的养老金支出,可用于长期投资运营的资金相对受限,难以通过长期投资的复利效应满足长期的养老金支出。伴随着我国人口老龄化程度的日益加深,基本养老保险面临的支出压力会进一步增加。根据中国社科院世界社保研究中心发布的《中国养老金精算报告2019-2050》,基本养老保险当期结余将于2028年出现赤字并不断扩大,累计结余将于2027年达到峰值并在2035年耗尽(见图1-41)。因此,亟须发展个人养老金、建立更加均衡、可持续的养老保障体系,提高养老金替代率水平,保障居民退休生活水平。此外,个人养老金由个人自愿选择参与,其潜在受众群体范围大于以企业年金和职业年金为代表的第二养老金,也有助于引导更多居民进行基本养老保险之外的主动养老投资。

图1-41　2019—2050年全国企业职工基本养老保险基金累计结余预测

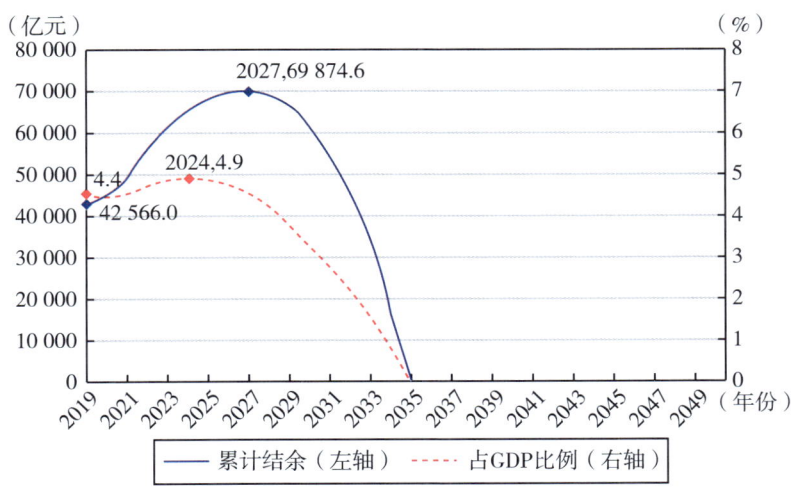

资料来源:《中国养老金精算报告2019~2050》。

第二章
中国个人养老金体系中公募基金的角色担当

1994年世界银行在其发表的《避免老龄化危机》（Averting the Old Age Crisis）的报告中首次提出了建立三支柱养老金体系架构的概念，即：第一支柱为基本养老金（A Standardized, State-run Pension System），致力于促进社会财富再分配，保障社会公平；第二支柱为由雇主提供的职业养老金（A Funded System That Recipients and Employers Pay Into），主要通过激励雇主为员工提供养老保障；第三支柱为个人养老金（Voluntary Private Funded Accounts），主要目标是通过税收杠杆撬动个人自主养老投资，改善退休后的收入水平。当前，全球人口老龄化导致第三支柱的重要性与日俱增，发展第三支柱一方面能有效提高国家养老保障整体水平，另一方面也能有效减轻第一和第二支柱的负担，提高养老保障的可持续性。

我国虽然第一支柱和第二支柱已建立多年，但在养老第三支柱方面，自2018年才开始试点。2022年4月，国务院办公厅发布《推动个人养老金发展的意见》（国办发〔2022〕7号，简称"7号文"），标志着我国第三支柱个人养老金的正式启航。

第一节　个人养老金业务参与主体

个人养老金业务是关乎广大人民群众全生命周期的投资和陪伴服务，连接着社会公民的养老投资需求和各类金融机构的资产管理服务。从资产管理机构的视角去看个人养老金业务生态，大致可以分为四大参与主体。

一、投资人

对个人养老金业务来说，最重要的主体即参与个人养老金的投资人。按照7号文对于参加个人养老金业务的人群范围要求"在中国境内参加城镇职工基本养老保险或者城乡居民基本养老保险的劳动者，可以参加个人养老金制度"，参与第一支柱是参与第三支柱的先决条件。基于此要求，纳入个人养老金保障范围的投资者人数约10亿人。

从养老开支需求来说，无论是否能享受税收优惠，全体居民都应当通过个人养老金业务进行补充养老。因此，广义而言，在不考虑是否有资质参与税优账户的前提下，全体居民都是个人养老金业务的参与者。

二、产品制造商

除投资人之外，按7号文要求，以基金公司、银行、保险公司为代表的"制造商"也是个人养老金业务生态中不可或缺的一环。"制造商"主要承担提供产品和服务的职责。三类"制造商"由于自身禀赋和定位，在提供养老相关产品时呈现出显著的差异性。具体来看：银行主要发挥其在中低波动资产领域的规模投资优势，提供侧重稳健投资的养老理财和养老储蓄产品；保险公司侧重发挥其人身保障功能，未来提供的产品以养老保险或年金保险为主，同时附带部分资产保值和稳健增值的功能；基金公司一方面可以直接提供侧重资产配置的全风险覆盖产品，还可以通过为养老理财、养老保险提供委托投资服务，间接为个人养老金业务提供产品。

三、分销渠道

分销渠道决定了投资者在哪里能够享受养老投资和服务，是个人养老金业务最终触达客户的关键，结合我国财富管理行业的实践，银行和互联网未来有望成为个人养老金业务最重要的两类分销渠道。

这两个渠道在覆盖客户群体特征上存在显著差异：银行由于网点数量多且密集，能提供面对面的线下服务，相对来说会覆盖更多中老年客群以及高净值客户；互联网则是近几年发展迅速的新兴渠道，能覆盖大量资产量较低的长尾客户和年轻客群。

四、投资顾问

投资顾问是个人养老金业务中不可或缺的一环，也是我国传统资产管理生态中长期缺失的一环，投资顾问对客户盈利体验和投资体验都能产生显著的积极影响，是决定个人养老金客户能否长期健康发展的核心因素。

以美国为例，作为世界上最成熟的资本市场，其投顾业务和个人养老金业务共同发展，主要是因为随着个人养老资金大量、持续地流入资本市场，对专业性财富管理业务的需求快速发展，投顾业务的发展场景和机遇应运而生。

相较美国，我国投顾业务起步较晚。自2019年10月第一批基金投顾牌照发放以来，获得基金投顾业务试点资格的机构共61家，包括25家基金公司、30家证券公司、3家银行、3家独立销售机构。这些机构虽然暂未纳入个人养老金税优账户，但都在积极开展与个人养老相关顾问业务的尝试，包括但不限于推出养老投顾策略品牌、设计目标风险与目标日期策略的投顾组合等。

第二节 相关政策解读

2021年12月中央全面深化改革委员会第二十三次会议审议通过了《关于推动个人养老金发展的意见》，标志着个人养老金相关制度进入加速期。2022年4月8日，国务院办公厅发布了《关于推动个人养老金发展的意见》；2022年10月26日，人社部等五部门联合下发《个人养老金实施办法》；2022年12月3日，财政部、国家税务总局发布了《关于个人养老金有关个人所得税政策的公告》；2022年11月4日，中国证监会发布了《个人养老金投资公开募集证券投资基金业务管理暂行规定》；2022年11月17日，中国银保监会发布了《商业银行和理财公司个人养老金业务管理暂行办法》。我国个人养老金制度体系基本形成。

一、《关于推动个人养老金发展的意见》

2022年4月,《关于推动个人养老金发展的意见》(国办发〔2022〕7号)正式出台标志着个人养老金发展试点转常规序幕正式拉开。7号文对个人养老金业务的方方面面进行了框架性规定,其中主要涵盖以下几点:

(1)明确账户制:7号文明确指出个人养老金将实行个人账户制度,缴费完全由参加人个人承担,实行完全积累。这意味着个人养老金不再是一个或几个独立的金融产品,而是一个权属明确、独立、能进行税优、能进行资产配置并提供多样化养老服务的个人账户。账户制有利于保障税收优惠到人并体现真实的个人意愿,是个人养老金业务"个人自愿"这一特征的集中体现。

(2)确定个人养老金的账户模式:按照7号文的规定,未来个人养老金账户将采用"唯一资金户+多个投资户"的模式,即一名投资者同一时间只能开立并保有一个银行的个人养老金资金账户,但是其可以在多个销售渠道同时开立个人养老金投资账户并同时绑定这唯一的资金账户。

这种账户模式通过唯一资金户确保个人养老金的安全运营和权属清晰,又通过多个投资户的设置满足了投资者多元化的资产管理需求。

(3)税优政策将决定个人养老金的覆盖广度:虽然从参与人群来看个人养老金业务可以覆盖近10亿人,但税收优惠政策将真正决定业务的有效户数。2022年9月26日,国务院常务会议指出对政策支持、商业化运营的个人养老金实行个人所得税优惠:对缴费者按每年12 000元的限额予以税前扣除,投资收益暂不征税,领取收入实际税负由7.5%降为3%。这一税负水平使得投资者的实际税负和个人所得税起征的最低档(3%)处于同一水平,再结合个人养老金账户中产品存在稀缺性,有助于增强个人养老金对投资者的吸引力,扩大覆盖面。当然对于目前暂不需缴税的中低收入群体,未来个人养老金账户还有待通过对投资收益免税、给予额外补贴等措施实现进一步激励,让更多人参与到个人养老金中来。

(4)个人养老金可投资产品实现了全风险覆盖:7号文明确了个人养老金可投向银行理财、储蓄存款、商业养老保险和公募基金,这四类产品从风险收益特征来看,涵盖从低风险到中高风险,这样的安排一方面通过纳入中高风险产品体现了个人养老金补充养老定位下对投资收益的要求,另一方面也为将来构建多元化组合提供了充分的条件。

二、《个人养老金实施办法》

2022年11月4日，人社部等五部门下发的《个人养老金实施办法》（人社部发〔2022〕70号），就执行实施关于推动个人养老金发展的意见提出了更细化的规定。最值得注意的是，参与个人养老金需要开设两个账户——个人养老金账户和个人养老金资金账户，商业银行是最重要的渠道。该实施办法明确，参加人参加个人养老金，应当通过国家社会保险公共服务平台、全国人力资源和社会保障政务服务平台、电子社保卡、"掌上12333"APP等全国统一线上服务入口或者商业银行渠道，在信息平台开立个人养老金账户。之后，选择一家符合规定的商业银行开立或者指定本人唯一的个人养老金资金账户。

个人养老金资金账户作为特殊专用资金账户，参照个人人民币银行结算账户项下Ⅱ类户进行管理。个人养老金资金账户与个人养老金账户绑定，为参加人提供资金缴存、缴费额度登记、个人养老金产品投资、个人养老金支付、个人所得税税款支付、资金与相关权益信息查询等服务。参加人可以在不同商业银行之间变更其个人养老金资金账户。

除了对参与范围、参与方式、参与金额、适用金融工具等参与个人养老金的各方面规定外，《个人养老金实施办法》还具体规定了领取养老金的条件、频率、期限，以及特别情况下个人养老资金账户的处置方式。

三、《个人养老金投资公开募集证券投资基金业务管理暂行规定》

2022年11月4日，中国证监会印发了《个人养老金投资公开募集证券投资基金业务管理暂行规定》（中国证监会公告〔2022〕46号，以下简称《暂行规定》），为证监体系和基金公司如何参与个人养老金业务指明了方向。

《暂行规定》针对和公募基金投资运作、产品设计、业绩评价相关的要点都进行了详细的约定，具有较强的可操作性，具体来说：

（1）基金投资层面强调长期，包括运作长期性和评价长期性。《暂行规定》在多处强调了长期性。长期性既包括基金在投资中的稳健性与运作的长期性，同时也包括评价原则的长期性。公募基金，尤其是主动权益基金在过去几年快速发展的过程中，出现了例如"基金挣钱基民不挣钱""基金投资风格飘移，实际投向与基金名称不符合"等行业现象，为了解决上述问题，除了鼓励基民长期持有，也应当鼓励基金公司做好长期基本面投资，为基民赚取长期价值创造的钱，而非短期情绪和交易博弈的钱，这样才能使基金行业更有序、健康发展。另外，除了将业绩作为长期评价的维度以外，还应关注投资者体验和获得感，例如回撤、波动率、持有胜率等；以及基金投资目标的清晰与投资风格的稳定性，例如重仓股与合同约定的一致性、换手率等。

（2）基金产品层面明确能纳入个人养老金账户的公募基金范围，并对规模和运作提出要求。对养老目标基金最低规模的要求，是避免基金规模过小，影响投资操作和产品正常运行。对投资风格稳定性的要求则是出于养老资金属性和收益要求的考虑：一方面，养老资金投资期限长，而为客户树立清晰的投资目标是长期持有的前提之一；另一方面，投资风格稳定性也是基金能在长期取得稳定超额收益的重要前提之一。

（3）费率设置层面强调费率优惠以保障普惠性并鼓励长期持有。设置费率优惠主要是考虑到养老资金期限长，过高的费率随着时间的复利累计效应会侵蚀投资者的部分收益。鼓励长期持有，一方面能让投资人养成为养老提前储蓄的习惯；另一方面也能使得投资人通过拉长持有时间，承受一定的市场波动，从而获得更高的投资回报率。

《暂行规定》对参与个人养老金投资公募基金业务的各类市场机构及其展业行为予以明确规范，主要内容包括三方面：一是明确基金管理人、基金销售机构等机构开展个人养老金投资公募基金业务的总体原则和基本要求，以及基金行业平台职责定位；二是明确个人养老金可以投资的基金产品标准，并对基金管理人的投资管理和风险管理职责作出规定；三是明确基金销售机构的展业条件，并对基金销售机构信息提示、账户服务、宣传推介、适当性管理、投资者教育等职责作出规定。

从适配产品方面，《暂行规定》明确了个人养老金可以投资的基金产品为最近4个季度末规模不低于5 000万元或者上一季度末规模不低于2亿元的养老目标基金；投资风格稳定、投资策略清晰、运作合规稳健且适合个人养老金长期投资的股票基金、混合基金、债券基金、基金中基金和中国证监会规定的其他基金；后续及时总结经验，适时逐步纳入适合个人养老金长期投资需求的其他基金。

从销售资质方面，《暂行规定》要求参与基金销售机构需满足最近4个季度末股票基金和混合基金保有规模不低于200亿元，其中强调个人投资者持有股票基金和混合基金规模不低于50亿元。同时，基金销售机构应当为投资人提供便捷的信息查询服务，查询信息包括但不限于个人基本信息、基金产品基本信息、持有份额信息等。根据投资人授权，基金销售机构可以依法协助投资人查询个人养老金缴费等相关信息。基金销售机构应当向投资人充分解释说明个人养老金相关制度，在投资人首次投资个人养老金基金前，向投资人特别提示相关信息。

从运营和数据管理方面，《暂行规定》授权中国证券登记结算有限责任公司建设运营基金行业平台，按要求做好与人社部个人养老金信息管理服务平台、相关市场机构的系统对接与数据交互，并遵守数据保密等要求。基金管理人、基金销售机构与基金行业平台做好系统对接和数据交互，按时保质报送数据。此外，在监管安排方面，明确中国证监会对相关市场机构的展业行为实施监管，并与相关部委加强监管协调，建立信息共享机制。

第三节　公募基金在个人养老金业务中的地位和作用

一、个人养老金的属性

个人养老金资金投资与其他投资的性质不同，有其自身的属性。

（一）长期性

长期性是个人养老资金投资的首要特征，从投资者职业生涯起步开始计算，养老金的投资期限可达40年左右，远超其他资金的投资期限。

一方面，长期性会放大养老金投资的复利效应并提高其对波动的容忍度。其中，复利效应的放大体现为短期收益率微小差异在养老金投资中可能会对最终结果产生重大影响，甚至会决定养老金积累的规模是否足以支付投资者的养老开支。而所谓提升容错率则主要是指在养老金投资过程中，市场的中短期波动并不一定会给投资者造成真正的亏损，市场的长期走势对养老金更为关键。因此，长期性决定了养老金投资具备通过适度提高波动以换取更高收益的条件。

但是另一方面，长期性也加大了养老金投资的难度。首先，过长的投资期限将使投资管理人很难找到与其期限匹配的固定收益类资产，进而频繁出现以短期限资产去匹配长期限负债的问题；其次，长期性还将使各种投机性方法不再有效，管理人必须进行扎实的基本研究并挑选出具有长期价值的投资标的。

（二）收益要求

个人养老金投资属于补充养老范畴，其主要目的并非解决投资者的温饱问题，而是希望投资者能以此进一步提高退休后的生活水平，进而实现"美好生活"的目标，因此个人养老金投资势必应当满足一定的收益率水平。

从人力资本和金融资本间的转化特征来看，投资者个人养老金的积累主要源于其在职期间的每年供款和养老金的投资回报，而退休后个人向养老金账户的供款将基本枯竭且养老金的投资目标将由资本增值转变为现金流供给，养老资产的规模将难有进一步实质性的增长，投资者必须依靠退休前积累的养老资产来应对退休后的日常开支、通货膨胀、医疗和其他应急支出。在人口平均寿命不断增长的前提下，如果个人养老金在投资过程中过于注重安全性，则容易导致投资收益积累不足的问题，出现"人还在，钱没了"的局面，遭遇长寿风险。

（三）定期、小额、连续供款

另外，由于完成养老金的积累需要投入较多的资金，一次性投入对投资者来说并不现实，因此通常情况下个人养老金的供款往往来自投资者定期的工资收入，具有每期定时付款、少量供款、分批买入投资产品的属性。这种属性使得养老金投资与长期定投具有天然的相似性，也就意味着对养老投资来说，投资时点的选择并不重要，买在高点或者低点对于投资者来说都仅仅是一小笔资金，对养老金投资不会产生实质性影响，而资产的长期收益率才是决定个人养老金投资结果最关键的要素。

二、公募基金能够达到个人养老金的收益要求

个人养老金投资对收益的要求决定了其回报必须在长期达到一定水平，才能满足投资者的养老目标。而长期属性又意味着权益投资更有可能实现这一收益水平。最后，小额、连续供款的特点决定了公募基金，特别是权益基金，符合成为优质的个人养老金投资标的的条件（见图2-1）。

图2-1　各类基金长期收益率比较

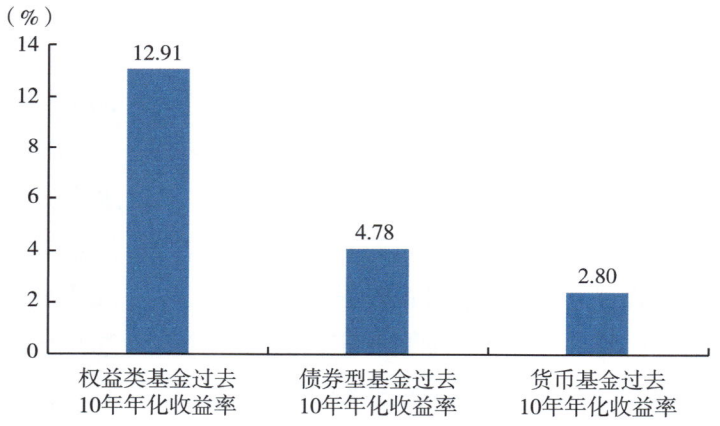

注：数据截至2022年6月30日。其中以Wind偏股混合型基金收益率代表权益类资产收益率，Wind中长期纯债基金收益率代表债券类资产收益率，Wind货币基金收益率代表现金管理类资产收益率。
资料来源：Wind。

首先，为什么权益类资产更适合作为养老金长期的主要投资选择呢？从大类资产的长期表现来看，固定收益类资产的回报主要受久期、评级和杠杆三要素影响。对养老金投资来说，其投资期限通常会达到几十年。因此，很难找到与其期限匹配或超越其期限的固定收益类资产——通过拉长期限放大固收投资收益的手段将失效，个人养老金在固定收益投资上将面临"长钱短投"的问题。如果希望提高固收投资的回报率，使之与养老金收益要求相匹配，只能

选择加大杠杆或降低所投资产的信用评级。但如此一来无疑增加了整个养老金投资的债务风险，甚至可能引发金融危机，以英国养老金近期爆发的危机来看，由于养老金在投资国债时使用了较多的衍生品杠杆，当债券价格暴跌时，必须提供额外的抵押品，为了筹集现金不得不进一步出售债券，进而造成债券价格进一步下跌，形成恶性循环并造成养老金资产的大幅亏损。英国养老金危机的案例恰好反映出了过度使用固收类资产在养老金长期投资中所蕴含的风险。退一步而言，即使短期内因为市场的错误定价等原因，能找到相对收益率较高的中短期固定收益类资产，如一些非标资产等，这类资产的规模也是有限且不可持续的，无法向个人养老金提供足够容量以及足够长时间的供给。

与固定收益类资产相比，权益类资产则不同。后者天然地满足养老金投资的收益要求并兼备长期投资的属性。虽然投资期间可能会出现一定波动，但从长期回报来看，权益投资相对固定收益类投资可以取得显著超额回报。并且，通过长期复利效应的放大，权益投资在收益率上的优势将被进一步放大。此外，权益投资一来自身并无期限限制之说，二来其能从企业的成长中获益，只要企业能不断成长发展，权益投资就可以持续获得回报。这一特征无疑与养老资金投资的长期性有很高的契合度。

当然，对个人来说，直接投向权益市场并不一定是养老金投资的最佳方式。一来个人养老金虽然总量巨大，但若分摊到个体，其每期的供款往往数量较少，即使足够直接购买股票等权益资产，也无法做到有效投资，个人投资者反而被迫承担大量的非系统性风险。二来如前文所述，养老金的权益投资更注重挖掘长期价值，需要深度基本面研究和严格的投资纪律性。而个人投资者在专业度和执行力方面与机构投资者相比都存在巨大的缺陷。因此，权益类资产直投效果往往较差，适合个人养老金投资的权益工具需要同时满足小额、分散、专业等条件，也就意味着公募基金，特别是公募基金中的权益基金将更适合作为个人养老金投资权益资产的品种。

三、个人养老金的投资特性能够有效提升公募基金的投资体验

（一）个人养老金投资的长期性使得基金投资波动性降低

公募基金，特别是权益基金由于主要投向股票等短期波动较大的资产，

因此一旦在错误的时点进入，往往短期就会出现较大幅度的回撤，给投资者造成较大的亏损，并影响投资者的投资体验和持续投资的积极性。以Wind股票基金指数回报率为例，若自任一时点开始持有中证股票基金指数1年，持有期的年化波动率①高达50%，在如此高的波动率下，暴涨暴跌屡见不鲜，投资者既无法获得稳定的赚钱效应，更不会形成正确的长期投资理念。

但实际上，短期的波动并不会影响长期回报的确定性，如果跳过实现收益的路径，仅测算不同时点长期投资的结果，则可以发现长期投资能在很大程度上缓解权益基金的短期波动。同样以中证股票基金指数回报率为例，若将持有期延长到3年、5年和10年，则持有期的年化波动率将显著下降至21%、13%和5%左右，这意味着随着持有期限的延长，权益基金的回报率也会具有非常高的稳定性，投资的不确定性将大大降低（见图2-2）。

图2-2 中证股票基金指数持有期年化波动率

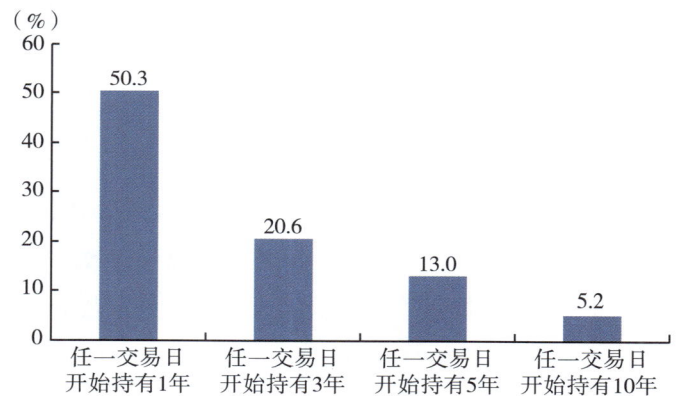

资料来源：Wind，数据截至2022年6月30日。

（二）个人养老金投资的长期性使得基金投资获取正收益的概率提高

除了降低波动率使收益更加稳健之外，投资公募基金获取正收益的概率也能随着持有期限的延长而提高。

同样以波动较大的权益基金为例，用相同的方法统计在任何时点持有中

---

① 年化波动率是指收益率的年化波动率，下同。

证股票基金指数1年、3年、5年、10年的盈利概率，可以看出投资者无论在任一时点投资股票型基金指数，持有10年都不会出现亏损；持有5年约97%的概率盈利；持有3年约90%的概率盈利，而持有1年盈利概率则会下降至76%左右（见表2-1）。

表2-1 投资中证股票基金指数在不同持有期下正收益概率

	任一交易日开始持有1年	任一交易日开始持有3年	任一交易日开始持有5年	任一交易日开始持有10年
盈利概率	75.7%	89.7%	97.2%	100.0%

资料来源：Wind，数据区间为2012年1月1日至2022年6月30日。

第四节 基金公司在推动个人养老金发展中的作用、手段和探索方向

基金公司在个人养老金业务中主要承担产品和投顾服务供应商的职责，确保个人养老金能够有合适的公募基金可选、有匹配的服务可以提供。

一、产品供给及资产配置方案提供

在发展养老第三支柱中，基金公司承担的首要职责是为个人养老金提供产品供给。一方面通过布局养老目标基金、提供策略清晰、运作合规稳健的产品，让投资者在个人养老金账户中有产品可以买。另一方面，除了直接提供产品外，基金公司也可以通过为养老理财、养老保险提供委托投资服务，间接服务个人养老金业务。

（一）布局养老目标基金

在中国证监会2022年11月4日颁布的《个人养老金投资公开募集证券投资基金业务管理暂行规定》中可以看到，养老目标基金将是最先纳入个人养老金账户的基金品种，因此基金公司首先需要完善养老目标基金的产品布局。

养老目标基金分为目标日期策略和目标风险策略两大类产品，这两类产品的定位是不一样的。目标日期策略产品定位于为客户提供一站式的资产配置服务，是一生一款的养老基金，客户只要按照退休日期购买就可以实现有效的养老资产配置，适合对基金投资不了解或者无暇顾及的客户；目标风险策略产品主要定位于清晰、明确的风险等级，适合对投资、基金、风险有一定认知的客户自行配置。

截至2022年6月30日，养老目标基金整体规模已达1 057亿元，产品基本已实现对各年龄段和各风险偏好的全覆盖（见图2-3）。细分来看，目标风险基金中，当前平衡和稳健类产品布局已比较充分，但是在积极类风险产品的布局仍有待提高。目标日期基金方面，2035—2045年龄段的目标日期策略基金布局较多，2035前和2045后的目标日期产品布局较少，特别关注到诸如2025、2030等日期的目标客户，其实已临近退休，养老需求明确，但已布局产品数还较少，有待进一步覆盖。

图2-3　养老目标基金历年规模情况

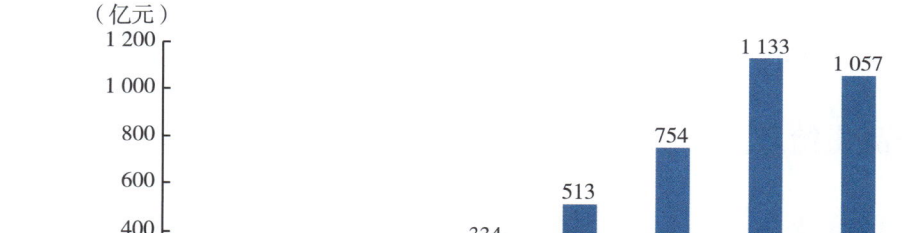

资料来源：Wind，数据截至2022年6月30日。

（二）提供清晰优质的产品图谱

依据《暂行规定》，在个人养老金业务试行期纳入养老目标基金后，未来投资风格稳定、投资策略清晰、长期业绩良好、运作合规稳健的普通股票、混合、债券等基金类型均有机会纳入个人养老金账户。

基金行业经过20多年的发展，截至2022年9月30日，公募基金数量已经超过1万只，数量虽多，但质量却仍参差不齐。一方面，有一些产品同质化较强，无论是名称、基准还是实际风格都比较类似；另一方面，产品存在风格飘移现象，导致无法保证长期、稳定地战胜业绩比较基准。这些问题都将对公募基金服务个人养老金的质量产生不利影响。因此，对基金公司来说，一方面需要优化其产品线，形成风格清晰、稳定的产品图谱；另一方面则需要提高产品质量，保证基金业绩相对业绩比较基准的胜率，降低次品率。

（三）为养老理财和养老保险等提供委托投资服务

除了直接服务个人养老金客户外，公募基金行业还可以通过为养老理财和养老保险提供委托权益投资，间接服务个人养老金业务。

虽然目前养老理财和养老保险并没有主要投向权益资产，但从长期来看，权益投资是理财和保险无法规避的。穿透产品形式间的差异，养老理财、养老保险和基金在服务个人养老金中的核心功能基本一致，即提供一个长期收益率，从而让养老资产的长期购买力不贬值甚至增值。在养老理财、养老保险和基金的可投资资产上，债权类资产需要靠拉长久期、信用下沉等方式增厚收益率，但随着个人养老资金的潜在规模和超长期限，通过债权类资产做到比较显著的收益增厚较为困难，而权益投资更有可能提供长期、持续和足够的收益。

对于理财子公司和保险公司来说，债权类资产投资、固收类产品的管理更为擅长，权益类产品投资能力相对较弱。从历史上看，权益类的银行理财、理财子产品、保险资管产品中的权益投资部分，往往也会借助外部更擅长权益类资产投资的管理人达到更好的效果。在目前国内资管行业，公募基金公司在权益类资产投资的专业性是毋庸置疑的，因此在个人养老金业务中，基金公司还将承担起为养老理财和养老保险提供委托权益投资的职责。

二、发挥专业，做好投资顾问服务

除了从产品和投资方面加以改善外，按照中国证监会《关于加快推进公募基金行业高质量发展的意见》，在个人养老金业务中基金公司还应当更多发挥其在为客户进行财富管理方面的职能,其中又以通过投资顾问服务个人养老金最为重要。

投资顾问环节在我国财富管理生态中的长期缺失,是导致过往投资者盈利体验不佳的主要原因之一。为了解决这一问题,中国证监会自2019年10月起推动公募基金行业开展基金投顾试点,其主要通过互联网智能投顾的形式为广大中小投资者提供门槛低、便捷度高等特征的投顾服务,是未来对接个人养老金业务顾问服务的合适载体。

根据中国证券投资基金业协会数据显示,截至2021年底,参与基金投顾业务试点的机构合计服务客户367万户,服务资产980亿元。

自第一批基金投顾牌照发放至今,目前获得基金投顾业务试点资格的机构共有61家,包括25家公募基金公司、30家证券公司、3家银行(工商银行、招商银行、平安银行)、3家独立销售机构(先锋领航投顾——蚂蚁集团、腾安基金——腾讯旗下、盈米基金)。其中,以公募基金管理人和独立销售机构展业速度最快,主要是因为投顾业务整体还处于发展初期,基金公司可以依托自身强大的投资、研究等平台资源,在产品研究筛选、组合资产配置、运营与管理中占据较强的先发优势。而独立销售机构则依托互联网,有效提升了覆盖人群广度,并通过深入洞察客户的财富管理需求和行为,不断挖掘投顾业务的应用场景,增强用户的黏性,获取先发优势。

以中欧基金为例,该公司旗下的销售子公司中欧财富是首批获准开展基金投资顾问业务试点工作的五家机构之一,并于2019年12月24日开始为客户提供基金投资顾问服务。在养老投顾服务方面,中欧财富属于行业中起步较早的机构,早在2017年,中欧财富就开始以组合投资的形式推出自己的养老投顾策略品牌——"水滴养老",并在获得基金投顾牌照后将"水滴养老"升级为全委托型投顾组合。"水滴养老"会根据用户退休时间、基础收入、薪资成长水平、风险承受能力等量身定制专属养老计划,满足"65后"~"90后"的养老需求。其特点是能覆盖全生命周期,动态调整资产配置。随着客户年龄增长、风险偏好下降,逐年下调权益资产占比,并预留动态配置空间,动态匹配客户风险偏好及市场行情,提供个性化的养老投资方案(见图2-4)。

图2-4　中欧财富养老投顾组合方案构建思路

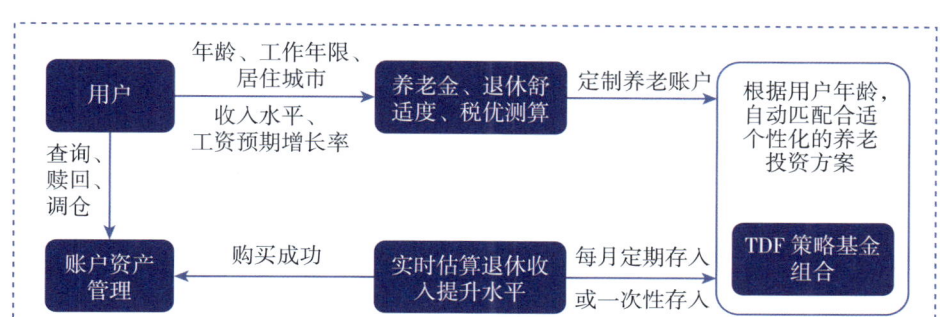

从实现路径来看,"水滴养老"为客户构建养老投资组合主要分为以下三步:

第一步:提供个人信息。客户提供基本信息,包括年龄、工作年限与城市、收入水平及工资预期增长率等。

第二步:养老金测算。在上述信息基础之上,系统将估算当前的基本养老金和养老舒适度,并给出若未来要达到基本/舒适的退休生活,当前每月养老金的金额差距。

第三步:定制养老方案。养老方案将包含以下几个关键要素:风险等级、预估退休总收入(每月)、生活舒适度、定期/单次投入金额、新增退休收入金额(每月)、资产配比、配置明细。其中,新增退休收入金额是指按持续投资年限投资至退休或当下一次性投入。假设以模拟测算的收益率,通过计算得到退休时的投资总资产,假设从退休开始逐月等额领取这笔资产至85岁,则每月领取的金额即为新增退休收入。

除了中欧基金之外,其他各家投顾机构也已推出了风格各异的养老投顾策略,通过对比市场上首批问世的养老投顾策略可以看出:

从策略类型上看,南方基金的养老投顾以目标日期策略为主,推出的三款——司南悦享人生2040/2045/2050,有相同的业绩比较基准和费率,针对不同的退休目标日期采取不同的配置策略。华夏基金和中欧基金的养老投顾则以目标风险策略为主,针对不同年龄群体的客户推出不同系列的养老投顾组合,满足客户对养老金储备的需求,并且基于生命周期理论,随着年龄的增长(风险偏好的下降),组合中权益资产的配置比例逐渐下降(见表2-2)。

从投顾费率上看,所有组合的费率统一为0.50%/年。

表2-2 各机构养老投顾设置情况

投顾品牌	养老投顾组合	业绩比较基准/资产配置比例
司南投顾(南方)	司南悦享人生2040	基准:沪深300×60%+上证国债×40%
	司南悦享人生2045	基准:沪深300×60%+上证国债×40%
	司南悦享人生2050	基准:沪深300×60%+上证国债×40%
查理智投(华夏)	"60后"智享财富	权益68%,固收27%,现金5%
	"70后"智赢人生	权益77%,固收18%,现金5%
	"80后"智领未来	权益85%,债券10%,现金5%
	"90后"智享自由	权益89%,债券8%,现金3%
水滴投顾(中欧)	"65后"水滴养老	股票27%,固收71%,现金2%
	"70后"水滴养老	股票43%,固收55%,现金2%
	"75后"水滴养老	股票56%,固收42%,现金2%
	"80后"水滴养老	股票73%,固收25%,现金2%
	"85后"水滴养老	股票98%,现金2%
	"90后"水滴养老	股票98%,现金2%

资料来源:南方/华夏/中欧财富APP。

从实际运行结果来看,首先是业绩表现。中欧基金旗下的水滴投顾起始运作日较早(2017-11-28),经历过2018年熊市,所有组合成立以来的年化收益在7%~10%之间不等;华夏基金旗下的查理智投由于起始运作日较晚(2019-01-21),未经历过2018年的熊市,因此整体组合成立以来的年化收益更高,在14%~21%之间不等。整体来看所有组合相较各自的业绩比较基准都取得了不错的超额收益。

其次,从资产配置上看,各个组合按照目标客群的年龄差异,进而在资产配置结构上体现出了差异,即目标客群越年轻,风险承受能力越强,相应地在混合型和股票型基金上的配置比例更高,而在货币型和债券型基金上的配置比例更低。

最后,养老投顾组合在实践中遇到的以及作为投资者比较关心的问题,主要集中于投顾组合的调仓效率，在不同销售机构由于费率、代销基金范围、调仓效率差异性所带来的的业绩差异性，投顾组合的运作策略，组合持仓等信息披露等方面。

第五节　公募基金如何发挥自身投资和财富管理优势更好地服务个人养老金

一、对过去的反思

（一）公募权益类产品波动较大

当前纳入个人养老金账户中的产品包括养老理财、养老储蓄、养老保险和公募基金（当前主要是养老目标基金）。大部分产品均强调养老资金的保值，例如养老理财设置了预期收益型的业绩比较基准和收益平滑机制，投资类型以固收类为主；而养老储蓄则是保本保息的投资品种；养老保险也属于中低风险的产品，并且更侧重保障功能，投资属性较弱。当前，仅公募基金（养老目标基金）是中高风险的投资品种，能够通过承受一定波动，获取资产的长期增值。

但是，权益类产品如果波动过大，既不符合养老金的稳健投资需求，也会导致投资者频繁申赎，进一步阻碍其盈利体验的提升。基金公司在提供权益类产品并服务个人养老金时，可以借鉴养老理财的收益平滑金机制，熨平权益类产品的短期波动，从而使得产品的长期业绩更加稳健，有利于养老金客户长期稳定地持有产品，从而获得更高收益。

（二）公募主动权益类产品存在风格漂移现象

风格漂移也是长期困扰我国公募基金行业高质量发展的主要问题。虽然部分风格漂移是为了给投资者创造更高的超额收益，但由于每个基金经理有自己擅长投资的领域，因此风格漂移的结果一方面可能会损害基金创造超额收益的能力，更重要的是不利于投资者建立清晰、稳定的投资目标，导致投资者自身不理性的交易行为，进而阻碍其盈利体验的提升。以风格类的主动权益基金为例,长期来看无论是大盘、小盘、中盘,还是成长、价值、均衡,各类风格基金只要长期持有都能实现不错的超额收益,但是不同风格的持有体验有差异,例如价值风格在投资时强调向下的安全边际,注重估值合理甚至低估,相对来说在市场剧烈调整时波动较小,但上涨的弹性相应也较小;而成长风格更看重未来的成长性,对于估值的容忍度较高,相对来说波动会更大,弹性也更大。若产品无法给客户传达清晰、稳定的投资风格,客户就容易因自身的交易行为给持有收益造成负向影响。相关资料见图2-5和表2-3。

图2-5 从2018年到2020年,同样一组公募基金风格飘移情况

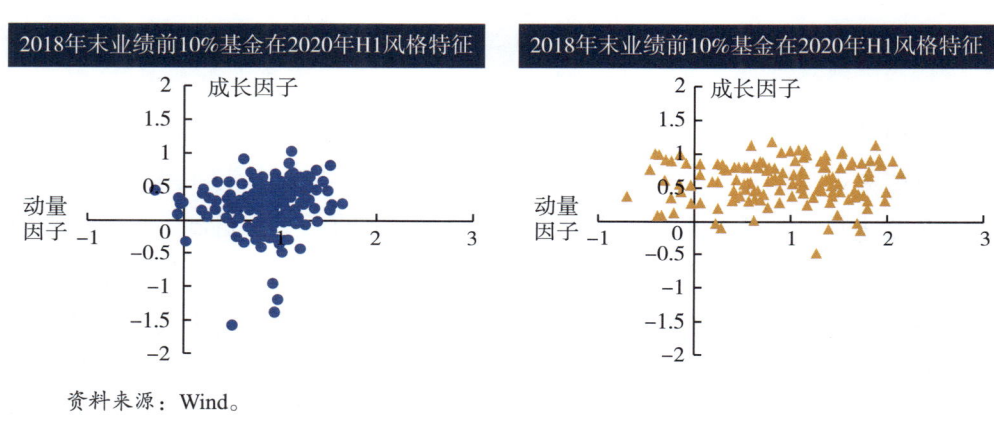

资料来源:Wind。

表2-3 不同风格和市值类指数的累计回报、最大回撤和最大上涨情况 (单位:%)

指数分类	指数简称	最大回撤			最大上涨		
		近3年	近5年	近10年	近3年	近5年	近10年
风格指数	300成长	-45	-45	-45	97	163	269
	300价值	-28	-29	-41	36	40	171
市值指数	沪深300	-35	-35	-47	65	96	178
	中证500	-32	-40	-65	57	90	320
	中证1000	-35	-48	-72	57	94	426

资料来源:Wind。

（三）不便捷，投入和领取模式单一

养老资金和一般的理财资金在投入和领取模式上有一定差异，养老资金的投入往往是固定周期和频率、固定金额、长期多笔投入，而在领取方式上则会因人而异，包括领取的方式、年龄、频率、金额等，往往跟个人实际情况和偏好密切相关。所以个人养老金账户中的产品，需要设置灵活的投入和领取方式，才能满足大众需求。

当前公募基金的投入和领取模式相对单一。而以养老保险为例，其具备灵活的缴费方式（一次性缴纳或年缴，年缴又可以分为多个周期如3年、5年、10年等）和灵活的领取方式，包括领取的年龄、领取的频率等。以养老理财为例，建信理财于2022年1月发行的"安享固收类按月定开式（最低持有5年）"首次在运作模式上进行创新，投资者可以在每月固定开放日的指定时间段内，进行申购赎回与定投，从而满足投资者更灵活的申/赎需求，对于长期限的养老资金，可以避免资金在封闭型产品到期后闲置、无法及时续接其他产品的问题，提升养老资金的使用效率。

二、对未来的展望

（一）提高投资专业度，尤其是管理大规模资金的能力

在个人养老金发展的过程中，更多的居民财富将纳入养老金体系中，从而给整个财富管理市场带来增量，基金公司也必须提升自身的专业投资能力，以应对更大规模的养老资金，解决自身的管理规模边界问题。

个人养老金缴费者按每年12 000元的限额予以税前扣除，投资收益暂不征税，领取收入实际税负由7.5%降为3%。根据2018年财政部副部长程丽华接受采访时提供的信息，起征点提高到每月5 000元后个人所得税的纳税人占城镇就业人员的比例约为15%，以2021年为例城镇就业人数为46 773万人，15%比例下纳税人群体约为7 015.95万人。

基于以上推算，以5年周期来预测个人养老金的规模，并以养老金推广渗透率作为指标，分别作出谨慎、中性、乐观三种假设下的预测。谨慎假设下给予5年15%的渗透率，中性假设下给予5年30%的渗透率，乐观假设下给予

5年50%的渗透率，假设每年等比例提升渗透率。从预测结果看，在乐观假设下，个人养老金制度落地后5年有望达到年新增4 210亿元，累计规模13 686亿元（见表2-4）。

表2-4 （单位：亿元）

年份	2022		2023		2024		2025		2026	
假设	新增	总量	新增	总量	新增	总量	新增	总量	新增	总量
谨慎	253	253	505	773	758	1 577	1 010	2 682	1 263	4 106
中性	505	505	1 010	1 546	1 515	3 154	2 021	5 364	2 526	8 211
乐观	842	842	1 684	2 576	2 526	5 257	3 368	8 940	4 210	13 686

从投资理念、策略及风格来看，服务个人养老金是万亿元乃至十万亿元级别的大命题，只有从基本面入手的低换手策略才能更好地适应。根据对过去3年（2019—2021年）全市场主动权益宽基（非行业主题基金）的平均年化单边换手率的统计情况，按照低换手（200%及以下）、中换手（200%~350%）、高换手（350%及以上）划分为三组。从不同换手率基金的规模来看，2019年以来低换手基金的规模远大于中换手和高换手基金的规模（见图2-6）。

图2-6 不同换手率分组下的基金规模

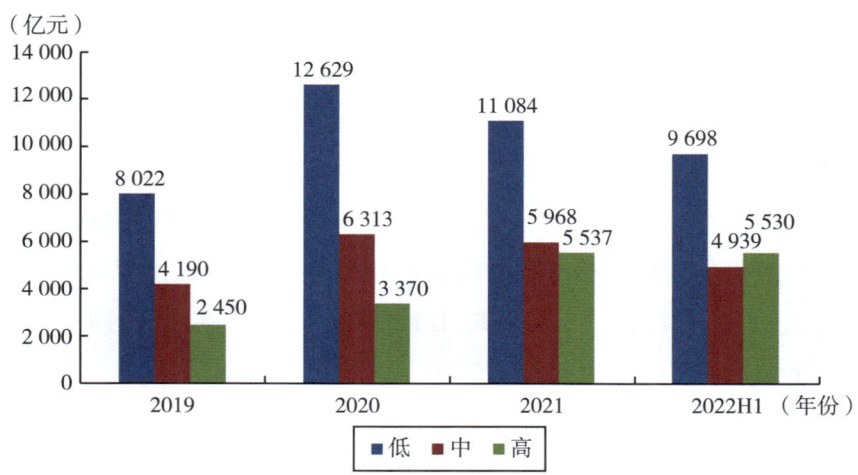

资料来源：Wind，换手率（单边）数据为2019—2021年的平均值。

针对这一问题的解决路径，海外成熟市场已经有大量成功案例。一方面，只有建立在长线基本面理念基础上的深度研究才能最大化投资策略容量，并且能在大规模资金的情况下依然争取到良好的长期投资回报。中国优秀企业上市的数量越来越多，但投资者也越来越专业，每一位投研人员只有找到自己的能力圈，找到自己的特点和专长聚焦，并不断精进，在专业领域形成自己的洞见，才有可能在未来找到真正长期优质的标的，分享中国经济高质量发展的红利。另一方面，还需要加强专业协作，深度和协作是互为因果的关系。如果没有团队协作，个人看的范围窄，深度就往往只能流于表面，但一个人是无法完成这些研究的，只能靠团队其他的投资伙伴把相关领域研究清楚，互相高效率地分享才能实现。

（二）刻画清晰的产品线，避免风格飘移

基金管理人应从两个方面来解决风格飘移问题。

第一，从产品设计上，选取合理的业绩比较基准，准确、客观地反映基金的投资风格和方向。近几年随着股市结构性行情到来，行业主题基金得到广大投资者的青睐，而主动型的行业主题基金，在投资目标上更强调取得超越所在行业指数的收益，体现基金管理人的主动投资能力。行业主题基金业绩比较基准设置不合理，不利于投资人辨认产品定位并树立合理的风险收益预期，也不利于进行基金业绩评价。例如一只消费基金以沪深300指数作为业绩比较基准，那么基金所实现的超额收益并不能反映该基金经理在消费行业上真实的投资能力，这种超额收益更多来自行业贝塔的收益，而非个股阿尔法的获取。

第二，除了合理的业绩比较基准，管理人还需严格遵循合同约定，避免实际投资方向与合同约定不符的情况。一类典型的行业风格飘移现象为：消费主题基金披露的第一大重仓行业为电力设备，大概率该基金受短期市场行情影响，飘移到新能源板块。根据对全市场规模靠前的消费主题基金的统计分析，发现均未发生行业上的风格飘移，第一大行业以食品饮料、农林牧渔、家用电器、公用事业为主，均属于消费主题。这些大规模的产品在投资风格、策略、行业上保持了相对的稳定性，遵守合同契约要求，同时也给投资者树立了清晰的投资目标和方向，在产品进行市场营销时也能起到一定正面作用。

全市场成立满3年的主动权益宽基按照市值（小盘、中盘、大盘）以及风

格（价值、均衡、成长）两个维度划分为九类风格，各类风格下基金的规模以及规模占比情况如图2-7所示；这样有利于管理人基于全市场基金风格构建自身清晰的"产品风格图谱"，能针对每一只基金做明确的风格定位，还能定期观察基金是否发生了风格飘移。

图2-7 全市场成立满3年的主动权益宽基风格与规模分布情况

	小盘	中盘	大盘
成长	1 322亿元 6%	4 694亿元 21%	6 166亿元 27%
均衡	661亿元 3%	2 354亿元 10%	3 516亿元 16%
价值	1 110亿元 5%	1 608亿元 7%	1 156亿元 5%

资料来源：Wind，截至2021年12月31日，基金风格参考中欧基金研究结果。

（三）打造智能化投顾，改善客户盈利体验，迎接财富管理新时代

与海外成熟市场相比，我国基金投顾业务才刚起步，养老投顾仅初具雏形，距离海外成熟市场仍有一定差距，存在规则体系建设仍待完善，以及重"投"轻"顾"等问题，有针对性地解决这些问题将有助于改善国内养老投资生态，改善客户盈利体验，更好地迎接财富管理新时代。

首先，完善的规则体系对业务的发展能起到显著的引领作用。过去国内的个人投资顾问业务长期缺乏统一法律法规约束，直至2019年10月24日中国证监会发布《关于做好公开募集证券投资基金投资顾问业务试点工作的通知》（以下简称《试点通知》），开启了国内公募基金投资顾问业务试点工作。

对于个人养老金投资来说，往往是针对个人客户全生命周期中的全类型资产进行合理配置与投资，因此如果无法对养老保险和养老理财进行顾问服

务，可能会使得养老投顾无法从投资者的全部资产整体为其规划和配置，进而可能无法实现特定或者具有差异化的风险—收益预期目标。

个人养老金制度需要配合投资顾问进行调整，同时投资顾问也需要做出改变来迎接个人养老金时代的到来。目前，投资顾问业务中存在的一个普遍现象，是在日常顾问服务中往往过分看重及宣传投资业绩，而在客户全方位陪伴上较传统的基金销售没有实质性改变。诚然，投资顾问中投资是核心，先有投资的好业绩才有后续的顾问业务。但如果在整个投资顾问的服务和宣传内容中还是强调投资业绩，那投资顾问也就变成了另一个公募基金。

提升"顾"的内容可以着眼于两点：一是顾问服务应当不止于投教内容，而应当切实解决客户养老过程中可能会遇到的问题，给投资者更多可落地的实际帮助。例如，可以给投资者提供未来养老医护、养老看护的选择，并定制化地为投资者提供给当下养老、购房、医疗等资金的分配方案。这个内容过去养老保险有所涉及，但是对银行和公募基金来说相对涉及较少。二是养老应当看作一个投资者全生命周期的历程，因此养老顾问也应当是一个生命周期的陪伴过程，其顾问的内容应当不局限于单纯养老，而是应当与投资者每个年龄阶段的需求息息相关，例如对中年客户来说养老可能难以引起共鸣，但是如果可以在顾问的内容中为客户的子女教育问题提供一些建设性的意见，自然对他们更有吸引力。

第三章
他山之石——分析和借鉴海外成熟模式

第一节 国际个人养老金[①]体系及发展趋势

一、国际个人养老金体系的整体情况

（一）国际个人养老金的三支柱体系概览

1994年世界银行提出养老金三支柱体系，包括第一支柱公共养老金、第二支柱职业养老金和第三支柱个人养老金。目前从全球来看，养老金三支柱的模式已经成为较为主流的模式，不同国家根据各国国情建立了各自的养老金三支柱体系（见表3-1）。

表3-1 不同国家的养老金三支柱建立情况

国家	第一支柱	第二支柱	第三支柱
美国	联邦公共养老金计划	雇主养老金计划［401（k）、403（b）计划］	个人退休储蓄账户
加拿大	政府强制性养老金计划	雇主注册养老储蓄计划（RPP）	注册养老金储蓄计划及免税储蓄账户
澳大利亚	基本养老金	超级年金	自愿型超级年金

---

① 由于OECD的报告并不是严格按照第一、第二、第三支柱进行划分的，而是根据强制性、自愿性去划分，且每个国家情况不同，很难严格区分出第三支柱"个人养老金"，因此本章提及的"海外国际个人养老金"在有些文献里也称"私人养老金"，包含企业和个人共同参与的第二支柱，以及个人自主选择的第三支柱，和我国当前按三支柱划分的个人养老金略有区别。

续表

国家	第一支柱	第二支柱	第三支柱
英国	国家基本养老金	职业养老金	个人储蓄计划、Stakeholder养老金、个人自助投资养老金（SIPPs）
法国	公共养老基金	企业年金	个人基金
德国	法定养老保险	企业补充养老保险	私人养老保险
日本	国民年金	厚生年金和共济年金	NISA、IDeCo
荷兰	国家养老金	行业养老金	个人储蓄计划
智利	强制个人缴费计划	个人账户养老金	自愿性补充养老金
意大利	社会养老金、残疾养老金、退伍老兵养老金	契约型职业养老金和开放式职业养老金	自愿性商业养老保险计划和私人养老保险计划（PIPs）
比利时	国家养老金	职业养老金	养老金储蓄基金
波兰	公共养老金	雇员资本养老金制度（PPKs）、强制性补充养老保险	自愿性补充养老金
土耳其	公共养老金	职业养老金	自动加入养老金制度
韩国	国民养老金、特殊职业养老金、零支柱基本养老金	退休养老金计划	个人养老金计划

资料来源：光大证券、兴业证券研究院、世界银行。

评价养老金体系可否提供充足、可负担、可持续且稳健的待遇水平，通常用养老金替代率来衡量。养老金替代率水平能反映不同时期退休老人较为真实的养老保障程度。养老金替代率，是指劳动者退休时的养老金领取水平与退休前工资收入水平之间的比率，是衡量劳动者退休前后生活保障水平差异的基本指标之一。本文采用总收入替代率（即养老金总金额除以退休前总收入，不扣除个人所得税和社保缴费）作为养老金替代率指标。

根据经合组织（OECD）的数据，从整体上看，OECD国家平均强制性养老金替代率为51.8%，加上自愿性养老金后平均总体替代率为57.6%，略超过国际劳工组织建议的养老金替代率的最低标准55%，但仍低于建议的可以维持退休后基本生活水平的养老金替代率水平（60%~70%）。从结构上看，不同国家的养老金替代率水平差别较大。OECD国家的养老金结构主要分为三类：一是以公共养老金为主的17个国家，如拉脱维亚、芬兰、澳大利亚等，其公共养老金平均替代率为60.2%。二是以公共养老金和强制性私人养老金为主的10个国家，如丹麦、荷兰、冰岛等，其公共养老金平均替代率为24.3%，加上强制性私人养老金后强制性养老金替代率提高到52.4%。前两类国家都没有建立起广泛覆盖的自愿性养老金。三是自愿性私人养老金较为发达的11个国家，如美国、加拿大、比利时等。这类国家平均强制性养老金替代率为30.7%，加上自愿性养老金后总体替代率提高到59.2%。各国都在积极发展个人养老金，有效地补充公共养老金待遇水平。

个人养老金在超过1/3的OECD国家中具有重要意义。在有数据统计的国家中，美国的养老金替代率水平较高，养老金替代率为81.3%，公共养老金替代率（39.2%）略低于个人养老金替代率（42.1%），个人养老金承担了更重要的养老保障职能（见图3-1和图3-2）。大多数国家的公共养老金替代率均较高，个人养老金替代率水平相对较低。

图3-1　2020年部分国家养老金替代率水平

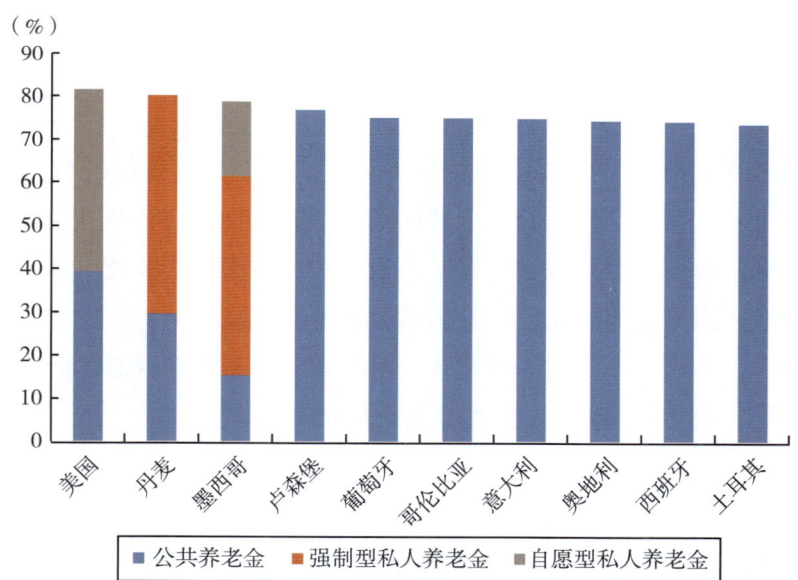

资料来源：OECD Global Pension Statistics。

图3-2 2020年个人养老金较为发达的国家养老金替代率水平

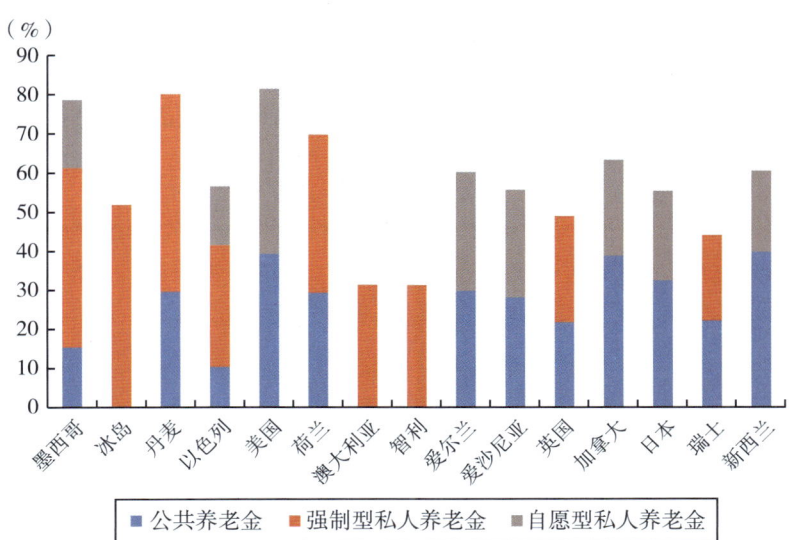

资料来源：OECD Global Pension Statistics。

（二）国际个人养老金的发展情况和变化

1.整体规模的情况和变化

从全球的养老金分布来看，养老金资产规模具有一定的区域集中性。截至2020年，全球养老金总资产规模超过56万亿美元，其中OECD国家养老金规模为54.06万亿美元。美国的养老金总规模最大，达到35.49万亿美元，占OECD国家养老金总规模的65.6%，占美国GDP的169.9%；其次是英国、加拿大和荷兰，养老金总规模分别达到3.59万亿美元、3.08万亿美元和2.09万亿美元。代表性OECD国家的个人养老金总资产规模达20.5万亿美元，较2018年增长4.5万亿美元。

从2010年到2020年末，OECD国家养老金总资产从29.1万亿美元增长到54.06万亿美元；同时，个人养老金资产规模的增长显著。以个人养老金发展较好的代表性国家来看，美国养老金资产从17.9万亿美元增长到35.5万亿美元，其中个人养老金从6.87万亿美元增长到15.26万亿美元，年均增速为

8.31%。加拿大养老金资产从2.07万亿美元增长到3.08万亿美元，其中个人养老金从7 550亿美元增长到1.04万亿美元，年均增速为3.24%。澳大利亚养老金资产从1.02万亿美元增长到1.79万亿美元，其中个人养老金从5 987亿美元增长到9 485亿美元，年均增速为4.71%。丹麦养老金资产从5 530亿美元增长到8 821亿美元，其中个人养老金从2 180亿美元增长到2 877亿美元，年均增速为2.81%（见图3-3）。

图3-3 部分OECD国家个人养老金2010—2020年增长情况

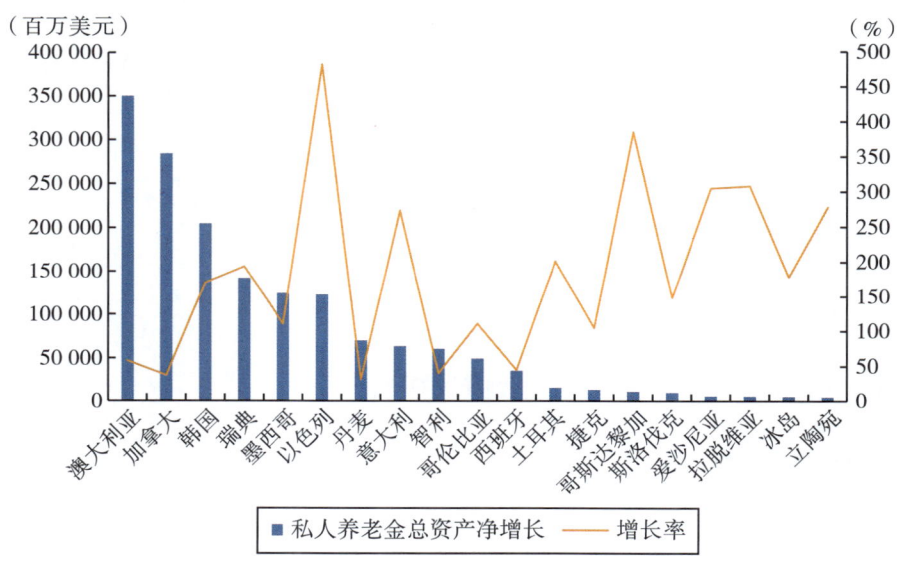

资料来源：OECD Global Pension Statistics。

2.个人养老金和国家GDP的关系

在衡量与比较不同国家个人养老金的相对规模方面，个人养老金资产规模占国家GDP的比重是反映一个国家个人养老金发展程度的重要指标。从全球个人养老金规模占GDP的比重来看，2020年有五个国家的个人养老金资产规模占GDP的比重超过40%，分别是智利（82.5%）、丹麦（80.8%）、美国（73%）、澳大利亚（71.4%）、加拿大（63.1%），瑞典（39.6%）的比重也接近40%（见图3-4）。这些国家在很久之前就已经建立了相对完备的个人养老金制度，大多数国家都有强制型或准强制型的个人养老金制度。

图3-4　2020年主要OECD国家个人养老金占GDP的比重

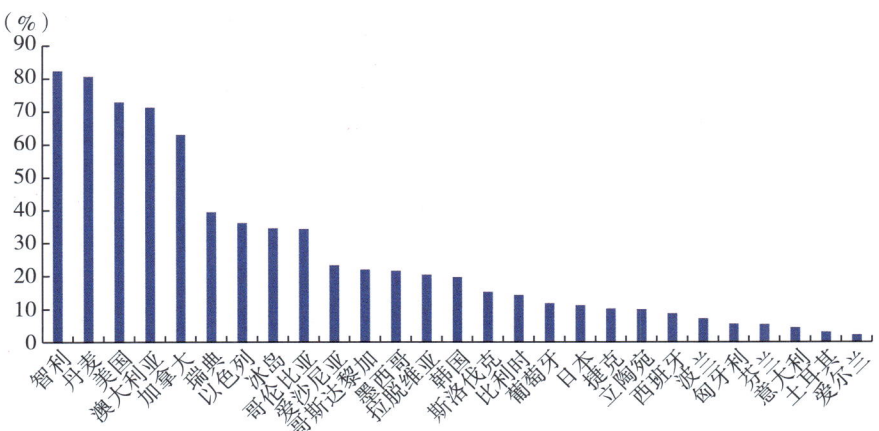

资料来源：OCED Global Pension Statistics，World Development Indicators。

个人养老金占国家GDP的比重较低的国家，其个人养老金增速相对较快。对比2010—2020年，个人养老金年均增长率最高的三个国家为意大利（17.34%）、以色列（14.40%）和土耳其（14.01%）（见图3-5）。大多数国家的年均增长率超过5%。

图3-5　部分OECD国家个人养老金占GDP的比重

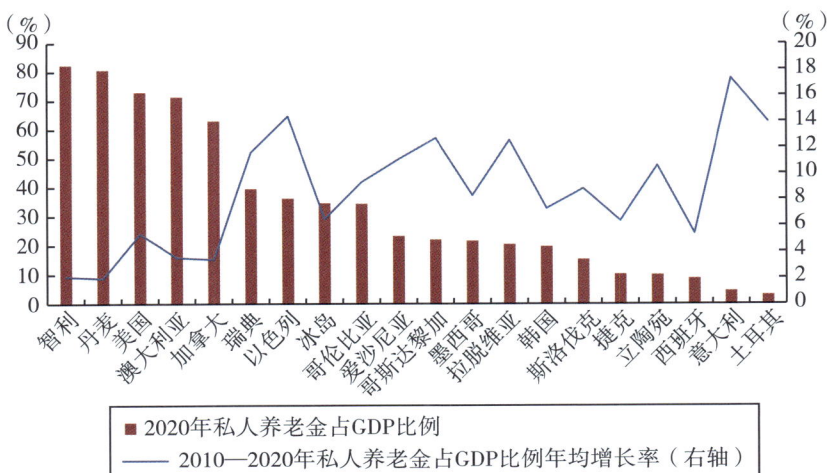

资料来源：OCED Global Pension Statistics，World Development Indicators。

3.各类市场机构的参与情况

从全球经验来看,个人养老金一般通过各类金融机构进行市场化、专业化运营,也有国家在市场化投资的同时引入中央统一平台或公司进行管理。

参与个人养老金投资管理的市场机构主要分为两类:

第一,专设养老金管理公司。智利、墨西哥、秘鲁等拉美国家要求建立以运营养老金为唯一目的的专业机构。例如,智利的个人养老金进行市场化运营,由私营的养老基金管理公司(Administradorade Fondo de Pensiones,AFPs)负责收取缴费、账户服务和投资管理,投资于智利中央银行授权的股票、债券等金融工具,由独立的政府部门"养老基金监管局(SAFP)"进行监管。目前,智利共有6家养老基金管理公司,截至2021年末,AFPs管理的资产规模为1 920亿美元,相当于智利GDP的76%。

第二,现有金融机构在满足监管要求的前提下提供养老金产品或资产管理服务。包括美国、加拿大、英国、德国、澳大利亚、新西兰、日本在内的众多国家都可通过不同类型的金融机构为个人建立个人养老金计划,提供投资服务。从制度上看,并未限制各类金融机构公平参与,可投资品种和标的也较为宽泛。但从结果看,市场选择导致各国占主导地位的机构/产品类型不同,比如美国个人养老金开户渠道以非银金融机构为主,持有资产以共同基金为主;而德国个人养老金计划购买的产品以保险合同为主,但在全球经济下行、收益率过低的现实情况下,德国政府开始重视资本积累制、重视投资增值在养老金体系中的作用,个人养老金逐渐向多元化的资产配置转型。

二、国际个人养老金在制度体系方面的演变和发展趋势

在全球人口老龄化日益严重的大背景下,除了可持续性受到挑战外,各国养老金体系还存在着覆盖面不足、居民参与意愿低等问题。近年来不同国家为解决这些问题,开始积极推进养老金制度的改革,如推出新的个人养老金账户或计划,完善养老金体系;实施自动加入机制,扩大第二支柱覆盖人群;根据国情调整个人养老金的缴费率;降低养老金运行成本,提高投资收益率,提升居民投资个人养老金的意愿;推进职业养老金的DB计划逐渐向DC计划

转变。①

（一）推动第三支柱发展，完善养老金体系

自世界银行提出"三支柱养老保障体系"以来，第三支柱的发展程度便成为衡量一国养老金体系的重要参考因素之一。各国为了提高所有居民的退休福利，完善多层次的养老金体系，一般会通过推出新的个人养老金账户或计划以推动第三支柱的发展，以波兰和比利时为例。

波兰在2012年推出了新的自愿型个人养老金账户——个人养老保障账户（Indywidualne Konto Zabezpieczenia Emerytalnego，IKZE）作为原有个人退休账户（Indywidualne Konto Zabezpieczenia Emerytalnego，IKE）的补充。IKZE在缴费时可享受15%的税收抵扣，即如果养老金缴纳额为1 000波兰兹罗提，那么应税收入将扣除150波兰兹罗提。该账户的推出使得波兰个人养老金的资产规模增长了15.31%，占GDP的比例也从2012年的16.8%上涨到2013年的18.3%。

比利时2018年为自由职业者推出了隶属于第三支柱的个体经营者养老协议（Pensioenovereenkomst voor Zelfstandigen，POZ）。该计划在缴费时可以享受30%的个税抵扣优惠，即如果养老金缴纳额为1 000欧元，那么应税收入将扣除300欧元。这个计划的推出使得比利时个人养老金的资产规模增长了3.74%，占GDP的比例也从2018年的6.7%上涨到2019年的8.5%。除此以外，比利时还打算在未来加入泛欧个人养老金产品（Pan-European Personal Pension Product，PEPP）体系，丰富个人养老金的产品选择。作为自愿型个人养老金账户，所有欧盟国家的居民都可以通过PEPP购买欧盟境内养老金管理机构的产品。由于欧盟各成员国税制不同，所以参与者在每个国家都有一个子账户，账户享受的税收优惠依国家而定。

（二）实行自动加入机制，扩大第二支柱覆盖面

为了扩大第二支柱的覆盖面，一些国家对职业养老金计划实施自动加入

---

① DB（Defined Benefit）计划：确定给付型计划，是企业首先确定职工退休时所能够享受的待遇，然后根据职工当时的工资水平、工作年限、企业预期人员变动、工资增长率、死亡率、预定利率等的预测，依照精算原理确定各年的缴费水平。DC（Defined Contribution）计划：确定缴费型计划，是首先确定缴费水平，通常由企业和职工按规定比例出资，记入个人账户，由投资者自主决定如何投资。

机制（见表3-2）。这种设计符合"助推"的原理，通过改变一些小的因素，使人们能够更方便地做出有利于自己的决策。

表3-2 实行自动加入机制国家的情况

国家	自动加入机制实行时间	自动加入机制覆盖率（数据截止时间）
意大利	2007年	19.6%（2017）
新西兰	2007年	78.5%（2020）
英国	2012年	49%（2020）
土耳其	2017年	12.1%（2020）
立陶宛	2019年	75.7%（2020）
波兰	2019年	6.3%（2020）
爱尔兰	2022年（计划）	

资料来源：Pension Markets in Focus 2021，Pension Markets in Focus 2020，Pension at a Glance 2021。

自动加入机制开始变得越来越受到欢迎。截至2020年底，有6个国家对职业养老金计划采取自动加入机制，并提供雇员"选择退出"的权利。

意大利和新西兰是最早实行自动加入机制的。其中，新西兰的"KiwiSaver"计划覆盖率接近80%；而意大利通过采用自动加入的覆盖率仅有19.6%，这是因为自2007年起，意大利政府规定私营部门员工的遣散费准备金（Trattamento di Fine Rapporto，TFR）将自动加入职业养老金计划，除非员工明确选择留在TFR体系中。而与DC型职业养老金计划相比，TFR体系的给付较为确定而且在一定条件下可提前全部领取，这使大多数工人都留在TFR体系中。所以目前只有11%的工作年龄人口享受职业养老金计划。

自2012年起，英国要求雇主把满足一定条件[①]的雇员自动加入第二支柱养老金计划中，并给予雇员退出的权利。实行自动加入机制之后，英国第二支柱职业养老金计划的参与率从2012年的47%增长到2021年的79%，极大地提高了针对就业者的养老保障。2022年4月，爱尔兰政府也宣布设立自动加入退休储蓄体系，与英国制度类似，将符合特定标准的员工由其雇主自动登记加入职

---

① 此处的条件指：在22岁和国家养老金领取年龄之间；年收入高于1万英镑；未参与过任何养老金计划。

业养老金计划。

针对职业养老金，土耳其在2017年推出自动加入机制，从雇员超过1 000人的公司开始实行，逐步推广到所有企业。雇主会把年龄在45岁以下的雇员自动加入第二支柱养老金计划，雇员在加入后有权退出。截至2018年末，已有近500万雇员（占土耳其劳动人口的10%）自动加入了该计划。2018年，立陶宛把年龄在40岁以下的雇员都自动加入第二支柱养老金计划中，并给予他们退出的权利。2019年，波兰第二支柱新增了一种DC型职业养老金——员工资本计划（Pracownicze Plany Kapitałowe，PPK）。该计划作为员工养老金计划（Pracownicze Programy Emerytalne，PPE）的补充，旨在完善波兰的养老金储蓄体系。年龄在19到55岁间的所有雇员都会自动加入PPK，而55岁以上的雇员则可自愿参加。该计划的推出预计将覆盖1 150万工作者。该计划参与者无须缴纳投资收益的资本利得税，但没有个人所得税的抵扣优惠。

土耳其和波兰的自动加入机制还处于相对早期的阶段，覆盖率也相对较低。相比之下，尽管立陶宛于2019年才推出了自动加入机制，但立陶宛在养老金第二支柱中的覆盖率已经相对较高（超过75%）。

加拿大和美国的法规也鼓励自动加入机制，但仅在职业养老金层面。德国在2018年推出了一项针对私营部门雇员DC计划的自动加入计划，以应对递延薪酬。

（三）全球个人养老金呈现从DB计划向DC计划转变的趋势

从全球趋势看，DC计划已经逐渐取代DB计划的主导地位，成为大多数国家职业养老金的发展方向。2021年末，美国DC计划在养老金总资产的占比达到了63%，法国、韩国等国家DB计划的比重相较2010年也在逐步减少。DB向DC转变，主要原因在于职业养老金为雇员和雇主带来的双重收益。从雇员的角度看，一是公司人员流动性增强，DC计划具有更好的可携带性；二是DC计划的投资范围更广泛，相比主要投资固定收益的DB计划，往往能够获得更好的收益率。从雇主的角度看，一是DC计划的操作更加简便，雇主承担的风险更小；二是很多DB计划由于公司破产或资金问题而资不抵债。因此，越来越多的企业在新设立的养老计划中只采用DC计划，DB计划逐渐让位于DC计划。

（四）适应国情，调整缴费率

为吸引更多人加入养老金计划，进一步减轻雇主的缴费负担，部分国家正在逐步降低个人养老金的缴费率。例如，与其他OECD国家相比，法国职业养老金的缴费率相对过高（见图3-6）。在2019年，法国对个人养老金进行改革，出台了PACTE法案。该改革将第二支柱中原有的DC计划替换为退休储蓄计划（Plan d' Épargne Retraite，PER），将雇主缴费率从原计划的20%下调为16%，以鼓励更多雇主设立新的职业养老计划。

图3-6 2018年部分国家个人养老金的雇主缴费率

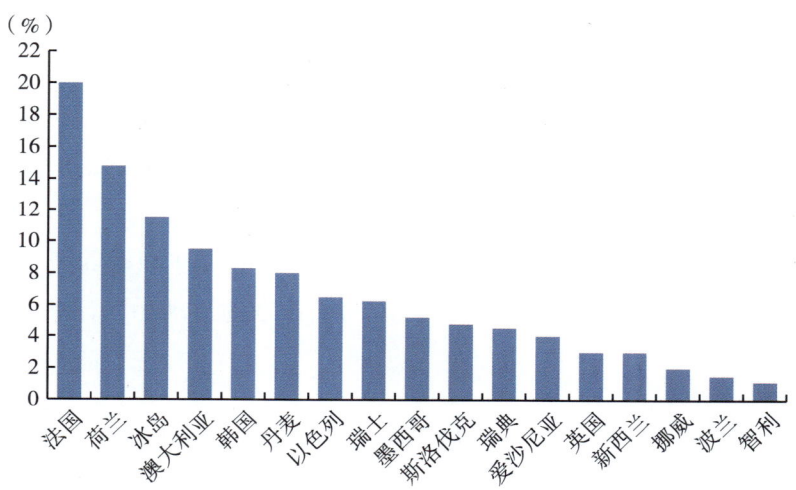

资料来源：Pension Markets in Focus 2019，Pension at a Glance 2019。

另一些国家则提高了个人养老金的缴费率。如2018年冰岛将私有部门雇主对属于第二支柱的强制职业年金缴费率从8%上调至11.5%，主要因为冰岛2016年65岁及以上人口超过了14%，步入了中度老龄化社会，养老金支付压力越来越大。此外，某些国家虽然没有调整法定缴费率，但出台了一些举措来鼓励居民多缴费。以新西兰和挪威为例，2019年，新西兰对新西兰养老储蓄计划（KiwiSaver）的缴费率进行调整，在3%、4%和8%之外新增了6%与10%的选项。由于该计划不采取税收递延的机制，只是为了鼓励个人增加缴费额，从而提高政府当前的税收收入，缓解财政压力。无独有偶，挪威在2017年把隶属于第三支柱的个人养老金储蓄计划（Individual Pension Savings Program）每年缴费额上限从15 000挪威克朗提高到40 000挪威克朗，这意味着最多可以减免9 200挪威克朗的个人所得税。此举旨在用税收优惠鼓励个人增加缴费额。

（五）降低运行成本，提高收益率

管理费是投资养老金的主要成本之一，为提高养老金收益率，提升居民投资个人养老金的意愿，部分国家降低了管理费。例如，智利在2014年把个人养老金的管理费下限从参与者月收入的0.77%下调至0.47%。2018年，爱沙尼亚将第二支柱养老金的管理费上限从2%下调至1.2%。同年，西班牙也降低了养老金管理机构收取管理费的上限。2019年，澳大利亚新增了超级年金的管理费上限（年末余额低于6 000澳元的账户管理费不得超过3%），同时免除了超级年金账户转移时的退出费用。

在数据可得的11个国家中，共有7个国家2020年个人养老金的管理费相比2012年有所下降，其中爱沙尼亚从1.73%下降至0.56%，下降比重最大（见图3-7）。

图3-7 部分国家2012—2020年个人养老金资产管理费变化

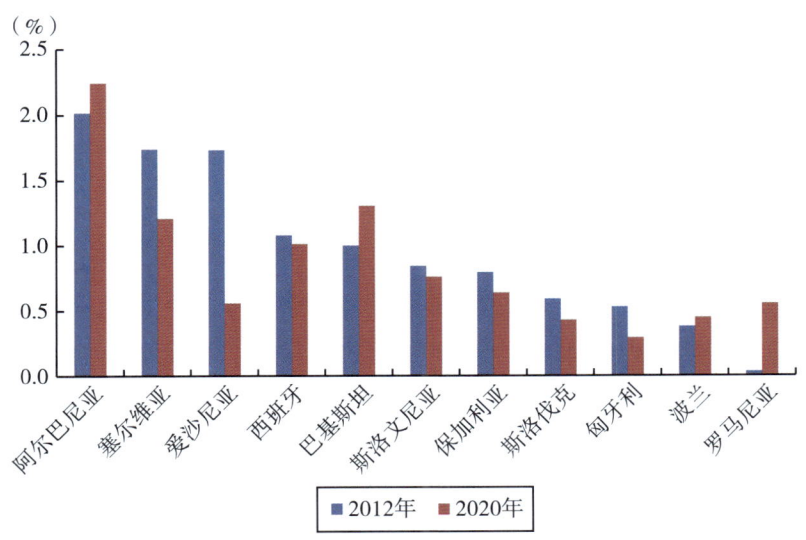

资料来源：Pension Markets in Focus 2013，Pension Markets in Focus 2021。

三、对我国的借鉴与建议

（一）加快推进个人养老金业务发展壮大，发挥个人养老投资对居民养老保障的补充作用

目前，我国养老金体系的主要问题是"一柱独大"，即第一支柱占比过高，第二支柱发展不充分，第三支柱仍处于试点阶段。与海外发达国家相比，我国个人养老金占比较低。美国第二、第三支柱是整个养老体系的重要部分，占所有养老金的92%。反观我国，各类养老金（含全国社保基金）总计11.6万亿元，而第二、第三支柱仅占22%，个人主导的第三支柱占比几乎为0。

党的二十大报告强调要"实施积极应对人口老龄化国家战略，发展养老事业和养老产业"。2022年4月8日，国务院办公厅发布《关于推动个人养老金发展的意见》为标志，相关部门推出了一系列政策文件、我国个人养老金制度体系的配套政策已全部落地，第三支柱正式启动运行。建议个人养老金的相关参与者在投资管理、产品设计、销售和客户服务、系统建设等方面持续提升专业能力，推动国民养老资产的保值增值。

（二）分步骤对企业年金实施"自动加入"机制

我国养老金体系第二支柱包括职业年金和企业年金。职业年金采取强制加入的机制，基本实现了对机关事业单位群体的全覆盖。企业年金采取自愿加入的制度，截至2020年末仅覆盖2 954万企业职工。为提高第二支柱覆盖面，完善多层次的养老保障体系，我国应该结合自身国情和海外国家的改革经验，分步骤地对企业年金实施"自动加入"机制。

具体来说，较为可行的做法是先从整体实力较强的大企业开始推行，然后逐步地拓展到中小企业，最终实现所有企业职工的全面覆盖。在设定整体实力的标准时，可以参考企业的经营规模、资金实力、发展程度等因素。除此以外，由于自动加入不是强制加入，应当给予个人选择退出的权利。

（三）将养老目标日期基金纳入企业年金的养老金产品，并逐步设为默认选择权

目前，人社部依照法律法规和审慎监管原则，对养老金产品实施监督管

理。现行的养老金产品类型包括股票型、混合型、固定收益型、货币型、商业银行理财产品型、信托产品型和基础设施债权投资计划型养老金产品，尚未把养老目标日期基金纳入企业年金的养老金产品范畴。

相比于传统的养老金产品，养老目标日期基金具有如下优势：第一，在长期的投资过程中，养老目标日期基金的资产配置随着日期临近而自动调整，比较契合养老投资者的风险变化特征，提供了养老金投资的一站式方案，减少了计划参与者的额外选择负担。第二，企业年金的投资运作通常并不公开，养老目标日期的投资运作公开透明，通过公开定期报告等信息披露措施，帮助投资者实现深入了解产品特性。第三，个人养老金具有投资期限长，对流动性要求不高，风险承受能力较高的特征，而目标日期基金长期性配置于更多的权益类资产而获取更高的长期收益；同时，在资产配置的过程中综合考虑资产本身的风险收益特征、资产之间的相关性以及社会环境、人口结构和投资者偏好等多方面因素，并反映到下滑曲线的设计中。

从国际的养老金实践来看，美国、英国、智利、墨西哥等养老制度较为健全的国家较早就将目标日期基金作为养老金的默认投资选项。目前，我国养老目标日期基金正在逐步发展过程中，截至2022年6月末，仅有35家基金公司发行79只养老目标日期基金，合计规模超过187亿元。我国可以考虑先将养老目标日期基金纳入企业年金的养老金产品之中，待我国养老目标日期基金发展稳定和成熟时，再逐步将其纳入默认投资选项，既能提高养老金的运作效率，也将推动养老目标日期基金的快速发展。

第二节　养老目标基金的产品设计与策略分析

一、国际养老金资产投资规模和资产配置的概况

（一）国际养老金资产规模

截至2020年底，全球养老金总资产超过56万亿美元，与2019年底相比增加11%。其中，规模最大的资产类型是养老基金（Pension Funds，类似我国的

全国社会保障基金），主要通过政府主导的养老计划进行资金募集，由专业的养老基金管理公司或具有政府认证资质的信托公司、基金公司、资产管理公司等市场化投资机构进行管理和投资，该类养老基金的资产规模总额超过35万亿美元，占全球养老金总资产的62.5%。除养老基金外，部分国家还提供完全市场化的管理机制作为居民养老退休计划的储蓄方式，例如个人养老计划，该类养老金通过更加市场化的方式进行投资管理，投资到例如保险公司出售的养老保险产品，代表国家为丹麦和法国；或者是由银行和投资公司所提供的各类投资产品，例如共同基金，这类方式最具代表性的是美国的个人退休账户（IRA）。

（二）养老金资产主要集中于权益类资产和固收类资产，现金存款等流动性资产占一定比例

从2020年各国的养老金资产配置情况（见图3-8）来看，权益类资产和固收类资产所占的比重较大，配置权益类资产和固收类资产总和的平均比重为72.5%；在38个调研国家中，有30个国家养老金资产配置到权益类资产和固收类资产的比例总和超过了60%。其中，波兰对于权益类资产的配置比例最大，达到84.91%；比利时、芬兰、澳大利亚的权益类资产配置比例均超过了40%；但德国、日本等国家的权益类资产配置比例则不超过10%。德国权益类资产投资比例较低的原因可能包括：一是某些类型的德国养老基金通过对投资权益等资产和结构进行限制来维持养老基金的免税地位；二是因受到民众保守的投资偏好和负利率市场环境影响，德国个人养老金产品以保险为主，从而降低了权益类资产的投资比重。日本则是法律规定每个养老基金或公司都应努力避免投资集中于某一特定资产类别，由于分散化的要求导致养老金资产不会过多投资到权益类资产上去。

截至2020年底，38个调研国家对于现金和存款的配置也占据了养老金资产的很大一部分。如韩国（19.4%）、澳大利亚（15%）、捷克（14%）、希腊（13%）、土耳其（11%）5个国家均有较大比例的现金和存款配置比例。其中，澳大利亚持有现金和存款的比重超过了其2019年末的比重（12.7%），这可能是为了应对新冠大流行所引起的提前取款而导致的资金外流。其余33个国家的配置比例在8%以下。

图3-8 2020年部分国家养老金投资资产配置

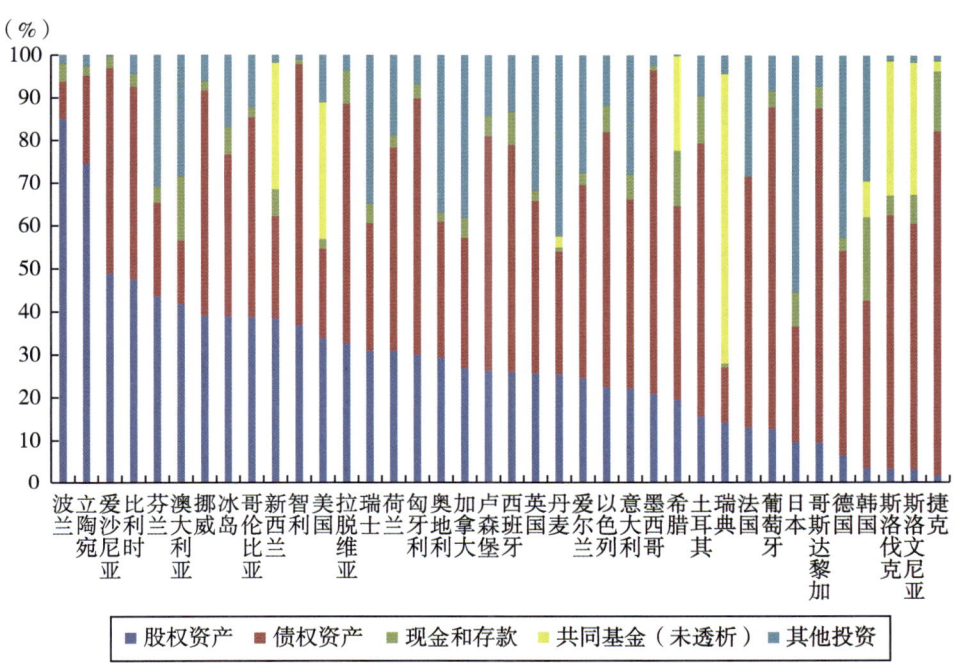

注：养老金资产可以通过共同基金的方式直接或间接投资于股权和债权，对于一些国家而言，如美国不是所有的共同基金的数据都是透析的，因此存在32%的未透析的共同基金，这说明美国实际的股权和债权的投资比重一定会高于33.7%和20.88%。

资料来源：OECD Global Pension Statistics。

（三）固收类资产配置比例主要受国内股票市场发展所影响

多种原因会导致养老金资产高比例配置于债权类资产。一是由于国内股票市场规模较小等发展限制，导致养老基金缺少国内股权投资的机会。图3-9展示了部分国家国内股票市值以及养老金资产配置于债权类资产的百分比。捷克和哥斯达黎加的固收类资产配置比例位居前二，达到了80.8%和78.26%，其股票市场总市值仅有266亿美元和19亿美元，占全球股票市值总市值的比例还不到1%。匈牙利、以色列、智利、土耳其的固收类资产配置比例也超过了50%，这些国家的股票市场总市值总和约为7 120亿美元。日本和瑞士的固收类资产配置比例不超过30%，但股票市场总市值分别达到6.7万亿美元和2万亿美元，均位居全球前十。可以看出国内股票市场规模较小的国家一般更倾向于固收类资产的投资。二是对于固定收益或者有保证的回报率的需求驱动。比如捷克，转型后的养老基金向投资者担保会提供非负的年度收益，为确保该承诺，他们会将资金投入债权类资产以获得固定收益。三是由于某些国家的投资监管机构要求养老金管理者将一部分特定比例的养老金资产投资到特定的投资工具中。例如，以色列要求至少30%的养老金资产要投资于指定的政府债券中，进一步提升了债权类资产的配置比例。

图3-9　2020年部分国家国内股票市值和养老金资产中固收类资产百分比

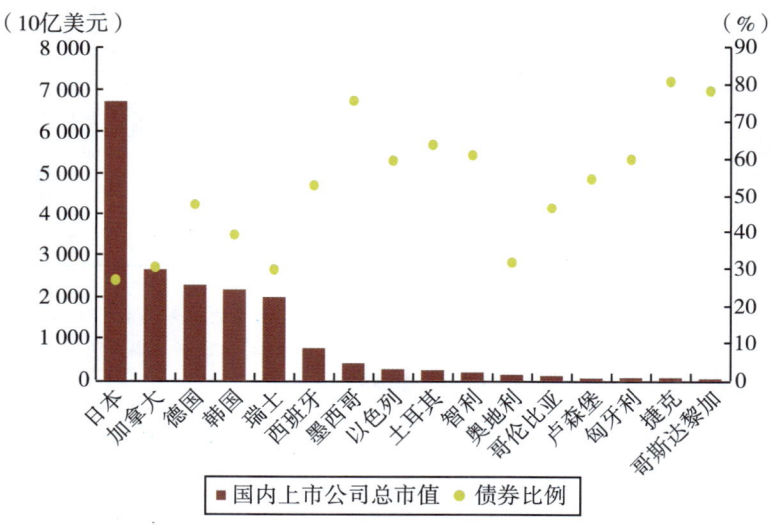

资料来源：OECD Global Pension Statistics，World Development Indicators。

（四）养老金资产在另类投资中，房地产为主流投资标的

另类投资也在海外养老金投资中占据一定比重，主要包括贷款、房地产、未分配的保险合同、私募基金等投资方式。总体来看，另类投资占据养老金资产的比重较小，但也有一些例外，如瑞士（35%）、奥地利（37.1%）、加拿大（38.3%）、德国（42.9%）。图3-10为部分国家养老基金的四类其他投资资产配置情况，有18个OECD国家具有相应的数据。这18个调研国家投资的另类

资产中，土地与建筑是最主要的投资标的，加权平均投资比重达到3.9%，投资比重最大的为瑞士（20.1%）。剩余三类投资工具的加权平均投资比重分别为：对冲基金（0.4%）、私募基金（0.5%）、结构化产品（0.01%）。

图3-10　2020年部分国家养老基金其他投资资产配置

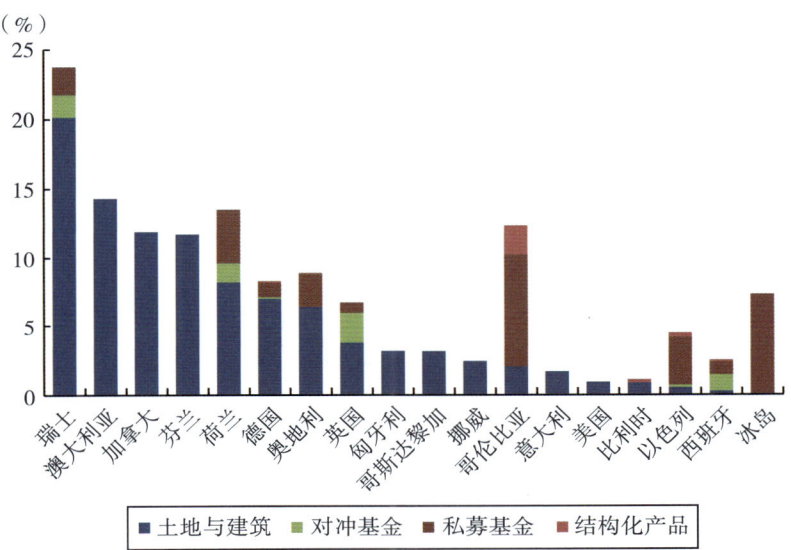

资料来源：OECD Global Pension Statistics。

二、国际个人养老金的投资和资产配置概况

（一）国际市场个人养老金的总体发展情况

近年来，全球个人养老金资产规模及占GDP比重逐步提升，2020年代表性OECD国家的个人养老金总资产规模达20.5万亿美元，较2018年增长4.5万亿美元；个人养老金总资产平均占GDP比重为22.8%，较2018年增长3.8%。但国家间分布极不均匀，从养老金资产的全球分布来看，美国个人养老金市场规模远超其他国家，其2020年个人养老金资产占养老金总规模比重超过75%。

（二）国际个人养老金投资聚焦于股权与固收类资产

2020年，国际个人养老金资产配置与养老金总资产的资产配置情况比较类似（见图3-11）。权益类资产和固收类资产占据着重要的地位，两者的平均比重之和超过了70%。具体来看，个人养老金的资产配置具体为：权益类资产（25.3%）、债券资产（47.2%）、现金和存款（8.2%）、其他投资（9.5%）。因其还配置部分共同基金，该部分无法进行穿透，因此实际的权益类资产和固收类资产的比例还会进一步上升。

图3-11　2020年部分国家个人养老金资产配置

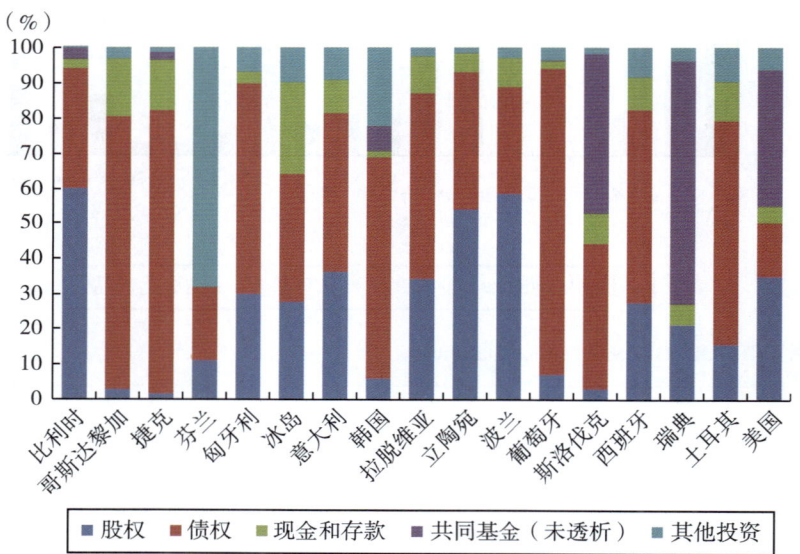

资料来源：OECD Global Pension Statistics。

（三）美国个人养老金发展迅速，股权类资产是投资重点

美国个人养老金资产主要包括个人退休账户（IRAs）和雇主资助的DC计划［含401（k）计划］（见图3-12）。截至2021年底，美国个人养老金资产占美国养老金总资产的63%。

图3-12 美国养老金资产来源

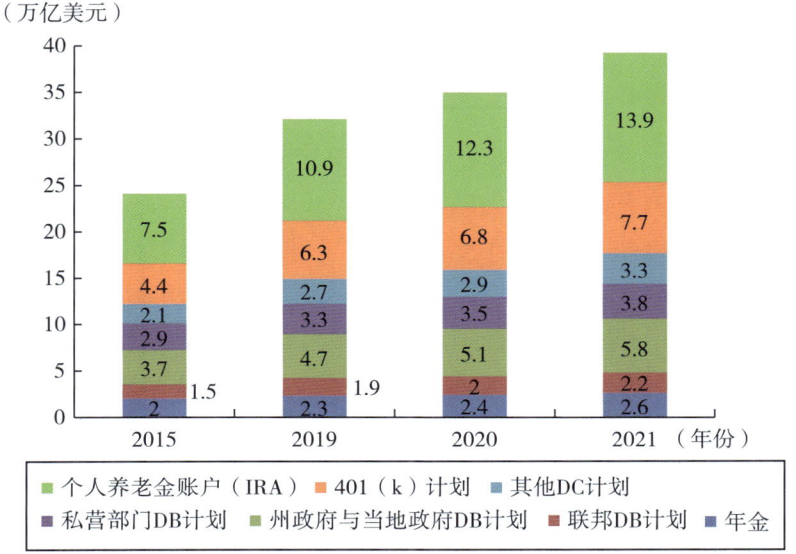

资料来源：Investment Company Institute。

其中，美国401（k）计划虽然为企业雇主提供的职业养老金计划，但由于其运作原理为基金积累制，在投资的资产类别上有着高自由度，且给予个人投资选择权，401（k）账户持有者可以根据自身的风险偏好选择合理的投资工具。根据EBRI/ICI数据库2019年末的数据显示，美国401（k）计划中42.1%的资金配置到权益型基金，有31.3%的资金配置到目标日期基金。总体来看，美国401（k）计划投资权益类资产的投资比重较大，达到67.8%，其中包括权益型基金、目标日期基金和混合型基金的权益部分，以及直接投资上市公司股票（见图3-13）。此外，401（k）计划仅有5%的资金直接投资于上市公司股票，与1999年的19%相比，下降了72%。可见，越来越多的民众倾向于通过公募基金等专业投资机构投资资本市场，而非直接投资股市。

图3-13 美国401（k）账户资产配置

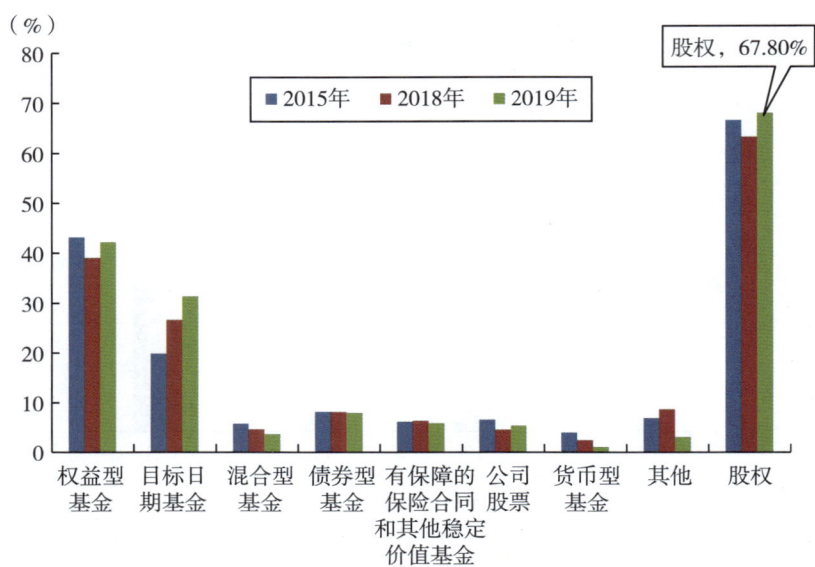

资料来源：Tabulations from EBRI/ICI Participant-Directed Retirement Plan Data Collection Project。

除401（k）计划外，美国个人养老金最重要的部分为个人养老金账户（IRA），也是美国养老金总资产占比最高的部分，在2021年达到13.9万亿美元。其中，传统IRA的总资产从2010年的4.3万亿美元，增长到2020年末统计的10.29万亿美元，占IRA总资产超过了80%。IRA在资产配置方面也倾向于投资股权类资产，在2018年股权和权益型基金分别在IRA和ROTH IRA占51.1%和66.4%的投资比重，债权和债券型基金则占17.5%和7%，投资于目标日期基金的比重为9.6%和11.1%，投资于混合基金的比重分别为15%和11.9%，投资于货币型基金为6.3%和3.5%。将目标日期基金和混合基金中股权的部分进行穿透与股权和权益型基金的比重进行叠加，不难发现相较于2010年股权持有的61.5%（IRA）和75.3%（Roth IRA），2018年的股权持有比重进一步上升，达到了65.3%和81.4%（见图3-14）。

图3-14 美国IRA和Roth IRA资产配置

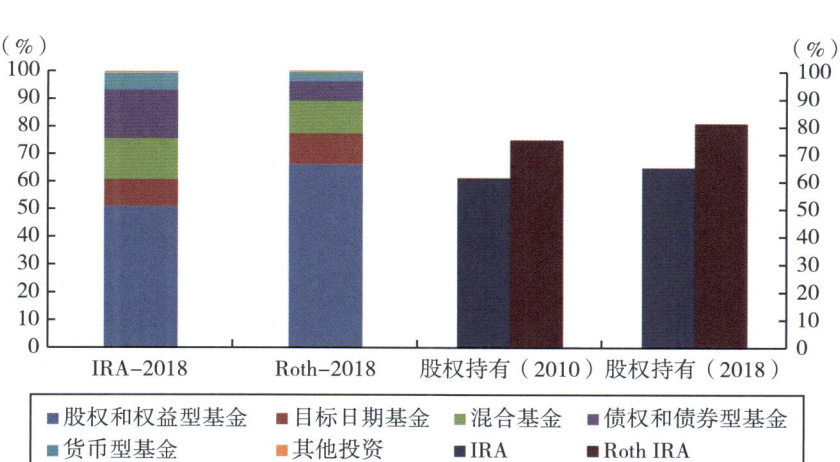

资料来源：The IRA Investor Database™。

三、国际个人养老金的产品配置情况

国际个人养老金在具体的产品配置方面，不同国家呈现出不同的产品配置特点，我们认为这主要与当地金融市场的发展情况和影响有关系。总结美国、日本、德国、韩国等国家的情况，总体来看，呈现出两类不同的发展模式：美国和日本的产品配置以共同基金/投资信托为主；德国和韩国的产品配置以保险产品为主。

（一）美国：产品配置以共同基金为主，整体风险偏好较高，默认投资选择机制助力

1.共同基金成为主要组成部分，权益型基金占比显著

美国养老体系中，第二支柱中的DC计划以及第三支柱的IRAs，赋予个人以主动投资选择权，其未来现金流取决于投资收益率而非既定，两者共同构成美国"投资养老"体系的重要组成部分。截至2021年末，DC计划、IRAs合计占美国养老金总资产比例为64%。美国IRAs可投资范围广泛，共同基金占IRAs资产配置的半壁江山（见图3-15）。IRAs可投资范围广泛，银行、保险、

基金产品均可涉猎。其中，共同基金是最受IRAs欢迎的投资方向，占比接近50%，而银行、保险产品合计仅占10%。

图3-15 共同基金占IRAs资产配置的半壁江山

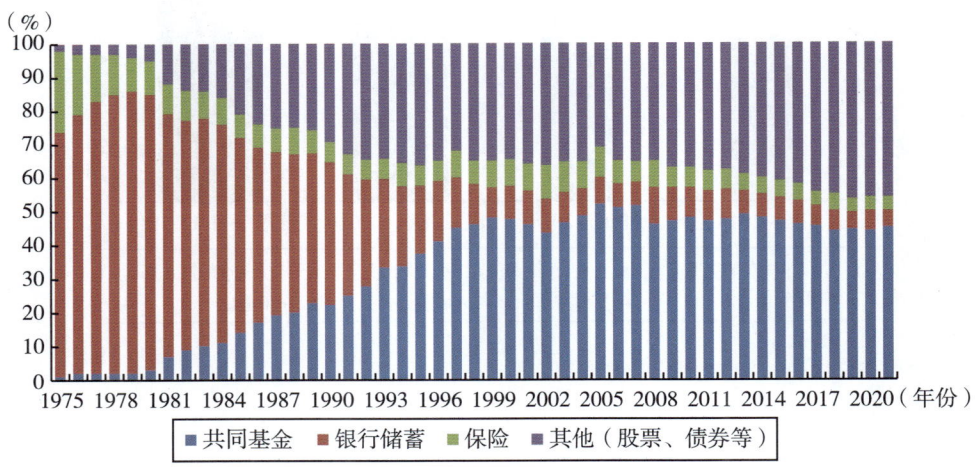

资料来源：Investment Company Institute。

不同于运作策略更为保守的第一支柱社会保障计划，IRAs和DC计划均以相当比例的资产投向了共同基金。截至2021年末，这一比例分别达到45%、58%，其中投向权益型基金的占比分别高达58%（见图3-16）、60%。

图3-16 IRAs持有的共同基金以权益型为主

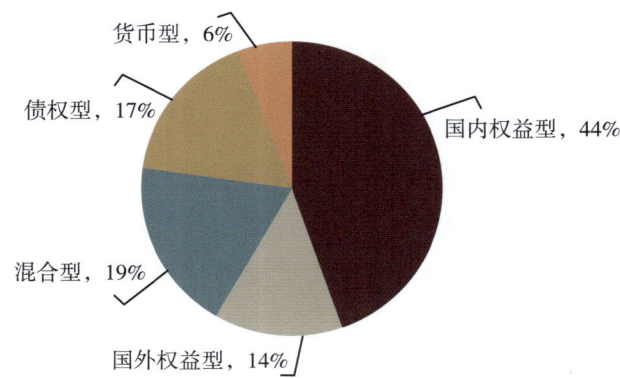

资料来源：Investment Company Institute。

2.被动投资爆发式增长,养老基金指数投资占比迅速提升

20世纪70年代,美国首只场外指数型基金问世;90年代,指数型ETF出现。近年来,被动投资在美国非货币基金市场占据越发重要地位,截至2021年末,包含ETF在内的指数基金的基金规模增长至12.5万亿美元,占据非货币基金总规模43%。在场外权益型基金中,指数型基金资产净值占比由1996年末的5%提升至2021年末的32%,初期跟踪目标为标普500指数的占据绝大多数。随着纳斯达克指数等成长风格指数走强以及众多精细化指数的推出,标普500指数基金的占比逐渐下降,但仍占据重要比例,占比约为35%。

指数基金的最大优势在于费用低廉,养老金投资作为一项长达数十年的长期性投资,低廉的费率在日积月累中所带来的优势不容忽视。在IRAs及DC计划的共同基金投资中,投资于指数型基金的占比不断攀升,于2021年末已提升至近20%(见图3-17)。

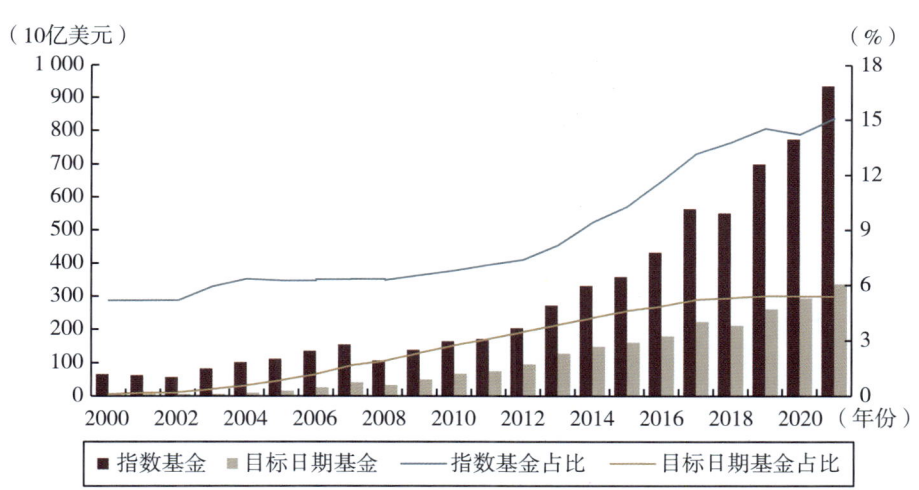

图3-17 IRAs持有的指数基金和目标日期基金快速增加

资料来源:Investment Company Institute。

被动投资在美国权益市场及养老金投资中广受欢迎的重要前提在于美股多年来的长牛表现,以及市场的相对有效性,使得主动管理创造超额收益难度较大。在考虑费率因素和投资选择门槛后,被动投资在个人养老金投资中具备相当的适应性。相关资料见图3-18至图3-20。

图3-18 美国权益型共同基金：主动管理型、指数型资产净值变动趋势

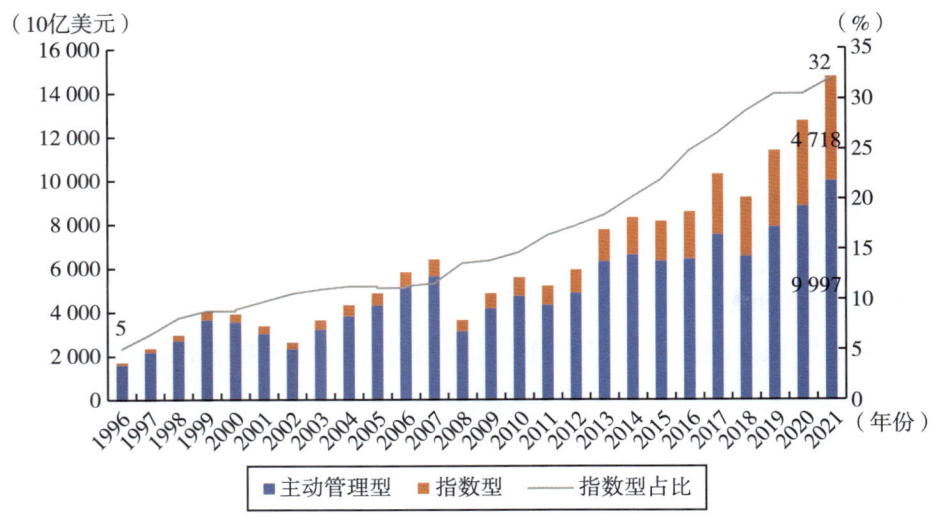

资料来源：ICI。

图3-19 美国场外指数型权益基金跟踪指数类型规模分布

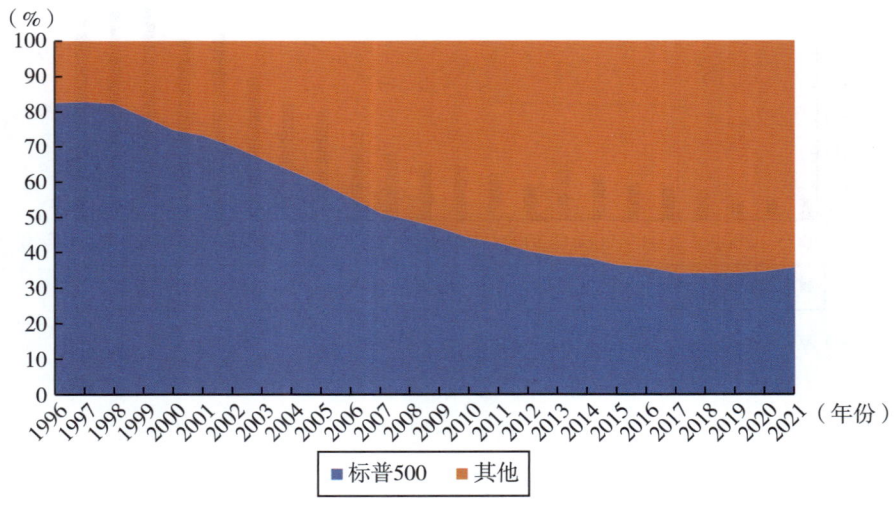

资料来源：ICI。

图 3-20 指数型共同基金规模，IRAs、DC计划指数基金投资比例增长趋势

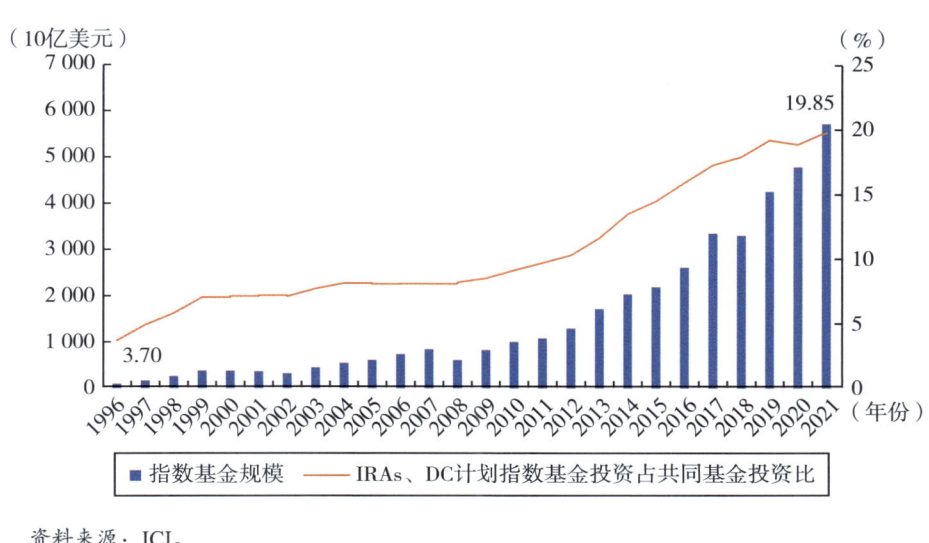

资料来源：ICI。

3.默认投资选择机制下目标类基金规模迅速提升，更好地服务非主动投资选择群体

DC计划推出初期，因投资专业门槛较高、手续相对烦琐等原因，民众参与度较低。2007年，美国颁布相关规则，明确一定前提下雇主可以替未进行主动投资选择的雇员选择投资计划并免除受托责任，其中满足要求的投资标的称合格默认投资选择（Qualified Default Investment Alternative，QDIA），主要的产品形式就包括考虑退休日期的目标日期基金，以及考虑个人特征的目标风险基金。

默认投资选择机制的运行使得相应养老计划参与度显著提升，目标基金规模也迎来了快速增长（见图3-21）。截至2021年末，目标日期及目标风险基金规模合计已达到了2.2万亿美元，其中目标日期基金因更符合默认养老投资场景得到了更多养老资金的青睐，规模达1.8万亿美元。目标日期基金的资金来源主要为养老金，投资者构成中，IRAs及DC计划的合计持有规模相对目标日期基金占比达到了85%（见图3-22）。

目标基金主要以FOF的形式存在，投资组合天然分散，其明确的投资目标有利于非专业人士进行投资选择，具有投资门槛低，风险可控的优势，在美国养老投资体系中逐渐发挥其独特作用。在过去20年，DC计划和IRAs的共同基

金投资中，投向目标型基金的比例以年均0.62%的增速上升，至2021年末已达到14%，其中目标日期型基金为12%。目标型基金已经成为养老资金最重要的投资选择之一（见图3-23）。

图3-21 目标基金规模增长趋势

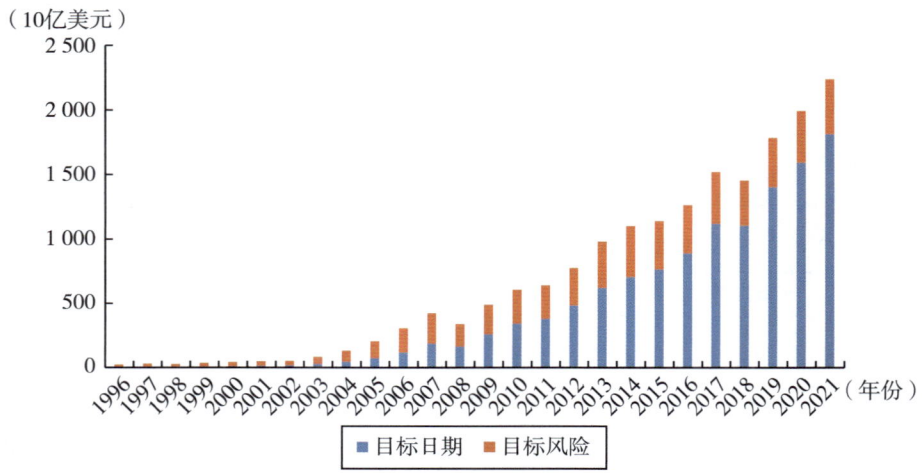

资料来源：ICI。

图3-22 目标日期基金投资者构成

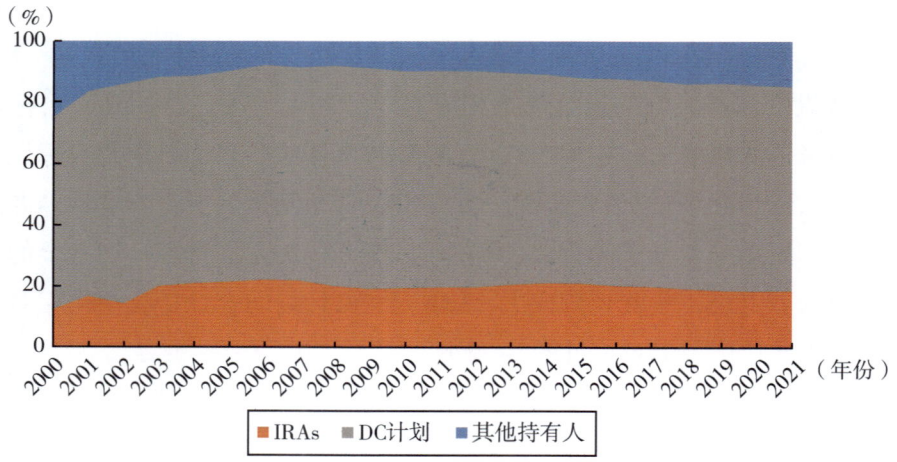

资料来源：ICI。

图 3-23　IRAs、DC 计划共同基金投资目标型基金投资占比

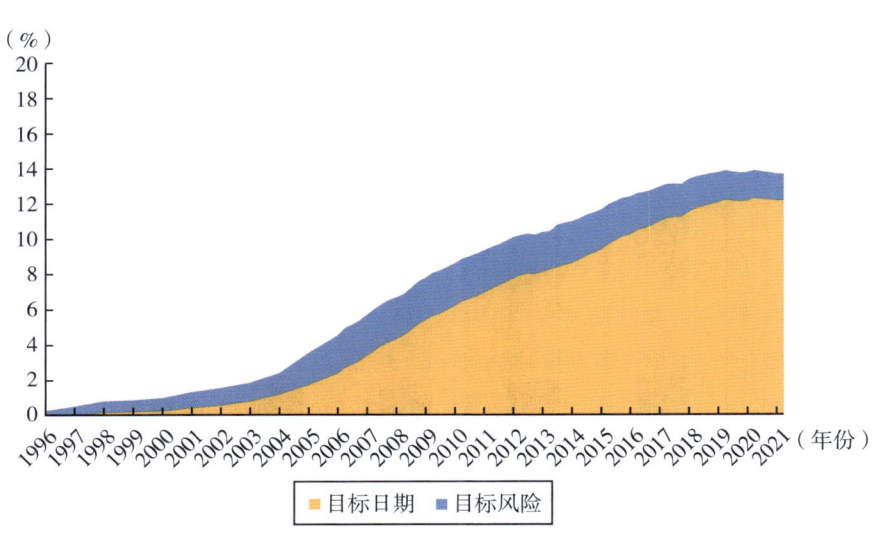

资料来源：ICI。

（二）日本：产品配置以投资信托为主，风险偏好逐步提升

日本个人养老金实行 iDeCo 和 NISA 双账户制，多层次鼓励居民进行养老储蓄投资。其中 iDeCo 为第二支柱职业养老金的补充，近年来扩大覆盖面。截至 2021 年 3 月，iDeCo 参与者数量为 194 万人，资产规模为 3.0 万亿日元，近五年 CAGR 分别为 49.6% 和 19.6%。NISA 为小额免税投资账户，推出后资产规模快速增长。截至 2021 年 12 月，NISA 账户数和资产规模分别为 1 765 万日元和 11.8 万亿日元，近五年 CAGR 分别为 10.4% 和 13.3%。

iDeCo 各类资产配置相对均衡，近年来中高风险资产占比有所提升。截至 2021 年 3 月，iDeCo 存款、保险和投资信托的投资额占比分别为 31.2%、13.1% 和 55.3%（见图 3-24）。自 2017 年 3 月以来，投资信托的占比提升了 20.2 个百分点。iDeCo 所持的投资信托中，均衡型和股票型合计占比达到 82.7%，自 2017 年以来提升了 5.3 个百分点。

NISA 资产配置以股票、投资信托为主，风险偏好较高。NISA 账户设立目的之一是引导居民由储蓄转向投资，投资范围被限定为股票、投资信托等中高

风险资产。截至2021年，NISA资产余额中股票、投资信托、ETF和REIT的投资占比分别为33.1%、64.0%、2.1%和0.8%（见图3-25）。

图3-24　iDeCo的投资风险偏好提升

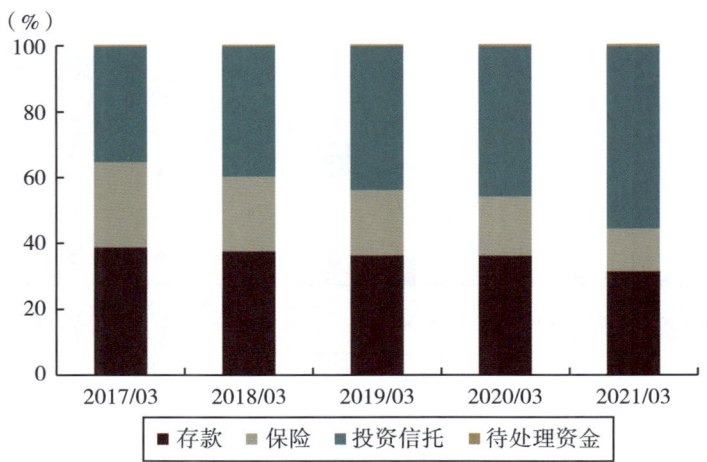

资料来源：iDeCo。

图3-25　NISA账户主要投资于股票和投资信托

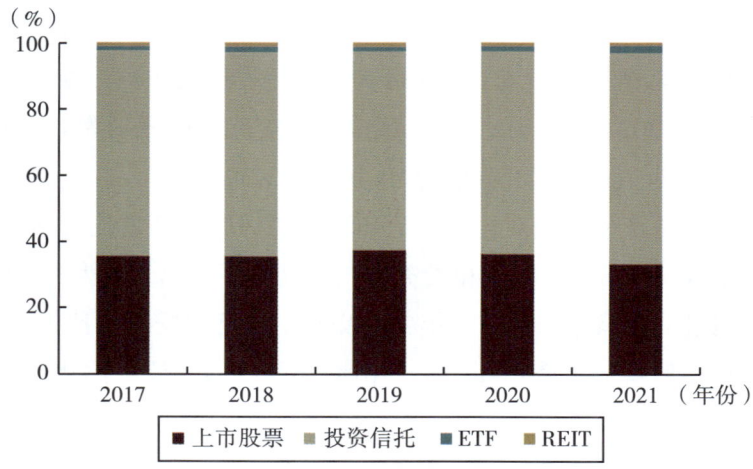

资料来源：日本金融厅。

（三）德国：产品配置以保险为主，风险偏好相对保守

受民众保守的投资偏好和负利率市场环境影响，德国个人养老金产品以保险为主。以德国最主要的个人养老金税优账户里斯特计划为例，保险合同一直是其最主要的投资品类，因其投资风险较低，相对于权益类资产更为稳定。截至2021年末，里斯特计划合同共有1 621万份，其中保险合同占到里斯特计划全部合同数量的65.8%（见图3-26）。

图3-26　保险合同是里斯特计划最主要投资品类

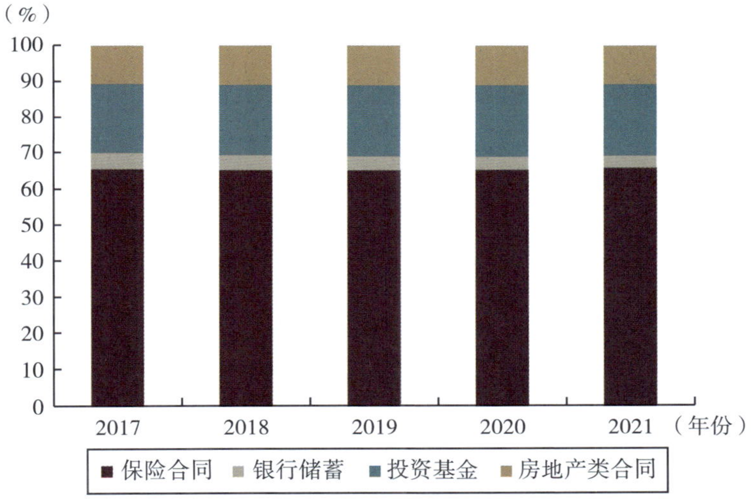

资料来源：德国劳动与社会事务部。

（四）韩国：产品配置以保险为主，风险偏好保守

韩国个人养老金产品主要分为两类：一是由银行、资产管理公司、保险公司提供的积累型产品；二是由保险公司提供的保险类产品。截至2021年末，韩国个人养老金产品总规模为369万亿韩元，其中保险产品占比高达87%（见图3-27）。

图3-27 韩国个人养老金产品以保险为主

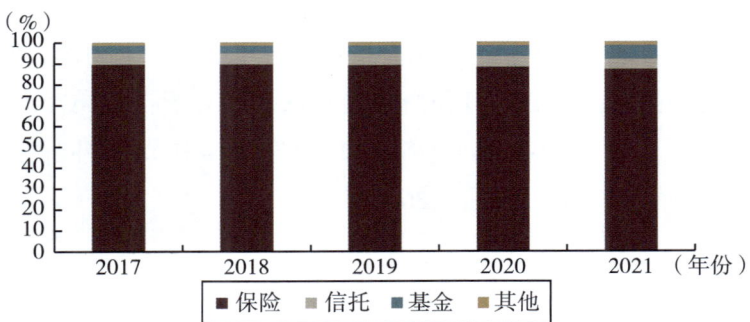

资料来源：韩国金融监督院。

四、海外养老金资产的投资收益情况

尽管受到新冠肺炎疫情影响，但2020年度全球养老金资产取得了良好的收益表现，38个调研国家中，有35个国家取得了正回报率，38个国家的平均回报率为4.1%，加权平均回报率为6%。其中，养老金资产规模较大的国家都有着不错的回报率，如美国（6.7%）、加拿大（5.6%）、荷兰（6.5%）、瑞士（5.1%），回报率最好的调研国家为墨西哥达到9.3%（见图3-28）。

图3-28 2020年部分国家养老金资产年度收益率

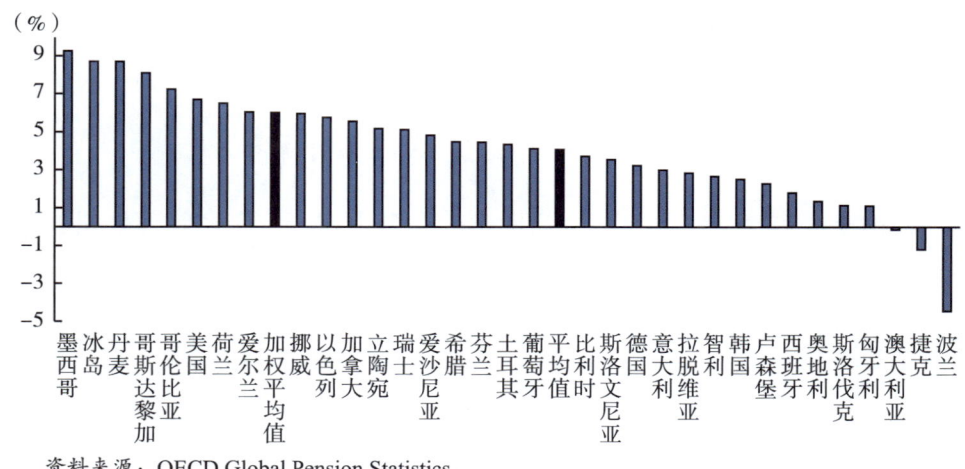

资料来源：OECD Global Pension Statistics。

对于养老金投资而言，长期回报比当年回报更重要。从长期角度来看，大部分国家的养老金资产投资都取得了正的投资回报。虽然在2020年第一季度和2018年全年许多国家因受到新冠肺炎疫情的影响造成了负的投资回报率，但长期看，从2015年末至2020年末的五年平均回报率均为正回报（除捷克以外），其间，年均投资业绩最高的国家是哥斯达黎加（6.7%）、爱尔兰（6.3%）和荷兰（5.7%）。再往前追溯五年，2010年末至2020年末的养老金投资十年平均回报最高的国家依旧是哥斯达黎加（6.5%）和荷兰（5.9%），澳大利亚（5.6%）、加拿大（5.3%）和冰岛（5.5%）也取得了不错的业绩。在过去的15年里，尽管受到2008年金融危机的巨大影响，但在提供数据的23个国家中，仅有3个国家的年均回报投资为负。可见，养老资金的长期性使得短期市场的扰动并未对其造成很大的影响（见图3-29）。

图3-29　部分国家养老金资产历史年均收益率

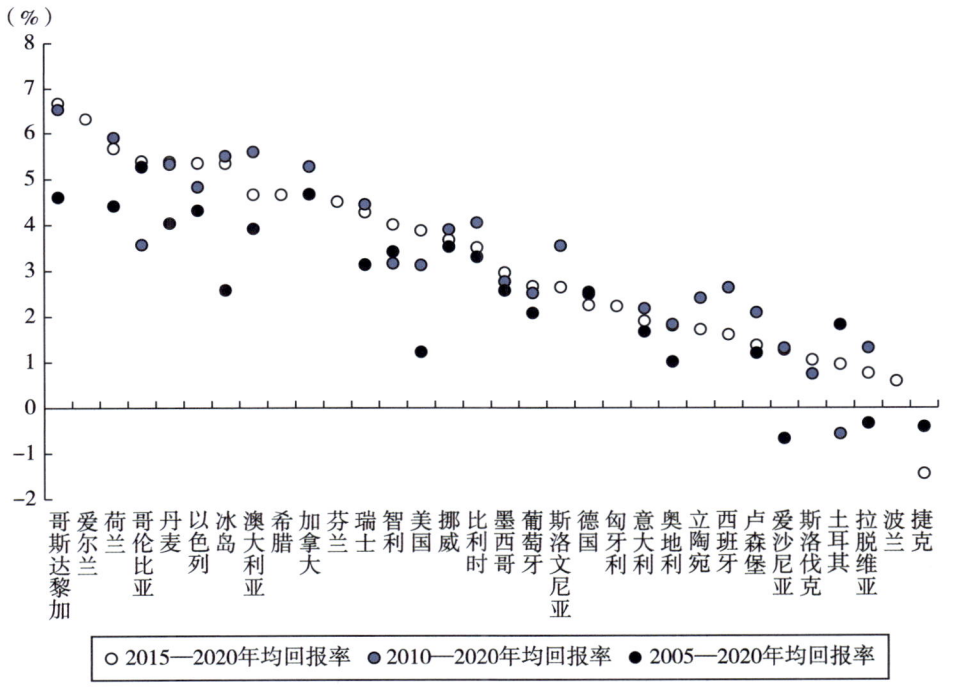

资料来源：OECD Global Pension Statistics。

五、国际上个人养老金在投资方面的演变和发展趋势

国际上各国在个人养老金的投资方面进行了一些改革，如：为了提升投资收益，降低监管成本，各国逐渐从限量监管转向审慎监管的模式；把ESG相关内容纳入个人养老金信息披露的范围内；逐渐将生命周期投资策略引入默认选择权；在低利率和高不确定性环境下，私募股权投资逐渐成为养老金中的重要配置部分；而随着资本市场开放，资本管制的取消，也使得海外个人养老金向海外市场的投资比例逐渐加大。

（一）投资监管：限量监管逐渐变为审慎监管

对于个人养老金的投资监管模式，各国的长期变化趋势是逐渐从限量监管转为审慎监管。审慎监管基于审慎人规则（Prudent Person Rules，PPR），采用该模式主要为海洋法系的国家，如英国、美国和澳大利亚；而限量监管则基于严格数量限制规则（Quantitative Asset Restrictions，QAR），采用该模式主要为大陆法系的国家，如德国、瑞典和挪威。

不少国家从限量监管逐渐转向审慎监管的模式主要有以下两个原因：

一是审慎监管的效率要高于限量监管。比较7个OECD发达国家中分别采用审慎监管的4个国家和采用限量监管的3个国家的监管成本，在人均监管参与者和人均监管资产规模上，审慎监管国家大约是限量监管国家的4倍（见表3-3）。这说明实施审慎监管的国家，其平均监管成本要低于实施限量监管的国家。原因在于限量监管在资产类别、投资比例方面有明确的数量限制，需要更多的监管人员以及更多的现场监督，而审慎监管则以非现场监督为主。

表3-3 采用不同投资监管模式的OECD发达国家监管成本比较

监管模式	国家	监管人员数（人）	个人养老金参与者（万人）	个人养老金资产规模（亿欧元）	人均监管参与者（万人）	人均监管资产规模（亿欧元）
审慎监管	澳大利亚	127.0	2 480.0	2 815.0	19.5	22.2
	新西兰	3.0	70.1	51.0	23.4	17.0
	日本	30.0	1 411.6	6 926.0	47.1	230.9
	英国	260.0	4 000.0	10 500.0	15.4	40.4
	平均	105.0	1 990.4	5 073.0	19.0	48.3

续表

监管模式	国家	监管人员数（人）	个人养老金参与者（万人）	个人养老金资产规模（亿欧元）	人均监管参与者（万人）	人均监管资产规模（亿欧元）
限量监管	丹麦	15.0	72.0	322.0	4.8	21.5
	德国	29.0	341.6	687.0	11.8	23.7
	意大利	60.0	190.7	277.0	3.2	4.6
	平均	34.7	201.4	428.7	5.8	12.4

资料来源：Supervisory Structures For Private Pensions In OECD Countries：Preliminary Survey Analysis（2002）。

二是在投资业绩方面，审慎监管在一定程度上优于限量监管。大部分采用审慎监管模式的国家，其个人养老金的投资收益相对较高。本文选取了7个OECD发达国家进行实际收益率比较，其中4个国家实施审慎监管模式，而其余3个国家采用限量监管。将这7个发达国家作为代表，原因在于它们都有较长的养老金发展历史和较为成熟的养老金市场，可以在一定程度上增强可比性。数据表明，实施审慎监管的国家在5年、10年、15年的平均实际收益率上都要高于实施限量监管的国家（见表3-4）。

表3-4 采用不同投资监管模式的OECD发达国家业绩比较

监管模式	国家	实际收益率（%）		
		5年平均（2015—2020年）	10年平均（2010—2020年）	15年平均（2005—2020年）
审慎监管	澳大利亚	4.7	5.6	3.9
	加拿大	4.7	5.3	4.7
	荷兰	5.7	5.9	4.4
	美国	3.9	3.1	1.2
	平均	4.75	4.96	3.55
限量监管	丹麦	5.4	5.3	4.0
	德国	2.3	2.5	2.5
	瑞士	4.3	4.5	3.1
	平均	4.0	4.1	3.2

资料来源：Pension Markets in Focus 2021。

（二）ESG纳入信息披露范围

除了投资方面，信息披露的监管也是养老金监管的重要部分。近年来，随着ESG投资理念的日益成熟，不少国家把ESG相关内容纳入个人养老金信息披露范围内。

2016年欧盟出台了《职业退休服务机构指令Ⅱ》，规定职业退休金计划应参考责任投资原则进行ESG和气候相关的信息披露，并要求欧盟各成员国最晚于2019年将该法律纳入国内法律中。2019年英国为回应欧盟的要求，增加了养老金管理人在ESG方面的信息披露要求。

2016年，美国要求加州公务员退休基金在开展委托投资时，要保证受托的管理人已进行或承诺进行包含相关长期可持续投资或ESG因素评估的投资过程；管理人还需就纳入相关的ESG因素和ESG投资活动进行报告。

2020年，加拿大安大略省市政雇员退休系统（Ontario Municipal Employees Retirement System，OMERS）颁布了《OMERS责任投资政策》和《OMERS首要计划投资政策和程序声明》，要求OMERS在投资决策中考量ESG因素的政策与程序，并定期完成相关信息的披露。

（三）共同基金在养老金中的配置地位逐渐提高

长期来看，共同基金在个人养老金中的配置地位逐渐提升。从1999年到2021年，美国共同基金投资比例在DC计划中的占比上升了16%，达到6.36万亿美元；IRA中共同基金的整体配置比例相比于1975年的1%提升了44%，约为6.2万亿美元；加拿大第三支柱中的注册退休储蓄计划（RRSP）中投资共同基金的占比超过50%，且呈现逐年提升的趋势，免税储蓄账户（TFSA）也以共同基金占比为主，且共同基金占比逐年提高。

共同基金的投资比例增加与目标日期基金的推出密切相关。目标日期基金通常通过基金组合的方式进行投资，这意味着它们主要持有并投资于股票和债券共同基金。例如1996年，富达公司在进行养老账户的管理时发现，绝大多数投资者在做养老投资时具有两个特点：一是投资者在买入产品后不对投资组合进行调整；二是配置较为极致，会全部配置股票基金等高权益资产，或者全部配置货币基金等低风险资产。因此，富达推出第一只目标日期基金，随后大批基金公司纷纷推进，先后推出目标日期基金，目标日期基金资产规模逐年上升。根据ICI数据显示，与2010年相比，美国的目标日期基金总投资额从3 400亿美元增长到1.8万亿美元，其中养老金资产的投资额从3 060亿美元增长到1.535万亿美元，占总投资额约85%的比重。

此外，共同基金的配置比例增加也与养老投资的"默认投资选择"相关。自美国2006年推出《养老金法案》后，目标日期基金占401（k）计划的资产份额逐年上升。截至2018年末，每个401（k）计划平均提供9个目标日期基金选择，目标日期基金的投资额也达到了总投资额的25.1%，401（k）计划中提供目标日期基金的计划从57%上升到84.4%。2010年英国设立NEST计划，将目标日期基金作为默认选择，几乎全部投资者均将资金投入目标日期基金，而智利、墨西哥等国家也较早就将目标日期基金作为养老金的主要默认基金选项。

（四）私募股权投资逐渐成为养老金中的重要配置部分

在低利率和高不确定性环境下，另类投资可以提供投资多样性、非流动性溢价和通胀对冲，从而提高收益、降低组合波动，其对于长期投资者的重要性更加凸显，尤其是私募股权投资。例如美国劳工部于2020年宣布，私募股权投资可被纳入在包括401（k）在内的DC计划中。劳工部在声明中指出，只要公司认真考虑了费用和风险等问题，就可以通过目标日期基金等产品，向DC计划参与人提供私募股权投资机会。澳大利亚于2006年设立未来基金，可投资资产范围为上市公司股权、私募股权等，其中股权投资比例超过50%。

（五）海外投资占比逐渐提升

近年来，较多国家逐步实行资本市场开放，取消资本管制，对于海外投资的限制逐渐放松。主要OECD国家的海外投资比例在10年间呈现稳步上升的趋势，平均投资比例从2010年的29.4%上升到2020年的52.5%（见图3-30）。尤其是对于国内资本市场规模较小，利率较低的国家，如立陶宛、荷兰、爱沙尼亚、拉脱维亚、斯洛伐克等，通过投资海外市场，有利于捕捉全球化的投资机会，提升养老金的投资收益。

图3-30 全球海外投资占比逐渐提升

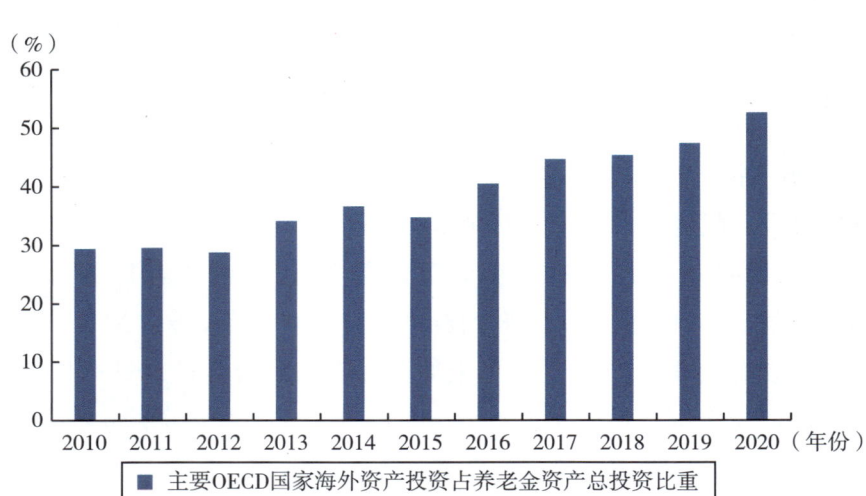

资料来源：OECD Global Pension Statistics。

六、对我国的借鉴与建议

（一）放宽第三支柱的投资限制和产品多样化，充分满足不同投资者的投资偏好

从国际成熟市场的发展历程来看，第三支柱监管多遵循"审慎性原则"，在进行投资时均赋予个人丰富的选择权，允许其为最大化个人投资利益选择种类丰富的投资工具。以美国为例，采取"负面清单"的制度。根据美国国税局（IRS）官网，除人寿保险、收藏品外，存款、股票、债券、共同基金、ETF等均是个人养老金的可投资标的，且不设具体的总量限制。其中，收藏品指艺术品、工艺地毯、古董、金属（某些种类的黄金除外）、宝石、邮票、硬币（特定品种例外）、酒精饮料等。目前，个人养老金的投资范围包括公募基金、银行理财、保险产品、储蓄存款这四大类产品类型，将由各金融监管部门制定具体纳入的产品细则。从"稳起步"的角度来讲，建议将具有一定历史业绩、长期稳定的银行、保险、基金产品纳入第三支柱产品池，未来扩大到更多的投

资产品类型及基础资产，为未来个人养老金的投资和资产配置提供丰富的底层标的。

（二）建议拓宽第三支柱产品投资境外资产、另类资产的比例

在低利率和高不确定性环境中，需要降低养老组合波动，也需要提升整体组合的收益来源。通过海外投资，能够使得投资组合更加多样化，在提高潜在回报的同时，也降低了投资风险。目前，社保基金能够投资境外资产，但是企业年金、职业年金均未开放境外资产的投资限制。第三支柱里的各类产品，例如养老目标基金，只能通过QDII基金投资海外，且对QDII基金具体的投资比例也有限制，其他类型的海外资产基本没有放开。从资产配置角度，建议进一步拓宽第三支柱投资境外资产的比例，通过跨境的方式分散组合风险。此外，私募股权等另类资产已逐渐成为海外国家提升养老金组合收益的重要配置品种，建议未来个人养老金投资范围可提升私募股权等另类资产的投资比例。

第三节 养老目标基金未来发展趋势

一、境外个人养老金产品的参与情况

（一）基金产品

美国是个人养老金发展较为成熟的代表国家。从个人养老金的配置情况来看，美国IRAs持有的共同基金比例较大，占美国个人养老金资产的45%。我们认为美股长牛、投顾发展成熟、居民风险偏好较高等因素促使美国个人养老金大量配置共同基金，美国个人养老金与资本市场共同发展。以美国为例，研究个人养老金参与基金产品的情况具有参考意义。

1.主流的养老产品：目标日期基金和目标风险基金

在养老投资方面，目标日期基金受到投资者的欢迎。IRAs持有目标日期基金的规模在近15年迎来高增长，从2006年的250亿美元增长至2021年的

3 360亿美元，CAGR为18.9%。而IRAs持有目标风险基金的规模增长相对缓慢，从2006年的340亿美元增长至2021年的1 170亿美元，CAGR为8.6%，2021年规模仅为目标日期基金的34.8%。

目标日期基金以投资者的预计退休年份作为目标日期，例如"目标日期2050基金"是为在2050年前后退休的人群设置的基金。在临近目标日期的过程中，动态调整资产配置比例（一般为降低权益类资产配置比例，提升非权益类资产配置比例），将投资的风险收益水平和投资者年龄阶段相匹配。大类资产配置比例随时间调整的路径称为"下滑曲线"。从美国主流基金公司目标日期基金的下滑曲线设计看，权益资产初始配置比例在80%以上，在临近退休日期时下降到40%~50%，最终稳定在40%以下。

目标日期基金与目标风险基金的主要差别在于：（1）目标日期基金因为有"退休日期"的概念，在产品特征更能够体现出产品的养老属性；（2）目标日期基金的权益投资比例及风险等级会随着持续期增长而下降，符合投资者年龄增长导致风险偏好下降的特点，能够实现长时间维度下动态的资产配置。

2.其他类型产品：以指数基金为例

指数基金同样受到美国个人养老金的青睐。从美国市场来看，IRAs持有的指数基金规模由2000年的650亿美元增长至2021年的9 350亿美元，CAGR为13.5%，这一规模相当于2021年目标日期基金规模的2.8倍。IRAs持有的指数基金规模增长如此迅速与美国指数基金的发展密切相关。21世纪以来，美国指数基金增长迅速，规模从2000年的3 840亿美元增长至2021年的5.7万亿美元，CAGR为13.7%。从类别来看，截至2021年美国指数基金中82%为股票型指数基金。

从美国指数基金市场的整体发展情况来看，头部效应十分显著。以BlackRock为例，其被动基金产品iShares的规模从2010年的5 710亿美元增长至2021年的3.3万亿美元，CAGR为17.2%。近年来iShares的市场份额略有下降，但仍占美国ETF市场近一半规模，2021年占比为45%。

（二）非基金产品：以保险产品为例

德国和韩国的个人养老金产品以保险产品为主，形成这一局面的主要原因包括居民风险偏好保守、保险意识深入人心等，下面以德国为例研究个人养老金参与保险产品的情况。

德国的个人养老金产品主要为里斯特养老金，享受多项政府补贴。与账户制不同，里斯特养老金采取产品备案制，政府对于以"里斯特"命名的养老金产品实行严格监管和定期评估，投资者可根据个人需求自主投资，投保人每月领取的养老金为"最低保证收益+投资收益"。里斯特养老金产品根据风险收益特征从低到高分为五个等级，匹配不同风险偏好群体的养老储蓄需求。为促进个人民众积极参与个人养老积累，政府对里斯特养老金计划采用多种形式的补贴，包括税收递延、基础补贴、子女补贴、特别补贴等。

提供里斯特养老金的金融机构包括保险公司、银行、基金公司、住房互助储金信贷社等，产品包括年金险、银行存款计划、养老基金等，其中年金险是里斯特养老金最主要的产品形态，2020年年金险的产品数量占比达65%。以德国最大的保险公司安联保险为例，其提供包含五个风险等级、四种缴费年限（12年、20年、30年、40年）的里斯特年金险，投保人在获取保证收益的同时也能分享投资收益。

二、境外个人养老金产品的发展趋势

（一）以共同基金/投资信托为主的发展模式：目标日期基金、指数基金占比提升，买方投顾推动个人养老金产品销售

1. 目标日期基金、指数基金占比提升

美国个人养老金市场过去的发展历程中，IRAs持有的目标日期基金及指数基金增长较快。我们认为随着居民养老储蓄需求进一步提升、美股基本面维持稳定，这一趋势或将延续。

目标日期基金方面，由于该类产品的养老定位突出，契合当前美国居民旺盛的养老储蓄需求。2021年美国75%的基金持有人将退休储备作为购买共同基金的首要原因，其他诸如应急、增加当期收入等目标则仅占6%、5%。养老目标基金"下滑曲线"的设计与投资人生命周期相匹配，契合投资人长期的养老需求，相对其他基金而言基金的养老属性和风格定位更加凸显。养老金计划持有目标日期基金的比例不断提升。2006年DC计划及IRAs持有目标

日期基金的比例分别为0.6%和1.8%，而2021年上述比例分别提升至2.4%和10.9%。相较而言，由于DC计划具有默认投资选择，雇主更容易帮助雇员选择与其相匹配的目标日期基金，因此DC计划持有目标日期基金的比例更高。但随着个人养老储蓄需求的增长，未来目标日期基金占IRAs总资产的比例有望进一步提升。

指数基金方面，目前IRAs持有的指数基金以股票型基金为主，与资本市场发展程度密切相关。截至2021年末，美国指数基金中82%为股票型指数基金。从美股的历史走势来看，美国虽然经历过多次短期下行，但持续向好的基本面没有发生根本性变化，美国居民对于股票型指数基金认可度较高。

2.买方投顾推动个人养老金产品销售

投资顾问在IRAs投资共同基金中发挥重要作用。养老金投资并非简单的产品销售，而是需要帮助客户在账户层面进行资产配置，进行税收优惠的合理安排，而通过同一个账户能够简单清晰地帮助客户实现。在这个过程中，投资顾问凭借其专业技能发挥了重要作用。在通过退休计划持有共同基金之外的方式中，2021年通过投资顾问及基金公司/经纪商两种方式持有共同基金的占比合计达到79%。

（二）以保险产品为主的发展模式：保险产品中的保证利率部分占比下降，保险产品类型从传统型向万能型、投连型转变

从德国保险市场的发展来看，个人养老金产品中最主要的储蓄投资型寿险在2016年欧洲新偿付能力监管体系（Solvency Ⅱ）实施后呈现出从传统型向万能型、投连型转变的特点，传统保证利率型寿险的占比从2017年的23.9%下降至2021年的12.2%；反之，万能型/投连型寿险的占比从2017年的61.7%上升至2021年的67.1%。安盛、忠利等欧洲大型保险公司已经宣布不再在德国提供传统的保证利率型寿险；德国最大的保险公司安联保险也减少了保证利率型寿险的销售，转而大力推广万能型、投连型寿险。

低利率环境下德国保险产品从传统型向万能型、投连型转变的趋势仍将延续，个人养老金产品中万能型、投连型寿险的占比亦将随之提升。

三、大型资产管理公司在个人养老金产品的设计、运作、营销等方面经验分享

（一）产品布局及产品设计

1. 产品线布局：以目标日期系列基金为主要产品

海外主流个人养老金产品主要包括目标日期基金及目标风险基金，其中目标日期基金为主打产品。目前，美国大型基金管理人管理的目标日期基金和目标风险基金均为系列化产品布局，如：Fidelity以Freedom系列为主、BlackRock以LifePath系列为主。多数管理人提供一个系列的目标日期基金和一个系列的目标风险基金，部分管理人将一个系列产品按母基金管理方式、子基金类型等进一步细分，如BlackRock旗下LifePath系列产品按管理方式（主动/被动）分为LifePath Index和LifePath Dynamic两类，Fidelity旗下Freedom系列按子基金的主动/被动类型分为Freedom、Freedom Index、Freedom Blend等。

此外，头部资管公司产品线布局更为齐全，同时根据投资主题或客户需求进行产品创新。如，BlackRock创设以ESG为主题的LifePath ESG Index基金，在产品投资上更侧重于ESG评级更高的公司，满足投资者多样化投资需求。Fidelity在Freedom系列下设立Fidelity Simplicity RMD Fund，旨在当投资者到达退休年龄而不得不领取养老金时，为投资者提供符合美国国税局最低取款额度规定的领取服务。此外，Managed Retirement系列基金旨在为以退休金作为主要收入来源的60岁及以上投资者提供综合收入管理及解决办法，更强调退休后的养老金规划（见表3-5）。

表3-5 头部资管机构个人养老金产品线布局

公司名称	系列产品	产品类型
Vanguard	Vanguard Target Retirement	目标日期基金
	Vanguard LifeStrategy	目标风险基金
Fidelity	Fidelity Freedom	目标日期基金
	Fidelity Freedom Index	目标日期基金
	Fidelity Freedom Blend	目标日期基金
	Fidelity Flex Freedom Blend	目标日期基金

续表

公司名称	系列产品	产品类型
Fidelity	Fidelity Managed Retirement	目标日期基金
	Fidelity Simplicity RMD Fund	目标日期基金
	Fidelity Asset Manager	目标风险基金
BlackRock	LifePath Dynamic Fund	目标日期基金
	LifePath Index Fund	目标日期基金
	LifePath ESG Index Fund	目标日期基金
	BlackRock Retirement Income	多资产类型
	Target Allocation	目标风险基金
T.Rowe Price	T.Rowe Price Retirement	目标日期基金
	T.Rowe Price Retirement Balanced	目标日期基金
	T.Rowe Price Retirement Blend	目标日期基金
	Retirement Income Fund	目标日期基金
	Spectrum	目标风险基金
American Funds	American Funds Target Date Retirement	目标日期基金
	Retirement Income Portfolio	目标风险基金

资料来源：各公司公告。

2.产品设计

目标日期设计：目标日期基金的目标日期间隔一般以5年为主，间隔越小，每只目标日期基金针对的目标人群的年龄将更加明确。目前，主要资管机构目标日期基金的时间跨度非常广，能够覆盖各个年龄段的人群，如Fidelity旗下Freedom系列产品涵盖从2005年开始，每隔5年，直至2065年；Vanguard旗下系列产品涵盖从2020年开始，每隔5年，直至2070年（见表3-6）。

表3-6　各资管机构目标日期系列基金时间设计

公司名称	系列产品	目标退休开始年份（年）	目标退休结束年份（年）	间隔时间（年）
Vanguard	Vanguard Target Retirement	2020	2070	5
Fidelity	Fidelity Freedom	2005	2065	5
	Fidelity Freedom Index	2005	2065	5

续表

公司名称	系列产品	目标退休开始年份（年）	目标退休结束年份（年）	间隔时间（年）
Fidelity	Fidelity Freedom Blend	2005	2065	5
	Fidelity Flex Freedom Blend	2005	2065	5
	Fidelity Managed Retirement	2010	2030	10
	Fidelity Simplicity RMD Fund	2010	2025	5
BlackRock	LifePath Dynamic Fund	2025	2065	5
	LifePath Index Fund	2025	2065	5
	LifePath ESG Index Fund	2025	2065	5
T.Rowe Price	T.Rowe Price Retirement	2005	2065	5
	T.Rowe Price Retirement Blend	2005	2065	5
American Funds	American Funds Target Date Retirement	2010	2065	5

资料来源：各公司公告。

管理方式：目前个人养老基金的管理方式以主动管理为主，也会考虑基金公司自身特点，如T.Rowe Price旗下多个系列产品均以主动管理为主，而Vanguard Target Retirement系列则以被动管理为主。部分资管机构的产品系列细分程度较高，同时提供主动及被动管理系列基金。如Fidelity、BlackRock旗下目标日期基金包括主动和被动产品。主动型管理下，资产配置可适时调整以应对市场变化，利于兼顾长期的战略资产配置和中短期的战术资产调整；被动型管理利于分散风险、降低运作成本。

投资范围：采取被动管理的基金主要投资于股票指数基金、债券指数基金及货币市场指数基金等，采取主动管理的基金投资范围相对更广，包括股票基金、商品基金、货币市场基金、债券基金、衍生品等。此外，大多数资管公司的子基金以内部产品为主（见表3-7）。

表3-7 各资管机构目标日期系列基金投资范围及策略

公司名称	系列产品	管理方式	投资范围
Vanguard	Vanguard Target Retirement	被动管理	股票指数基金、债券指数基金、通胀保值证券基金
	Vanguard LifeStrategy	被动管理	股票指数基金、债券指数基金

续表

公司名称	系列产品	管理方式	投资范围
Fidelity	Fidelity Freedom	主动管理	股票基金、商品基金、货币市场基金、债券基金、衍生品、短期国债等资产，其中还包括部分开放式指数基金
	Fidelity Freedom Index	被动管理	股票指数基金、债券指数基金、货币市场指数基金
	Fidelity Freedom Blend	主动管理	股票基金、商品基金、货币市场基金、债券基金、衍生品、短期国债等资产，其中还包括部分开放式指数基金
	Fidelity Managed Retirement	主动管理	股票基金、商品基金、货币市场基金、债券基金等资产，还包括部分开放式指数基金
	Fidelity Simplicity RMD Fund	主动管理	股票基金、商品基金、货币市场基金、债券基金及短期国债等资产，还包括部分开放式指数基金
	Fidelity Asset Manager	主动管理	美国海内外股票、商品及其他权益投资、国债、海外债券、货币市场产品及短期债等资产
BlackRock	LifePath Dynamic Fund	主动管理	权益基金、债券基金、货币基金、衍生品，主要投资于开放式基金和ETF，部分ETF可能是指数基金
	LifePath Index Fund	被动管理	股票指数基金、债券指数基金、货币基金，主要投资于开放式指数基金以及ETF
	LifePath ESG Index Fund	被动管理	股票指数基金、债券指数基金、货币基金，通常投资于开放式指数基金和ETF
	BlackRock Retirement Income	主动管理	通过投资于贝莱德多资产收益组合，可以间接投资于股票、债券、REITs、结构性产品、衍生品等
	Target Allocation	主动管理	权益基金、债券基金、多资产基金
T.Rowe Price	T.Rowe Price Retirement	主动管理	权益基金、债券基金
	T.Rowe Price Retirement Balanced	主动管理	权益基金、债券基金
	T.Rowe Price Retirement Blend	主动管理	权益基金、债券基金
	T.Rowe Price Retirement Income Fund	主动管理	权益基金、债券基金
	Spectrum	主动管理	权益基金、债券基金、货币市场证券、现金、另类投资
American Funds	American Funds Target Date Retirement	主动管理	债券基金、权益基金
	Retirement Income Portfolio	主动管理	公司债券、票据及贷款、美国政府及政府机构债券及票据、按揭证券、资产支持证券、非美国政府/机构证券、市政证券

资料来源：各公司公告。

费率结构：个人养老基金产品的费率包括在申购费中直接扣除的销售费用以及基于资产收取的年化费用。整体来看，养老目标基金的费率呈现下行趋势，2009—2021年美国目标日期基金加权平均费率从0.67%降至0.34%。从海外大型资管公司费率来看，主动管理基金中Fidelity费率相对较低，为0.4%~0.5%，被动管理基金中，Vanguard产品费率仅0.08%。从具体费用来看，目前多数养老基金已无申购费，直接扣除的费用主要包括销售费用及账户服务费；Vanguard及T.Rowe Price针对资产价值低于1万美元的账户收取20美元/年的账户管理费（见图3-31）。

图3-31 美国目标日期基金资产加权平均费率持续下降

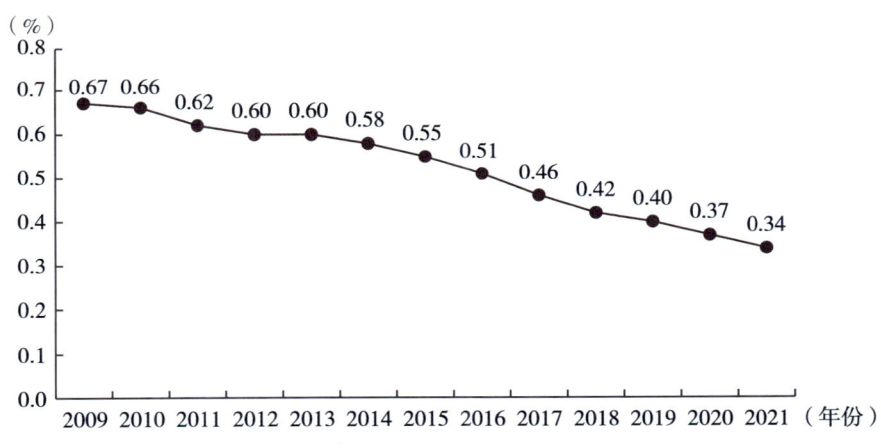

资料来源：Morningstar。

（二）产品的投资运作和资产配置

1.目标日期基金

多数基金公司采取"穿点型"下滑曲线。穿点型下滑曲线在目标日期后股债比例仍旧持续调整，设置穿点型下滑曲线主要是考虑到实际情况中投资者退休后会逐步从基金账户中提取资金作为退休养老金，而不是在退休时点一次性提取。可以看出，成熟的资产管理公司已经在关注投资者退休后的收入管理情况。而BlackRock主要采取"到点型"，在目标日期时股债比例即到达最终稳定，保持不变，资产配置相对更加保守（见图3-32）。

图3-32 头部资管机构下滑曲线设计

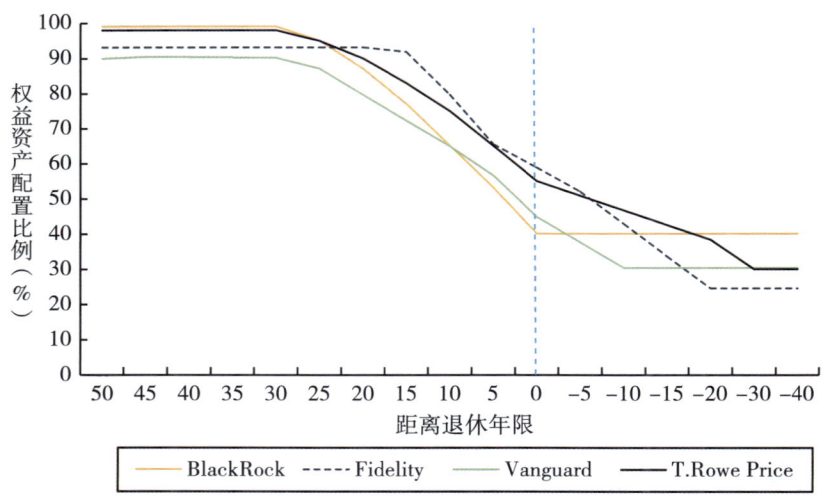

资料来源：各公司公告。

各家公司下滑曲线有所差异。从各家资管机构目标日期基金下滑曲线设计来看，在距离退休日期较久的初期，权益资产配置比例均超90%，其中BlackRock在距离退休日期30年之前股票基金比例高达99%、T.Rowe Price将原来90%的初期权益资产配置比例提升至98%。到达退休日期时权益资产配置比例有所差异，部分公司在50%以上，Fidelity达60%；比较而言，采取到点型的BlackRock权益资产配置比例降至40%并保持稳定。最终稳定后，各资管公司权益资产配置比例差异较大，部分达到40%，部分降至20%左右（见表3-8）。

表3-8 各资管机构权益资产配置比例变化

基金公司	下滑曲线类型	初始权益比例（%）	退休日期权益比例（%）	最终稳定的权益比例（%）
BlackRock	到点型	99	40	40
Fidelity	穿点型	90	60	25
Vanguard	穿点型	90	45	30
T.Rowe Price Retirement	穿点型	98	55	20
American Funds	穿点型	95	55	40

资料来源：各公司公告。

子基金选择以内部产品为主。在子基金选择方面，各资管机构主要选择内部优质基金作为子基金，具体的子基金类型会结合机构特点进行选择，头部资管机构之间略有差异，如Vanguard主要选择数量较少的宽基指数基金，其优势在于能覆盖足够多的个股、且便于向客户解释相关产品设计；BlackRock及Fidelity的子基金数量较多，主动和被动基金都有。

海外资管机构通过模拟下滑曲线设计方案等多种方式进行风险管理。在风险控制方面，海外资管公司在设计下滑曲线时会对潜在的设计方案进行多次模拟，评估每个方案未来可能的损失和波动，在选取最终方案时可以剔除超过目标波动率的方案。此外，海外资管公司还通过在既定下滑曲线的基础上，对组合的实际管理做出风险约束，包括限制目标波动率、制定止损制度等以控制风险。

从收益表现上看，较高的权益资产配置比例有助于整体收益率的提升。以Fidelity为例，Fidelity Freedom 2055的权益配置比例为93.1%[1]，其最近5年、最近10年收益分别为6.61%、8.62%，超过权益配置比例为58.8%的Fidelity Freedom 2025最近5年、最近10年的4.74%、6.64%。从主被动对比来看，Fidelity Freedom系列近5年年化收益率为2.4%~6.6%（Freedom Index系列为2.4%~6.9%）。从各公司对比来看，由于BlackRock旗下LifePath系列产品早期具有较高的权益类资产配置比例，对应收益率更高。由于海外市场的有效性更强，主动管理型产品在收益率上并未表现出较大优势。

（1）Vanguard。Vanguard Retirement系列基金采取穿点型下滑曲线，在退休前25年，权益资产配置比例达90%（其中国内股票及海外股票资产比例分别为54%、36%），债券资产配置比例10%（其中国内债券及海外债券资产比例分别为7%、3%）。此后随着退休日期临近，权益资产配置比例逐步下降，退休时降至45%（其中国内股票及海外股票资产比例分别为27%、18%），债券资产配置比例升至45%（其中国内债券及海外债券资产比例分别为31%、14%）。此外，通胀保值债券比例10%。退休后10年权益资产、债券及通胀保值资产配置比例分别为30%、53%、17%。相关资料见图3–33和表3–9。

---

[1] 截至2022年7月31日的数据。

图3-33　Vanguard目标日期基金下滑曲线

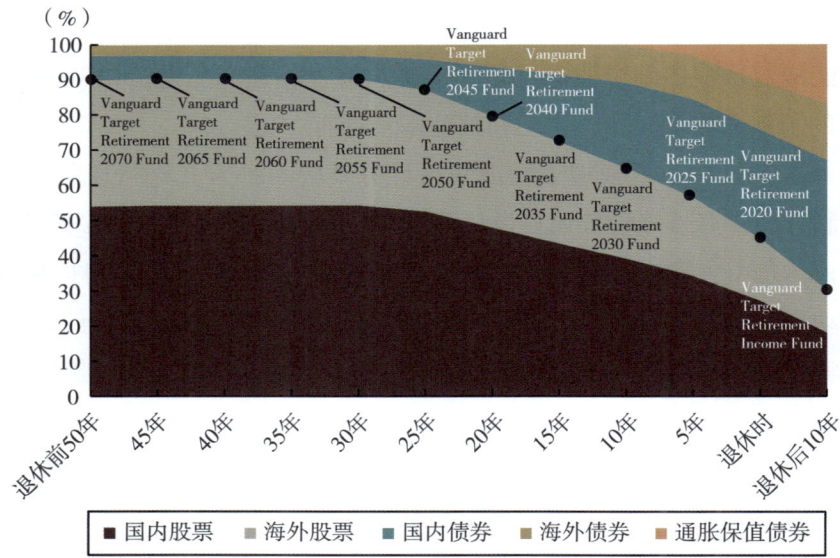

资料来源：各公司官网。

表3-9　Vanguard目标日期基金资产配置

产品名称	目标退休日期	底层基金配置比例（%）		
		股票型指数基金	债券型指数基金	抗通胀指数基金
Vanguard Target Retirement Income Fund	已退休	30.30	53.00	16.70
Vanguard Target Retirement 2020 Fund	2016—2020年	44.80	44.80	10.40
Vanguard Target Retirement 2025 Fund	2021—2025年	56.50	40.40	3.10
Vanguard Target Retirement 2030 Fund	2026—2030年	64.90	35.10	0.00
Vanguard Target Retirement 2035 Fund	2031—2035年	72.20	27.80	0.00
Vanguard Target Retirement 2040 Fund	2036—2040年	79.60	20.40	0.00
Vanguard Target Retirement 2045 Fund	2041—2045年	87.20	12.80	0.00
Vanguard Target Retirement 2050 Fund	2046—2050年	90.20	9.80	0.00
Vanguard Target Retirement 2055 Fund	2051—2055年	90.20	9.80	0.00
Vanguard Target Retirement 2060 Fund	2056—2060年	90.40	9.60	0.00
Vanguard Target Retirement 2065 Fund	2061—2065年	90.50	9.50	0.00
Vanguard Target Retirement 2070 Fund	2066—2070年	90.00	10.00	0.00

注：数据截至2022年7月31日。
资料来源：各公司官网。

由于Vanguard在被动投资方面的优势，在子基金选择上，目前Vanguard Retirement系列基金主要投资于Vanguard旗下被动指数基金，如Vanguard全股票市场指数基金、Vanguard海外全股票市场指数基金及Vanguard全债券市场指数基金等，跟踪指数包括CRSP全美市场指数、FTSE环球全股盘非美股票指数及彭博海内外固收产品指数。其中，Vanguard全股票市场、海外全股票市场基金均发行于20世纪90年代，经营30年以来基金净资产规模分别达1.2万亿美元、3 048亿美元，股票组合多元化程度高；固收基金方面，截至2022年8月底Vanguard全债券市场、海外全债券市场、短期通胀保值指数基金净资产规模分别为2 312亿美元、933亿美元、604亿美元，3只产品成立至今收益率分别为2.62%、–7.47%、1.55%。相关资料见表3–10、表3–11和图3–34、图3–35。

表3–10　Vanguard Target Retirement产品线一览（零售）

基金代码	基金名称	出生年份	退休年限	风险等级
VSVNX	Target Retirement 2070	2003—2007年	约50年	4
VLXVX	Target Retirement 2065	1998—2002年	约45年	4
VTTSX	Target Retirement 2060	1993—1997年	约40年	4
VFFVX	Target Retirement 2055	1988—1992年	约35年	4
VFIFX	Target Retirement 2050	1983—1987年	约30年	4
VTIVX	Target Retirement 2045	1978—1982年	约25年	4
VFORX	Target Retirement 2040	1973—1977年	约20年	4
VTTHX	Target Retirement 2035	1968—1972年	约15年	4
VTHRX	Target Retirement 2030	1963—1967年	约10年	4
VTTVX	Target Retirement 2025	1958—1962年	约5年	3
VTWNX	Target Retirement 2020	1953—1957年	已退休	3
VTINX	Vanguard Target Retirement Income Fund	1948年以前	已退休	2

资料来源：Vanguard。

表3–11　Vanguard Life Strategy产品线一览

基金代码	基金名称	投资期限	目标配置	风险等级
VASIX	LifeStrategy Income Fund	3~5年	20%股票，80%债券	2
VSCGX	LifeStrategy Conservative Growth Fund	5年以上	40%股票，60%债券	3
VSMGX	LifeStrategy Moderate Growth Fund	5年以上	60%股票，40%债券	3
VASGX	LifeStrategy Growth Fund	5年以上	80%股票，20%债券	4

资料来源：Vanguard。

图3-34　Vanguard Target Retirement各产品规模

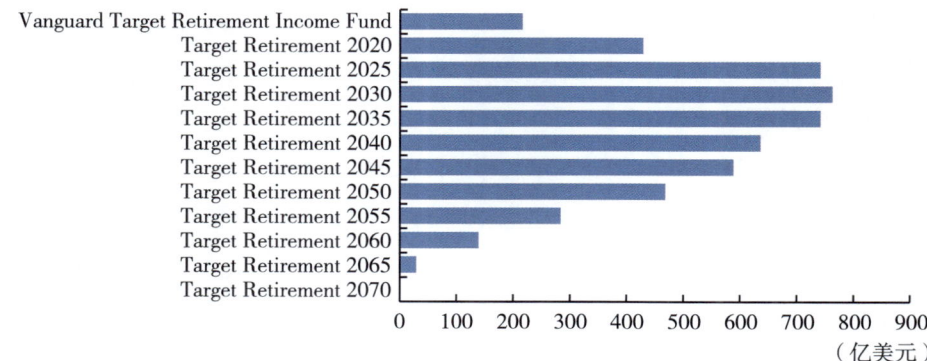

资料来源：Wind。数据截至2022年6月30日。

图3-35　Vanguard Life Strategy各产品规模

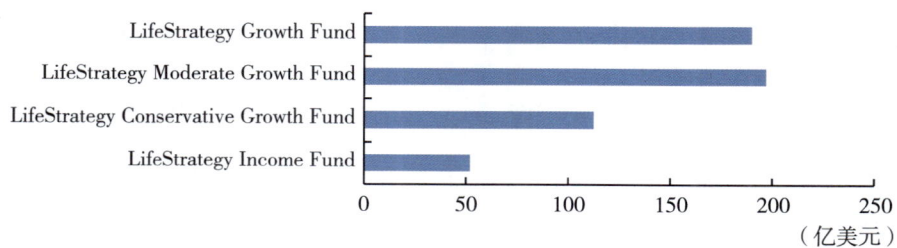

资料来源：Wind。数据截至2022年6月30日。

Vanguard养老产品基本遵循内部型FOF管理模式，子基金主要为自有平台指数基金，低费率优势突出，产品业绩主要由资产配置贡献。以Vanguard Life Strategy产品为例，与股票、债券市场指数（标普500总回报、彭博-巴克莱美国综合债券指数总回报）相比，养老FOF的收益水平普遍位于股票和债券市场指数之间，在不同市场环境下收益一致性强，波动及回撤控制能力突出，在极端市场环境下抗跌能力较强。

收益率方面，Vanguard retirement系列基金近5年年化收益率为3.16%~6.78%，近10年年化收益率为4.75%~9.28%，与基准收益率接近。整体而言，随着权益资产投资比例增加、长期投资收益率明显提升。

（2）Fidelity。Fidelity养老系列基金采取"穿点式"下滑曲线，在退休前

20年，权益型资产配置达90%，随着时间推移基金投资风格渐趋保守，固收资产比重不断增加，到退休时权益型资产配置在60%左右，最终稳定后权益类资产配置比例为20%左右。截至2022年7月，退休日期在2040年及以后的Freedom系列基金中股票资产配置比重均超90%，Managed Retirement/Simplicity RMD系列基金更注重退休后的收入管理，相较Freedom系列基金债券资产配置比例较高，权益资产配置比例较低（见图3-36和表3-12）。

图3-36　Fidelity目标日期型基金通过设置下滑曲线灵活匹配不同年龄段客户的差异化风险偏好

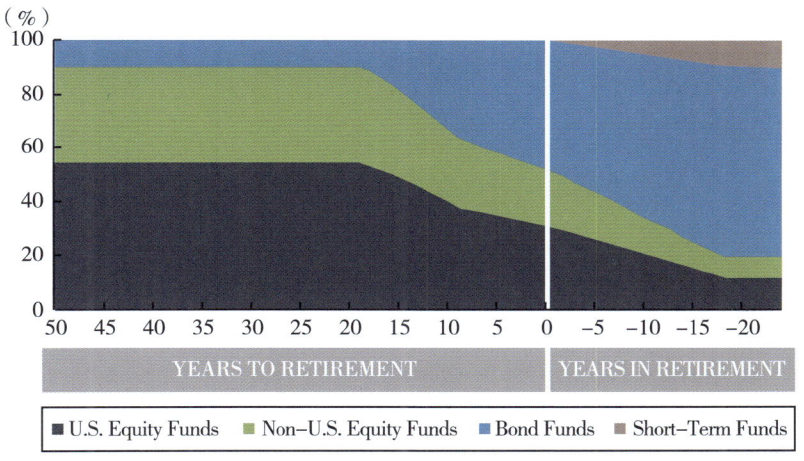

注：数据截至2022年6月30日。
资料来源：各公司公告。

表3-12　Fidelity目标日期型基金随退休日期临近逐步提升固收资产配置比重（以Freedom系列为例）

系列名称	基金名称	底层资产配置比例（%）			
		美国股票	海外股票	债券	短期现金资产及其他资产
Fidelity Freedom Fund	Fidelity Freedom 2005 Fund	9.73	14.79	68.39	7.09
	Fidelity Freedom 2010 Fund	15.28	18.31	61.96	4.45
	Fidelity Freedom 2015 Fund	20.92	21.88	55.57	1.63
	Fidelity Freedom 2020 Fund	26.54	25.44	49.14	−1.12

续表

系列名称	基金名称	底层资产配置比例（%）			
		美国股票	海外股票	债券	短期现金资产及其他资产
Fidelity Freedom Fund	Fidelity Freedom 2025 Fund	30.69	28.11	43.33	−2.13
	Fidelity Freedom 2030 Fund	34.73	30.70	36.70	−2.13
	Fidelity Freedom 2035 Fund	43.40	36.26	22.49	−2.15
	Fidelity Freedom 2040 Fund	50.80	41.01	10.37	−2.18
	Fidelity Freedom 2045 Fund	51.58	41.52	9.17	−2.27
	Fidelity Freedom 2050 Fund	51.58	41.52	9.16	−2.26
	Fidelity Freedom 2055 Fund	51.58	41.52	9.14	−2.24
	Fidelity Freedom 2060 Fund	51.58	41.52	9.11	−2.21
	Fidelity Freedom 2065 Fund	51.60	41.51	9.06	−2.17
	Fidelity Freedom Income Fund	8.39	13.94	70.04	7.63

注：数据截至2022年7月31日。
资料来源：各公司官网。

从目标日期基金子基金配置情况来看：

Freedom系列基金：投资子基金均为Fidelity旗下产品，以Fidelity Series系列基金为主。Freedom/Freedom Blend系列基金主要配置于美国大/中/小盘美股市场基金、海外新兴市场期权基金、国际增长基金等；同时，参与另类投资，均有不超过2%的资产投资于Fidelity商品策略基金。Freedom Index系列为Freedom系列的被动子系列，主要配置美国整体市场指数基金、除美国外国际指数基金，重点投资成熟市场，整体投资风格偏激进。在固收类子基金配置上，Freedom系列基金均重点投资于低风险债券指数基金，以国债/政府债券基金为主。

Managed Retirement系列基金：主要投资于Fidelity旗下产品，在权益配置方面，主要投资于美国大盘、蓝筹股票基金，以及海外新兴市场机会基金、国际增长基金及价值基金，相较Freedom系列，整体资产配置更加稳健。债券配置方面，主要投资于海内外债券、贷款基金等产品，子基金底层资产涵盖投资级/非投资级债券、私募债、可转债及贷款债权等。

Simplicity RMD系列基金：作为已退休人群的"收入替代产品"，在子基金配置上Simplicity RMD系列产品以固收基金为主，整体配置更为稳健，其中主要配置Fidelity Series投资级债券基金（目标日期为2010—2025年的基金中投资于Fidelity Series投资级债券基金的资产占比分别为34%、30%、25%、22%）。

从产品收益来看，Fidelity Freedom 系列基金近 5 年年化收益率为 2.4%~6.6%、近 10 年年化收益率为 3.2%~8.6%；Freedom Index 系列基金近 5 年年化收益率为 2.4%~6.9%、近 10 年年化收益率为 2.8%~8.4%。整体而言，主动管理型基金长期收益率与被动管理型相对持平，权益类资产配置更高的产品在收益率上具有显著优势。

（3）BlackRock。从下滑曲线来看，LifePath 系列基金均属于"到点型"，在目标日期时股债比例即到达最终稳定，保持不变。该系列基金在距离退休日期 30 年之前股票基金（包括 REITs）比例为 99%、债券基金比例为 1%；在距离退休 30 年之内股票资产配置比例逐渐降低、加大债券资产配置比例，最终在退休日股票基金配置比例降低至 40%、债券基金配置比例升至 60%（见图 3-37）。

图 3-37　LifePath 系列基金下滑曲线

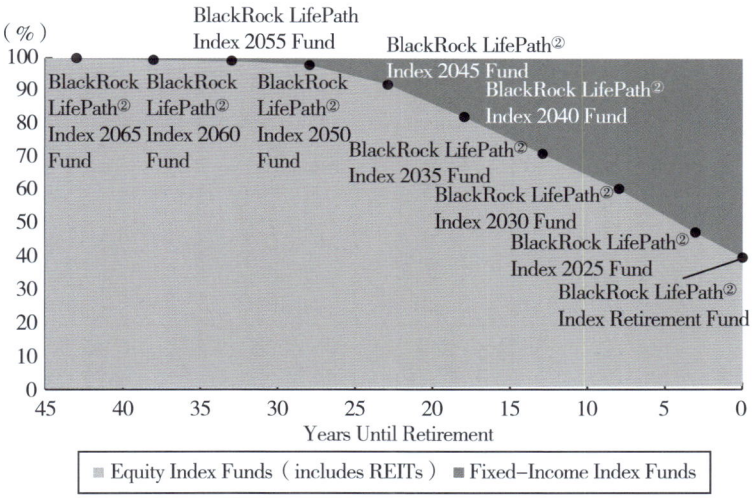

资料来源：Morningstar。

在子基金选择上，LifePath 系列基金主要选择 BlackRock 旗下基金，其中，LifePath Dynamic 的子基金多数为主动基金，包括大盘股及小盘股、价值和成长风格。LifePath Index 子基金以被动产品为主，追踪指数包括发达市场房地产指数、罗素 1000 指数及罗素 2000 指数、MSCI 全球指数等，债券型子基金包括美国信用债指数基金以及政府债指数基金等。LifePath ESG Index 子基金以被动产品为主，主要为 iShares ESG 权益及债券指数基金（见表 3-13）。

表3–13　LifePath系列基金子基金情况

		LifePath Dynamic Retirement Fund	LifePath Index Retirement Fund	LifePath ESG Index Fund
股票型基金	BlackRock Advantage Emerging Markets Fund（贝莱德优势新兴市场基金）	一般投资于MSCI新兴市场指数中的证券或与其具有类似特征的证券	iShares Developed Real Estate Index Fund（iShares发达房地产指数基金）	iShares Developed Real Estate Index Fund（iShares发达房地产指数基金）
			由贝莱德管理,旨在追踪由发达市场房地产股票组成的指数（FTSE EPRA Nareit Developed Index）的投资结果	由贝莱德管理,旨在追踪由发达市场房地产股票组成的指数（FTSE EPRA Nareit Developed Index）的投资结果
	BlackRock Advantage Large Cap Growth Fund（贝莱德优势大盘成长基金）	一般投资于罗素1000成长指数中的证券或与其具有类似特征的证券	Large Cap Index Master Portfolio（大盘指数主投资组合） 采取被动管理,跟踪罗素1000指数	
	BlackRock Advantage Small Cap Growth Fund（贝莱德优势小型股成长基金）	一般投资于罗素2000成长指数中的证券或与其具有类似特征的证券	Master Small Cap Index Series（小型股指数系列） 采取被动管理,跟踪罗素2000指数	
	BlackRock Emerging Markets Fund, Inc.（贝莱德新兴市场基金）			iShares权益ETF,包括iShares ESG Aware MSCI EAFE ETF、iShares ESG Aware MSCI EM ETF、iShares ESG Aware MSCI USA Small-Cap ETF、iShares MSCI Canada ETF等
	BlackRock Sustainable Advantage Large Cap Core Fund（贝莱德可持续优势大盘核心基金）	投资于罗素1000指数里的证券,同时相较罗素1000指数维持一定ESG特征	Total International ex U.S. Index Master Portfolio（除美国指数外的国际投资组合） 采取被动管理,跟踪MSCI除美国指数外的各国指数	
	Diversified Equity Master Portfolio（多元化股票投资组合）			

第三章　他山之石——分析和借鉴海外成熟模式　117

续表1

		LifePath Dynamic Retirement Fund	LifePath Index Retirement Fund	LifePath ESG Index Fund
股票型基金	International Tilts Master Portfolio（国际倾斜投资组合）	寻求超过MSCI欧洲澳大利亚远东指数的长期回报		iShares权益ETF，包括iShares ESG Aware MSCI EAFE ETF、iShares ESG Aware MSCI EM ETF、iShares ESG Aware MSCI USA Small-Cap ETF、iShares MSCI Canada ETF等
	iShares Developed Real Estate Index Fund（iShares发达房地产指数基金）	由贝莱德管理，旨在追踪由发达市场房地产股票组成的指数（FTSE EPRA Nareit Developed Index）的投资结果		
	Large Cap Index Master Portfolio（大盘指数主投资组合）	采取被动管理，跟踪罗素1000指数		
	Master Advantage Large Cap Core Portfolio（优势大型股核心投资组合）	一般投资于罗素1000指数中的证券或其具有类似特征的证券	Total International ex U.S. Index Master Portfolio（除美国指数外的国际投资组合）	
	Master Advantage Large Cap Value Portfolio（优势大盘价值投资组合）	一般投资于罗素1000价值指数中的证券或其具有类似特征的证券		
	Master Small Cap Index Series（小型股指数系列）	采取被动管理，跟踪罗素2000指数		
	Total International ex U.S. Index Master Portfolio（除美国指数外的国际投资组合）	采取被动管理，跟踪MSCI除美国指数外的各国指数	采取被动管理，跟踪MSCI除美国指数外的各国指数	

续表2

	LifePath Dynamic Retirement Fund		LifePath Index Retirement Fund		LifePath ESG Index Fund
债券型基金	BlackRock High Yield Bond Master Portfolio（贝莱德高收益债券投资组合）	主要投资于十年期或者更短期限的非投资级债券，通常将80%以上的资产投资于高收益债券	U.S. Total Bond Index Master Portfolio（美国全部债券基金投资组合）	追踪债券基础指数，构成基础指数的债券包括美国政府和公司债券、抵押支持证券、ABS等，均为投资级	iShares固定收益ETF，包括iShares ESG Aware U.S. Aggregate Bond ETF、iShares TIPS Bond ETF等
	CoreAlpha Bond Master Portfolio（核心Alpha债券投资组合）	通常将80%以上的资产投资于核心Alpha债券	iShares U.S. Long Credit Bond Index Fund（iShares美国长期信用债券指数基金）		
	U.S. Total Bond Index Master Portfolio（美国全部债券基金投资组合）	追踪债券基础指数，构成基础指数的债券包括美国政府和公司债券、抵押支持证券、ABS等，均为投资级	iShares U.S. Intermediate Credit Bond Index Fund（iShares美国中级信用债券指数基金）		
			iShares U.S. Long Government Bond Index Fund（iShares美国长期政府债券指数基金）		
			iShares U.S. Intermediate Government Bond Index Fund（iShares美国中级政府债券指数基金）		
			iShares U.S. Securitized Bond Index Fund（iShares美国证券化债券指数基金）		
多资产基金	BlackRock Tactical Opportunities Fund（贝莱德战术机会基金）	可投资于全球股票、债券、货币、外国货币等			
	BlackRock Total Factor Fund（贝莱德全因子基金）	可投资于全球股票、债券、衍生品等，采取基于因子的方法构建投资组合			

资料来源：各公司公告。

从实际资产配置上看，LifePath Index重点配置BlackRock罗素1000指数基金、iShares MSCI国际股票ETF及iShares债券指数基金；LifePath ESG Index基金均以iShares ESG MSCI ETF及iShares ESG美国债券ETF为主；LifePath Dynamic资产配置更加多样化且更加分散，主要投资于多元化股票投资组合、BlackRock新兴市场指数基金等。此外，距离退休日期越近，债券配置比例越大且资产配置更加分散（见表3-14）。

表3-14　LifePath系列基金资产配置（以LifePath Index为例） （单位：%）

子基金占比	LifePath Index									
	Retirement Fund	2025 Fund	2030 Fund	2035 Fund	2040 Fund	2045 Fund	2050 Fund	2055 Fund	2060 Fund	2065 Fund
BLACKROCK RUSSELL 1000 INDEX FUND	22	26	33	40	47	52	56	56	56	56
iShares U.S. Int Gov Bnd Idx Fd	19	14	9	4	1	0				
iShares U.S. Secur Bond Index Fd	16	14	10	7	4	2				
ISHARES MSCI TOTAL INTL STOCK ETF	13	16	21	26	30	34	36	37	37	37
ISHARES TIPS BOND ETF	8	8	7	5	4	2	1	0	0	

注：数据截至2022年8月31日。
资料来源：各公司公告。

从收益率来看，LifePath Dynamic基金近5年年化收益率为4.6%~7.7%，近10年年化收益率为4.7%~8.9%，整体跑输基准收益率；LifePath Index基金近5年年化收益率为4.3%~7.8%，近10年年化收益率为4.9%~9.5%，与基准收益率差距较小。从不同基金对比来看，随着市场有效性不断提高，主动型产品跑赢被动产品的难度加大，LifePath Dynamic长期收益率整体低于LifePath Index收益率；在同一系列基金内部，距离退休日更远的基金由于具备更高的权益类资产配置，投资收益率逐步提升。

2.目标风险基金及相关指数

整体而言，各类资管机构在目标风险基金上的权益类资产配置比例在

20%~85%，不同机构的权益资产比例细分程度有所差异，Blackrock、Vanguard和American Funds划分了3~4个风险等级，也有部分机构如Fidelity划分了7个细分风险等级。从收益率来看，头部资管公司长期年化收益率差距相对较小，近5年年化收益率在2%~7%，近10年年化收益率在3%~9%，产品收益率随既定风险偏好升高而增加，且不同风险目标下收益率差异较大（见表3-15）。

表3-15　目标日期基金权益资产配置比例

	策略类型数量（个）	权益资产配置比例
Blackrock	4	20%~80%
Fidelity	7	20%~85%
Vanguard	4	20%~80%
T.Rowe Price	6	30%~85%
American Funds	3	40%~70%

资料来源：各公司公告。

（1）Vanguard。Vanguard目标风险系列基金按不同目标风险划分为收入型、保守成长型、适中成长型和成长型共4款产品，分别对应权益类资产比例为20%、40%、60%和80%（见表3-16）。从实际资产配置来看，Lifestrategy系列基金主要投资于Vanguard整体股票市场指数基金、国际股票指数基金、债券市场指数基金以及国际债券指数基金，均为Vanguard旗下大盘被动产品（见表3-17）。从收益率来看，Lifestrategy系列近5年年化收益率为2.0%~6.1%，近10年年化收益率为3%~8.1%，与基准收益率差距较小。整体而言，产品收益率随既定风险偏好升高而增加，且不同风险目标下收益率差异较大。

表3-16　Vanguard Lifestrategy系列基金底层资产配置

基金名称	底层基金配置比例（%）			底层资产配置比例（%）		
	股票型指数基金	债券型指数基金	抗通胀指数基金	股票	债券	短期存款
Vanguard LifeStrategy Income Fund	19.50	80.50	0.00	19.90	79.53	1.28
Vanguard LifeStrategy Conservative Growth Fund	40.00	60.00	0.00	39.48	59.29	1.23

续表

基金名称	底层基金配置比例（%）			底层资产配置比例（%）		
	股票型指数基金	债券型指数基金	抗通胀指数基金	股票	债券	短期存款
Vanguard LifeStrategy Moderate Growth Fund	60.30	39.70	0.00	59.53	39.20	1.27
Vanguard LifeStrategy Growth Fund	80.20	19.80	0.00	79.17	19.63	1.20

注：数据截至2022年7月31日。
资料来源：各公司官网。

表3-17　Vanguard Lifestrategy系列基金实际资产配置　　（单位：%）

子基金占比	Income Fund	Conservative Growth Fund	Moderate Growth Fund	Growth Fund
Vanguard Total Stock Market Index Fund：Investor Share	11.60	24.20	36.60	48.80
Vanguard Total International Stock Index Fund：Invsetor Shares	7.90	15.80	23.70	31.40
Vanguard Total Bond Market II Index Fund：Invsetor Shares	56.00	41.60	27.40	13.60
Vanguard Total International Bond II Index Fund：Institutional Shares	24.50	18.40	12.30	6.20

注：数据截至2022年7月31日。
资料来源：各公司官网。

（2）Fidelity。Fidelity根据不同风险等级划分为7只产品，对应权益资产配置比重的区间为20%~85%（见表3-18）。从产品收益来看，Fidelity目标风险型基金近5年年化收益率为2.7%~7.1%，近10年年化收益率为3.3%~9.0%，总体跑赢比较基准，中长期收益同业排名靠前。具体来看，由于各产品之间权益类资产配置比例划分更细，产品收益率差距较小。从同业对比来看，Fidelity目标风险型基金中长期收益排名优异，7只产品的3年期、5年期、10年期平均投资收益分别超过69%、64%、59%的同类型基金。

表3-18 Fidelity风险目标型基金按不同风险偏好、分梯度配置股票资产

基金名称	晨星风险等级	3年期夏普率	底层资产配置比例（%）			
			美国股票	海外股票	债券	短期现金资产及其他资产
Fidelity Asset Manager 20%	4	19%	19.43	7.16	52.02	21.39
Fidelity Asset Manager 30%	4	28%	26.41	10.81	51.92	10.86
Fidelity Asset Manager 40%	4	34%	33.13	14.42	46.40	6.05
Fidelity Asset Manager 50%	5	37%	39.62	18.13	41.53	0.72
Fidelity Asset Manager 60%	5	39%	42.05	21.67	36.02	0.26
Fidelity Asset Manager 70%	5	42%	49.03	25.66	25.72	−0.41
Fidelity Asset Manager 85%	6	44%	58.53	31.08	11.02	−0.63

注：基金资产配置数据截至2022年7月31日，3年期夏普率数据截至2022年8月31日。
资料来源：各公司官网。

（3）BlackRock。BlackRock Target Allocation系列共4款产品，对应权益资产配置分别为20%、40%、60%、80%。从具体资产配置来看，风险较高的产品主要投资iShares核心标普美股市场总体指数ETF以及iShares ESG MSCI美国ETF，均为BlackRock旗下权益型指数ETF产品；风险程度较低的产品主要投资BlackRock整体回报基金。从收益率上看，BlackRock Target Allocation系列基金近5年年化收益率在2.3%~7.1%，近10年年化收益率为4.2%~8.8%。资产配置情况见表3-19和表3-20。

表3-19 BlackRock Target Allocation系列基金实际资产配置   （单位：%）

基金名称	80/20 Target Allocation Fund	60/40 Target Allocation Fund	40/60 Target Allocation Fund	20/80 Target Allocation Fund
ISHARES CORE S&P TOTAL U.S. STOCK	30.53	23.92	17.03	9.43
iShares ESG Aware MSCI USA ETF	19.69	14.21	10.62	5.04
BLACKROCK TOTAL RETURN FUND AGR	8.98			
ISHARES MSCI EAFE VALUE ETF	7.41	5.48	3.54	
ISHARES MSCI EAFE GROWTH ETF	7.09	5.17	3.25	
iShares MSCI Emerging Markets Min	5.41	3.98	2.98	

续表

基金名称	80/20 Target Allocation Fund	60/40 Target Allocation Fund	40/60 Target Allocation Fund	20/80 Target Allocation Fund
ISHARES CORE TOTAL USD BOND MARKET	3.87	8.44	14.32	18.51
ISHARES TIPS BOND ETF	3.06	3.08	4.57	6.58
ISHARES CORE S&P SMALL-CAP ETF	2.50			
BLK EQUITY DIVIDEND FUND K CLASS	2.50			
STRATEGIC INCOME OPPORTUNITIES FUN			5.00	8.49
BLACKROCK TOTAL RETURN FUND MOD			25.03	
BLACKROCK TOTAL RETURN FUND GRW		16.96		
BLACKROCK TOTAL RETURN FUND CON				25.03

注：数据截至2022年8月。

表3-20 BlackRock Target Allocation系列基金底层资产配置

基金名称	底层资产配置比例（%）			
	股票	债券	现金	其他
80/20 Target Allocation Fund	80	19	1	0
60/40 Target Allocation Fund	60	38	2	0
40/60 Target Allocation Fund	40	58	2	0
20/80 Target Allocation Fund	20	77	3	0

注：数据截至2022年8月。

（4）标普目标风险指数。标普目标风险指数是采用目标风险策略，对应特定风险水平的多资产类别指数。指数由不同比重的股票与固定收益类资产组成，包括保守（Conservative）、平衡（Moderate）、进取（Aggressive）3个指数。

分年统计标普目标风险指数与股票和债券市场指数（标普500、罗素2000、彭博-巴克莱美国综合债券指数，均取相应全收益指数计算）的收益率、波动率（年化）、最大回撤，可以看到根据不同风险等级的股债配置要求，各指数具备不同程度的低弹性特征，能够在牛熊更迭中优化净值体验，适宜用作养老投资策略。相关资料见图3-38至图3-40。

图 3-38　大类资产配置指数及目标风险指数分年收益率

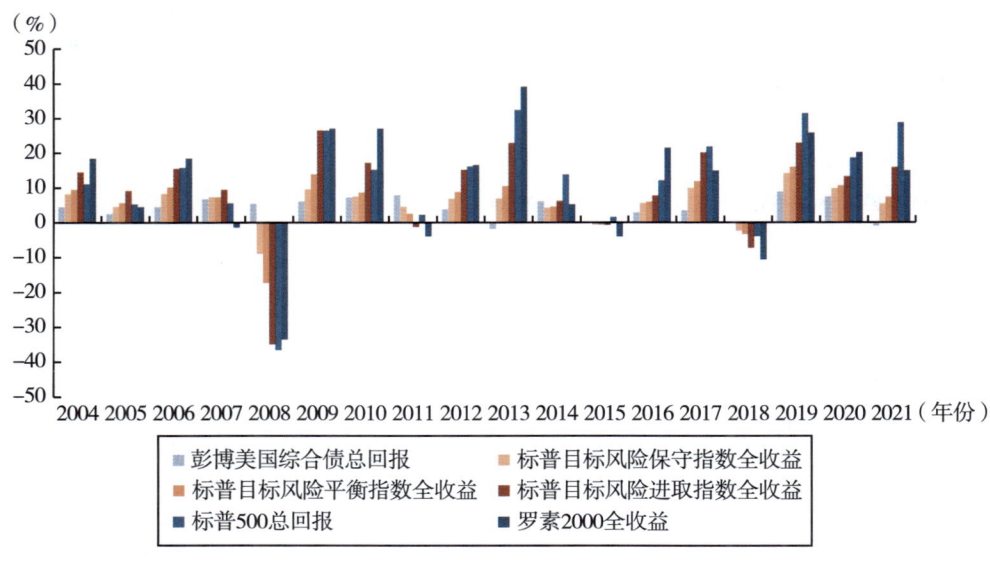

资料来源：Wind，Bloomberg；数据截至 2021 年 12 月 31 日。

图 3-39　大类资产配置指数及目标风险指数分年波动率（年化）

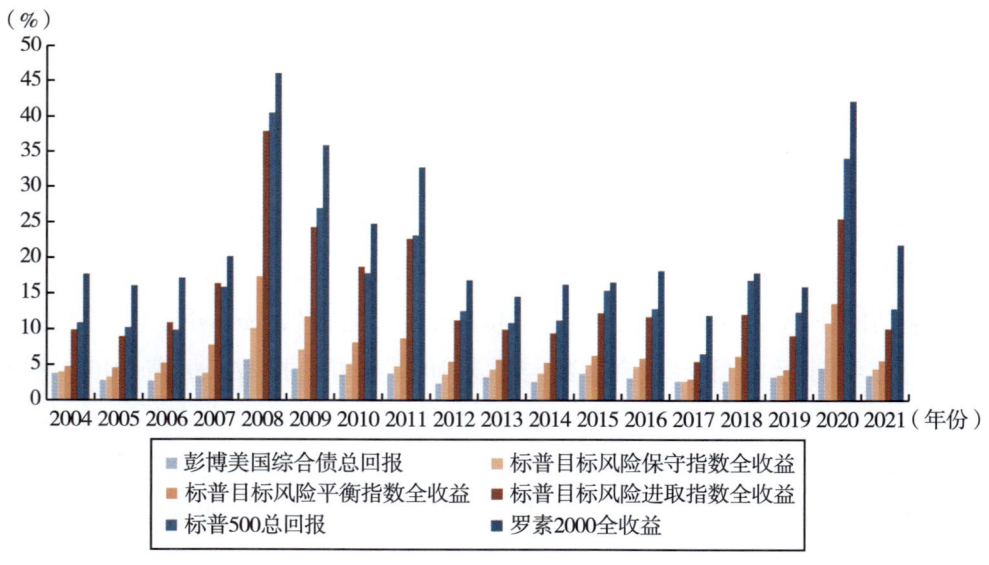

资料来源：Wind，Bloomberg；数据截至 2021 年 12 月 31 日。

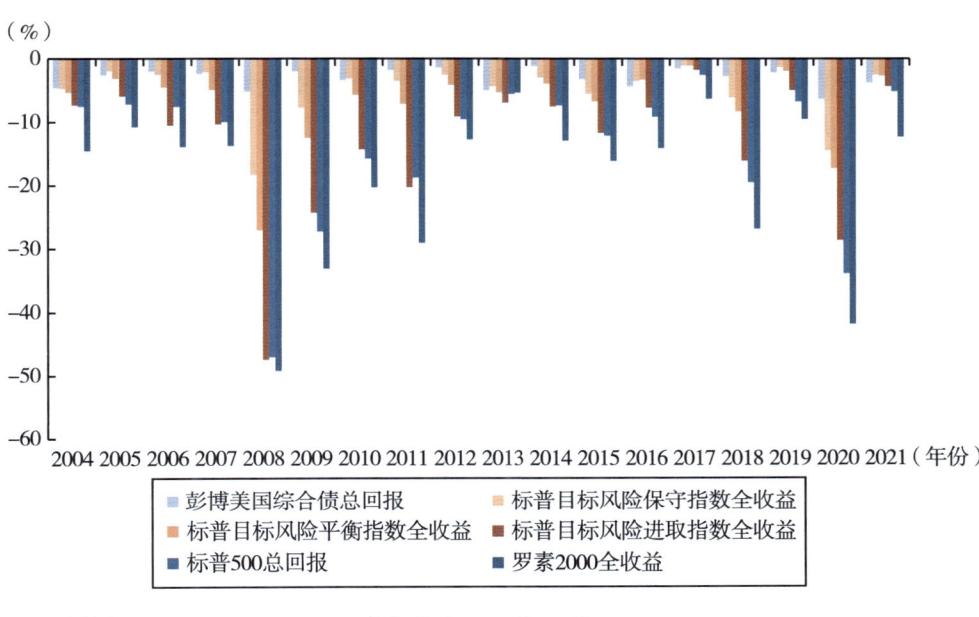

图3-40 大类资产配置指数及目标风险指数分年最大回撤

资料来源：Wind，Bloomberg；数据截至2021年12月31日。

（三）产品销售和投资者教育

1.客户画像和投资者行为分析

美国持有个人养老金账户的家庭以中老年、已婚、受过高等级教育、有正式工作、收入较高的中产阶级为主。（1）从年龄分布来看，2021年近一半养老金账户持有者年龄在55岁以上，仅17%的家庭年龄在35岁以下，整体年龄较大；（2）从特点来看，超过半数的个人养老金持有者获得大学或研究生学位，近七成已婚、有工作，近八成有职业养老金计划（DB或DC计划）；（3）从年收入来看，2021年持有个人养老金账户的家庭平均收入为14万美元，超过半数的家庭年收入超过10万美元，相比2020年全部美国家庭平均收入的9.8万美元，整体收入更高（见表3-21）。

美国持有个人养老金账户的家庭风险偏好较高，偏好权益类投资，多数选择通过专业金融机构管理资产。从风险偏好来看，在持有个人养老金账户的家庭中，40%的家庭愿意为平均收益承受平均风险，近40%的家庭表示愿意为高于平均及以上的收益承受更高的风险，而针对全部美国家庭这两个比例分别为32%和26%。可见，持有个人养老金账户的家庭风险偏好更高。从资产配置来看，超半数的传统IRA账户资产投资于股票及股票型基金，18%投资于债券及债券型基金，10%投资于目标日期基金。在管理方式上，70%的家庭主要通过金融机构管理（见图3-41）。

表3-21 2021年持有IRA账户的家庭画像

（中位数）	持有IRA账户的家庭	不持有IRA账户的家庭
年龄	54岁	51岁
家庭收入	10万美元	5万美元
家庭金融资产	35万美元	4.5万美元
在IRA账户的家庭金融资产	10万美元	N.A.
在IRA账户的家庭金融资产占比	40%	N.A.
结婚比例	68%	46%
大学或研究生学位比例	54%	30%
全职或兼职比例	69%	54%
有企业年金（DC或DB计划）比例	82%	42%

资料来源：Investment Company Institute。

图3-41 大多数家庭通过金融机构管理传统IRA账户（2021年）

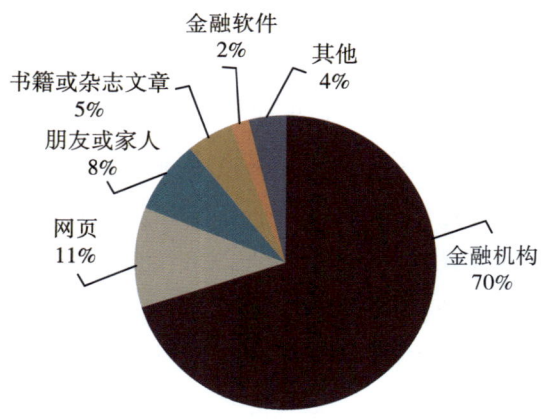

资料来源：Investment Company Institute。

2.产品营销宣传和投资者教育

在产品营销方面,境外大型资产管理公司主要通过官网、投顾、订阅邮件推送、纸质及网络社交媒体等方式进行产品的推介宣传,一般会结合公司动态、行业热点新闻推介养老服务。此外,还通过401(k)计划、经纪账户等能够提供具体服务的场景触达客户。在宣传内容方面,各机构会针对公司及产品特点进行宣传,定位上略有差异,如Fidelity强调养老金产品的简单便捷、资产配置变化及投资方式严谨,Vanguard强调养老金产品的分散投资、专业化管理及低成本。同时,头部资管机构在产品宣传上,采取"投资者教育+产品"结合的方式,先让投资者了解资产配置的概念和方法,再将资产配置与产品结合起来进行推广。

从投资者教育的具体做法来看,一方面,资管公司针对投资者在选择投资方式、投资金额等方面,为投资者提供简单易懂的工具,通过录入基本的财务情况和财务规划,生成投资建议;另一方面,各类资管机构均在官网开设养老专区,并非仅针对养老投资产品推介,而是涉及养老退休全过程,针对不同年龄阶段的投资者推送相应的投教文章、提供各类养老工具(例如养老计算器,计算在当前年龄下需要储蓄多少资金),树立和培养民众的养老意识。

(1)Fidelity。Fidelity主要通过官网、投顾、订阅邮件推送产品、社交媒体等方式进行产品宣传;针对养老金产品,Fidelity重点突出养老金产品简单方便、资产配置跟随时间变化、投资方式严谨的优势。此外,Fidelity借助自身在401(k)计划上的优势,通过401(k)账户触达个人用户,向其推介相关产品。

在投资者教育方面,针对投资者在选择投资方式以及退休所需养老金数额等方面可能并不了解,Fidelity提供了简单易懂的工具,通过录入投资者的年龄、收入、投资目的等基本情况,生成投资选择的建议,帮助投资者克服上述困难。同时,Fidelity还采用"意愿—技能—时间"模式对投资者进行分析和引导。通过问卷,首先筛选出愿意投资,且具备相应时间和技能的投资者,其可以从所有产品中自行选择投资品种。其次,筛选出愿意投资但缺乏技能或时间的客户,Fidelity可以推荐客户购买目标日期或目标风险基金,也可以定制专门的管理账户。此外,Fidelity在官网为投资者提供退休工具,主要涉及退休前储蓄规划、退休后财务规划以及IRA账户相关工具,解决投资者相关退休问题。

此外，公司针对不同类别人群，通过定期提供投教文章及视频的方式进行客户陪伴：针对距离退休时间较长的年轻人，Fidelity重点推荐长期投资、退休储蓄方法、IRA账户、401（k）计划等相关文章，帮助投资者树立养老投资意识；针对即将退休人群，Fidelity围绕"何时退休、如何退休以及在哪里退休"推荐相关文章，以帮助投资者了解及解决退休所需储蓄、房贷、医疗相关问题；针对已退休人群，Fidelity重点关注退休后生活，如退休保障、医疗健康、退休取款等方面（见表3-22）。

表3-22　Fidelity官网提供的养老投资的辅助工具

富达退休工具	描述
Guaranteed Income Estimator（已保证收入估算）	估算投资者可以通过固定收入年金获得的确定收入
Inherited IRA RMD Calculator（继承IRA最低取款金额计算器）	从继承的IRA估计所需的最低支取金额
IRA Contribution Calculator（IRA交款计算器）	解决IRA供款的相关问题，如是否有资格供款及供款金额、可从税款中扣除的金额以及罗斯或者传统IRA是否适合投资者
Planning & Guidance Center（规划和指导中心）	全面了解投资者的退休计划，并帮助投资者更好进行退休准备
Required Minimum Distribution（RMD）Calculator（所需最低支取金额计算器）	帮助投资者计算72岁后所需的最低退休取款金额
Retirement Income Calculator（退休收入计算器）	帮助投资者计算退休后每个月所花费金额以及影响现金流的方式
Retirement Strategies Tax Estimator（退休策略税收估算）	了解ROTH IRA转换、合格慈善分配（QCD）和应税/免税提款如何影响投资者当年的税款
Roth Conversion Calculator（ROTH IRA转换计算器）	帮助投资者理解转换成ROTH IRA后可能的结果
Savings Planner（储蓄规划）	帮助投资者制储蓄和债务偿还计划
Social Security Benefit Calculator（社会福利计算器）	比较不同年龄的每月和终身福利

资料来源：公司官网。

（2）Vanguard。Vanguard主要通过官网、社交媒体、投顾等方式进行宣传，如公司在社交媒体上通过"产品简要优势概括+产品链接"吸引投资者。在产品特点上,Vanguard主要针对产品的多样化投资、专业化管理、自动化再平衡及低成本优势进行宣传。在广告内容方面,Vanguard通过将投资者教育与产品相结合进行宣传,例如,发布"投资者希望知道的三件事",包括复利助于资金更快增长、尽早投资是一大优势;生活中的一些小习惯[如利用401(k)、节省一杯咖啡]可以帮助投资者最大化储蓄;投资平衡型基金能帮助投资者在股票和债券方面实现多元化,最后引出目标日期基金产品。此外,公司并非直接宣传产品收益率等情况,而是采取"投资者教育+产品"结合的方式,先让投资者了解资产配置的概念和方法,再将资产配置与产品结合起来进行推广。

投资者教育方面,Vanguard在官网开设了退休专区,针对不同年龄段群体提供文章资料,如针对20~49岁群体,Vanguard强调退休储蓄、IRA基础知识等;针对50~64岁群体,Vanguard强调退休规划以及退休所需金额;针对已退休人群,Vanguard更强调退休后资金管理、退休花费、退休金领取等。此外,Vanguard还提供退休计算器等养老工具,主要基于当前年龄、收入、预计年回报率等计算所需退休储蓄。

3.投顾如何帮助投资者进行产品选择

目前,通过专业投顾配置共同基金是美国家庭投资的主要方式。在养老方面,投顾通过账户的综合管理和服务,帮助投资者完成养老目标,如通过投资者提供的财务状况、投资目标、风险偏好等信息,智能投顾可自动生成资产配置建议;在传统投顾下,投资者与投顾进行一对一交流,投顾全方位了解投资者财务现状及目标并提供养老、税收等综合财务规划。

(1)Fidelity。Fidelity主要通过投顾进行综合账户管理、帮助投资者完成养老目标,包括智能投顾及专业财富管理服务,其中智能投顾以线上为主,主要通过数字化帮助投资者进行资产配置;财富管理服务基于投资者具体状况定制化投资策略,以综合实现养老、税收等综合规划。

智能投顾:Fidelity向投资者提供Fidelity Go及Fidelity Personalized Planning & Advice(FPPA)两类线上投顾服务。具体来看,Fidelity Go采取完全数字化服务模式,投资者通过线上答题向系统提交财务目标(如退休)、收入状况、风险偏好等信息,为客户在线制定投资规划(包括资产配置比例、基金选择),降低投资门槛及咨询费用,投资者可零元开户,咨询费用低廉且不对低资产账户收费。Fidelity Personalized Planning & Advice（FPPA）采取"人工+线上投顾"的业务模式，在Fidelity Go的基础上与Fidelity顾问一对一通话，并持续获得退休主题的财务建议及指导，FPPA因提供人工服务，较Fidelity Go设置更高投资门槛与咨询费率。

财富管理服务：包括普通财富管理（Fidelity Wealth Management）及私人财富管理（Private Wealth Management）。普通财富管理要求账户投资额不得少于25万美元，每年收取0.50%~1.50%的咨询费用，向客户提供包括减税策略在内的财富规划、投资咨询等服务。私人财富管理为客户单独配置专业财富管理团队，同时设置更高服务门槛，要求客户拥有不少于200万美元的投资金额或不少于1 000万美元的可投资资产，但平均较普通财富管理服务收取更低咨询费用，为每年0.20%~1.04%（见表3-23）。此外，投资者可通过养老金账户或投资顾问购买公司顾问系列基金（Fidelity Advisor Fund），该系列产品往往通过专业管理提供超越市场的收益。

表3-23 Fidelity智能投顾向投资者提供便捷在线服务，财富管理主要面向高净值客户

	Fidelity Go	Fidelity Personalized Planning & Advice	Fidelity Wealth Management	Fidelity Private Wealth Management
投顾类型	智能投顾	智能投顾+人工	人工	人工
最低投资金额	0	25 000	250 000	在富达账户200万美元或可投资产1 000万美元
管理费率	<10 000美元：不收取咨询费；10 000~49 999美元：3美元/月；>49 999美元：0.35%/年	每年0.5%	0.5%~1.5%	0.2%~1.04%
投资标的	零费用的富达共同基金	零费用的富达共同基金	围绕财务状况的退休、税收、医疗健康等的综合规划，可投资于Fidelity及非Fidelity的共同基金等	综合投资管理、财务规划及代际战略

资料来源：公司官网。

（2）Vanguard。Vanguard针对个人投资者提供智能投顾（Digital Advisor）和个人顾问服务（PAS）两类投顾服务。（1）智能投顾（Digital Advisor）：纯数字化模式，门槛为3 000美元，投资者通过提供收入、养老储蓄、支出、风险偏好等信息，系统自动绘制投资者画像并提供规划投资方案（包括建议购买的产品、养老金投资建议开始时间、投入金额与频率，并对投资者未来养老金投资组合抗风险能力及收益情况进行预测）；（2）个人顾问服务：采取"人工+智能投顾"模式，门槛和费用更高、投资产品更加丰富，投资顾问将严格遵循投资者意愿提出投资建议，并提供资产配置规划、税务规划、信托等服务（见表3-24）。

表3-24 Vanguard投顾服务

	先锋智能顾问	先锋PAS
最低投资金额	3 000美元（针对特定DC计划投资者下调至5美元）	50 000美元
服务费	收取每年0.15%的净服务费	（1）账户资产不超过500万美元：0.3% （2）账户资产超过2 500万美元：0.05%
可支持计划	以退休计划为主	退休计划、教育储蓄计划、购房储蓄等
可交易产品	共同基金、自营及外部ETF、限制交易集合投资信托产品	共同基金、固收产品、自营ETF、主动型权益基金、社会尽责投资产品、普通股票（仅限转入账户）
是否提供人工咨询	否	是
是否自动调整组合	是	是（每季调整）
账户转入规则	仅对部分投资账户提供转入服务，且转入前需全部卖出原账户持仓的投资资产	允许客户自由转入，且无须清空原账户内资长

资料来源：公司官网。

第四章
公募基金开展个人养老金业务的优势

第一节 个人养老金投资的特点与要求

一、具有长期投资属性

（一）个人养老金的投资期限长

个人养老金天然具有投资期限长的特点。根据《国务院关于安置老弱病残干部的暂行办法》和《国务院关于工人退休、退职的暂行办法》（国发〔1978〕104号）文件规定，我国现行职工退休年龄为男性60周岁、女干部55周岁、女工人50周岁，特殊工种可提前至男55周岁、女45周岁。若一位职工22岁工作并开始储蓄养老金，在达到法定退休年龄前有至少23年、至多38年的投资周期。

从全球来看，随着经济发展水平的提高和预期寿命的延长，人口老龄化压力较大的国家先后推动延迟退休。OECD国家目前的平均退休年龄已经是64岁，未来还将进一步延迟到66岁。相对而言我国目前的退休年龄仍比较年轻，但是从趋势上来看，我国也将逐步进入延迟退休的阶段。《中华人民共和国国民经济和社会发展第十四个五年规划和2035年远景目标纲要》中已经明确提出"按照'小步调整、弹性实施、分类推进、统筹兼顾'等原则，逐步延迟法定退休年龄"，也即养老金的投资周期在未来还将进一步拉长。

（二）长期回报对个人养老金的目标替代率有较大影响

根据2022年4月国务院办公厅发布的《关于推动个人养老金发展的意见》，我国个人养老金缴费完全由个人承担，实行完全积累制。也即参与人在职期间通过自己的缴费建立个人养老金账户，并通过投资逐年积累，退休后再以积累的个人养老基金和投资收益作为养老金补充，以提高退休后的保障水平。对于个人养老金投资者，退休后个人养老金待遇水平，将取决于个人养老金缴费期的长短、个人养老金缴费积累的金额多少、个人养老金的长期投资回报。养老并非只是中老人需要面对和解决的问题，对于年轻人来说同样需要未雨绸缪，尽早做好养老储蓄的规划，妥善做好投资安排，以尽可能获得更高的长期投资回报。

根据2020年OECD数据，对于美国平均收入水平的居民，强制养老金替代率[①]仅39.2%，而非强制养老金投资计划将其目标替代率提升至81.3%。高水平的目标替代率需要相应稳定的长期回报率来保障，长期投资回报率越高，可达到的目标替代率越高。假设一个人自25岁开始工作，在65岁退休（开始领退休金），期望寿命为95岁，若每年年初将年收入的7%存入个人养老金账户，且年收入按1.5%的速度增长，则目标替代率为30%时，对养老投资策略要求的年均回报率为4.9%，而当目标替代率要求提升至70%时，要求回报率则提升至7%以上（见表4-1）。

表4-1 目标替代率与年均回报率要求

目标替代率	30%	40%	50%	60%	70%
年均回报率要求（IRR）	4.9%	5.7%	6.4%	6.9%	7.3%

资料来源：南方基金测算。

二、应重视对权益资产的配置

（一）资产配置是决定长期投资回报的关键因素

目前世界上还没有一种资产是绝对的高收益，但同时又没有波动、没有

---

① 强制养老金和非强制养老金的替代率指对应养老金部分的领取金额与退休前工资收入的比率。

风险。对于投资者而言，如果投资组合过于集中在单一资产上，比如全是银行储蓄，看起来很安全，没有波动、没有回撤，但是长期收益会过低，可能无法抵御通胀风险，其实将面临更大的风险。另外，如果投资组合过于集中于股票等高风险资产上，收益的波动性过大，可能又会导致投资者面临巨大的市场波动时，出于巨大的压力而追涨杀跌，从而导致投资者没有很好地分享到权益资产所创造的良好的长期回报。

"不要把鸡蛋放在一个篮子里"可谓对资产配置最通俗的理解，这句谚语生动地揭示了资产配置分散与多元化的投资特点。由于没有任何一类资产可以持续战胜市场，通过适度多元化的、分散性的投资，可以降低单一资产的价格波动对整体养老金投资组合的影响，从而降低投资者面临的市场波动的压力，最终有助于投资者更好地控制投资风险，获得稳健的长期回报。

整体而言，增长和通胀是驱动大类资产的阶段性收益率变动的两个核心因素。根据增长和通胀的不同表现，可以把经济的发展切分为复苏、繁荣、衰退和滞涨四种不同的状态。在不同的经济状态时，大类资产的表现是有一定规律的。以股票资产为例，除了与企业盈利相关的基本面的驱动因素之外，权益类资产风险溢价以及无风险利率的变动往往会影响权益资产的估值。无论是国内还是国外来看，估值的收缩和扩张很多时候对权益资产回报的影响超过企业盈利的变化带来的影响。

长期来看，没有人能每一次都准确预测每种资产的投资表现。从结果上来看，往往越是一致的投资预期或判断，越是有较大概率事后被证明是错误的。试图通过把握住每一年表现最佳的资产来获取投资收益，难度大，且交易成本高。通过多元化的资产配置，有助于投资者不错过表现最出色的资产类别，也有助于将回报低于预期的资产类别控制在投资者风险承受能力之内，从而在风险一定的情况下增加投资者的总回报，或者在回报一定的情况下降低投资者的总风险，从而显著改善投资组合的风险收益比。

在关于资产配置的众多经典的学术研究中，最广为人知的莫属Vanguard创始人约翰伯格（John C.Bogle）于1994年提出的观点：资产配置是最基本的投资决策，它可以解释美国养老基金所取得总收益中94%的业绩。投资大师耶鲁大学前首席投资官大卫·史文森的研究也显示，对于机构投资者而言，回报率差异的90%来自资产配置。因此，资产配置对于投资的成败起着最为关键的作用。

（二）股债的有效配置可助长期投资者战胜通胀

自人类社会进入纸币的货币体系，通货膨胀的幽灵就始终挥之不去（见图4-1）。英国20世纪的年均通货膨胀为4.1%，但由于期间经历了20年代以及70年代的较为严重的通胀，2000年1英镑的购买力仅仅相当于1900年的1.9%。德国在20世纪初所经历的恶性通货膨胀更是引发了灾难性的后果。2020年以来，美联储以大放水的方式应对新冠肺炎疫情，2022年爆发的俄乌冲突引发了欧洲能源危机，全球经济再度笼罩在通胀的阴影之中。

图4-1 1900—2000年全球主要国家通货膨胀率

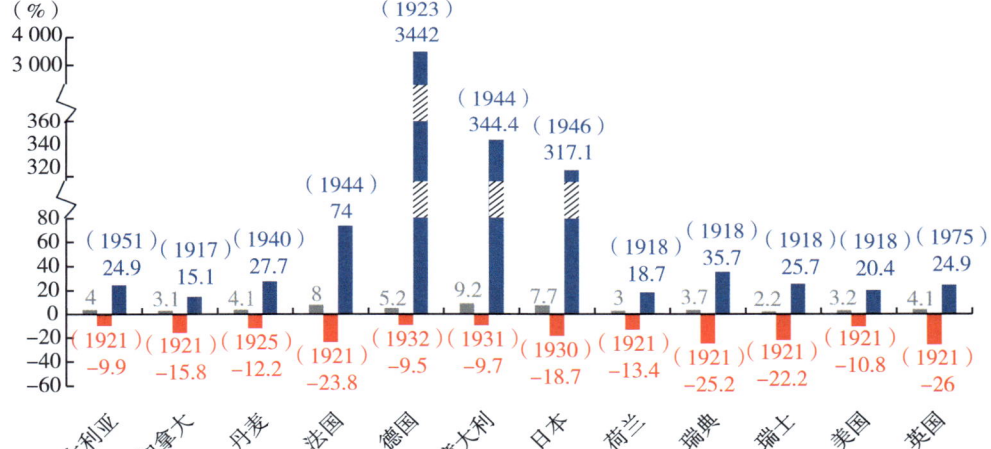

资料来源：E.迪姆森，P.马什，M.斯汤腾.投资收益百年史[M].中国财政经济出版社2005年版。

对长期投资者而言，能否战胜通胀、保护购买力不受侵蚀，其实是最大的挑战。从全球过去100年各类资产的实际回报率来看，股票在一个长周期里可以战胜通胀，债券是否能战胜通胀，在不同国家有不同的答案（见图4-2）。

图4-2 1900—2000年全球主要国家大类资产实际年化回报

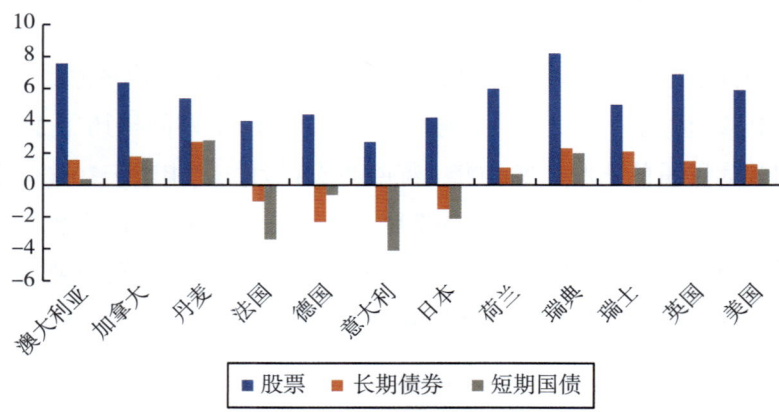

资料来源：E.迪姆森，P.马什，M.斯汤腾.投资收益百年史[M].中国财政经济出版社2005年版。

从我国大类资产长期收益的历史看，股票、房产是表现较佳的资产。自2004年6月1日至2022年8月31日的可比历史区间内，万得全A总回报为407.85%，商品房的总回报为462.40%，明显领先于黄金的332.00%、大宗商品的119.83%、国债的110.09%，相较于境外权益资产也有更高的收益，同期标普500总回报为255.57%，恒生指数总回报为63.54%（见图4-3）。

图4-3 大类资产长期表现对比（定基，2004年6月1日=1）

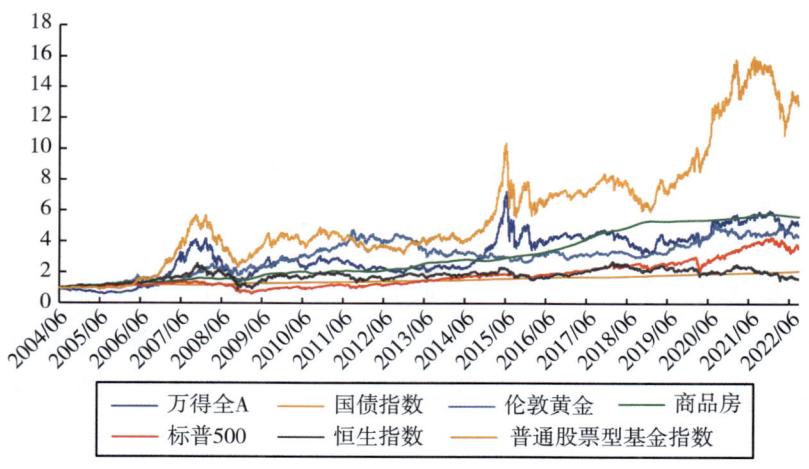

资料来源：Wind，中原地产。

虽然我国房产的历史收益表现强于股票，但这是因为对比的历史区间刚好是我国快速城市化和居民加杠杆的时期。从图4-3中我们可以看出，房价快速上涨的时间主要是在2018年以前，而在2018年之后，由于"房住不炒"的政策基调和人口增长放缓、疫情冲击等诸多因素影响，房价的收益已经明显走平，"以房养老"已经不再具有时代背景，金融资产将比房地产更适宜用于养老金的资产配置。

从具体的投资工具来看，相较于直接投资于股票或债券，通过公募基金投资有明显的超额收益（见表4-2）。

表4-2 公募基金投资回报与基准回报对比

类型	普通股票型基金	偏股混合型基金	万得全A	偏债混合型基金	中证综合债
累计回报率	1 183.35%	904.23%	407.85%	353.41%	114.78%

注：回报累计区间为2004年6月1日至2022年8月31日。
资料来源：Wind。

（三）权益资产收益的波动性可通过延长投资周期明显下降

对于任何一类资产，投资回报通常来自资本利得以及股息分红或利息的现金回报。每一类资产的预期回报都会因资产价格的波动而具有不确定性，这也是投资风险的来源。

资产价格的波动，由于受到市场情绪、传言、突发等不可预测事件的影响，在短期内往往具有随机性，非常难以预测。在各类资产中，权益资产的波动性又显著高于其他资产，这也是导致较多投资者不敢投资权益资产的重要原因。

但如果把投资的时间期限拉长，会发现各类资产，尤其是权益资产波动的规律性明显提高。这一规律在全球资本市场都可以观察到。

在美国过去100年历史当中，当投资期限为1年时，最好年份的股票收益率与最坏年份股票收益率相差超过105%，而债券最高收益率与最低收益率也几乎相差60%。即使投资于短期国债这一几乎被视为无风险资产的投资，其最高收益与最低收益也相差高达40%。但是如果把投资期限拉长，从1年到2年，直到5年、10年、20年、30年，可以显著地观察到三类资产的收益稳定性都明显增强。尤其是对于股票资产，当投资期限拉长时，其收益的波动性是明显收敛的(见图4-4)。在收益的波动性随投资期限的拉长而下降的背后,就是估值的均值回归定律。而这一定律也被誉为"资本市场的万有引力定律"。正是均值回归的存在,使得股票资产在长期投资的视角下反而是一种收益率较高而风险较小的资产。

图4-4 各类资产的收益波动性随着投资期延长而下降

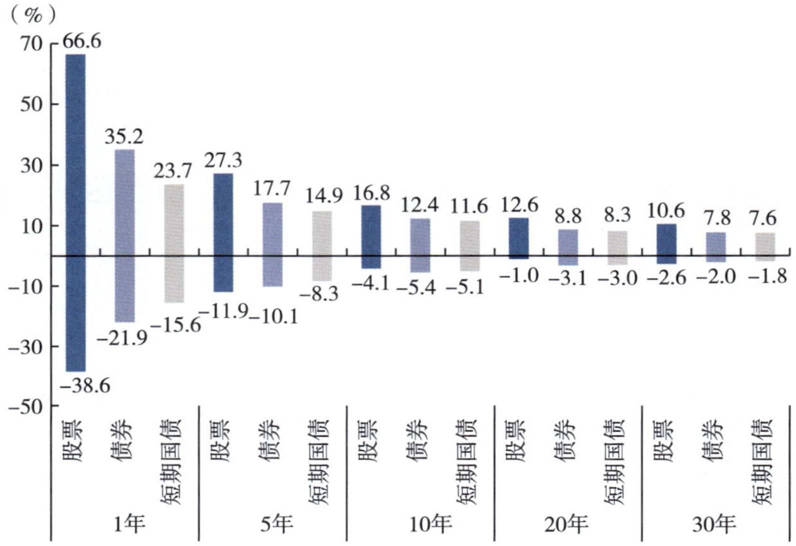

（%）

投资期	股票	债券	短期国债
1年	66.6 / −38.6	35.2 / −21.9	23.7 / −15.6
5年	27.3 / −11.9	17.7 / −10.1	14.9 / −8.3
10年	16.8 / −4.1	12.4 / −5.4	11.6 / −5.1
20年	12.6 / −1.0	8.8 / −3.1	8.3 / −3.0
30年	10.6 / −2.6	7.8 / −2.0	7.6 / −1.8

资料来源:西格尔(美).股市长线法宝[M].机械工业出版社2009年版。

统计了2004年6月1日至今我国各类资产在特定持有期下的年化收益率分布,若只持有1年,各类资产的收益分布区间高度重合,但权益类和商品类资产的收益分布区间较债券和货币基金更宽,也就是说高风险资产有可能获得较高收益,但也有较大概率跑输低风险资产甚至亏损(见图4-5)。

如果将持有期拉长至10年,各类资产的收益率分布区间则出现明显分化,其中权益类资产显著跑赢商品、债券和货币基金(见图4-6)。万得全A25%分位线已经高于中证综合债和国债指数的区间上沿,意味着在10年投资周期内,权益已经有很大概率跑出超额收益。值得注意的是,万得全A的收益分布区间下沿已经高于0。换言之,在10年跨度的投资中,权益资产本金亏损的风险其实很小,同样的情况也出现在股票型基金和偏股混合型基金上。因此,对于仍较为年轻的养老金投资者来说,不应为了追求本金安全而过度低配权益类资产。从这个角度而言,时间就是投资者的阿基米德杠杆。

图4-5 大类资产年化收益率分布(持有1年)

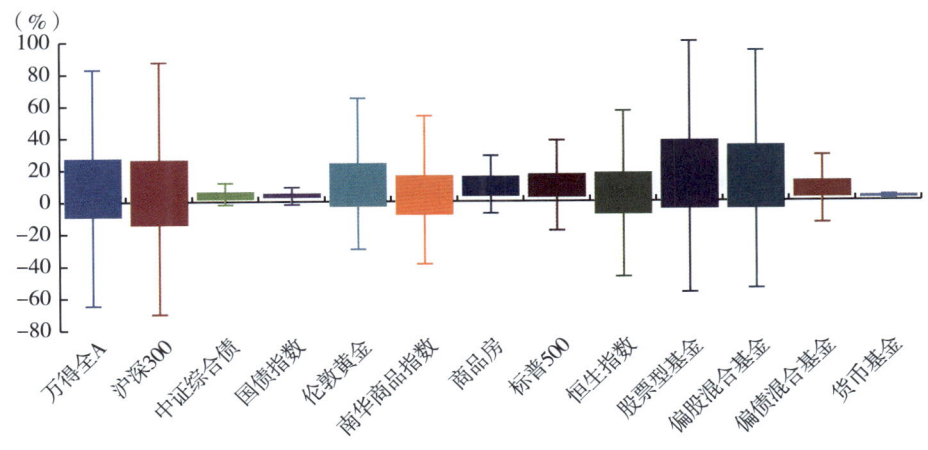

资料来源:Wind,中原地产。

图4-6 大类资产年化收益率分布(持有10年)

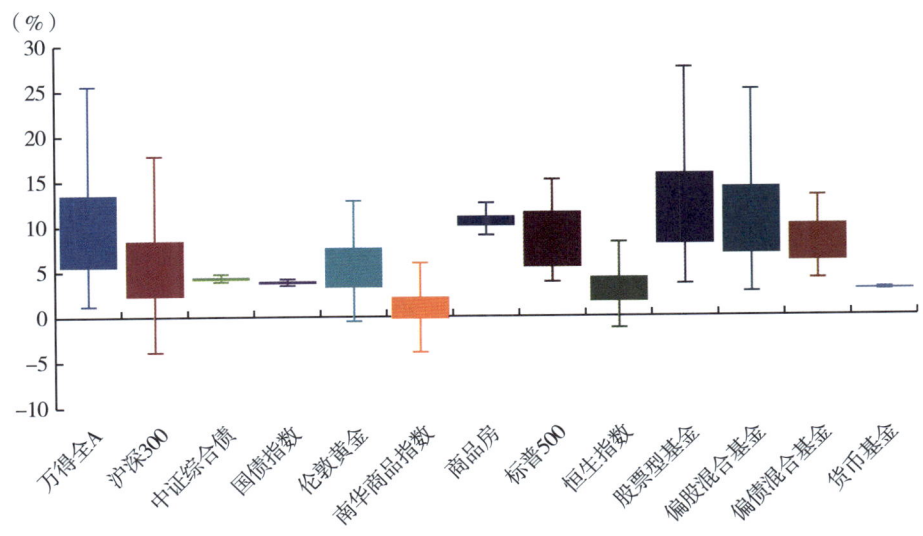

资料来源:Wind,中原地产。

综上所述，对于个人养老金投资者来说，权益是长期投资的重要配置品种和收益来源，应充分重视对权益资产的配置，通过使用时间杠杆、结合动态资产配置策略，有望获得可观的长期投资回报。

三、基于投资者的不同生命周期做好动态资产配置

根据人力资本理论，投资者一生所创造的财富包括人力资本与金融资产两种财富。所谓人力资本，是指一个人赚钱并储蓄的机会。这种机会会随着投资者从青年期进入中年期而增加，并随着投资者从中年期进入老年期而减少。所谓金融资产，则是指一个人的总储蓄资产。金融资产一般随着投资者年龄的增长而增长。

由于投资者的人力资本会随着投资者年龄增长呈现出倒"U"形曲线下降，因此投资者所拥有的金融资产的风险承受能力也呈现出随着投资者年龄的增长而逐步下降的规律。在个人养老金的投资中，由于时间跨度长，而投资者在不同生命周期阶段风险承受能力显著不同，根据投资者的年龄相应调整风险资产的敞口，在年轻时风险承受能力高时，配置较高比例的中高风险资产以获得中长期收益弹性；临近退休时风险承受能力低，配置更多的中低风险资产以求资产回报的稳定性。这样基于生命周期规律，将投资者的风险承受能力与资产配置动态地结合起来，因简便易行，也是许多国家如美国、英国、澳大利亚个人养老金的默认投资策略。

四、需要个性化投资解决方案

个人养老金的投资是需要高度个性化的解决方案的。即使处于相同生命周期阶段的个体，也会因职业、收入、婚姻、性格、家庭以及所拥有的家庭总财富的不同，而具有不同的风险承受能力与投资目标。相对而言，收入更高、家庭总财富水平更高的个体，其投资目标会更为进取，风险承受能力也会更强。反之，收入较低、家庭总财富水平较低的个人，投资目标会更为保守，对资产价格波动的风险承受能力也更低。另外，职业稳定性较强、家庭负担较低的个体比职业稳定性较弱、家庭负担较高的个体风险承受能力又

更高一些。

个人养老金投资的投资决策权归参加养老计划的个人所有，但绝大多数投资者并不具有准确评估自身风险承受能力、确定适应的投资目标、深刻理解各类金融产品的风险收益特征的专业投资能力。金融产品与一般消费品具有较大的区别，投资风险具有隐蔽性的特征，投资者对同一金融产品的持有体验在不同期间也会有非常大不同。比如牛市期间持有的权益基金产品的投资体验与熊市期间持有的权益基金产品截然不同。而基金投顾恰能提供个性化的金融产品选择和配置建议，并为养老金产品的整个投资过程提供陪伴顾问的服务，有效改善个人养老投资体验与回报。

投资者在个人养老金的长周期跨期投资过程中将面对宏观环境变化、市场周期变化、产业趋势变化、客户需求变化等系列复杂的问题，高频的投顾陪伴需要大量的数智化技术投入，买方基金投顾在我国已起步，在投顾陪伴上有专业的知识素养和投教经验，而数字化技术的日益成熟和智能投顾的快速发展也将为个人养老金账户的投资提供更加精准、便捷且成本低廉的服务。

五、金融普惠性要求

根据国务院办公厅印发的《关于推动个人养老金发展的意见》，个人养老金覆盖范围广，涵盖所有在中国境内参加城镇职工基本养老保险或城乡居民基本养老保险的劳动者；并明确享受税收优惠政策，鼓励符合条件的人员参加个人养老金制度并依规领取个人养老金。参加人每年缴纳个人养老金的上限为12 000元，如按月定投，则个人养老金每月投资上限为1 000元。从个人养老金账户资金积累的方式看，具有小额定投的特点。

公募基金作为普惠金融的代表、大众理财的标杆，具有产品申购门槛低，长期持有费率优惠等突出的优势。以养老目标基金为例，目前已发行的养老目标基金中有67%的产品起购金额为1元及1元以下，99.5%的养老目标基金持有期超过1年则赎回费率为零。从全部公募基金产品来看，67%的产品起购金额为1元及1元以下，68%的产品持有期超过1年则赎回费率为零。这些公募基金的普惠金融的特质，较好地匹配了个人养老金投资的这些要求。

个人养老金的市场化运作也为公募基金引入长期资金和发展奠定了坚实基础。未来,公募基金行业有望助力个人养老金高质量发展,更好地为促进普惠金融发展、推动金融服务实体经济、促进共同富裕贡献力量。

第二节　公募基金是资管行业的主力军

一、公募基金公司管理规模在大资管行业中排名第一

截至2021年底,大资管行业资产总规模约110万亿元。从子行业细分来看:受益于近年来公募基金的大发展,基金公司及其子公司管理资产规模达32.08万亿元,占比29%,排名第一。银行及其子公司依托于强大的销售渠道,管理资产规模达29万亿元,占比26%,排名第二(见图4-7)。

图4-7　2021年底大资管子行业规模分布

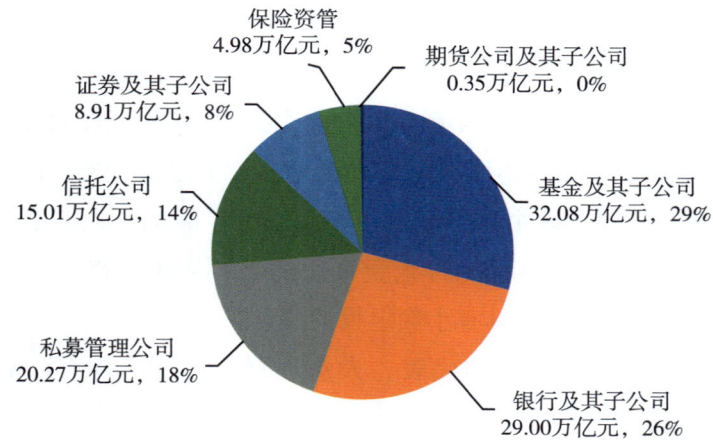

注:数据截至2021年末,保险资管私募规模数据截至2021年8月底。
资料来源:中国证券投资基金业协会,中国理财网,中国保险资产管理业协会,中国信托业协会,东方财富,Wind。

二、公募基金规模和数量保持稳中向好的趋势

中国公募基金从无到有、从小到大，已经发展成为最受投资者欢迎的大众理财工具之一，总体规模稳步增长。公募基金规模实现了从1998年初的40亿元到2022年6月底约26.8万亿元的大跨越，数量已达到10 010只，2014年以来年复合增长率约25%，2021年全年规模增长超5.6万亿元，2022年上半年规模增长超1万亿元（见图4-8）。

图4-8　中国开放式基金规模变化

资料来源：Wind。

公募基金的产品结构也从失衡逐步向均衡发展。2020年以前国内货币市场基金规模长期占据半壁江山，2019年以来得益于政策支持与市场热情，权益类基金（含主动、被动）占比增长，而货币市场基金占比持续下降（见图4-9）。

图4-9 中国各类型基金规模占比

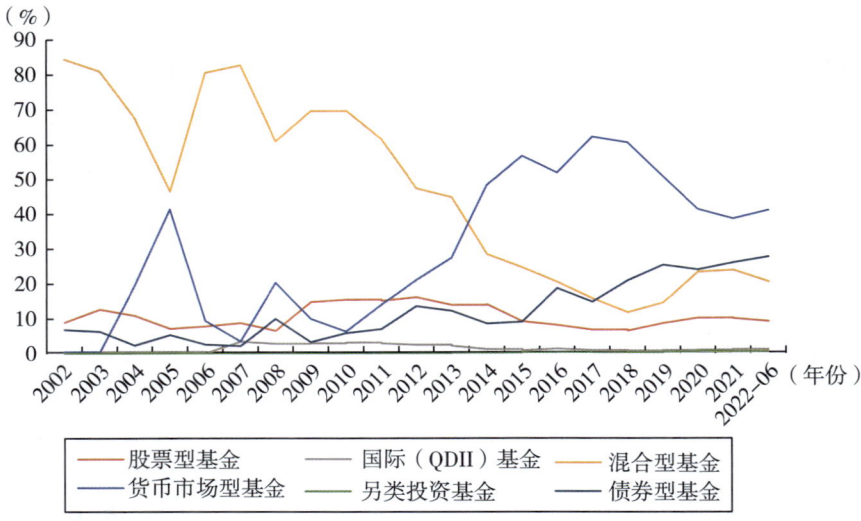

资料来源：Wind。

根据ICI报告，截至2021年底我国开放式基金的规模已位居全球第四，达到约3.53万亿美元（25.6万亿元人民币），总数量为9 806只。中国的开放式基金货币型占比较高，达到46%，股票型、混合型、债券型占比分别为12%、30%、9%（见图4-10）。

图4-10 中国开放式基金发展现状（2021年底）

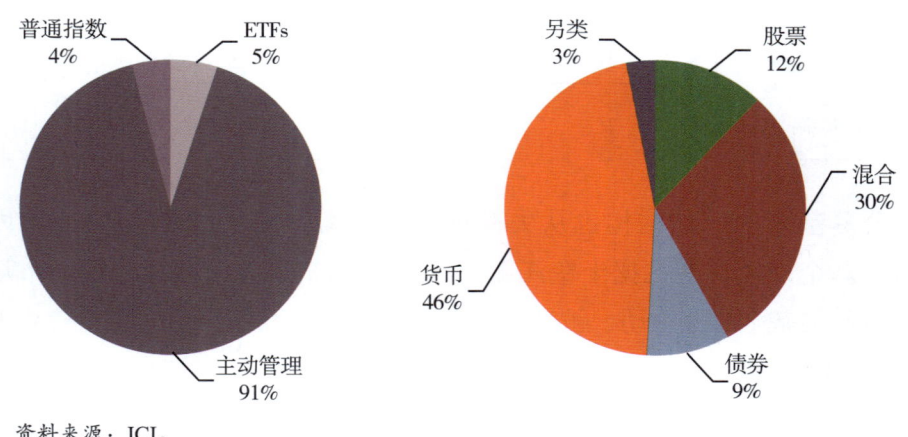

资料来源：ICI。

三、公募基金是极具竞争力的资管产品

在《关于规范金融机构资产管理业务的指导意见》（即"资管新规"）破刚兑、去通道、去杠杆和破资金池等严监管要求下，银行理财、信托、证券公司资管等都面临转型。在资管产品净值化管理、压降通道业务、大集合公募化转型等背景下，未来公募业务将成为各类资管机构抢占的主战场（见图4-11）。

公募基金作为业务开展时间最长、法规制度最健全、投资运作最规范的公募产品，或将成为大资管行业中最具竞争力的产品。

图4-11 资管新规对大资管子行业规模的影响

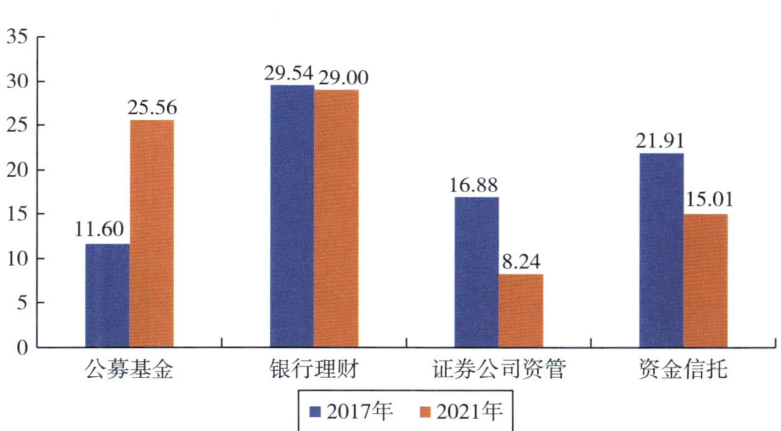

注：公募基金包括基金公司、证券及其子公司、保险资管管理的公募基金；银行理财包括公募和私募非保本理财产品；证券公司资管包括大集合产品，不包括证券及其子公司管理的公募基金。

资料来源：中国证券投资基金业协会、中国理财网、中国信托业协会，《关于规范金融机构资产管理业务的指导意见》，发布日期为2018年4月27日，过渡期至2021年底。

四、公募基金为投资者创造长期超额回报

公募基金长期以来创造了优异的业绩回报，累计收益率大幅超过业绩比较基准。近十年来，公募基金为投资者累计创造了4.74万亿元的基金利润，累计收益率达到了76%，超过各类基金的平均业绩比较基准收益率11个百分点（见图4-12）。

图4-12　公募基金产品业绩表现（2012年至2022年6月）

注：分类别统计时考虑了基金类型变化和转型，每年度统计对象包括年末属于该类别且成立日期早于年初的基金。

资料来源：Wind。

分类型看，混合型和股票型基金每年的收益波动率相对较大，在多数年份的业绩回报均超越其他基金类型。而债券型和货币型基金的波动率相对较小，收益也更加稳健（见图4-13）。

图4-13　各类型基金业绩表现（2012年至2022年6月）

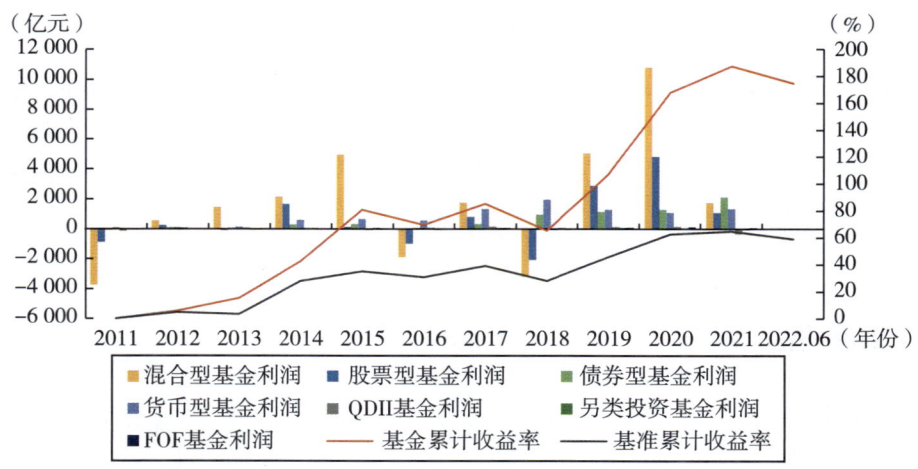

注：累计收益率的起始时间点为2011年底，分类别统计时考虑了基金类型变化和转型，每年度统计对象包括年末属于该类别且成立日期早于年初的基金。

资料来源：Wind。

从2012年至2021年底，股票型基金累计为投资者创造了0.83万亿元利润，10年间有8年收益率为正，累计收益率为102%，每年收益均超越股票型基金的平均基准收益（见图4-14）。

图4-14 股票型基金业绩表现（2012年至2022年6月）

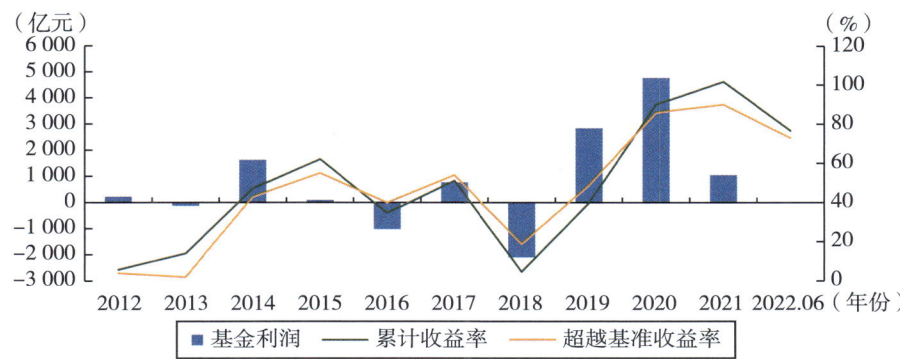

注：累计收益率的起始时间点为2011年底，分类别统计时考虑了基金类型变化和转型，每年度统计对象包括年末属于该类别且成立日期早于年初的基金。
资料来源：Wind。

从2012年至2021年底，混合型基金累计为投资者创造了2.33万亿元利润，10年间有8年收益率为正，累计收益率为171%，每年收益均超越混合型基金的平均基准收益（见图4-15）。

图4-15 混合型基金近十年业绩表现（2012年至2022年6月）

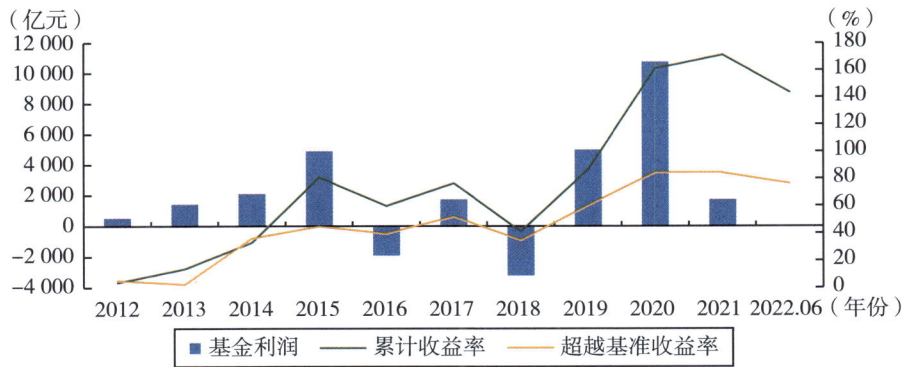

注：数据截至2022年6月底，累计收益率的起始时间点为2011年。
资料来源：Wind。

从2012年至2021年底，债券型基金累计为投资者创造了0.65万亿元利润，10年间每年收益率均为正，累计收益率为57%，每年收益均超越债券型基金的平均基准收益（见图4-16）。

图4-16 债券型基金业绩表现（2012年至2022年6月）

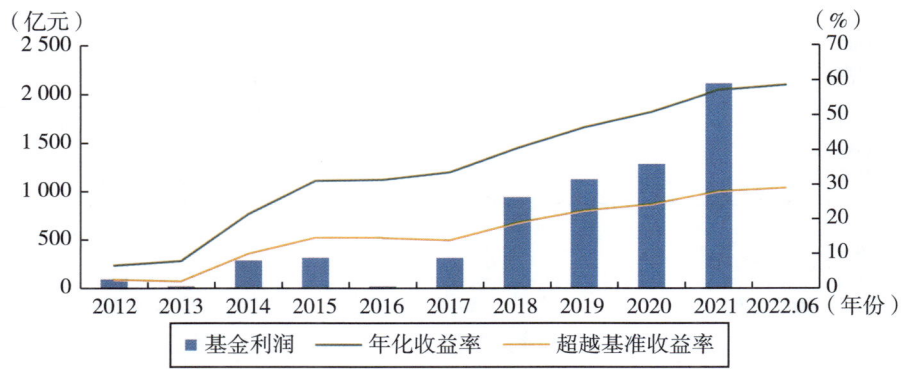

注：数据截至2022年6月底，累计收益率的起始时间点为2011年。
资料来源：Wind。

从2012年至2021年底，货币型基金累计为投资者创造了0.89万亿元利润，10年间每年收益率均为正，累计收益率为32%，每年收益均超越货币型基金的平均基准收益（见图4-17）。

图4-17 货币型基金近十年业绩表现（2012年至2022年6月）

注：累计收益率的起始时间点为2011年底，分类别统计时考虑了基金类型变化和转型，每年度统计对象包括年末属于该类别且成立日期早于年初的基金。
资料来源：Wind。

从2018年底至2021年底，FOF累计为投资者创造了180.13亿元利润，5年间有4年收益率为正，累计收益率为5%，每年收益均超越FOF基金的平均基准收益（见图4-18）。

图4-18　FOF业绩表现（2018年至2022年6月）

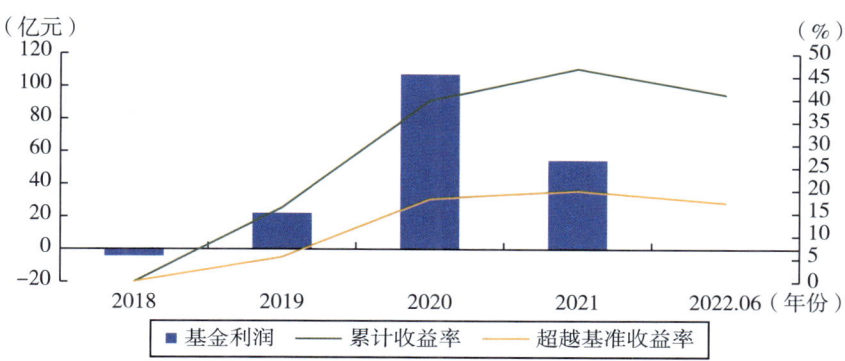

注：累计收益率的起始时间点为2018年底，分类别统计时考虑了基金类型变化和转型，每年度统计对象包括年末属于该类别且成立日期早于年初的基金。

资料来源：Wind。

从2012年至2021年底，QDII基金累计为投资者创造了82.09亿元利润，10年间有8年收益率为正，累计收益率为30%，每年收益均超越QDII基金的平均基准收益（见图4-19）。

图4-19　QDII基金业绩表现（2012年至2022年6月）

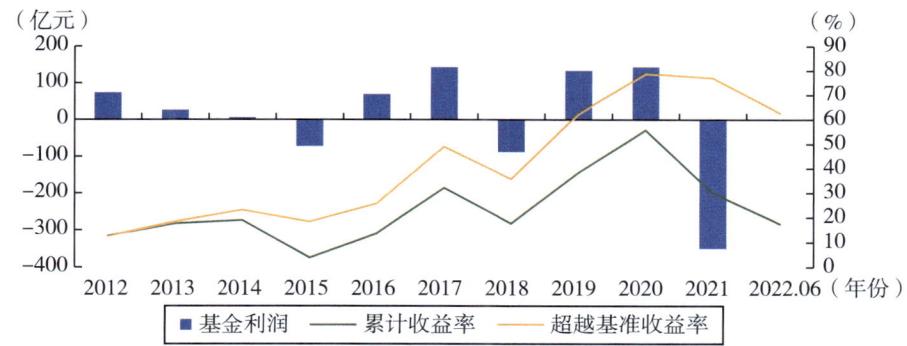

注：累计收益率的起始时间点为2011年底，分类别统计时考虑了基金类型变化和转型，每年度统计对象包括年末属于该类别且成立日期早于年初的基金。

资料来源：Wind。

从2015年至2021年底，另类投资基金累计为投资者创造了94.44亿元利润，8年间有7年收益率为正，累计收益率为44%，88%的年份中收益超越另类投资基金的平均基准收益（见图4-20）。

图4-20 另类投资基金业绩表现（2015年至2022年6月）

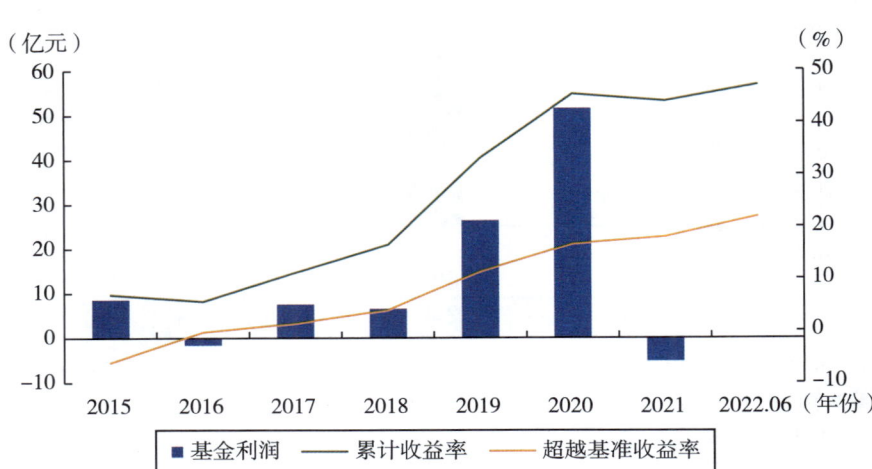

注：累计收益率的起始时间点为2014年底，分类别统计时考虑了基金类型变化和转型，每年度统计对象包括年末属于该类别且成立日期早于年初的基金。

资料来源：Wind。

第三节　公募基金产品体系完备

一、公募基金的产品矩阵与架构分类

公募基金作为国内产品类型最为丰富的资管产品之一，有利于投资者根据自身的风险收益偏好选择最为匹配的产品。截至2022年6月底，公募基金产品数量已达到10 010只。其中，开放式基金数量为8 765只，占比87.56%；封闭式基金数量为1 245只，占比12.44%。

依据《证券投资基金法》与其他相关法规，公募基金一般可以按照以下

准则进行分类：根据基金运作方式，可以将基金划分为封闭式基金和开放式基金；根据投资标的的不同，可分为股票型基金、债券型基金、混合型基金、货币市场基金等；按基金管理人管理方式的不同，可以分为主动管理型基金和被动管理型基金；按投资区域的不同，分为境内基金和境外基金。

通常情况下，公募基金产品矩阵主要是根据投资标的不同分类。基于中国证监会的一级分类，很多评级机构又延展出二级分类，如银河、晨星、海通等都有自己的二级分类标准。主流的产品架构分类方法有：

（1）按中国证监会基金分类。根据2014年实施的《公开募集证券投资基金运作管理办法》以及后续法规对基金分类的规定，公募基金按照基金资产投资方向可分为股票型、债券型、货币型、混合型、基金中基金（FOF）、商品型、QDII及基础设施基金（REITs）等。

（2）按中国证券投资基金业协会公布的行业数据分类。根据协会公布的公募基金行业数据，公募基金的类别包括封闭式基金和开放式基金，其中绝大部分为开放式基金，占比87.56%。开放式基金包括股票基金、混合基金、货币市场基金、债券基金和QDII基金（见图4-21）。

图4-21 中国证券投资基金业协会公募基金行业数据分类

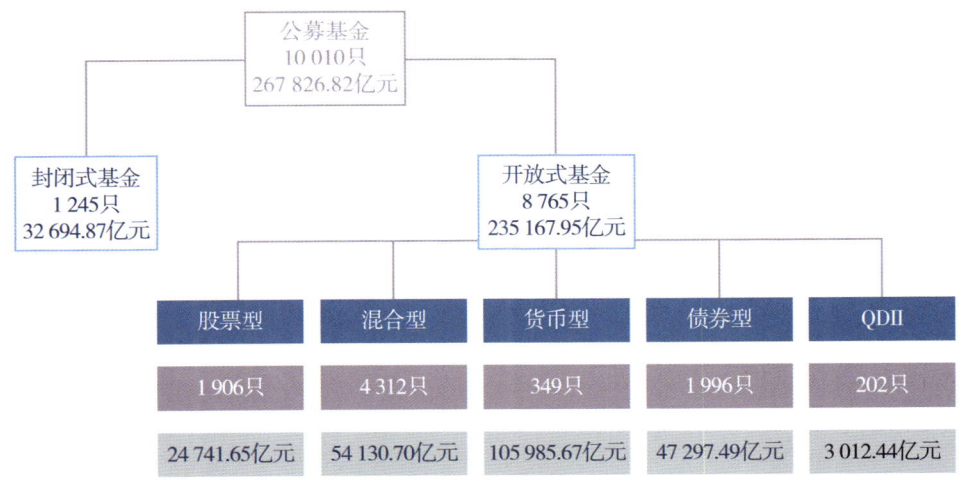

资料来源：中国证券投资基金业协会，数据截至2022年6月底。

（3）按银河证券基金研究中心分类。银河证券基金研究中心将公募基金分成了10个一级分类，包括股票基金、混合基金、债券基金、商品基金、货币市场基金、QDII基金、基础设施基金（REITs）、管理人中管理人基金（MOM）和基金中基金（FOF）。二级分类共有36个子类，其中股票基金包括6个子类，混合基金包括8个子类，债券基金包括5个子类，商品基金包括3个子类，货币市场基金包括2个子类，QDII基金包括4个子类，基础设施基金（REITs）包括2个子类，管理人中管理人基金（MOM）包括1个子类，基金中基金（FOF）包括5个子类（见图4-22）。

图4-22 基金产品分类

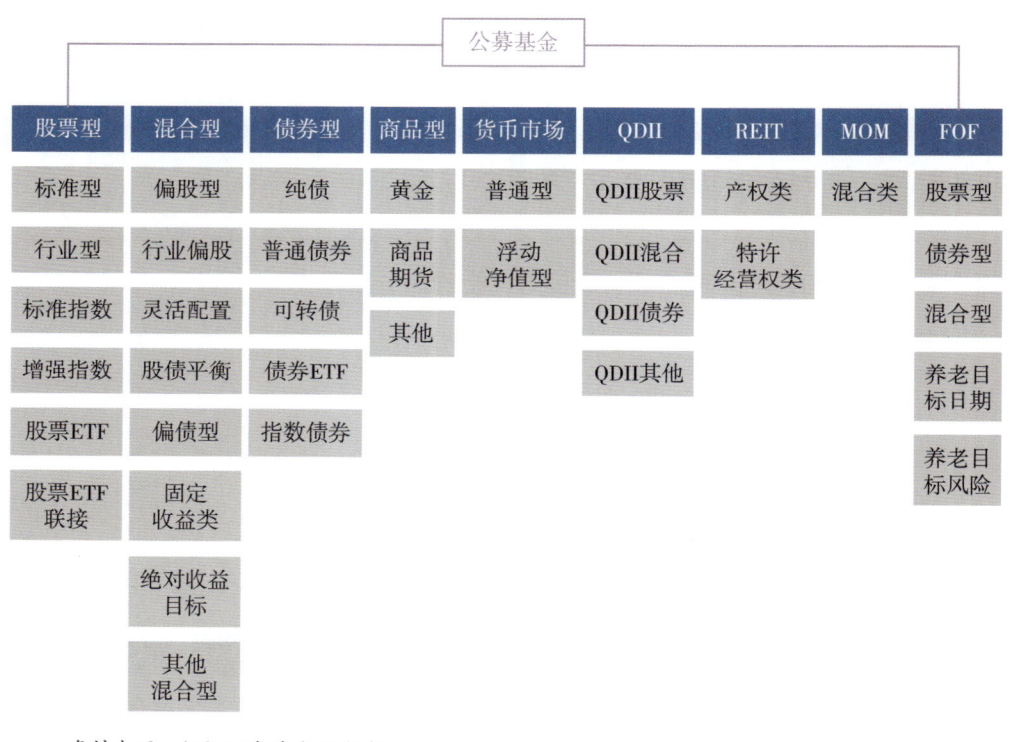

资料来源：银河证券基金研究中心。

公募基金的专业分类方法较多，但对于普通个人养老金投资者而言，并没有太多的专业知识与精力去做深入的研究。从降低投资操作复杂度的角度，个人养老金的投资者可以主要从公募基金所主要投资的资产类别及投资策略的角度去做资产配置的筛选。

二、权益类基金已成为股票市场机构投资者的代表

（一）权益类基金主要包含两类基金

权益类基金指投资于股票市场且股票资产对其风险收益特征有重要影响的公募基金，希望通过投资股票来获取收益的投资者可以通过投资权益类基金得到相近的回报。权益类基金在中国证监会公募基金分类中一般被划分为股票型基金或者混合型基金。

在中国证监会的公募基金分类中，股票型基金指主要以股票为投资标的公募基金，基金合同规定这类基金在建仓期结束后需要始终将80%以上的基金净资产投资于股票，因此可以将股票型基金看作是一篮子股票资产构成的投资组合；而混合型基金指投资于股票、债券、货币市场工具或其他基金份额，并且股票投资、债券投资、基金投资的比例不符合对应类别基金规定的基金。鉴于混合型基金的资产配置比例差异较大，一些机构将混合型基金进一步细分。例如，Wind基金分类中，将混合型基金细分为偏股混合型、灵活配置型、平衡混合型以及偏债混合型基金，对应不同的股票资产配置比例和范围，其中权益仓位整体更高的偏股混合型和灵活配置型基金占绝大多数。相对于严格约束股票投资比例下限的股票型基金，混合型基金在资产配置选择上更为灵活、自由。近年来，很多主要以股票为投资标的新基金选择以混合型基金的形式发行，甚至有些股票型基金也选择转型为混合型基金，以换取在资产配置上更高的自由度。

随着越来越多的投资者选择通过公募基金来投资股票市场，权益类基金的规模和数量快速增长，整体而言混合型基金的发展速度要明显超过股票型基金。截至2022年6月30日，国内已上市的股票型基金数量为1 868只，剔除ETF联接基金公告投资基金的资产后总规模达到22 284.63亿元（见图4-23）；混合型基金数量为4 167只，总规模达到55 055.05亿元（见图4-24）。

图4-23 股票型基金发展趋势

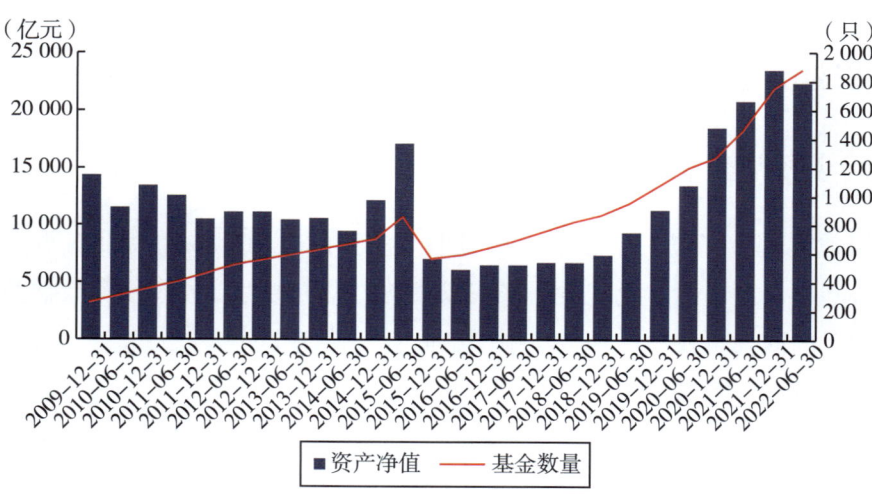

资料来源：Wind，南方基金。

图4-24 混合型基金发展趋势

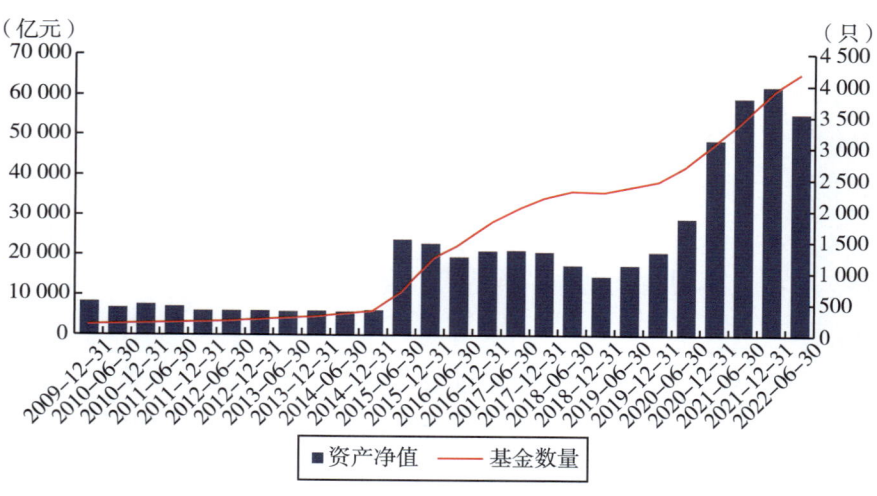

资料来源：Wind，南方基金。

权益类基金的规模扩张主要来源于两个方面：一方面是股票市场在牛市时的高收益容易吸引投资者，如在2014—2015年牛市和2019—2021年牛市权益类基金整体份额快速上台阶（见图4-25）；另一方面，则是基金管理人长期以来通过基金运作取得的利润累积，2010年以来的12个完整年度中有8年取得正绝对利润（见图4-26）。

图4-25　权益类基金份额增长

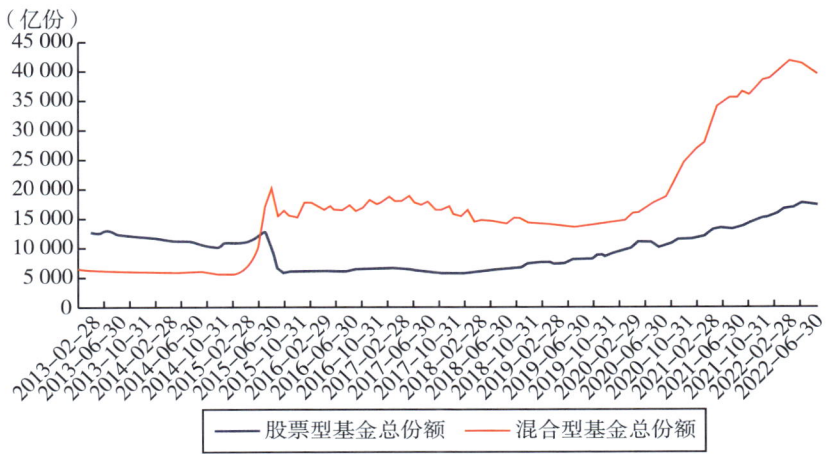

资料来源：Wind，南方基金。

图4-26　权益类基金净利润

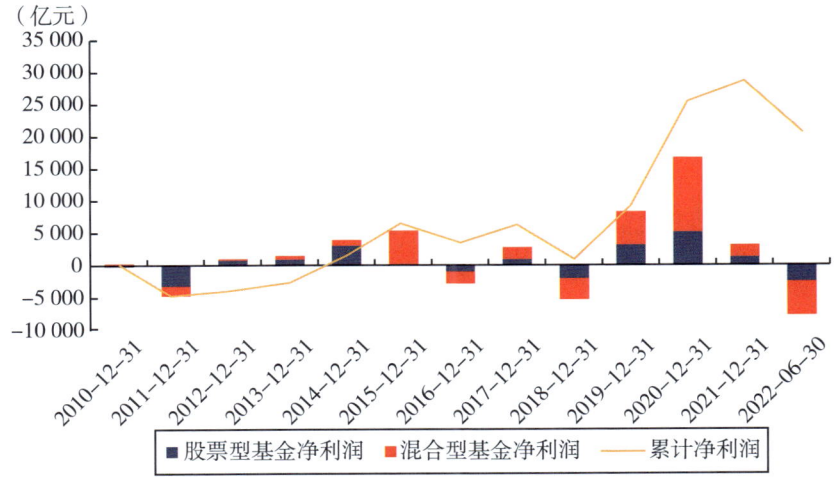

资料来源：Wind，南方基金。

（二）权益类基金的特点

1.长期投资回报率高，超额收益显著。权益类基金（尤其是主动权益基金）长期而言能够比较显著且稳定地战胜股票市场，为投资者赚取超额收益，同时提供相对股票市场而言更好的持有体验，但相对债券资产波动与回撤明显更大。对于可以长期投资、忍受波动和回撤的资金来说，在资产配置中超配权益基金是增厚组合收益的有效选择。

用Wind基金指数来代表对应类别基金的整体表现（如表4-3所示），2010年初至2022年中，代表股票资产的Wind全A指数的年化收益率约为5.06%，高于代表债券资产的中债总财富指数4.07%的年化收益率，但相对而言波动和回撤都要更为巨大；权益类基金中，股票型基金、混合型基金整体在收益率、波动率、回撤上均要全面优于Wind全A；考虑到股票型基金中有主动和被动之分，而混合型基金中有部分股票仓位较低的基金，如果把能够代表高仓位主动权益基金的普通股票型基金指数和偏股混合型基金指数拿出来比较，会发现主动权益基金的年化收益进一步提升至9%左右的水平，同时在波动和回撤表现上仍然优于Wind全A。

表4-3 权益基金风险收益特征（2010.01.01—2022.06.30） （单位：%）

	区间涨跌幅	区间年化收益率	年化波动率	最大回撤
股票型基金总指数	131.42	7.16	21.04	-46.28
混合型基金总指数	152.31	7.92	15.76	-32.77
普通股票型基金指数	205.18	9.63	22.54	-48.47
偏股混合型基金指数	176.80	8.75	20.75	-43.35
Wind全A	82.17	5.06	24.09	-55.99
中债-总财富（总值）指数	64.58	4.07	1.72	-4.97

资料来源：Wind。

2.短期业绩波动大，同类产品之间差异显著。分年度来看，2010年以来股票型基金及混合型基金整体的年度收益率波动巨大且与Wind全A指数高度相关，从超额收益的角度，主动投资的普通股票型基金和偏股混合型基金在2014年明显跑输Wind全A指数，在2010年、2013年、2017年、2019年以及2020年均大幅跑赢，其余年份则基本持平，表现出了较稳定地获取超额收益的能力（见表4-4）。

表4-4 分年度权益基金收益率

(单位:%)

年份	2010	2011	2012	2013	2014	2015	2016	2017	2018	2019	2020	2021
股票型基金总指数	3.81	-23.82	4.90	14.42	28.93	31.23	-9.14	12.59	-25.09	38.15	38.63	8.00
混合型基金总指数	4.58	-21.42	3.78	12.22	18.61	36.60	-7.80	10.11	-13.59	30.98	40.44	8.38
普通股票型基金指数	2.86	-24.72	5.68	15.47	23.68	47.02	-12.39	16.06	-24.33	47.03	58.12	9.62
偏股混合型基金指数	5.31	-22.70	3.65	12.73	22.24	43.17	-13.03	14.12	-23.58	45.02	55.91	7.68
Wind全A	-6.88	-22.42	4.68	5.44	52.44	38.50	-12.91	4.93	-28.25	33.02	25.62	9.17
中债-总财富(总值)指数	1.92	5.72	2.51	-2.10	11.23	8.03	1.30	-1.19	9.63	4.36	3.07	5.69

资料来源:Wind。

此外，受市场风格、行情结构以及基金公司、基金经理之间的投研能力、行为偏好因素影响，权益类基金在相同时间段的业绩差异非常明显。例如2021年，以茅台为代表的消费股抱团瓦解后，投资中小盘成长风格、新能源产业链方向的基金大多仍收益丰厚，但坚守"核心资产"的消费主题基金大多录得负收益，从近5年的股票型基金收益—回撤分布来看，业绩最好的一批基金年化收益率比业绩最差的一批基金高出约30%，因此在选择权益类基金进行资产配置时，对投资者的选基能力有较高要求（见图4-27）。

图4-27 股票型基金收益—回撤分布（2017.06.30—2022.06.30）

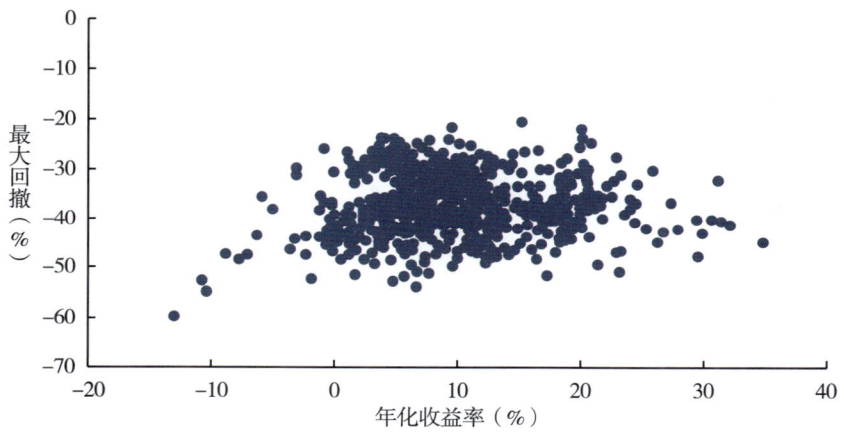

资料来源：Wind，南方基金。

3.类别丰富，工具属性强。权益类基金通过对基金设定不同的业绩基准、投资目标以及投资策略，为投资者提供了丰富的产品池，可以满足多样化的资产配置需求。近年来主动权益基金中注重赛道投资的基金比例持续增加，跟踪细分热门赛道或者概念板块的指数基金也受到投资者热捧，权益类基金工具化、标签化发展的趋势愈发明显。

以股票型基金为例，股票型基金可以根据其投资策略分为三大类：

第一类是主动投资的股票型基金，其投资目标是通过基金管理人的主动选股、行业配置或其他交易策略获取超额收益，实现基金资产的长期稳定增值，混合型基金中也有很大一部分实质上属于这一类别。这类基金可以进一步分为全市场选股基金和行业赛道基金。其中，全市场选股基金不追求在某个板块或者行业的过多暴露，以相对平衡的行业配置来追求最大化选股收益，适合对市场方向和结构没有明确偏好但长期看好股票资产的投资者；行业赛道基金则专注于某些具有长期投资价值的细分赛道，试图分享这些行业相对市场整体的超额收益，同时通过在行业内精选个股获得相对行业的超额收益，主要吸引对特定行业或赛道有偏好的投资者。主流的行业主题基金通常集中投资于消费、医药、科技、新能源、大金融以及军工等行业，其中消费主题基金的规模占比长期保持最高，2020年以来新能源主题基金的发展最为迅速（见图4-28）。

图4-28　主动行业主题基金规模占比

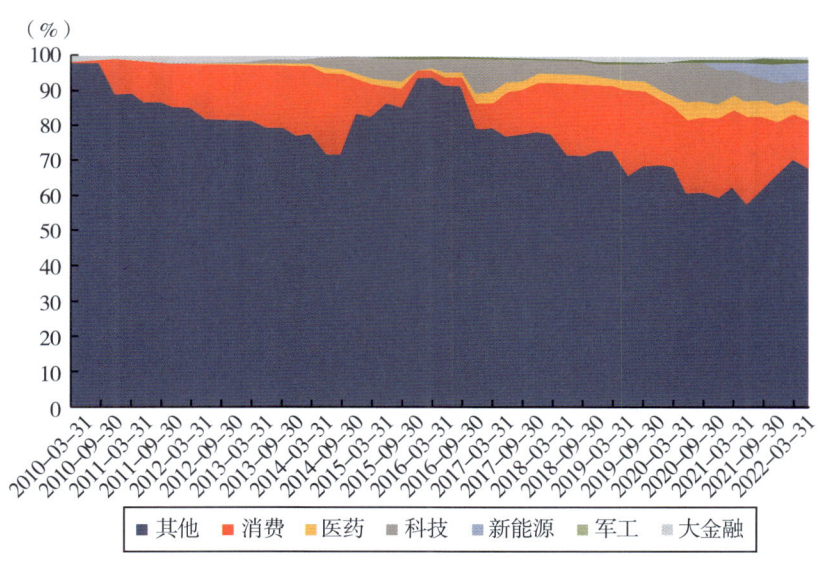

资料来源：Wind，南方基金。

第二类是被动投资的指数基金，其主要投资目标是锚定标的指数，力争尽可能小地紧密跟踪标的指数表现，追求跟踪偏离度和跟踪误差的最小化。当前股票型指数基金主要以ETF为主。ETF为看好市场整体或者具体某个结构方向的Beta但又不愿意花费精力选股的投资者提供了低成本、便捷的解决方案，受到投资者的广泛欢迎，发展速度明显快于股票型基金整体，近年来其覆盖的指数从宽基指数扩展到细分行业赛道、概念主题、策略等领域（见图4-29）。其中，行业ETF基金的规模自2019年以来快速扩张，截至2022年6月已与宽基ETF相差无几。基于指数型基金对于资产配置的重要性，我们将在后边进行单独介绍。

图4-29　各类股票型ETF总规模变化

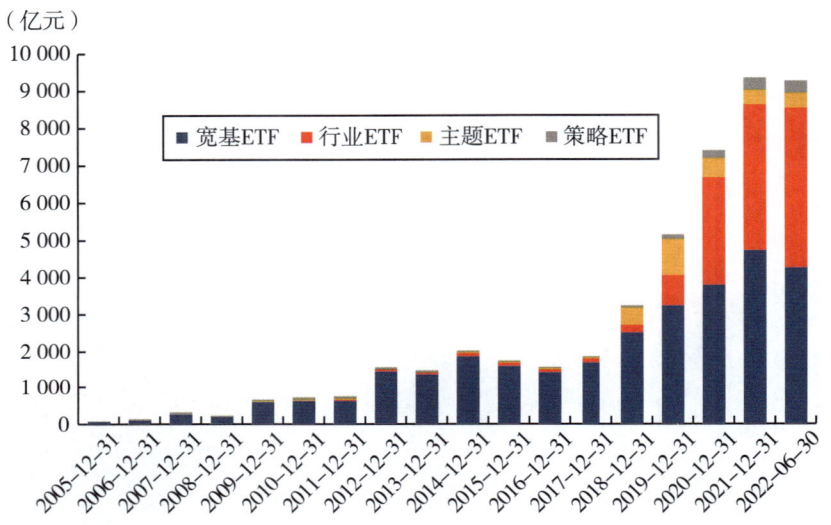

资料来源：Wind，南方基金。

第三类是半主动投资的指数增强基金，其投资目标是在保证与跟踪指数的偏离度和跟踪误差较小且可控的前提下力争获取超越标的指数的业绩表现，谋求基金资产的长期增值。实际操作中，指数增强基金多选择跟踪股票池较大的宽基指数，并使用量化模型或基本面研究选股来做收益增强。

4.专业能力强，收益来源多样化。普通投资者囿于资金量和研究精力，在股票投资上往往受到限制，很多时候只能投资于少数几只自己熟知的股票，而公募基金拥有强大的投研能力以及资金实力，可以支持权益类基金在全市场寻找投资机会，且在常规的择时、行业配置、选股之外还可以使用多样化的投资策略，如积极参与股票网下打新、定向增发等业务，在特定场景下可以获取可观的收益。

三、固定收益类基金是生命周期后半段养老投资的压舱石

（一）固定收益类基金涵盖的种类较多

购买国债是我国民众最传统的低风险投资手段之一，在银行网点排队购买储蓄国债是很多投资者的回忆。这类投资于债券等风险较低、收益稳定的金融产品的投资行为，大多属于固定收益投资的范畴。从投资专业的角度看，固定收益产品不仅是单纯的债券投资，而且包含杠杆运用、现金流规划、组合收益形态设计等一系列投资手段的组合。

近年来，随着中国债券市场和基金行业的快速发展，丰富多样的固定收益类基金逐步成为许多投资者的选择。在我国投资者眼中，固定收益类基金通常作为债券类证券投资基金的一种泛指。从过去 20 年的发展来看，中国债券市场存量从 2 万亿元提高到 120 万亿元以上，占 GDP 的比例提高到 100% 左右；而债券型公募基金则从 2002 年的 77 亿元增长到 2021 年末的 6.9 万亿元，实现了跨越式的增长。2017 年，央行等多部门联合推出《关于规范金融机构资产管理业务的指导意见》后，中国资管市场"净值化"管理时代的大幕拉开，债券型公募基金的管理规模增长的速度出现了明显提高（见图 4-30）。

图 4-30　债券市场存量与债券基金管理规模

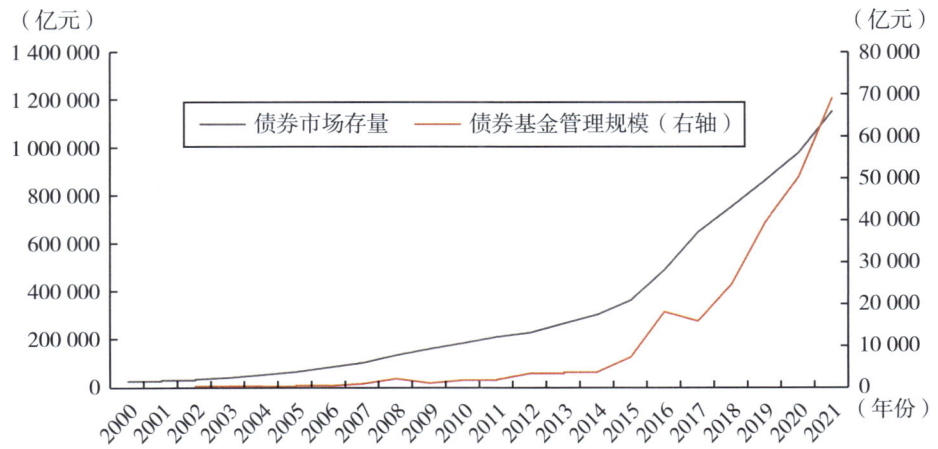

资料来源：Wind。

到2022年，固定收益类公募基金产品的内涵更为丰富，满足了广大投资者不同种类的投资需求。出于短端资金管理目的，投资者除可选择货币市场基金外，还有不同持有期限的短期债券基金可供选择，如30天、60天持有期债券基金。对于不同风险偏好，投资者可选择信用债基金或利率债基金，还有针对产业债、城投债等债券投资主题的基金产品。而对于定制化需求，投资者还可以投资公募基金的专户产品。

（二）固定收益类基金特点

运用组合投资理念，长期保持更有吸引力的风险收益水平。将固定收益类基金的整体表现和各类资产进行横向比较可以发现，中长期纯债基金能够以较低的收益波动水平，获得高于债券市场整体表现的收益（以中债总财富指数计算）。

具有更好的流动性，便于投资者应对多种投资需求。固定收益类基金通常采取每日开放式或短期封闭的形式，可为投资者提供便利的申赎条件。较之封闭期更长的信托或保险类产品，固定收益类基金的资金灵活性更好，有利于投资者灵活安排现金流进出，或在极端情况下应对投资者的短期流动性需求。

较低的投资成本。在公募基金产品中横向比较，纯债型基金和混合债券型基金的费率均低于行业平均水平，其中中长期纯债型基金的平均费率仅0.3%，可为投资者节省大量的长期持有成本（见表4-5）。

表4-5 公募基金产品费率水平（2022年8月）

产品类型	平均管理费率(%)	产品类型	平均管理费率(%)
被动指数型债券基金	0.17	混合型FOF基金	0.79
REITs	0.24	可转换债券型基金	0.79
货币市场型基金	0.26	国际（QDII）债券型基金	0.80
短期纯债型基金	0.27	股票型FOF基金	0.88
中长期纯债型基金	0.30	国际（QDII）股票型基金	0.88
债券型FOF基金	0.45	增强指数型基金	0.94
混合债券型一级基金	0.46	灵活配置型基金	1.17
被动指数型基金	0.52	股票多空	1.19

续表

产品类型	平均管理费率（%）	产品类型	平均管理费率（%）
商品型基金	0.54	国际（QDII）另类投资基金	1.21
混合债券型二级基金	0.60	平衡混合型基金	1.36
类REITs	0.65	偏股混合型基金	1.46
增强指数型债券基金	0.75	普通股票型基金	1.47
偏债混合型基金	0.76	国际（QDII）混合型基金	1.66
全部公募基金产品平均	0.85		

资料来源：Wind，华泰柏瑞基金固收策略研究。

（三）生命周期后半段养老投资的压舱石

妥善进行收益规划是养老投资的本质特征。在生命周期演进中，随着投资者接近退休年龄，流动性和安全性将逐步取代收益性成为个人养老金投资组合的核心。从这个角度看，固定收益基金具有突出优势。

固定收益基金可为个人养老金投资者提供的"确定性"，是整个组合参与权益和其他特殊投资博取回报"弹性"的基础。从风险的角度来看，养老投资组合的风险管理不单纯是波动幅度和概率的问题，也需要处理好尾部风险。尤其是在投资者接近退休的阶段，过度的风险暴露会对投资者养老期间收入造成不可弥补的影响。在处理尾部风险方面，固定收益类基金可在一定程度上为组合最低收益水平提供保护作用，这是其他资产无法具备的优势。因此，妥善选择固定收益类资产对于养老投资组合十分重要，而更重要的是选择如何进行养老投资组合中的固定收益类资产和其他资产的动态调整。

（四）公募基金在固定收益类资产投资上具有独特优势

市场表现和行业经验均表明，公募基金在固定收益类产品的投资上具有独特的优势，其所管理的固定收益类基金是广大投资者配置固定收益类资产的理性选择。

公募基金的投资范围长期聚焦于标准化金融证券产品，监管环境严格透明，这样的监管环境下也培养了公募基金合规风控先行的投资文化。

从投资管理模式来说，公募基金长期践行净值化管理模式，更加注重尾部风险防控和回撤控制，对于养老投资来说是理想的管理人。相较于投资实体企业项目的直接投资型管理人，专注于二级市场的公募基金在期限结构、产品流动性、信用风险分散化、现金流设计等方面具有更强的操作空间和实践经验。

从投资管理能力识别的角度看，公募基金固定收益投资人员的业绩相对透明，基金经理和投资经理具有可追踪的历史业绩，有利于养老金投资者进行大范围的比较和动态调整，从而获取更好的固定收益投资管理能力，也有利于养老金投资者规避职业道德风险。

公募基金所管理的固定收益类基金可以凭借长期稳健的资产回报，妥善匹配的现金流设计，做好养老投资的压舱石。对于公募基金公司来说，未来的发展方向也是较为明晰的。

第一，充分结合养老投资期限长、回报要求稳健、风险高度敏感的特征和固定收益类产品的结构性特征，提高收益，降低风险，控制回撤。例如，选择期限溢价较高、风险容易识别的信用类债券，与债券资产和尾部风险较低的政府性债券资产相结合，利用投资期限较长的优势获取期限溢价的回报。

第二，挖掘债券衍生品市场的投资机会，为养老投资组合提供对冲投资手段。例如，通过投资国债期货、利率互换等对于货币政策高度敏感的投资工具，可在政策收紧的过程中为账户整体回报提供保护，避免在股债资产出现同向波动时对养老投资组合本金形成实质性冲击。

四、货币市场型基金

（一）被视为现金等价物

货币市场型基金主要投资于货币市场安全性高的短期证券品种，如短期国债、回购、央行票据、同业存单、银行存款等，在公募基金中属于高流动性、极低风险的投资工具，基本可以视为现金等价物，定位是短期的"闲钱管理工具"，在保证流动性的同时提供略高于银行存款的收益。场外货币市场基金与银行短期理财产品相似，主要资金来源是生活场景中的闲钱；而场内货币市场基金则为证券账户中的闲钱提供投资便利。

随着蚂蚁余额宝等互联网产品将货币市场基金引入投资者的视野，其以存取便捷、相对银行活期存款收益更高的优势发展迅速，已经成长为规模最大的公募基金品类。截至2022年6月，货币市场基金规模超过10万亿元（见图4-31）。

图4-31 货币市场基金规模数量

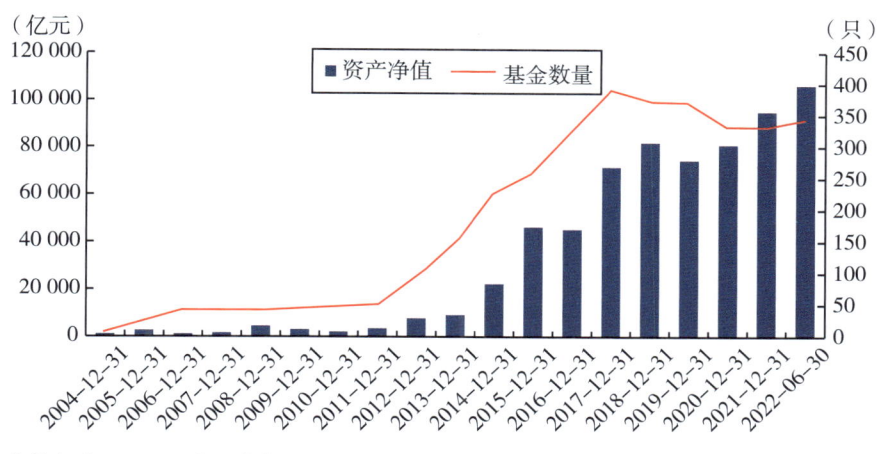

资料来源：Wind，南方基金。

（二）主要特征

1.低风险，低收益。本文使用Wind基金指数来代表对应类别基金的整体表现。如表4-6所示，2010年初至2022年中，相对股票资产和债券资产，货币市场基金指数的年化收益率都明显更低，但也达到了2.83%，波动率也非常低，回撤趋近于0，是非常安全的低收益资产配置选择。

表4-6 货币基金风险收益特征（2010.01.01—2022.06.30） （单位：%）

	区间涨跌幅	区间年化收益	年化波动率	最大回撤
Wind全A	82.17	5.06	24.09	-55.99
中债-总财富（总值）指数	64.58	4.07	1.72	-4.97
货币市场基金指数	40.38	2.83	0.12	0.00

资料来源：Wind，南方基金。

2.交易便捷，工具属性强。场外货币市场基金绑定了部分互联网渠道，相对其主要竞品的银行短期理财产品来说在生活消费场景下有更强的便捷性；场内货币市场基金可以直接为证券账户闲钱提供理财管理服务，相对主要竞品国债逆回购来说更加便捷安全，用户不需要额外操作就可以享受资金在交易间隙的收益。在资产配置的角度，货币市场基金对于等待交易机会或是为保证组合流动性以现金形式持有的部分资金来说是非常合适的配置工具。

五、QDII基金

（一）从事境外资产的投资

QDII基金是专门从事境外证券市场的股票、债券等有价证券投资业务的公募基金，根据其所投资的资产比例以及使用的投资策略不同，也可以进一步分为QDII股票型基金、QDII混合型基金、QDII债券型基金以及QDII另类投资基金。

QDII基金旨在为境内投资者投资境外资产提供便利的渠道，自2006年底第一只QDII基金华安国际配置基金成立以来，QDII基金受到金融危机、外汇额度等因素的冲击和限制，发展较为缓慢。2018年后QDII外汇额度逐渐常态化、规则化发放，伴随港股、美股市场牛市，QDII基金规模迎来快速增长。截至2022年6月，QDII基金总规模突破3 000亿元，数量超过200只（见图4-32）。

图4-32　QDII基金规模数量

资料来源：Wind，南方基金。

QDII基金以主要投资海外股票市场的QDII股票型、QDII混合型基金为主，规模占比达到96.58%（见图4-33）。

图4-33　QDII基金细分类别规模（2022Q2）

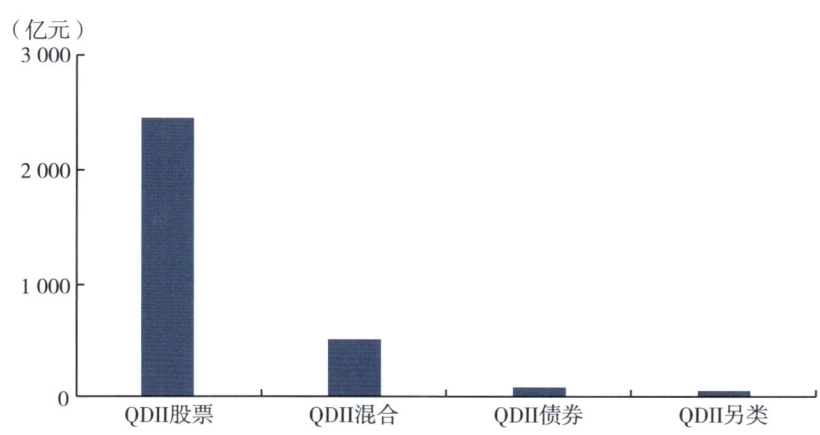

资料来源：Wind，南方基金。

（二）主要特征

1.投资对象复杂多样，整体风险收益表现不突出。QDII基金的投资对象包括不同国家市场的股票、债券、基础设施项目、商品等资产，同时受到汇率变动影响，因此其业绩基准差异极大，彼此之间往往无法进行有效比较。以Wind的QDII基金指数作为整体衡量其业绩表现，则QDII股票、混合、债券类基金整体在2010年至2022年6月的风险收益表现相对国内资产和基金并不突出（见表4-7）。

表4-7　QDII基金风险收益特征（2010.01.01—2022.06.30）　　　（单位：%）

	区间涨跌幅	区间年化收益率	年化波动率	最大回撤
QDII基金指数	48.95	3.34	11.53	-23.89
QDII股票型基金指数	76.38	4.79	14.76	-26.49
QDII混合型基金指数	30.31	2.21	14.43	-39.22
QDII债券型基金指数	23.39	1.91	3.47	-16.40

续表

	区间涨跌幅	区间年化收益率	年化波动率	最大回撤
QDII另类投资基金指数	8.86	0.77	10.90	−38.36
Wind全A	82.17	5.06	24.09	−55.99
中债–总财富（总值）指数	64.58	4.07	1.72	−4.97
股票型基金总指数	131.42	7.16	21.04	−46.28
混合型基金总指数	152.31	7.92	15.76	−32.77

资料来源：Wind，南方基金。

2.提供境外资产投资渠道，是具有稀缺性的配置工具。在2016年10月中国证监会发布《证券基金经营机构参与内地与香港股票市场交易互联互通指引》向证券投资基金开放港股通投资之前，QDII基金基本上是仅有的可投资港股市场的公募基金。此外，QDII基金提供了投资美国、欧洲、亚太等市场的投资渠道，是全球资产配置的必要工具。考虑到QDII基金对境外市场的投资受到外汇额度管制的限制，这一工具在某些时候是具有稀缺性的。

3.申赎流程相对冗长，流动性较差。当前，QDII基金的申购赎回是按照T+2日确认份额，比普通基金的T+1日晚1天，而赎回资金到账需要的时间视平台和产品不同也需要4~7个交易日，因此不适合对资金流动性要求高的投资者。

六、商品基金

（一）为非主流公募基金产品

商品型基金是指以商品现货合约、商品期货合约、商品基金或商品主题类资产等大宗商品为主要投资标的，力求跟踪商品期货或者现货价格走势表现的基金品种，商品型基金在公募基金中属于非主流产品，其规模、数量均较小，更多是以提供配置工具的意义存在。

（二）主要特征

1.以被动投资为主，提供有效跟踪商品走势的投资工具。商品型基金的产品定位是提供有效跟踪商品走势的投资工具，这些基金以ETF和ETF联接基金被动投资为主，跟踪代表标的商品收益率走势的指数，具备较好的流动性和低费率优势。

2.以黄金为主要品种，结构不平衡。投资品种中黄金现货占多数，还有豆粕、能源化工、有色金属、白银等期货品种。此外，投资原油的基金目前以QDII基金的形式存在。表4-8展示了截至2022年6月30日所有的非联接商品基金的明细，可以看到商品基金除黄金外的投资品种基金数量均只有1只，规模也普遍较小。

表4-8 非ETF联接商品基金明细

证券代码	证券简称	基金成立日	基金规模（2022Q2）
518880.OF	华安黄金ETF	2013-07-18	100.1395
159937.OF	博时黄金ETF	2014-08-13	68.0285
159934.OF	易方达黄金ETF	2013-11-29	40.0342
161226.OF	国投瑞银白银期货	2015-08-06	14.8267
518800.OF	国泰黄金ETF	2013-07-18	7.2260
159980.OF	大成有色金属期货ETF	2019-10-24	5.4451
159981.OF	建信易盛郑商所能源化工期货ETF	2019-12-13	3.5829
159985.OF	华夏饲料豆粕期货ETF	2019-09-24	2.7137
518680.OF	富国上海金ETF	2020-07-06	1.4486
518850.OF	华夏黄金ETF	2020-04-13	1.4246
518600.OF	广发上海金ETF	2020-07-08	1.3326
159833.OF	大成上海金ETF	2022-03-18	1.2151
518660.OF	工银黄金ETF	2020-04-24	1.0319
518890.OF	中银上海金ETF	2020-08-28	0.6849
159812.OF	前海开源黄金ETF	2020-04-29	0.6347
518860.OF	建信上海金ETF	2020-08-05	0.5388
159832.OF	平安上海金ETF	2022-03-02	0.5282
159830.OF	天弘上海金ETF	2021-07-06	0.4266
159864.OF	南方上海金ETF	2022-03-03	0.4079
159831.OF	嘉实上海金ETF	2022-03-23	0.2258

资料来源：Wind，南方基金。

七、REITs

（一）公募REITs尚处于发展初期

REITs，即不动产信托投资基金，起源于美国，是国内市场2021年才开始发行的新品种。REITs本质上是通过向投资者发行收益凭证来募集资金购买可以产生稳定现金流的成熟不动产项目的股权，从而实现原本流动性差、投资门槛高的不动产标的的证券化，帮助不动产原始权益人从投资者那里融资，同时满足投资者投资优质不动产的需求。

国内公募REITs的设立结构可以简单理解为公募基金管理人发起设立公募基金，购买资产管理计划，资产管理计划再购买项目产权或者特许经营权，至此完成对标的资产的持有，REITs投资者可以通过所持有的REITs份额分享不动产项目的现金流分红以及项目本身在项目管理人的专业管理下成长发展带来的收益。

2021年6月7日首批9只公募REITs上市，截至2022年9月30日，当前共有20只公募REITs上市交易，共募资618.14亿元，绝大部分公募REITs上涨，首批上市的9只公募REITs涨幅平均达到29.68%（见表4-9）。公募REITs处于发展初期，对底层资产涉及的行业领域以及资产质量均有较高要求，当前上市的公募REITs底层不动产项目涉及仓储物流、产业园、高速公路、保障性租赁住房等。

表4-9 REITs明细

证券代码	基金简称	基金管理人	基金成立日	发行规模（亿元）	成立以来涨跌幅（%）
180201.OF	平安广州交投广河高速公路REITs	平安基金管理有限公司	2021-06-07	91.140	-0.40
508056.OF	中金普洛斯仓储物流REITs	中金基金管理有限公司	2021-06-07	58.350	42.65
508001.OF	浙商证券沪杭甬高速REITs	浙江浙商证券资产管理有限公司	2021-06-07	43.600	10.39
508027.OF	东吴苏州工业园区产业园REITs	东吴基金管理有限公司	2021-06-07	34.920	29.97
180101.OF	博时招商蛇口产业园REITs	博时基金管理有限公司	2021-06-07	20.790	26.92
508006.OF	富国首创水务REITs	富国基金管理有限公司	2021-06-07	18.500	37.54

续表

证券代码	基金简称	基金管理人	基金成立日	发行规模（亿元）	成立以来涨跌幅(%)
180301.OF	红土创新盐田港仓储物流REITs	红土创新基金管理有限公司	2021-06-07	18.400	46.26
508000.OF	华安张江光大园REITs	华安基金管理有限公司	2021-06-07	14.950	46.39
180801.OF	中航首钢生物质REITs	中航基金管理有限公司	2021-06-07	13.380	27.39
508099.OF	建信中关村产业园REITs	建信基金管理有限责任公司	2021-12-03	28.800	13.98
180202.OF	华夏越秀高速公路封闭式基础设施REITs	华夏基金管理有限公司	2021-12-03	21.300	0.51
508018.OF	华夏中国交建高速REITs	华夏基金管理有限公司	2022-04-13	93.990	−1.60
508008.OF	国金中国铁建高速REITs	国金基金管理有限公司	2022-06-27	47.930	3.16
180401.OF	鹏华深圳能源REITs	鹏华基金管理有限公司	2022-07-11	35.376	13.76
508058.OF	中金厦门安居保障性租赁住房REITs	中金基金管理有限公司	2022-08-22	13.000	1.95
508068.OF	华夏北京保障房REITs	华夏基金管理有限公司	2022-08-22	12.550	3.59
180501.OF	红土创新深圳人才安居REITs	红土创新基金管理有限公司	2022-08-22	12.420	4.71
180102.OF	华夏合肥高新产园REITs	华夏基金管理有限公司	2022-09-20	15.330	
508021.OF	国泰君安临港创新产业园REITs	上海国泰君安证券资产管理有限公司	2022-09-22	8.240	
508088.OF	国泰君安东久新经济REITs	上海国泰君安证券资产管理有限公司	2022-09-23	15.175	

资料来源：Wind，南方基金。

（二）主要特征

1.独立于现有大类资产体系，提供新的资产配置选择。REITs以不动产项目为底层资产，以项目本身的现金流获取能力和成长性来支撑基金收益，其中产权类项目最终会进行市场化处置，更偏权益，而特许经营权项目以收费为主，更偏债性。整体而言，REITs是与现有主流的大类资产相关性更低的投资标的，为投资者提供了新的资产配置和风险分散选择。

2.契合时代需求，发展前景广阔。公募REITs将打通产业资本与金融良性循环，盘活存量资产，降低政府和企业债务风险，为政府支持新基建、发展新经济提供补充资金，提供重资产项目退出渠道，为我国房地产软着陆提供解决方案，这些在经济降速换挡、"房住不炒"的大背景下有重要的意义。当前公募REITs仍处于试点状态，规模还很小，随着政策进一步完善，各类底层优质资产进一步扩容，公募REITs的发展前景非常广阔。

3.管理模式复杂，面临委托代理问题。当前国内公募REITs的基本模式是"公募基金+ABS"的外部管理模式，即公募基金将80%以上的资产投资于资产支持证券的全部份额，由该资产支持证券持有底层项目的全部股权和债权，由此公募基金通过持有项目ABS的方式规避《证券投资基金法》所规定的公募基金不能直接投资于非上市公司股权的限制。这一模式下，涉及基金与资产证券化两种业务，从REITs持有人到底层资产之间，存在公募基金管理人、ABS管理人、外部管理机构等多重角色以及多层委托代理架构，可能会涉及信息不对称与利益冲突问题，需要实行有效治理机制，确保各方参与者权利义务对等、利益一致。

八、指数型基金是养老投资的基础投资工具

（一）指数型基金可以涵盖多资产、多策略

指数型基金，是一种以通过追踪某一特定证券指数为投资理念，模拟该特定指数的价格表现以及股息收益的基金。指数型基金为被动投资策略，不以获取超额收益为投资目标。

指数型基金可以分为在交易所场内交易基金以及场外基金两类。ETF即"交易型开放式指数基金"，是在交易所场内交易的基金，也是普通投资者使用较多的指数型投资工具。1989年，加拿大多伦多证券交易所发行的TIPS 35是ETF的雏形。1993年，美国证券交易所参考TIPS 35的架构，推出全球第一只ETF "SPDR"，追踪S&P 500指数的表现，受到广大投资者的青睐。亚太地区对ETF产品的发展紧随其后，1999年中国香港推出"盈富基金"并获得成功。

2004年12月，上证50ETF的设立标志着中国内地ETF产品的正式推出。经过近20年的发展，我国市场上陆续出现跨市场ETF、跨境ETF、债券ETF、黄金ETF、商品期货ETF等多类品种。截至2022年8月末，我国非货币类ETF资产管理规模达到11 516.9亿元，近3年来年均增速超过30%（见图4-34）。总体来说，我国ETF起步晚、成长快，已成为中国投资市场上重要的工具型产

品。从2022年8月的市场情况看，指数型基金的总规模已经超过2.3万亿元，其中被动股票指数型基金的规模最大，达到1.6万亿元，被动债券指数型基金约0.6万亿元（见表4-10）。经验上看，使用债券指数型基金的往往是机构类投资者，个人投资者更多选择股票指数型基金进行投资。在被动股票指数型基金中，场内交易的ETF总规模约1.3万亿元，占被动指数型基金的比例达到79%。可见，ETF是居民进行股票指数型基金投资的代表性品种。

图4-34 ETF市场规模和基金数量

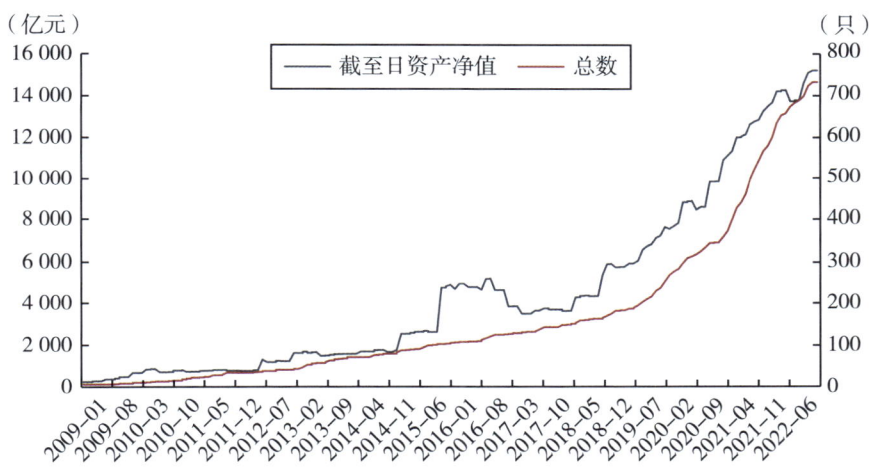

资料来源：Wind。

表4-10 指数型基金管理规模（2022年8月）

指数型基金概览	基金规模（亿元）	指数型基金概览	基金规模（亿元）
被动股票指数型基金	16 199.5	增强股票指数型基金	1 692.1
ETF	12 801.0	ETF	39.7
非ETF	3 398.5	非ETF	1 652.4
被动债券指数型基金	5 823.7	增强债券指数型基金	17.8
ETF	554.0	非ETF	17.8
非ETF	5 269.7		
合计	23 733.1		

资料来源：Wind，华泰柏瑞固定收益策略研究。

我国目前ETF市场产品的整体谱系已经初步形成，行业、主题、策略覆盖范围多样，可为指数型投资者提供丰富的选择。尤其是2020年以来，在高质量发展的大背景下，主题投资成为市场青睐的投资类型，主题指数ETF数量及规模快速提高，已经成为与按照市值规模划分的传统指数ETF同等重要的市场参与者（见表4-11）。

表4-11　ETF基金市场产品数量及管理规模（截至2022年8月末）

基金类型	数量合计（只）	资产净值合计（亿元）	规模占比（%）
股票型ETF	597	9 995.2	64.9
规模指数ETF	157	4 621.4	30.0
行业指数ETF	64	1 956.8	12.7
策略指数ETF	27	63.4	0.4
风格指数ETF	3	2.7	0.0
主题指数ETF	346	3 341.5	21.7
债券型ETF	13	318.7	2.1
商品型ETF	19	233.2	1.5
货币型ETF	27	2 938.9	19.1
跨境ETF	75	1 691.5	11.0
其他	3	232.2	1.5
全部ETF	734	15 409.6	100.0

资料来源：Wind。

（二）指数型基金的优势

提供指数化的投资回报表现。从发达国家经验看，有效市场中主动投资难以超越市场指数。随着市场发展和有效性提高，以ETF为代表的指数型基金工具产品成为投资者进入基础市场的良好渠道。

提供稳定的投资风险结构。指数型基金通过跟踪一篮子股票，具有风险分散度好、透明度高、受管理人主观因素影响小等特点，有利于投资者实现分散化投资、形成可预期的投资风险结构。

节省可观的投资成本。以2022年8月末存续的公募基金产品为例，全市场平均管理费率约0.85%，被动指数型股票基金的平均管理费率约为0.52%，而同期普通股票型基金的平均管理费率约为1.47%。这意味着，对于长期投资者，指数型基金将节省可观的投资成本。

（三）指数型基金广泛运用于美国目标日期产品

从发达国家经验来看，指数型基金在养老投资中发挥了不可忽视的作用，尤其是在养老目标日期基金的投资配置中占据着主导地位。目标日期基金多采用FOF的运作模式，基金管理人往往通过采用公司旗下的指数型基金构建投资组合降低这类基金总费用，并构建投资风格较为明确且可预期、可复制的产品风险收益结构。

借鉴发达国家市场经验，美国基金市场的目标日期产品管理规模较为集中，主要管理人为富达、先锋和普信3家公司。其目标日期基金产品普遍以FOF形式管理，而FOF投资中95%以上的资产均为指数型基金或ETF。

以先锋基金系列产品为例，选取目标日期为2030年、2040年和2050年，其产品组合截至2022年8月末的配置情况如表4-12所示。

表4-12　先锋基金配置情况（截至2022年8月底）产品先锋

持仓基金组合	Vanguard Target Retirement 2030 Fund（VTHRX）	Vanguard Target Retirement 2040 Fund（VFORX）	Vanguard Target Retirement 2050 Fund（VFORX）
Vanguard Total Stock Market Index Fund Institutional Plus Shares（先锋股票市场总指数基金）	39.00%	47.60%	53.90%
Vanguard Total International Stock Index Fund Investor Shares（先锋国际股市场指数基金）	25.50%	31.60%	36.20%
Vanguard Total Bond Market Ⅱ Index Fund（先锋债券市场2号总指数基金）	24.70%	14.50%	6.80%
Vanguard Total International Bond Ⅱ Index Fund（先锋国际债券市场2号总指数基金）	10.80%	6.30%	3.10%
股票类合计	64.50%	79.20%	90.10%
债券类合计	35.50%	20.80%	9.90%
管理规模（亿美元）	780	657	488

资料来源：https://investor.vanguard.com/investment-products/mutual-funds/profile/。

可见，先锋公司利用其完备的指数基金产品线构建了模式化的目标基金产品系列，管理人以构筑下滑曲线的方式，随着时间的推移逐步降低组合整体的风险收益特征。实践表明，这些产品实现了较大的管理规模，2022年8月最新管理费率水平仅0.08%，较2016年时的0.16%进一步显著下降，提供了较好的客户持有体验。

九、"固收+"基金可改善组合的风险收益比

（一）以追求稳健回报为投资策略

"固收+"产品是近年来各大资管机构重点开发和推动的产品线。"固收+"并不是一种产品类型，而是一种以固定收益类资产为本的同时，辅以权益、衍生品等其他资产，力争在控制回撤和波动率的基础上追求基金长期稳健回报的投资策略。

"固收+"策略本质上也是一种"核心-卫星"策略。其中，核心部分是指风险较低的债券投资，通常以中短期利率债、中高等级信用债及一些风险较低的如评级较高的ABS和央企永续债等为主，仅通过票息收益确保债券底仓的稳定贡献，不做拉长久期和信用下沉。而卫星部分作为"+"的部分，根据基金的投资范围可选择加股票、可转债、股指期货、国债期货、定增、打新等，在适当增加风险的基础上，寻求组合的整体收益增强。

"固收+"基金对应的产品类型狭义上包括一级债基、二级债基和偏债混合型基金，广义上主要包括一级债基、二级债基、偏债混合型基金、灵活配置型基金（权益仓位较低，本文剔除最近四个季度股票仓位最大值高于40%的）、偏债混合型FOF、量化对冲基金等。

截至2022年6月底，我国全市场共有"固收+"基金1 927只，规模合计为2.84万亿元，占开放式基金市场份额达到10.65%。近三年来该类产品的规模和占市场份额的比例均不断提升，2021年规模相对2020年接近翻倍。从基金类型来看，二级债基、一级债基、偏债混合型这三种基金类型是"固收+"基金的主体构成部分，不管是数量还是规模均位列前三，合计占比约八成。相关资料见图4-35至图4-37。

图 4-35 "固收+"基金历年规模变化

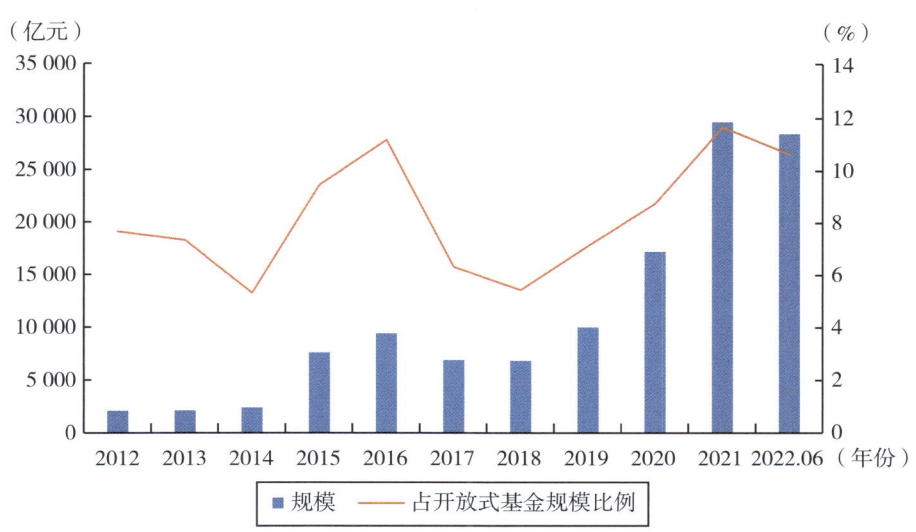

资料来源：Wind。

图 4-36 "固收+"基金规模分布

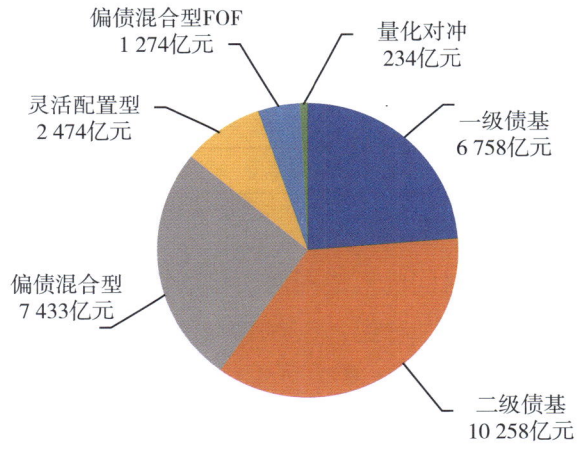

资料来源：Wind。

图 4-37 "固收+"基金数量分布

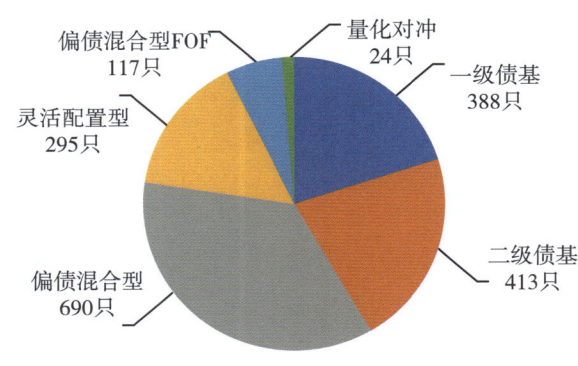

资料来源：Wind。

（二）"固收+"基金的特点

"固收+"基金属于中低风险、中低收益的品种，年化收益率高于纯债基金，而最大回撤和年化波动率相对大幅低于股票型基金（见表4-13）。

表4-13 近5年各类基金风险收益比表现（2017—2021年） （单位：%）

基金类型	年化收益率	最大回撤	年化波动率
中长期纯债	4.18	−1.69	1.19
一级债基	4.82	−3.00	2.11
二级债基	6.46	−4.93	4.31
偏债混合型	9.09	−3.58	4.10
股票型基金	27.63	−23.83	20.62

资料来源：Wind，剔除2017年以前成立的基金。

从2019—2022年的市场表现来看，固定收益类资产和权益类资产的相关性并不稳定，二者常在短时间内形成同向变化的特征，造成大类资产组合投资失效（见表4-14）。但是可以看到，在2019年8月至2022年8月这3年的市场行情中，以"二级债基"和偏债混合型基金为代表的"固收+"类混合基金，远超简单使用指数化投资分配的方式进行股债混合的组合表现（见图4-38）。意味着，"固收+"基金的主动操作对组合表现产生了较大作用。也意味着，在个人养老金的投资中，通过对"固收+"基金的配置，可以有效降低组合波动性的同时获得更好的收益，改善组合的风险收益比。

表4-14 沪深300指数和中债总财富指数在不同时间段内的相关性

(列：起始，行：截至)

沪深300 中债总财富	2020Q1	2020Q2	2019Q5	2020Q3	2020Q4	2021Q1	2021Q2	2021Q3	2021Q4	2022Q1	2022Q2
2019Q4	0.40	(0.12)	(0.21)	(0.03)	0.06	0.28	0.44	0.46	0.47	0.34	0.14
2020Q1		(0.66)	(0.60)	(0.57)	(0.49)	(0.11)	0.17	0.24	0.27	0.13	(0.09)
2020Q2			(0.73)	(0.89)	(0.79)	(0.32)	0.01	0.09	0.11	(0.06)	(0.30)
2019Q5				(0.49)	0.30	0.71	0.59	0.23	0.09	(0.28)	(0.54)
2020Q3					0.70	0.67	0.40	(0.11)	(0.28)	(0.56)	(0.71)
2020Q4						(0.71)	(0.46)	(0.73)	(0.76)	(0.83)	(0.87)
2021Q1							0.64	(0.65)	(0.67)	(0.77)	(0.84)
2021Q2								(0.73)	(0.42)	(0.72)	(0.83)
2021Q3									0.19	(0.65)	(0.79)
2021Q4										(0.17)	(0.57)
2022Q1											0.31

资料来源：Wind。

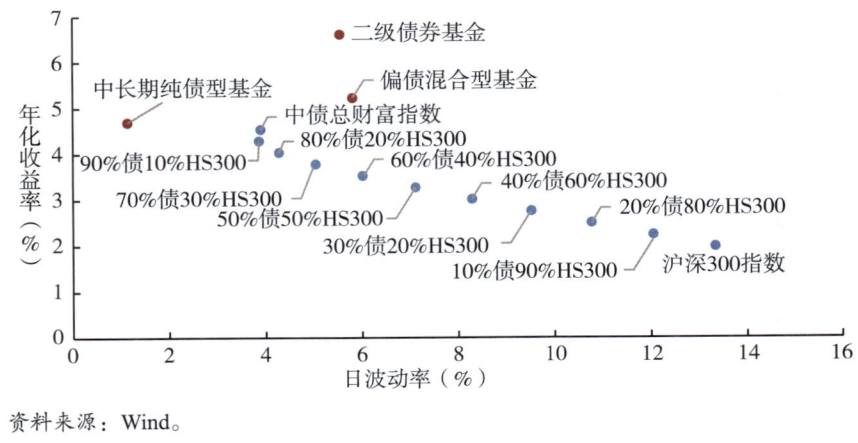

图4-38　各类资产风险收益结构分布（2019年8月至2022年8月）

资料来源：Wind。

第四节　养老目标基金的优势

一、个人养老金可购买的金融产品种类众多

2022年4月，国务院办公厅发布的《关于推动个人养老金发展的意见》规定，个人养老金参加人可以用缴纳的个人养老金在符合规定的金融机构或者其依法合规委托的销售渠道（以下统称"金融产品销售机构"）购买金融产品，并承担相应的风险。个人养老金资金账户资金用于购买符合规定的银行理财、储蓄存款、商业养老保险、公募基金等运作安全、成熟稳定、标的规范、侧重长期保值的满足不同投资者偏好的金融产品，参加人可自主选择。参与个人养老金运行的金融机构和金融产品由相关金融监管部门确定，并通过信息平台和金融行业平台向社会发布。

二、不同类型金融产品，风险收益特征大不相同

（一）银行的养老金融产品

2021年9月10日，中国银保监会发布《关于开展养老理财产品试点的通

知》，宣布自2021年9月15日起，工银理财在武汉和成都、建信理财和招银理财在深圳、光大理财在青岛开展养老理财产品试点。4家机构发行的首批4款养老理财产品。

从产品设计上来看，银行养老理财产品具有如下特点：①兼具流动性与纪律性，产品引入差异化的分红机制、有提前赎回规则；②认购起点低，4款产品均为1元起投，单一个人投资者购买上限为300万元；③费率优惠，4款养老理财产品均不收取认购费、销售费和超额管理费，托管费率和固定管理费率也几近"触底"；④首批养老理财的业绩基准整体在5%~8%之间，期限均为5年；⑤资产投资比例方面，4款养老理财产品均对其投资非标准化债权类资产作出了一定限制，例如产品投资于单一债务人及其关联企业的非标准化债权类资产的余额，不得超过产品净资产的10%；⑥投资策略方面均试图通过"多策略"解决可配置资产种类有限和"单一策略"难以兼顾风险和收益的问题。

根据《关于规范金融机构资产管理业务的指导意见》和《关于规范现金管理类理财产品管理有关事项的通知》要求，银行理财产品按照投资性质的不同分为固定收益类、权益类、商品及金融衍生品类和混合类理财产品。其中绝大倒数为固定收益类产品。从银行理财产品的资产配置来看，绝大多数资金也是投向了债券资产以及非标准化固收类资产，投向权益资产的比重是非常低的。2021年银行理财产品中投向权益资产的比重仅占3.27%。银行理财产品对固定收益资产的强烈偏好，背后的原因在于商业银行对权益资产投资的能力较弱，无论在相关研究、风控、系统以及团队建设上与公募基金行业相比都处于相对弱势的地位。

从海外来看，在美国个人退休金账户（IRAs）计划推行初期，有七到八成参与者将IRAs账户交由银行管理。但随着美国资本市场的发展与配套政策的完善，共同基金在资产管理业务上的专业化优势凸显。截至2021年三季度，IRAs配置于银行产品和储蓄存款的比例仅为5%，而配置在共同基金的比重高达45%，共同基金几乎占据了IRAs计划的"半壁江山"。

（二）保险机构的养老金融产品

保险公司提供的各类商业养老保险是一种以获取养老金为主要目的长期人身险，满足购买条件的被保险人在达到特定的年龄之前采用一次性或分期的方式缴纳保险费用，在达到一定年龄后开始按照固定频率和金额领取养老金直至身故。我国商业养老保险一般可分为传统型养老保险、分红型养老保险、投资连结型养老保险和万能型养老保险,其中分红型养老保险是目前最主要的保险形式。

从2018年5月1日开始,上海市、福建省(含厦门市)和苏州工业园区面向缴纳个人所得税的社会公众,实施为期1年的个人税收递延型商业养老保险试点,为客户提供全残保障、养老年金给付和身故保障三项保险责任。公众缴纳的保险费允许税前列支,养老金积累阶段免税,等到领取养老金时再缴纳税费。个人税收递延型保险产品要求保险公司以"收益稳健、终身领取、长期锁定、精算平衡"四大原则进行开发,以满足投保人对养老资金收益性、安全性和长期性投资要求。当前,个人税收递延型保险产品主要有收益确定型、收益保底型和收益浮动型三类,主要区别在于利率水平的保障不同和收益结算的频次存在差异(见图4-39)。

图4-39 个人税收递延型养老产品类型

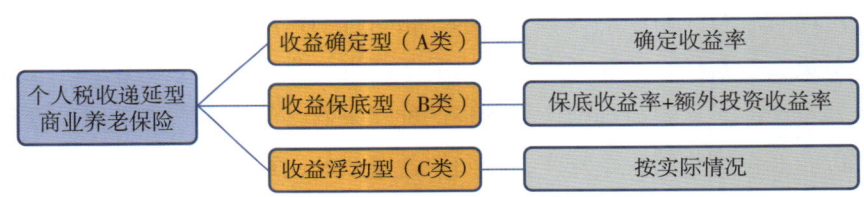

资料来源:《个人税收递延型商业养老保险产品开发指引》。

整体来看,个人税收递延型保险产品在我国的发展情况不及预期。截至2021年末,全国所有试点地区累计实现保费收入6.29亿元。从产品收益率来说,各家公司产品收益率差异较小,大多数集中在3%~5%之间(见表4-15)。

表4-15 全国税延养老保险试点地区累计承保情况(截至2021年底)

试点地区	保费收入(亿元)	保费占比(%)	保单件数(万件)	件数占比(%)	件均保费(万元)
上海市	4.98	79.13	3.32	63.75	1.50
福建省(不含厦门市)	0.62	9.90	1.05	20.10	0.59
苏州工业园区	0.33	5.31	0.25	4.79	1.34
厦门市	0.36	5.67	0.59	11.36	0.60

资料来源:《中国金融》,http://news.hexun.com/2022-03-14/205486229.html。

专属商业养老保险试点区域目前已扩大到全国范围，允许养老保险公司参加专属商业养老保险试点。此外，注册资本金高达百亿元国民养老保险股份有限公司也已经开始营业。

从国际上来看，个人养老金以投资保险产品为主的国家，收益率偏低，导致这些国家的养老待遇仍主要依赖第一支柱。

如韩国，养老第二及第三支柱的资产配置整体以低风险的保险产品为主。2021年韩国个人养老金资产87%为养老金保险和通过养老金储蓄账户中持有的保险产品，养老金的资产配置极为保守（见图4-40）。根据OECD统计，2020年韩国养老金中股票、债券、现金存款、其他占比分别为3%、39%、19%、30%，另有8%无法穿透的资产合集，权益类资产的投资比例极低。2002—2018年，韩国养老金平均实际回报率为1.8%，长期收益偏低。

图4-40　韩国养老第三支柱的产品结构

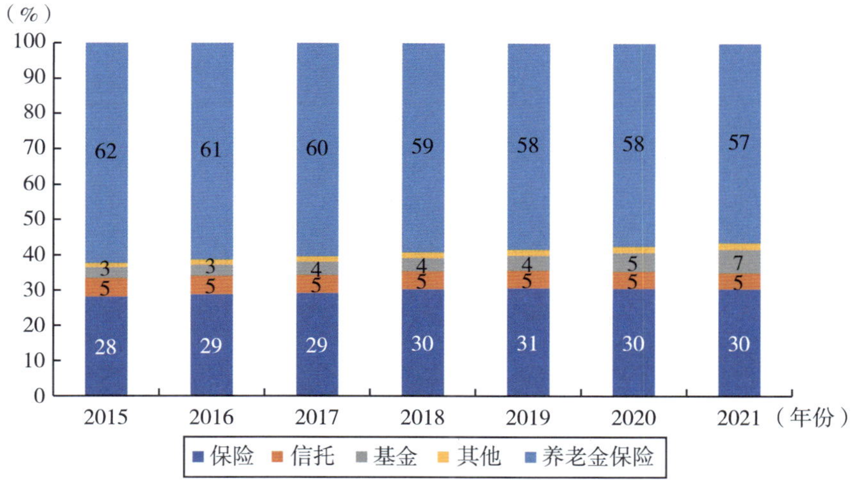

年份	保险	信托	基金	其他	养老金保险
2015	28	5	3		62
2016	29	5	3		61
2017	29	5	4		60
2018	30	5	4		59
2019	31	5	4		58
2020	30	5	5		58
2021	30	5	7		57

资料来源：韩国金融监管局。

再如德国，里斯特与吕鲁普是德国个人养老金的主要产品，两者均以投资保险产品为主，风险偏好较低，对权益资产的配置比例一直较低，导致个人养老金的长期回报处于较低的水平。以里斯特产品为例，从2005年到2020年，年均税费后的实际回报只有1.14%。

根据OECD的统计，2020年德国法定养老金的收入替代率为41.5%，而第二、第三支柱的合计收入替代率仅为14.1%。由于养老金提供的退休收入不足，越来越多的德国退休人口被迫重返工作岗位。

三、养老目标日期基金是公募基金为养老第三支柱开发的专属产品

（一）养老目标基金为公募基金试点纳入产品

2022年11月4日，中国证监会进一步发布《个人养老金投资公开募集证券投资基金业务管理暂行规定》。关于个人养老金基金范围的总体规则是先试点养老目标基金，后逐步纳入各类型基金。在个人养老金制度全面推开后，拟逐步纳入投资风格稳定、投资策略清晰、长期业绩良好、运作合规稳健，适合个人养老金长期投资的股票基金、混合基金、债券基金、基金中基金和中国证监会规定的其他基金。

养老目标基金大多采用基金中基金（Fund of funds，FOF）的模式，主要采用目标日期和目标风险两种投资策略（见图4-41）。

图4-41 国内养老目标基金产品要素

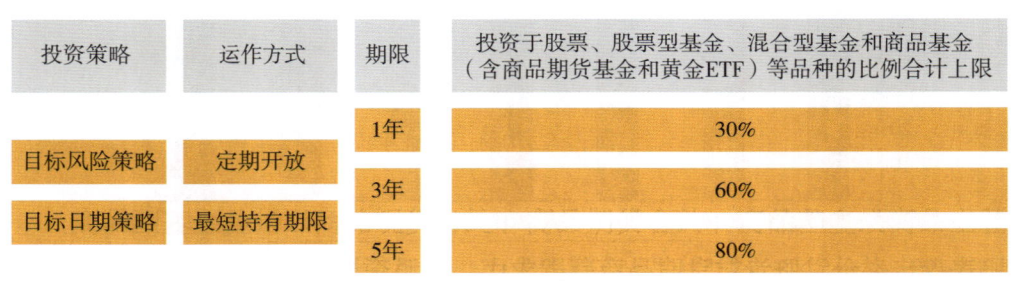

资料来源：《养老目标证券投资基金指引（试行）》。

采用目标日期策略的基金称为"目标日期基金"（Target Date Fund），是以投资者退休日期为目标，根据不同生命阶段风险承受能力进行投资配置的基金。它假定投资者随着年龄增长，风险承受能力逐渐下降，因此会随着所设定目标日期的临近，逐步降低权益类资产（股票、股票基金、混合型基金等）的

配置比例，增加非权益类资产的配置比例。目标日期基金多以退休日期命名，一般会每隔5年设置一个基金。

采用目标风险策略的基金称为"目标风险基金"（Target Risk Fund），也即根据特定的风险偏好来设定权益类资产、非权益类资产的配置比例的基金。常见的是按照某一特定波动率（比如3%）来进行资产配置，并采取有效措施控制基金风险。它假设投资者比较清晰地知道自身对基金组合风险（波动率）的目标需求，一般基金公司会根据投资者风险承受度和风险等级不同进行分类。目标日期基金与目标风险基金都是通过明确的投资策略为投资者提供多元化的专业投资组合，从而满足其不同阶段的投资需求，力争实现基金的长期稳健增值。由于策略定位的不同，两者也具有显著的个性化特点（见表4-16）。

表4-16 两类养老目标基金对比

	目标日期基金	目标风险基金
定义	根据投资者的退休"目标日期"而建立的养老投资工具	预先设定投资风格，采用长期固定的资产配置比例的养老基金
核心	下滑曲线策略	风险管理策略
资产配置策略	随着所设定目标日期的临近，逐步降低权益类资产的配置比例，增加非权益类资产的配置比例	根据特定的风险偏好设定权益类资产、非权益类资产的配置比例
风险管理	基金管理人控制风险水平	投资人控制风险水平

资料来源：中国证监会。

2018年8月，中国证监会核准14家基金公司发行首批养老目标基金。经历过初期的发行困难后，凭借稳健的业绩以及对风险和回撤的良好控制，养老目标基金自2021年起在我国已开始进入加速发展期。截至2022年9月1日，公募基金发行的养老目标基金已达188只，累计规模超过1 078亿元（见图4-42）。

其中共计36家基金公司发行81只目标日期基金，合计净资产规模190.8亿元，平均规模2.35亿元。81只养老目标日期基金中，持有期为3年的有53只，持有期为5年的有22只。有11家公募基金公司目标日期基金产品系列初具雏形，已经发行3只或以上目标日期基金，设置了不同"目标日期"的系列养老基金，形成面向不同年龄段投资者的解决方案。总体上目标日期分布在2035年、2045年、2045年的较多，据产品成立日剩余15~25年。

图4-42 我国公募发行养老目标基金情况

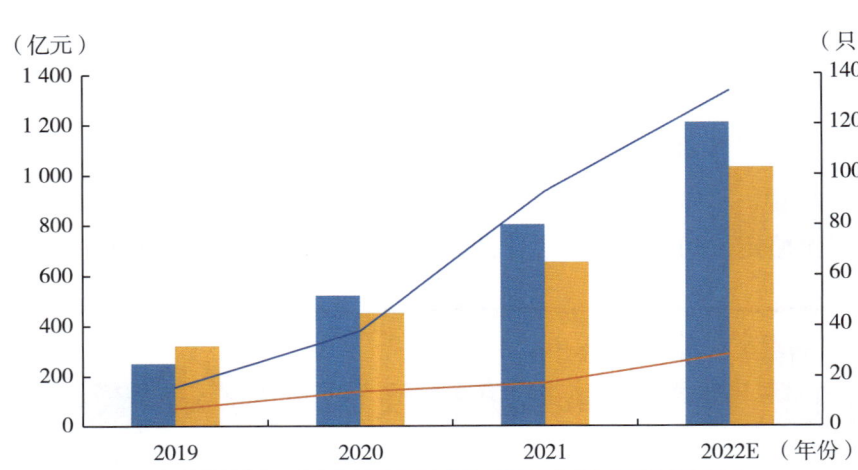

注：2022年根据前8个月的规模与产品数据线性预测。
资料来源：Wind。

目标风险基金的参与机构相对较多，产品以一年锁定期品种为主，发行规模较目标日期更大。截至2022年9月1日，共有45家基金公司发行107只目标风险基金，合计规模887.1亿元。未来目标风险基金的风险策略仍需不断多元化，更好地满足不同风险偏好人群的养老金投资需求。养老目标基金管理费率在0.5%~1%之间，均值为0.69%，托管费率在0.1%~0.2%，均值为0.17%。

与其他养老产品相比，养老目标基金在长期年均投资收益上具备较大的优势。自2019年至2021年，年均投资回报率高达16.2%，目标风险型养老基金的收益率也接近养老银行理财产品基准业绩的上沿。相比之下，税延养老保险无论是规模还是收益率水平，均不占优（见表4-17）。

表4-17　各支柱养老金投资收益比较

多支柱养老金		总规模	长期年均投资收益
第一支柱	基本养老金	1.46万亿元	6.89%（2016—2020年）
第二支柱	企业年金、职业年金	2.6万亿元	5.08%（2008—2021年）
第三支柱	养老理财	947.8亿元	合同预计最高年化收益率6.3%
	个人税收递延型养老保险	6.29亿元	3.5%~5.0%
	目标日期型基金	190.80亿元	16.20%（2019—2021年）
	目标风险型基金	887.11亿元	8.80%（2019—2021年）

注：（1）养老理财自2021年9月15日开始试点，规模与产品数量数据截至2022年9月15日（https://wap.stcn.com/zqsbapp/tj/202209/t202209s17_4864679.html）。
（2）税延养老保险规模截至2021年底（http：//news.hexun.com/2022-03-14/205486229.html）。
（3）养老目标基金的规模与产品数量统计截至2022年9月1日，长期年均收益率的基金样本为2018年首批养老基金为样本，其中目标日期型基金共8只，目标风险型基金共5只，统计2018年年报至2021年报期内平均年收益率。
资料来源：Wind，社保基金，公开信息整理。

（二）养老目标基金为个人养老投资提供了一站式解决方案

从国际经验来看，目标日期策略和目标风险策略能够帮助个人投资者有效匹配风险偏好的生命周期，是实现动态资产配置的有力投资工具。

其中，目标日期基金（TDF）设计的核心为下滑曲线（Glide Path）。目标日期基金根据投资者的生命周期特征以及各类金融资产的风险收益水平，设定到期日投资目标与约束，求解每个年龄对应的权益资产最优配置比例。这条受距离到日期长度影响的权益资产配置比例变动路径即为TDF的核心——下滑曲线。TDF还可围绕下滑曲线中枢设计下滑通道，即设定权益资产投资比例的上限和下限，明确基金产品在不同市场环境下对权益资产权重的调整空间，以提高基金战术管理的灵活性，并增加基金运作的透明度。

同时，也可以根据生命周期不同阶段的风险偏好，用目标风险基金来实现动态配置。目标风险基金（TRF）开发的关键步骤是风险度量与管理：目标风险基金以预设的风险水平决定资产选择与配置。根据投资人风险承受能力的差异，基金公司通常会发行一系列不同风险等级的TRF以满足不同客户的投资需求。美国是成熟市场的代表，资产的风险收益属性较为稳定，TRF较多地采用管理成本较低的固定股债比策略以达预设风险控制目标，也有TRF使用波动率、VaR 和 ES 等风险度量指标来对组合风险进行定量监控。后者在实际运作中常常可结合风险预算模型进行组合风险控制和仓位管理。

（三）养老目标基金是海外主要的私人养老基金形式

美国和澳大利亚等多个国家在默认投资选择中都突出了生命周期策略与养老目标基金的重要地位。主因是养老目标基金基于生命周期的视角内嵌资产配置功能，很好地将公募基金的长期投资能力、资产配置能力、基金研究能力、客户服务能力，与个人养老投资资金积累长期性、收益目标稳健性和投资主体生命周期性进行了有机结合，非常适合于作为投资经验有限的个人养老金计划参与人的默认投资选择。

例如美国劳工部就将目标退休日期基金和生命周期基金纳入 401（k）的 QDIA，即"默认投资选择安排"的投资范围。2006 年有 32% 的大型 401（k）计划提供了目标日期基金供雇员选择，2017 年这一比例进一步上升为 82%。从提供的 TDF 基金的产品数量来看，超过 80% 的大型 401（k）计划平均提供 10 只目标日期基金作为雇员的默认投资选择。

美国 401（k）资产配置情况也显示，对于年轻投资者来说，投资股票基金占其资产配置的 30.5%，而目标日期基金的占比高达 54.1%。2019 年，401（k）投资者中约 60% 的投资者持有目标日期基金，而总持仓占比从 2007 年的 8% 提高到了 2019 年的 31%（见表 4-18 和图 4-43）。[①]

表 4-18　不同参与者年龄下的 401（k）资产配置　　　　（单位：%）

	20~30 岁	60~70 岁
股票基金	30.5	38.2
目标日期基金	54.1	28.8
非目标日期混合基金	5.2	3.9
债券基金	4.2	10.4
货币基金	0.3	1.5
担保投资凭证及其他稳定价值基金	1.3	9.1
公司股票	1.6	4.7
其他	2.7	3.3

资料来源：ICI。

---

① 2022 Investment Company Fact Book，ICI，pp.147.

截至2018年底,从美国IRA投资者数据库的数据可见,美国各年龄段个人养老金账户投资者持有的目标日期产品占总投资的9.6%,相当于所持有的混合基金仓位的一半左右。而从年龄段分开来看,目标日期产品具有规划长期仓位配置的产品特性,年龄在50岁以下的IRA投资者尤其适合投资目标日期产品。截至2018年底,30~40岁的投资者持有的目标日期产品占总投资的比例可高达25.2%,占其所持有的全部混合基金仓位的75.4%(见表4-19)。

表4-19　2018年末美国IRA账户持有人年龄及投资分布　　　　　　　　　　（单位：%）

年龄	股票及股票基金	目标日期混合基金	非目标日期混合基金	债券及债券基金	货币基金及其他投资
18~29岁	51.1	19.0	8.4	4.4	17.1
30~39岁	54.6	25.2	8.2	4.7	7.3
40~49岁	58.9	18.9	9.4	7.2	5.6
50~59岁	57	13.1	12.3	11.5	6.1
60~69岁	48.6	9.1	15.5	19.4	7.4
70岁及更高	48.2	5.0	17.5	22.3	7.0
全部	51.1	9.6	15.0	17.5	6.8

资料来源：The IRA Investor Database。

图4-43　目标日期基金在401(k)中的市场份额

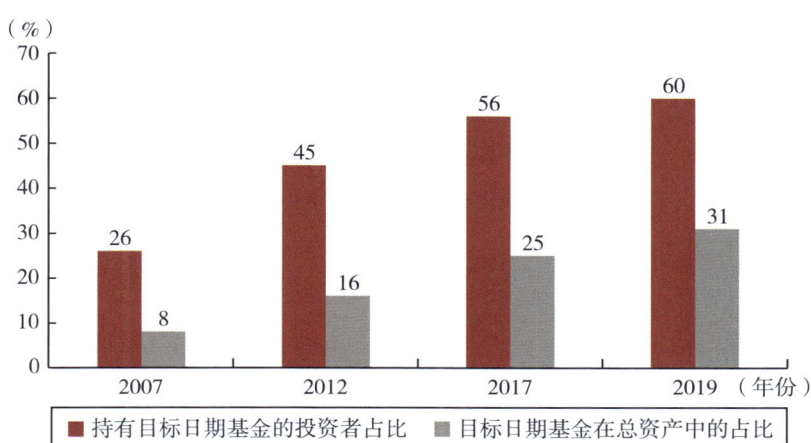

资料来源：ICI。

目标日期基金（TDF）之所以受到美国个人养老金投资者的欢迎，除了QDIA的推崇之外，其通过一站式的资产配置与底层基金优选，大幅提升了投资者的投资组合风险收益比，提升了投资者体验，极好地迎合了投资者养老储备与长期投资的双重需求，也是推动TDF得以迅猛发展的更重要原因。

美国Vanguard（先锋集团）是管理DC计划规模最大的资管机构，其管理的目标日期基金（TDF）资产规模在2020年超过1万亿美元，占行业所管理的TDF资产的37%。Vanguard数据显示，其投资者中有高达54%的比例持有单一的目标日期基金（TDF）。如果只计算新加入的投资者，这一比例将进一步上升为84%。根据Vanguard的研究，TDF如此广受欢迎的原因在于持有TDF的投资者所获得风险调整后的收益要远远优于自己做资产配置的投资者（见图4-44）。

图4-44　截至2020年的5年期DC计划参与者的风险和回报特征

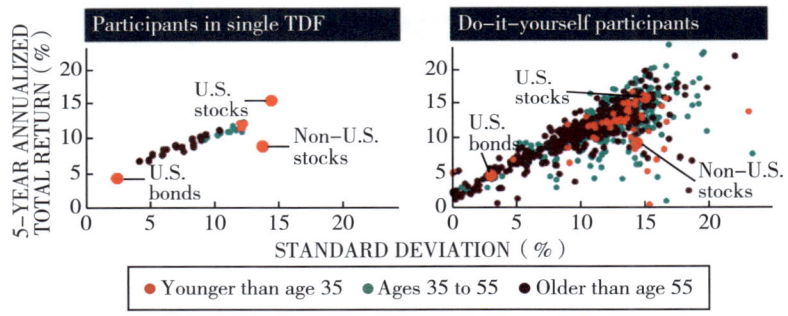

资料来源：Vanguard 2021。

富达的DC计划数据同样显示，约有51%的DC计划参与者选择了完全交托管理人代劳的机制进行计划投资，例如投资于TDF基金或专门管理账户，其余49%的参与者希望自己进行投资决策。而在自己进行投资决策的参与者中有高达74%的比例因资产配置的不合理而造成投资效果欠佳。显示出绝大多数投资者在资产配置能力方面的欠缺。

在政策及自身产品设计优势给投资者带来的良好体验等多重因素推动下，TDF自2006年以后迎来了迅猛发展。401（k）计划中配置TDF基金的资产从2006年的3%上升到2009年的8%，并在2017年进一步上升到24%（见图4-45）。截至2021年底，目标日期基金的资产总计达1.8万亿美元，其中有

66%为DC计划所持有，19%为IRAs所持有。

图4-45 美国目标日期基金增长率

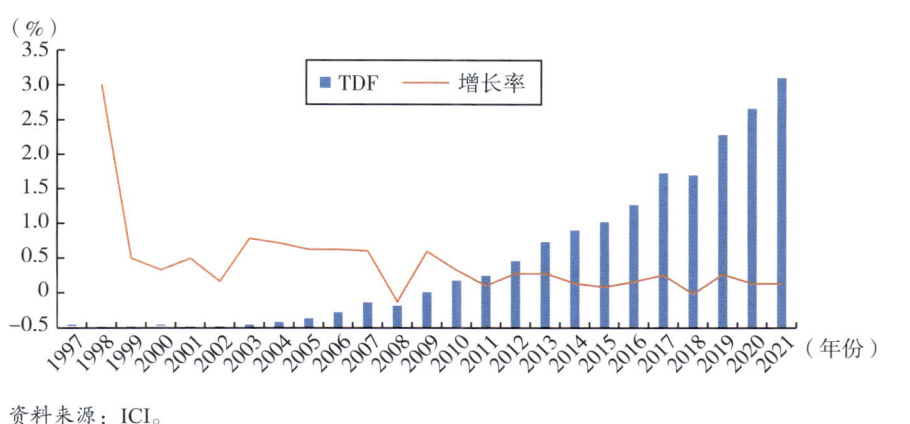

资料来源：ICI。

第五节 公募基金凭借突出优势，成为国内养老金投资管理的主力

一、公募基金的优势

（一）专业投资管理优势

在大资管行业中，公募基金在管理养老金上已积累了数十年的丰富经验，投资管理能力突出。公募基金公司作为国内首批专业机构投资者，积极、全面地参与了各类养老金资金的投资管理，是目前国内管理公共养老金规模最大的资管细分行业。

公募基金产品也已经积累了较好的中长期收益。截至2022年9月9日，偏股型基金年化收益率平均为14.84%，超过同期沪深300和标普500；债券型基金年化收益率平均为6.38%，超出现行三年定期存款利率3.63个百分点。

据中国证券投资基金业协会数据显示，截至2021年末，公募基金累计向投资者分红3.3万亿元，为长期信任公募基金的投资者创造了可观回报。此外，公募基金产品充分发挥个人养老金的长期性特征，鼓励个人长期持有基金产品，有助于将短期交易性资金转化为中长期配置性力量，进一步优化专业机构的投资行为。

（二）权益投资能力优势

国际经验表明，合理配置权益资产并通过长期投资来对冲权益资产波动性，是提升养老金投资收益的关键因素。我国股票市场长期收益可观，但仍然具有突出的新兴市场特征，呈现散户交易活跃、指数波动大、"牛短熊长"的特点，对投资者的专业投资能力有较高要求。2005年至今，沪深300指数年化收益率8.54%，高于标普500指数的6.93%，但年化波动率比标普500高7.83%；同时，纳斯达克指数也以高收益、低波动，远胜于创业板综指。

作为机构投资者的代表，公募基金受益于多年的人才建设、投研体系建设，在宏观经济、产业以及上市公司研究深度与广度上都具有突出优势。与同期市场指数相比，无论股票型基金还是偏股型基金，收益率更高，而波动性更小，体现了专业的投资能力（见表4-20）。

表4-20　基金与各市场的收益率与波动率对比

	年化收益率（%）	年化波动率（%）
沪深300	8.54	25.68
标普500	6.93	17.85
创业板综指	7.52	29.66
纳斯达克综指	13.54	18.56
股票型基金指数	9.90	23.89
偏股混合型基金指数	14.84	21.44

注：沪深300和标普500时间区间为2004-12-31—2022-09-09；创业板综指和纳斯达克指数时间区间为2010-12-31—2022-09-09。

资料来源：Wind。

（三）在委托—代理问题方面具备天然优势

将养老金委托给可以信任的机构来管理，是发展第三支柱养老金的重要前置条件。公募基金作为国内管理最透明、运作最规范、专业化程度最高的金融机构之一，在解决委托代理问题方面具有天然优势。

根据《公开募集证券投资基金信息披露管理办法》，中国证监会为切实保护投资者的利益，对各种有损于投资者利益的行为进行严厉的打击，并强制基金进行及时、准确、充分的信息披露。公募基金产品净值每日更新，基金季报、半年报与年报等定期报告也会充分披露基金的投资运作情况。不仅如此，公募基金机构还会展示基金经理的学历、任职经历、基金问答等信息。此外，近年来线上化趋势也在进一步提高公募基金对外沟通的效率，例如基金经理会不定期参与线上直播互动，更好地让投资者获得更多的信息。监管机构对公募基金的信息披露的严格要求，可帮助投资者对所投产品实现深入了解，让投资者更安心地购买。

监管机构亦出台了多方面的政策来保证公募基金运营的规范性。对基金管理公司的资格以及对基金资产的托管人都有严格的认定。近年来，规范公募基金行业发展的相关文件还以更高的频率出炉，基金公司销售、托管等业务管理规则都被进一步完善，不断降低投资者的委托代理风险。

根据2022年11月证监会发布的《个人养老金投资公开募集证券投资基金业务管理暂行规定》，对基金管理人、基金销售机构等机构开展个人养老金投资基金业务的内控管理要求都做了明确要求，并明确了长期考核、长期评价要求，强调了业务安全封闭运行和资产独立性。

在产品管理方面：一是明确个人养老金可投资的基金产品标准；二是明确个人养老金基金单设份额，在收益分配、申购安排、产品费率等方面做出特别安排；三是对基金管理人的投资管理和风险管理行为做出要求。

在销售管理与信息服务方面：一是明确基金销售机构的条件要求；二是明确基金管理人、基金销售机构开展个人养老金基金销售业务的整体职责，并对首次投资信息提示、账户服务、宣传推介、投资者适当性管理、投资者教育、信息查询服务以及其他相关销售服务等做出特别安排；三是要求基金管理人、销售机构与行业平台做好系统对接和信息交互，按时报送数据。

中国证监会定期对基金管理人、基金销售机构开展个人养老金投资基金业务情况进行动态监管，并建立惩罚机制，结果应用于基金管理人分类评价、行政许可、业务创新评估等，不合格的个人养老金基金或基金销售机构从名录中移出。违反法律法规和规定的，建立行政及刑事监管措施。

二、公募基金承担基本养老保险基金超七成委外投资

根据 2015 年 8 月 17 日国务院印发的《基本养老保险基金投资管理办法》,全国社会保障基金理事会(以下简称"社保基金会")于 2016 年开始受托管理基本养老保险基金,启动市场化投资运营,对受托管理的基本养老保险基金实行单独管理、集中运营、独立核算。

基本养老保险基金投资运作模式与社保基金类似,也分为直接投资与委托投资两种。截至 2021 年,基本养老保险基金资产总额规模达 1.69 万亿元,其中直接投资 5 574.10 亿元,占基本养老保险基金资产总额的 38.17%;直接投资由社保基金会直接管理运作,主要包括银行存款和股权投资。委托投资资产 9 030.63 亿元,占基本养老保险基金资产总额的 61.83%。委托投资由社保基金会委托投资管理人管理运作,主要包括境内股票、债券、养老金产品、上市流通的证券投资基金,以及股指期货、国债期货等,委托投资资产由社保基金会选择的托管人托管。21 家资产管理机构获得基本养老保险基金对外委托投资管理资格,其中有 14 家公募基金,占比 67%。按照《基本养老保险基金投资管理办法》规定,投资机构和受托机构分别按管理费的 20% 和年度投资收益的 1% 建立风险准备金,专项用于弥补养老基金投资可能发生的亏损有关资料见图 4-46。

图 4-46 社会保险基金年末滚存结余分项情况

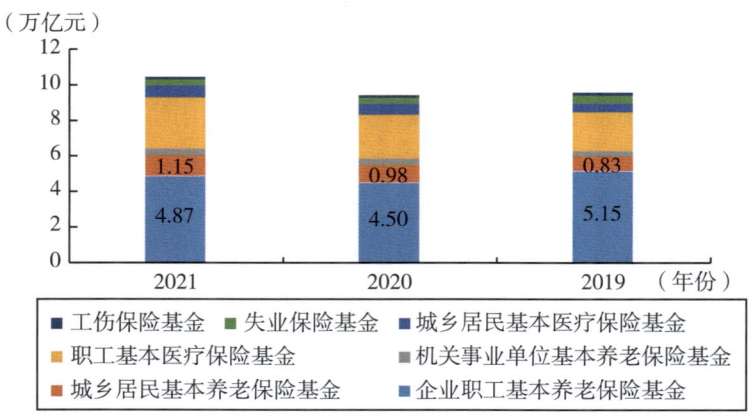

资料来源:全国社会保障基金理事会,人社部,财政部。

养老保险基金目前只在境内投资，股票等权益类产品合计不得超过资产净值的30%。社保基金自成立以来的年均投资收益率8.30%，累计投资收益额17 958.25亿元。2021年，社保基金投资收益额1 131.80亿元，投资收益率4.27%（见图4-47）。

图4-47　基本养老保险2018—2021年收益情况

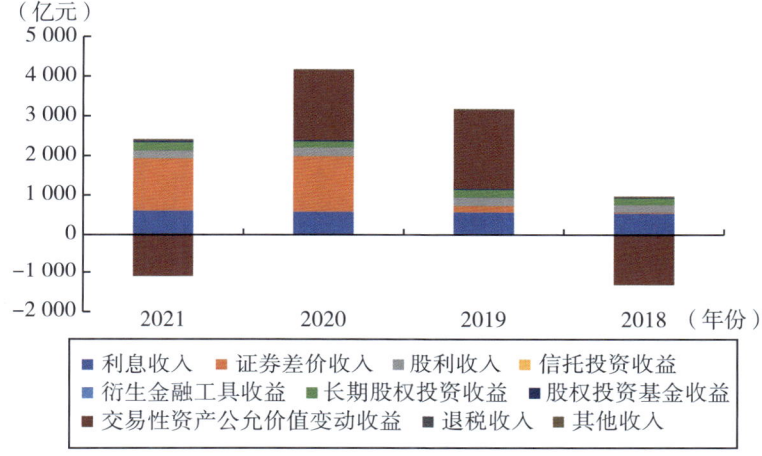

资料来源：全国社会保障基金理事会，人社部。

社保基金会负责管理运营，其中资金来源于中央财政预算划款、国有资本划转、基金投资收益和以国务院批准的其他方式筹集的资金（见图4-48）。

图4-48　社保基金会运作情况（2020年）

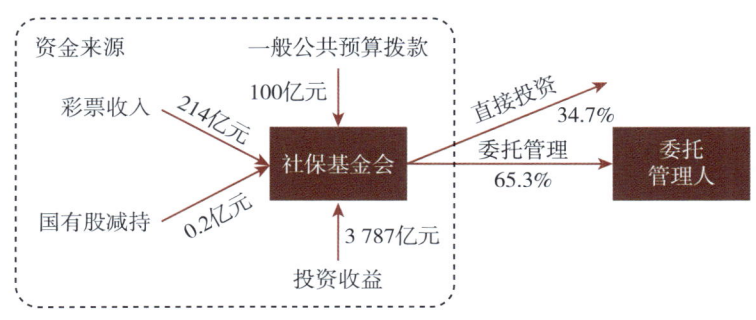

资料来源：全国社会保障基金理事会。

社保基金会投资运作方式也包括直接投资与委托投资两种形式。2015年前以直接投资为主，此后已逐步调整为以委托投资为主。2021年底社保基金会对外委托投资资产2.00亿元，占社保基金资产总额的66.18%（见图4-49）。根据2018年中国证券投资基金业协会发布的《基金行业养老金业务发展总体情况概要》报告，截至2018年公募基金受托管理8 853亿元，占当年对外委托投资总额的71.2%。

图4-49 全国社保基金运作模式变化

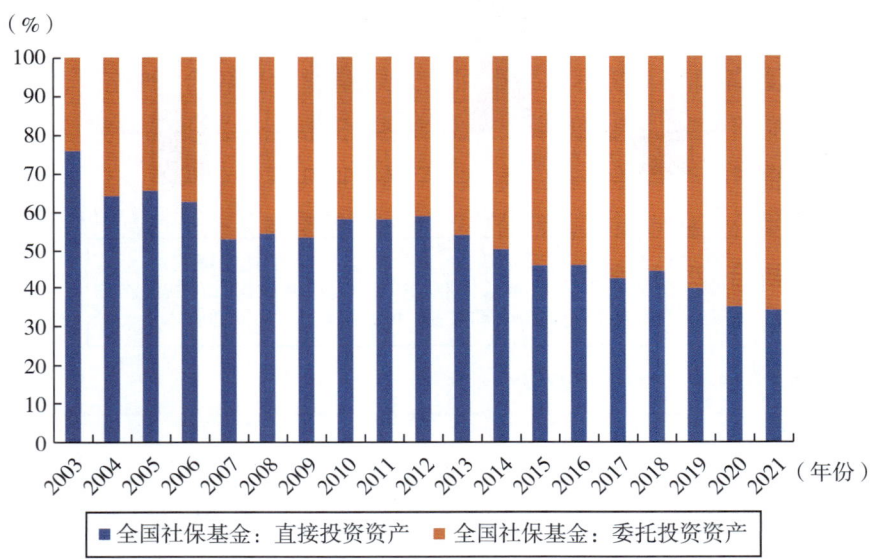

资料来源：全国社会保障基金理事会。

社保基金会自成立以来的年均投资收益率8.30%。历史上仅于2008年、2011年、2016年和2018年出现小幅亏损。2021年，社保基金投资收益额1 131.80亿元，投资收益率4.27%（见图4-50）。受益于出色的投资业绩，2015年社保基金的净资产构成中累计投资收益已超过财政拨款（见图4-51）。截至2021年末，全国社保基金净资产已达2.7万亿元，其中累计财政净拨入10 270.94亿元，累计投资增值余额1.57万亿元。

图 4-50 全国社保基金委托投资及历史收益情况

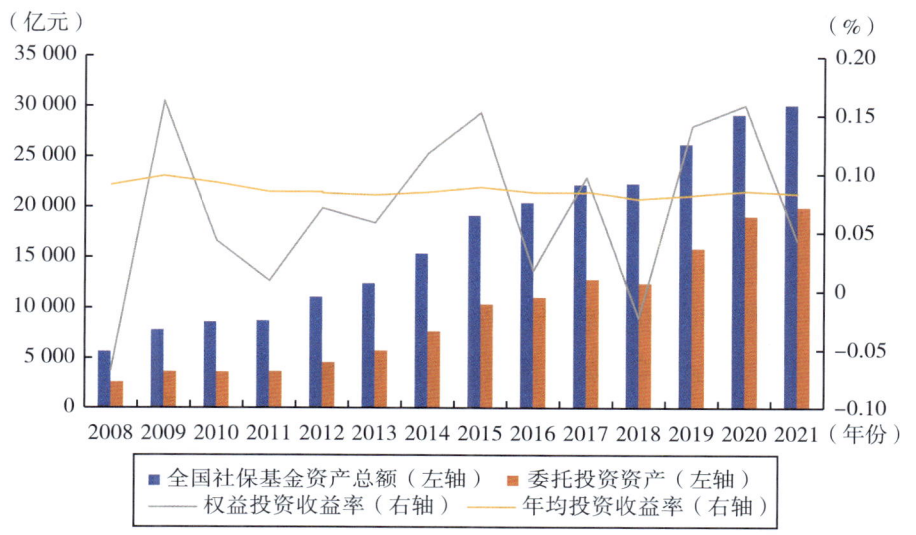

资料来源：全国社会保障基金理事会，人社部。

图 4-51 社保基金净资产构成

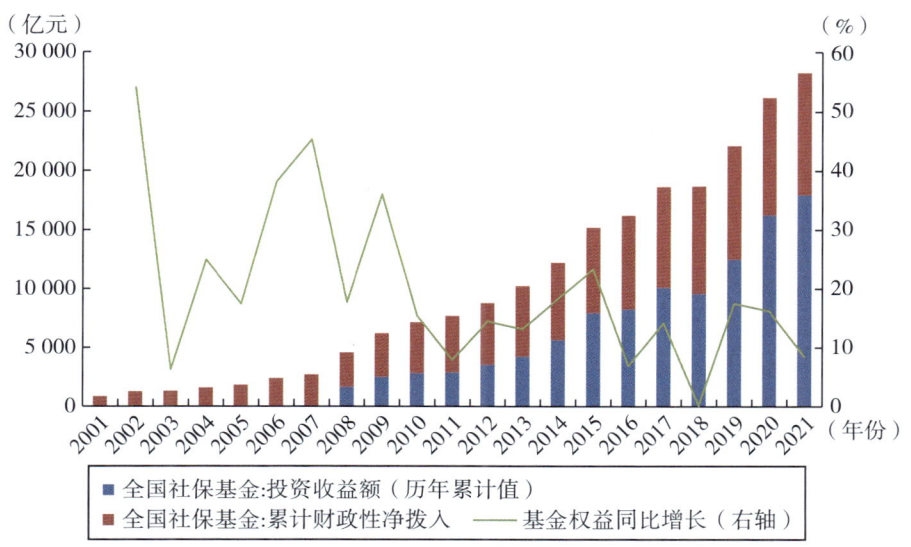

资料来源：Wind。

对比沪深300指数，社保基金的投资收益更高且波动更小（见图4-52）。与全球知名的主权养老金如日本政府养老投资基金（GPIF）、挪威政府全球养老基金（GPFG）的收益率对比，我国社保基金的收益率水平和波动控制也都毫不逊色（见图4-53）。

图4-52　全国社保基金与沪深300收益率

资料来源：Wind。

图4-53　我国社保基金投资收益的国际比较

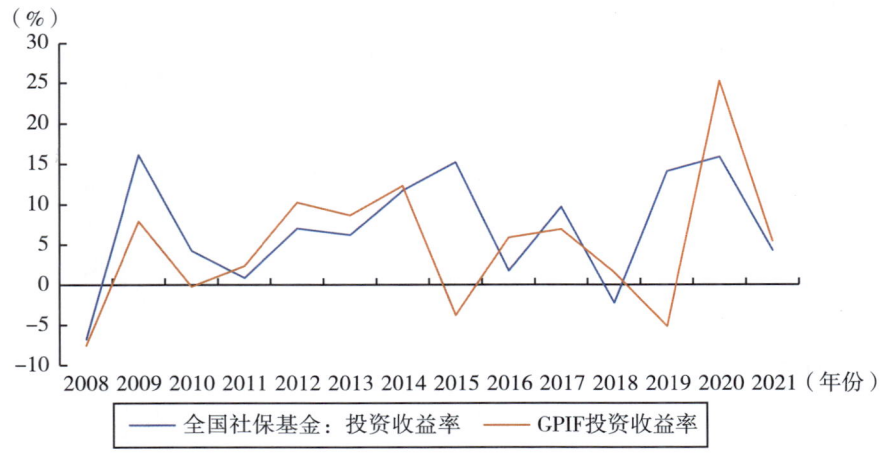

资料来源：GPIF年报，社保基金。

三、公募基金积极参与养老第二支柱建设

2011年发布的《企业年金基金管理办法》中首次提出，企业年金基金标准投资组合由企业年金基金投资管理人发行，面向企业年金基金定向销售，以提高企业年金的投资运营效率。2019年职业年金陆续入市时，年金养老金产品成为职业年金投资的重要工具。

企业年金遵循《信托法》原则。企业和职工作为委托人选定企业年金受托人，受托人为符合国家规定的法人受托机构或者企业按照国家规定成立的企业年金理事会，受托人委托具有企业年金管理资格的账户管理人、投资管理人和托管人，分别负责企业年金基金的账户管理、投资运营和托管（见图4-54）。受托人在法规的基础上制定个性化的投资限制，进行资产配置指导建议、投资监督等工作。企业年金的组合不会由于参与职工的年龄风险偏好等不同而有个性化差异。

图4-54　企业年金运作体系

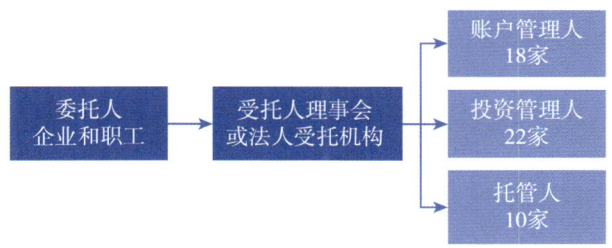

资料来源：人力资源和社会保障部。

人社部2005年公布了首批15家企业年金投资管理人，其中包括9家基金公司。目前企业年金养老金产品的发行人为22家具有年金管理资格的资管机构，其中公募基金公司11家。截至2022年第二季度，养老金产品实际运作产品数量601只，资产净值合计21 125.78亿元。公募基金管理的组合数量及资产净值占比分别为52%与38%。其他资料见图4-55。

养老金产品的种类多样，包括：权益类资产的普通股票型、股权型、优先股型、股票专项型、港股股票型；固定收益类资产的混合型和固定收益型，或进一步细分又可分为普通、存款、债券、债券基金、信托产品、债权投资计

划和其他类；流动性资产主要是货币型。其中固定收益类产品占比最大，达到86%（见图4-56）。

图4-55 各类型养老金产品业绩和数量对比

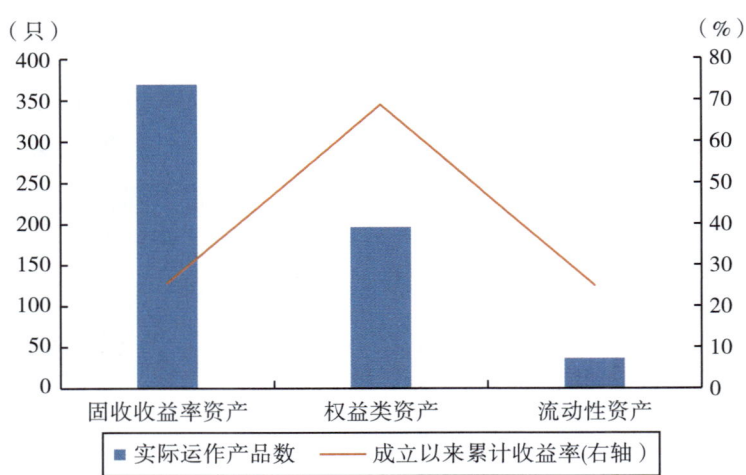

资料来源：《2022年全国企业年金基金业务数据》。

图4-56 各类型养老金产品规模占比

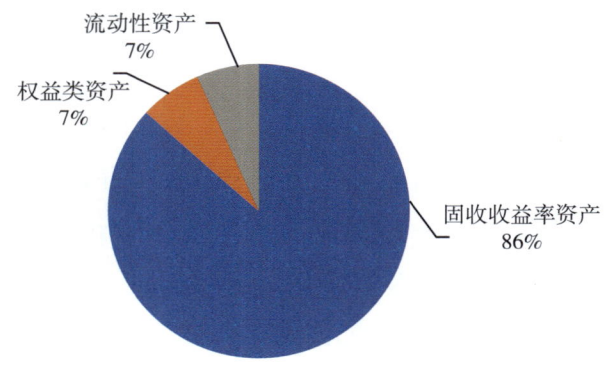

资料来源：人力资源和社会保障部。

管理规模方面，公募基金公司管理的企业年金规模持续增长，从2013年一季度的2 088.9亿元增长至2022年二季度的10 273亿元。2022年二季度的公募基金管理规模占企业年金管理总规模的比重为38.31%，占比有所下降的原因在于被部分保险公司分流，但近两年，公募管理规模占比再次提升（见图4-57）。

图4-57　公募基金管理企业年金规模及占比

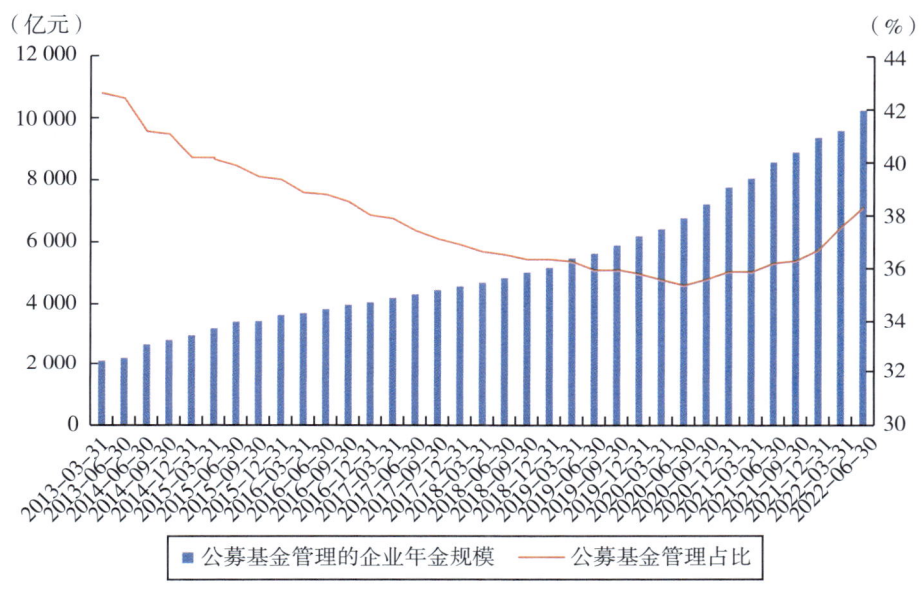

资料来源：《全国企业年金基金业务数据》。

业绩方面，2021年全国企业年金实际投资管理26 077.44亿元，加权平均收益率5.33%。自2007年以来全国企业年金平均年度收益为7.17%，由于投资风格偏稳健，权益投资占比偏低，长期平均收益率低于社保基金。相关资料见图4-58至图4-60。

职业年金是指机关事业单位及其工作人员在参加基本养老保险的基础上，强制建立的补充养老保险制度。2018年为职业年金市场化运作的元年，各省份陆续进行职业年金基金受托人、托管人和投管人招标。职业年金的投资管理人与企业年金投资管理人完全相同，为22家投资管理人，其中11家为公募基金公司。截至2021年底，除西藏自治区外，30个省（自治区、直辖市）、新疆生产建设兵团和中央单位都已启动职业年金基金市场化投资运营，投资规模1.79万亿元，当年投资收益额932亿元。

图4-58 全国企业年金不同类别计划金额及总体季度收益率

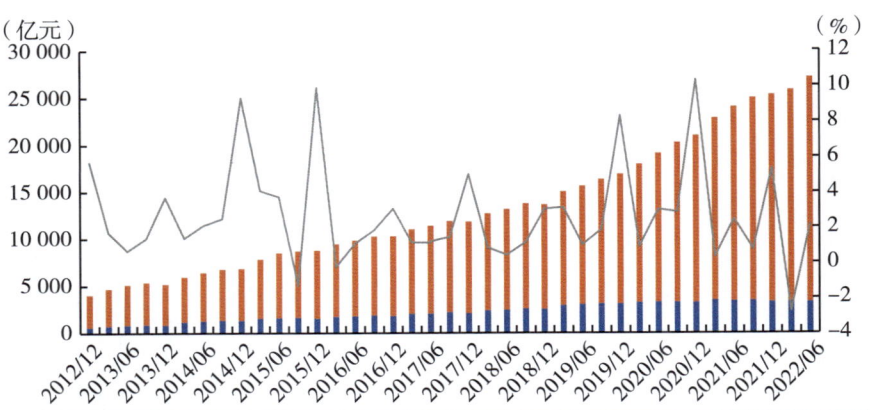

资料来源：人力资源和社会保障部。

图4-59 全国企业年金当年加权平均收益率

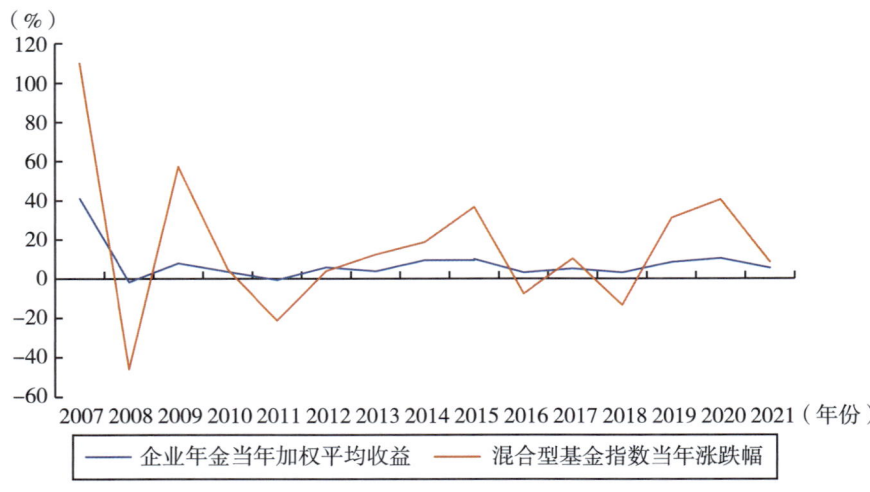

资料来源：《全国企业年金基金业务数据》。

图4-60 社保基金和企业年金投资收益对比

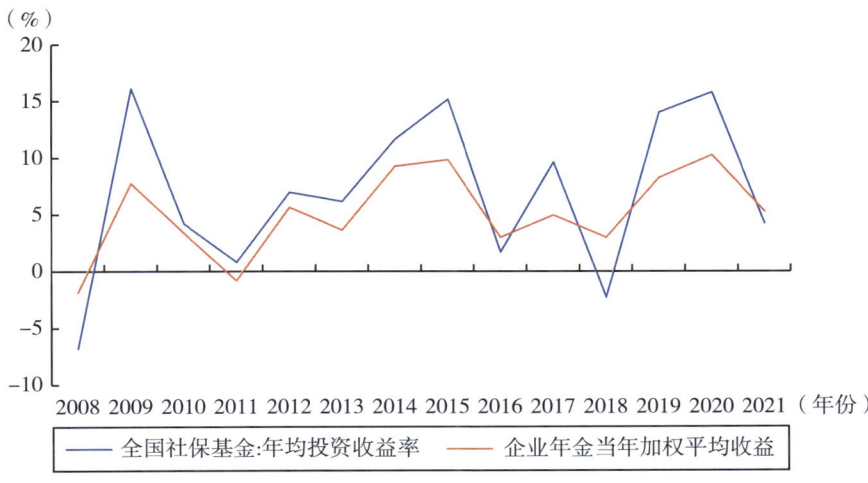

资料来源：Wind。

职业年金采用专户模式投资。投资模式方面，职业年金组合均为主动投资，直接投资各类基础资产或通过配置年金养老金资产进行间接投资（见表4-21）。

表4-21 企业年基金与职业年金的区别

	企业年金	职业年金
覆盖人群	企业职工	机关事业单位工作人员
参保条件	自愿参保	强制参保
保障原则	注重效率原则	公平与效率结合
缴费机制	企业缴费比例≤8% 企业和个人共同缴费比例≤12%	单位缴费比例为8% 个人缴费比例为4%
记账方法	实账积累	单位缴费部分虚账积累 个人缴费为实账积累
税收优惠	企业所得税5%以内、个人所得税4%以内	单位缴费率为8% 个人缴费为4%
业绩考核主体	投资管理人	受托人
受托人权利	仅建议权，一般由委托人指定投管人	各省人社局不直接干涉，受托人权利较大

参考文献

［1］E迪姆森，P马什，M斯汤腾：《投资收益百年史》，中国财政金融出版社，2005.

［2］杰里米J西格尔：《股市长线法宝》，机械工业出版社，2014.

［3］戴维·达斯特：《资产配置的艺术》，中国人民大学出版社，2014.

第五章
公募养老基金产品分类

第一节 公募养老基金类产品的分类、定位和市场现状

一、养老目标基金定位与分类

2018年3月,中国证监会正式发布《养老目标证券投资基金指引(试行)》,同年8月首批14只养老目标基金[①]获批发行。养老目标基金是指以追求养老资产的长期稳健增值为目的,鼓励投资人长期持有,采用成熟的资产配置策略,合理控制投资组合波动风险的公开募集证券投资基金,是一种以满足养老需求为目标的创新型公募基金。养老目标基金的推出标志着公募基金正式迈入个人养老金投资领域。

(一)养老目标基金的定位与特点

养老目标基金旨在满足投资者的养老需求,提升投资者退休后的养老金替代率。养老金替代率是指投资者退休时的养老金领取水平与退休前工资水平之间的比率,是衡量投资者退休前后生活水平差异的基本指标之一。根据晨星(中国)测算,如果将投资者退休后的养老金来源分解为基本养老金、企业或

---

① 首批14只养老目标基金分别来自华夏基金、嘉实基金、博时基金、南方基金、富国基金、泰达宏利基金、广发基金、中银基金、万家基金、中欧基金、易方达基金、鹏华基金、银华基金、工银瑞信基金14家基金公司。

职业年金、养老目标基金的话,基本养老金可提供的替代率水平大概为46%,企业或职业年金的替代率水平大概为10%,为保障投资者退休后的生活水平,养老目标基金则需要提供15%左右的养老金替代率。由于养老目标基金承担着服务个人养老的重担,因此在产品运作形式、投资目标、投资策略、基金管理人及任职基金经理等方面都有着严格要求。

1. 养老目标基金的特征

根据《养老目标证券投资基金指引(试行)》(具体见表5–1),养老目标基金主要具有如下特征:

(1)发展初期采用基金中基金(FOF)形式运作:通过大类资产配置和底层基金优选两个层面分散风险,改善投资组合的风险收益比,力求稳健。同时,基金中基金形式可实现投资分工的精细化管理,最大限度发挥专业人士特长。

(2)追求长期稳健收益:采用成熟的资产配置策略,合理控制投资组合波动风险,追求长期稳健增值。

(3)设置封闭期或最短持有期限:根据基金投资权益资产比例,设置与基金投资策略相匹配的封闭期或最短持有期限,引导投资者长期持有,同时为基金长期投资创造条件。

(4)对基金管理人及基金经理提出较高要求:通过对基金管理人、基金经理任职条件设置较高标准,进一步降低投资风险。

表5–1 《养老目标证券投资基金指引(试行)》要点内容

项目	主要内容
产品形式	基金中基金或中国证监会认可的其他形式
投资策略	目标日期策略、目标风险策略以及中国证监会认可的其他策略
运作方式	定期开放的运作方式或设置投资人最短持有期限 定期开放的封闭运作期或投资人最短持有期限应当不短于1年,且与投资策略相匹配
投资比例	定期开放的封闭运作期或投资人最短持有期限不短于1年、3年或5年的,基金投资于股票、股票型基金、混合型基金和商品基金(含商品期货基金和黄金ETF)等品种的比例合计原则上不超过30%、60%、80%
子基金	子基金运作期限应当不少于2年,最近2年平均季末基金净资产应当不低于2亿元 子基金为指数基金、ETF和商品基金等品种的,运作期限应当不少于1年,最近定期报告披露的季末基金净资产应当不低于1亿元

续表

项目	主要内容
基金管理人	公司成立满2年 公司治理健全、稳定 公司具有较强的资产管理能力，旗下基金风格清晰、业绩稳定 最近三年平均公募基金管理规模（不含货币市场基金）在200亿元以上或者管理的基金中基金业绩波动性较低、规模较大 公司具有较强的投资、研究能力，投资、研究团队不少于20人，其中符合养老目标基金经理条件的不少于3人等条件
基金经理	具备5年以上金融行业从事证券投资、证券研究分析、证券投资基金研究评价或分析经验，其中至少2年为证券投资经验，或者具备5年以上养老金或保险资金资产配置经验等条件
基金费率	可以设置优惠的基金费率，并通过差异化费率安排，鼓励投资人长期持有

资料来源：中国证监会。

2.养老目标基金的养老属性

通过上述产品特征可以看出，与其他公募基金相比，养老目标基金具有较为典型的养老属性。

（1）长期性。一方面，养老目标基金以追求养老资产的长期稳健增值为目标，与养老资金的长期属性相匹配。另一方面，养老目标基金设有不短于1年的封闭期或最短持有期限，且封闭期或最短持有期时长与基金的投资策略相匹配，以引导投资者长期持有，以"时间换空间"，避免短期"追涨杀跌"的不理性行为；同时，便利基金开展长期投资，从而帮助投资者更好地实现长期收益。

（2）安全性。一方面，养老目标基金采用成熟稳健的资产配置策略，更加注重对波动率和回撤的控制，以期在相对"安全"的前提下实现合理收益。另一方面，养老储备并非简单的长期储蓄，不仅要保值，更要长期稳健增值，以避免养老储备不足的风险。养老目标基金注重权益类资产投资，可以充分发挥"长钱"效应，以实现养老资产的有效增值。

（3）适当性。一方面，为有效对接投资者多样化、差异化的养老投资需求，养老目标基金以投资者的年龄、风险偏好、行为特征等为重要约束条件，为不同年龄段、不同风险收益特征的投资者提供有针对性的特定目标日期产品或特定目标风险产品，精准匹配投资者的养老投资需求。另一方面，养老目标基金在产品设计和布局上可实现"系列化"，方便投资者选择，解决产品太多、投资者"不会选"或"选错"的问题。

（二）养老目标基金的分类

目前养老目标基金根据投资策略及锚定对象的不同，可细分为养老目标日期基金和养老目标风险基金两大类（见表5-2）。

表5-2　养老目标日期基金与养老目标风险基金的简要对比

	养老目标日期基金	养老目标风险基金
产品定位	一站式养老投资产品	工具型养老投资产品
资产配置	动态资产配置，随着目标日期临近由高风险向低风险转移	相对静态资产配置，维持风险收益特征不变
产品核心	下滑曲线设计	风险度量与管理
产品优势	一站式投资，省时省心	灵活投资，可自主调整
目标人群	广大普通投资者；投资新手；无暇顾及账户资产管理的投资者	养老规划清晰，风险偏好明确，且具备一定投资经验的投资者

1. 养老目标日期基金

养老目标日期基金采用目标日期策略，根据投资者的预计退休时间来规划基金的资产配置，将资产配置与投资者的生命周期有机结合。该类基金会设立一个目标日期代表预计退休日，并假定投资者随着年龄增长，其风险承受能力逐渐下降。因此，基金会随着投资者目标日期（退休日）的临近，逐步降低对权益类资产[①]的配置比例，并增加非权益类资产的配置比例。通常，养老目标日期基金在距离到期日较远的阶段具有偏股型基金的特征，投资目标侧重于追求资产增值和高成长性，投资风格较为积极；随着目标日期的临近，逐步转变为平衡型基金，最后转变为较为保守的偏债型基金，投资目标也逐步转变为侧重于资产保值与当期收益。

从细分产品定位来看，养老目标日期基金由基金管理人动态调整基金的风险水平，定位于"一站式"养老投资产品。

2. 养老目标风险基金

养老目标风险基金采用目标风险策略，根据投资者的风险偏好规划基金

---

① 根据《养老目标证券投资基金指引（试行）》规定，权益类资产包括股票、股票型基金和混合型基金。

的资产配置，根据目标风险水平的高低，通常可大致分为保守目标风险、稳健目标风险、均衡目标风险、积极目标风险等。此类基金旨在维持基金风险水平的恒定，主要通过控制基金投资于权益类资产与非权益类资产的配置比例实现。养老目标风险基金假定投资者的养老投资规划清晰，自身风险偏好明确，且具有一定的市场投资经验，能够结合自身情况选择合适的产品。

从细分产品定位来看，养老目标风险基金由投资者自主调整投资组合的风险水平，定位于"工具型"养老投资产品。

二、我国养老目标基金发展现状

（一）养老目标基金发展情况

1. 2018年首只养老目标基金成立以来发展迅速

自2018年9月首只养老目标基金华夏养老2040三年持有混合（FOF）成立以来，养老目标基金的数量、规模和持有人户数均取得大幅增长，市场认可度高。截至2022年6月底，50家基金管理人已成立养老目标基金178只，总规模达1 057亿元，持有人总数近300万户；与2018年底相比，养老目标基金的数量增长了13.8倍，规模增长了24.7倍，持有人户数增长了近3倍（见图5-1）。

图5-1　养老目标基金自2018年推出以来数量及规模变化

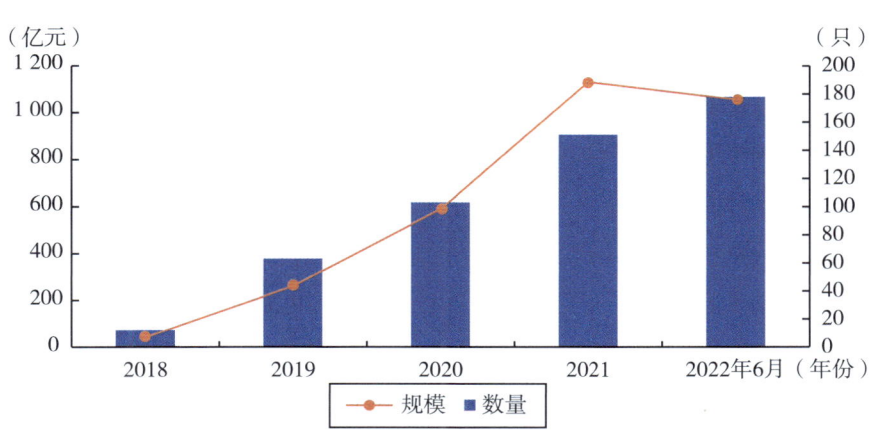

数据截至2022年6月30日；资料来源：Wind。

截至2022年6月底，全市场共有99只养老目标基金可满足个人养老金投资条件，即最近4个季度末（2021年3季度末—2022年2季度末）的基金规模均不低于5 000万元，其中包括41只养老目标日期基金和58只养老目标风险基金，为个人养老金提供了充足的投资选择。

2.养老目标基金产品系列清晰，品类齐全

目前，养老目标基金已形成目标日期和目标风险两大产品系列，且各系列细分品类齐全，可满足各类型投资者的多样化养老投资需求。截至2022年6月底，养老目标日期系列已涵盖2025、2030、2033、2035、2038、2040、2043、2045、2050、2055、2060多个目标日期产品，可覆盖"60后"至"90后"各阶段投资者。养老目标风险系列已涵盖保守、稳健、均衡/平衡、积极多个目标风险产品，可满足投资者对高、中、低档不同风险水平产品的配置需求（见图5-2）。

图5-2 养老目标基金细分类型及数量分布

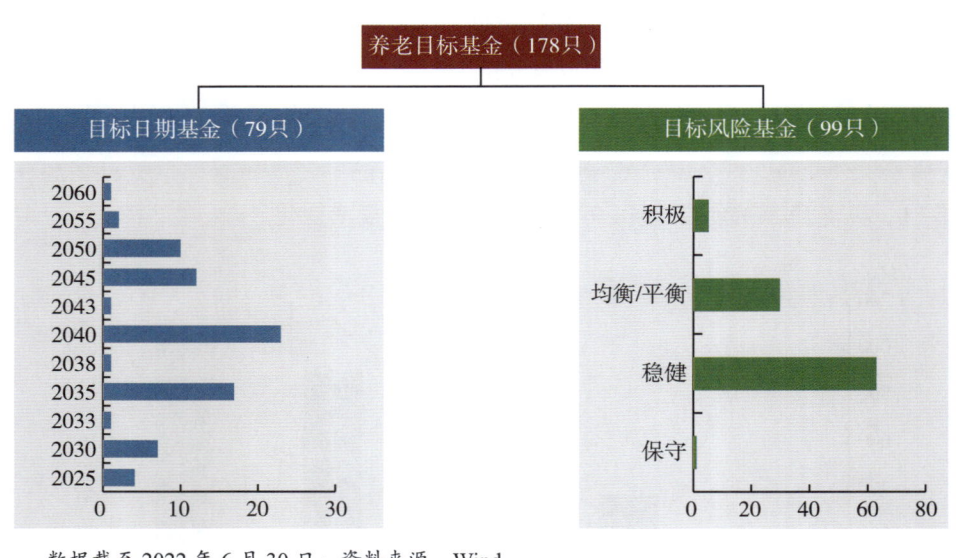

数据截至2022年6月30日；资料来源：Wind。

3.养老目标风险基金受投资者欢迎

目前，养老目标日期基金与养老目标风险基金在产品数量上相差不大，但在基金规模上差距显著，养老目标风险基金的发展速度快于养老目标日期基金（见图5-3和图5-4）。截至2022年6月底，79只养老目标日期基金总规模为187.8亿元，在养老目标基金总规模中的占比不足20%，单只养老目标日期基金平均规模为2.4亿元；99只养老目标风险基金总规模为869.2亿元，在养老目标基金总规模中的占比超过80%，其单只平均规模约为养老目标日期基金的3.7倍（见表5-3）。值得注意的是，养老目标日期基金虽然由于持有期限较长、权益比例较高、波动较大等因素，短期内规模增加较少，但如果从长期维度看，相较目标风险基金普遍1年的短期限，养老目标日期基金期限多为3~5年，更加契合养老资金的长期投资配置需求。

图5-3　养老目标日期与目标风险基金数量占比

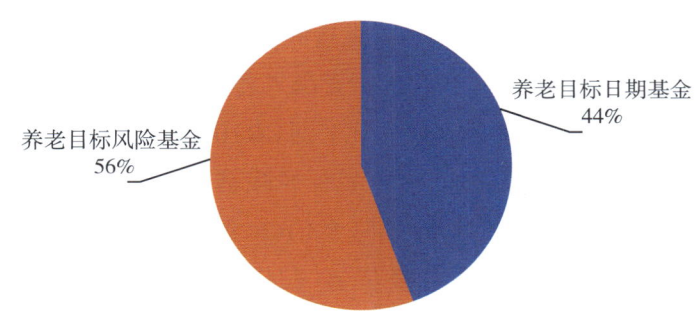

数据截至2022年6月30日；资料来源：Wind。

图5-4　养老目标日期与目标风险基金规模占比

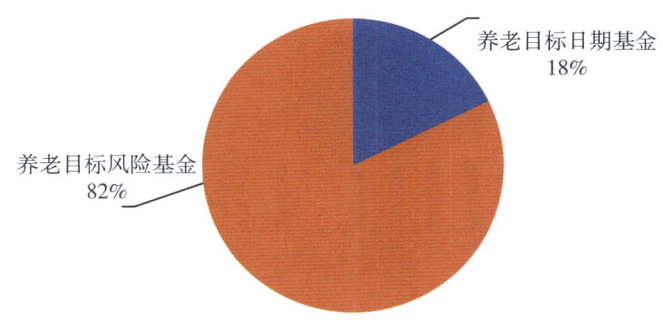

数据截至2022年6月30日；资料来源：Wind。

表5-3 已成立养老目标基金情况

定开周期/最短持有期	数量（只）			总规模（亿元）			平均规模（亿元）	
	目标日期	目标风险	合计	目标日期	目标风险	合计	目标日期	目标风险
1年	5	61	66	10.6	776.1	786.7	2.1	12.7
2年		1	1		1.8	1.8		1.8
3年	52	32	84	148.0	76.3	224.4	2.8	2.4
5年	22	5	27	29.2	15.0	44.2	1.3	3.0
合计	79	99	178	187.8	869.2	1 057.0	2.4	8.8

数据截至2022年6月30日；资料来源：Wind。

4.养老目标基金市场集中度较高

养老目标基金的管理规模向头部机构高度集中。截至2022年6月底，养老目标基金管理规模最高的前五大基金管理人合计规模占比（即CR5）在50%以上，前十大基金管理人合计规模占比（即CR10）在70%以上。其中，养老目标风险基金CR10约为80.7%，养老目标风险基金管理规模最大的基金管理人为交银施罗德基金；养老目标日期基金CR10约为75.4%，养老目标日期基金管理规模最大的基金管理人为华夏基金（见图5-5）。

图5-5 养老目标基金管理规模集中度情况

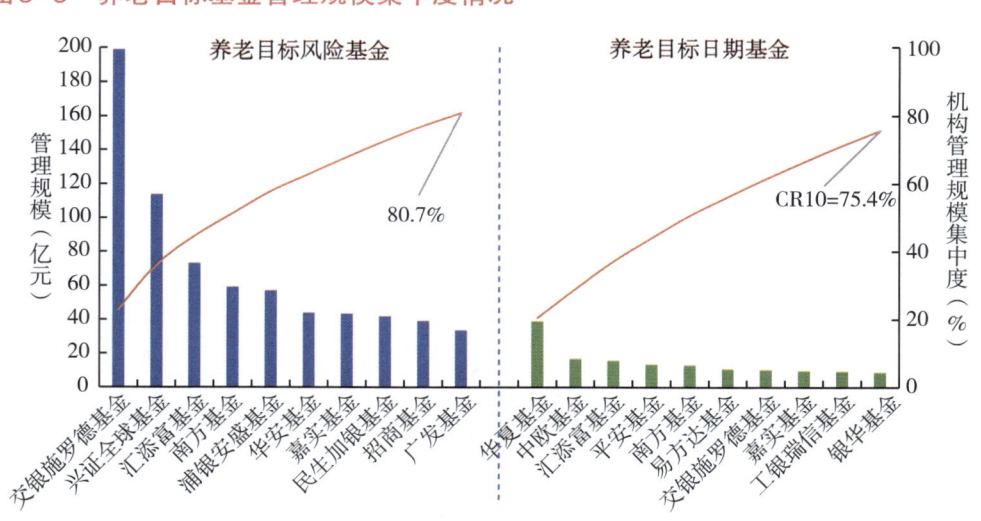

数据截至2022年6月30日；资料来源：Wind。

5. 养老目标基金运作稳定，中长期回报稳健

养老目标基金自推出以来运作稳定，为投资者创造了稳健回报。截至2022年6月底，养老目标基金近三年平均收益率超34%，其中养老目标日期基金近三年平均收益率为41.79%，养老目标风险基金近三年平均收益率为23.02%（见表5-4）。养老目标基金在实现可观收益的同时较好地控制了风险，各细分类型养老目标基金的平均年化波动率和最大回撤均显著低于同期偏股混合型基金和沪深300指数（见表5-5）。

表5-4 养老目标基金近年的收益及波动情况 （单位：%）

类型		近1年		近2年		近3年	
		区间收益率	年化波动	区间收益率	年化波动	区间收益率	年化波动
养老目标日期基金	2025—2035年	-4.30	11.22	14.90	12.06	35.81	12.02
	2038—2045年	-5.09	13.30	14.57	13.87	45.59	13.99
	2050—2060年	-6.21	16.35	19.24	16.72	47.67	16.29
养老目标风险基金	稳健	0.40	4.86	9.64	5.37	20.73	5.23
	均衡/平衡	-2.65	10.28	13.09	10.71	33.71	9.71
	积极	-6.58	14.16	14.96	13.81	—	—
偏股混合基金		-10.04	25.47	27.96	25.41	87.31	24.40
沪深300指数		-13.59	19.67	9.13	20.42	17.24	20.04

数据截至2022年6月30日；资料来源：Wind。

表5-5 养老目标基金近年的最大回撤情况 （单位：%）

类型		近1年	近2年	近3年
养老目标日期基金	2025—2035年	-16.57	-17.96	-19.15
	2038—2045年	-19.18	-20.77	-19.45
	2050—2060年	-23.85	-24.97	-24.97
养老目标风险基金	稳健	-6.55	-6.78	-6.26
	均衡/平衡	-14.81	-14.92	-13.71
	积极	-20.49	-20.28	
偏股混合基金		-34.35	-36.42	-35.92
沪深300指数		-27.64	-34.84	-34.84

数据截至2022年6月30日；资料来源：Wind。

(二)养老目标基金发展阶段

自 2018 年推出以来,经过快速发展,养老目标基金已取得阶段性发展成效,基金总规模突破千亿元,细分基金品类逐步丰富,但与我国其他类型公募基金及境外成熟市场相比,我国养老目标基金总体还处于发展的初期阶段,未来发展潜力巨大。

1. 对标国内其他类型公募基金,养老目标基金仍较"新"

一方面,养老目标基金在国内起步时间较晚,相较于其他普通股票基金、混合基金等常规成熟品种,其市场体量还较小。截至 2022 年 6 月底,我国公募基金总数量超过 9 800 只,总规模接近 27 万亿元,其中养老目标基金的数量占比仅为 1.81%,规模占比仅为 0.39%(见图 5-6)。虽然养老目标基金在我国公募基金中的数量及规模占比在逐步提升,但其占比水平仍较低。另一方面,由于养老目标基金的概念新颖,投资策略相对复杂,加之广大投资者的基础金融素养和养老投资意识还不充足,养老目标基金在投资者中的普及程度还有巨大提升空间。

图 5-6　养老目标基金在公募基金中的数量占比及规模占比变化

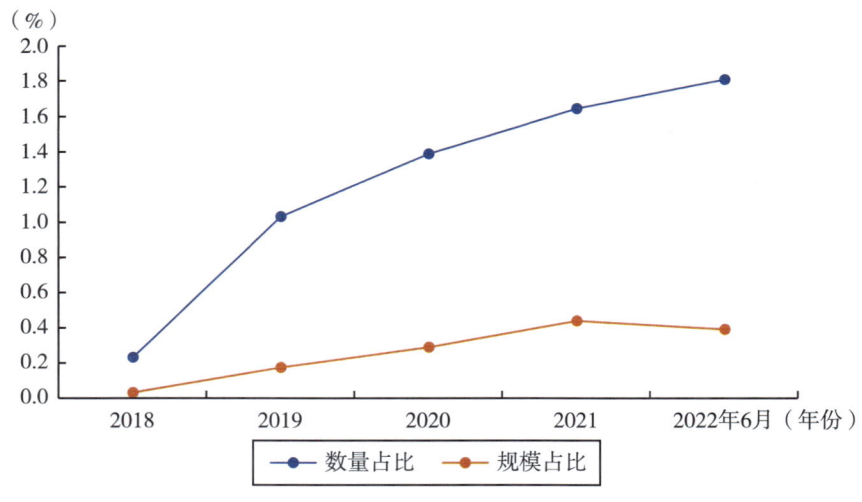

数据截至 2022 年 6 月 30 日;资料来源:Wind。

2.对标境外成熟市场，养老目标基金的发展仍较为初期

目标日期基金及目标风险基金在境外发达市场是较为成熟的金融产品。以美国市场为例：

（1）美国目标日期及目标风险基金在共同基金中的规模占比超过8%。自20世纪90年代推出以来，美国目标日期基金及目标风险基金在共同基金中的规模和数量占比显著提升，规模占比由90年代的不足1%逐步提升并稳定在8%以上，数量占比由不足2%逐步提升并稳定在11%以上（见图5-7）。参照美国目标日期基金及目标风险基金规模和数量的发展曲线，我国养老目标基金仍处于起步发展的初期阶段，未来成长空间广阔。

图5-7　美国目标日期基金及目标风险基金在共同基金中的规模及数量占比

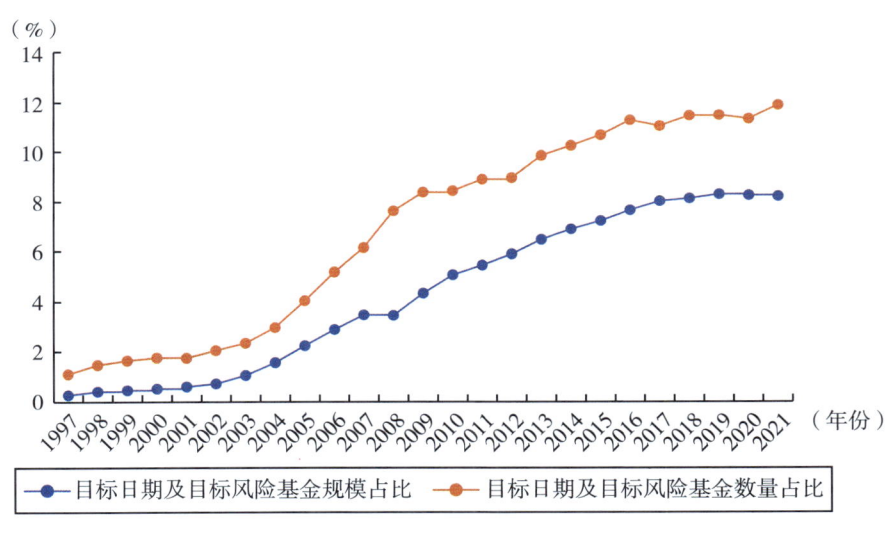

截止时间：2021年底；资料来源：ICI。

（2）美国目标日期及目标风险基金以养老金为主要资金来源。美国养老金是目标日期基金及目标风险基金的重要参与者，目标日期基金中约85%的资金来自美国第二支柱的DC计划和第三支柱的IRAs账户（见图5-8），目标风险基金中也有46%左右的资金来自DC计划和IRAs账户（见图5-9）。美国第二、第三支柱补充养老金是推动目标日期及目标风险基金发展的重要力量，参照其经验，我国养老目标基金将在个人养老金落地后迎来大发展。

图 5-8　美国目标日期基金投资者结构

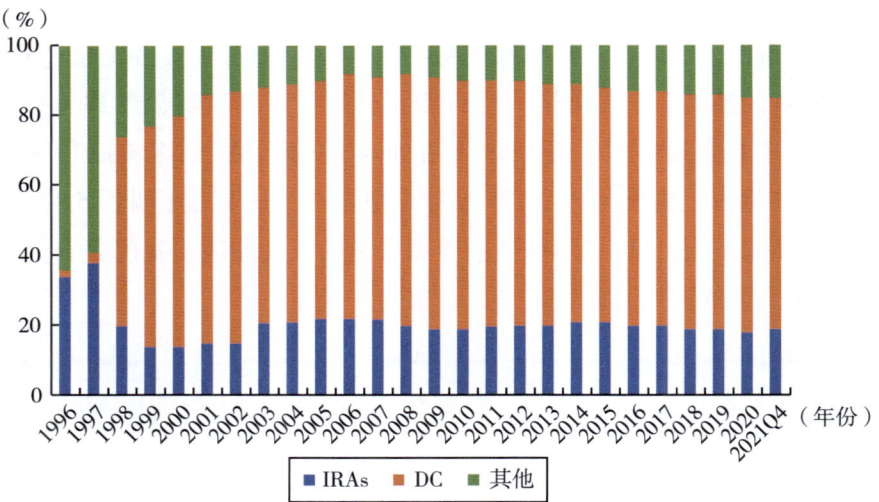

截止时间：2021 年底；资料来源：ICI。

图 5-9　美国目标风险基金投资者结构

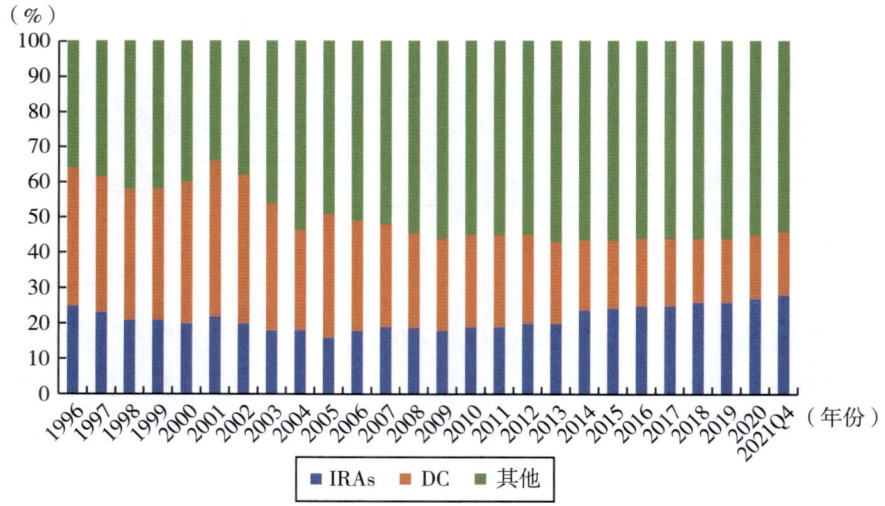

截止时间：2021 年底；资料来源：ICI。

（三）养老目标基金政策支持

1. 第三支柱个人养老金政策陆续出台，养老目标基金迎来重大发展机遇

2022年4月，《国务院办公厅关于推动个人养老金发展的意见》发布，个人养老金可购买符合规定的银行理财、储蓄存款、商业养老保险、公募基金等运作安全、成熟稳定、标的规范、侧重长期保值的满足不同投资者偏好的金融产品，具有典型养老属性的养老目标基金与之契合。

2022年11月4日，中国证监会发布的《个人养老金投资公开募集证券投资基金业务管理暂行规定》，在个人养老金制度试行阶段，拟优先纳入最近4个季度末规模不低于5 000万元或者上一季度末规模不低于2亿元的养老目标基金，在个人养老金制度全面推开后，逐步纳入投资风格稳定、投资策略清晰、长期业绩良好、运作合规稳健，适合个人养老金长期投资的股票基金、混合基金、债券基金、基金中基金和中国证监会规定的其他基金；个人养老金基金名录由中国证监会确定，每季度通过中国证监会网站、基金业协会网站、基金行业平台等向社会发布。

2. 公募基金行业高质量发展意见出台，推动养老目标基金创新发展

2022年4月，中国证监会发布《关于加快推进公募基金行业高质量发展的意见》，积极鼓励产品及业务守正创新，研究完善FOF、MOM等产品规则，开发适配个人养老金长期投资的基金产品，积极推动养老投资产品等创新产品发展；提高中长期资金占比，鼓励行业机构开发各类具有锁定期、服务投资者生命周期的基金产品。

第二节　养老目标基金的产品设计与策略分析

一、养老目标基金运用的相关理论

（一）养老目标基金的理论基础

生命周期理论是养老目标基金设计的理论基础。其中，养老目标日期基金根据投资者的生命周期特征对资产配置比例进行动态调整，与生命周期理论的关联最为直接；养老目标风险基金则保持资产配置比例和风险收益特征的恒定，由投资者根据生命周期特征进行目标风险的自主选择与调整，与生命周期理论间接关联。

生命周期最初来自对人的研究，是指人从出生到死亡的每个阶段的经历过程。1947年美国人类学学者P.C.格里克通过研究家庭在不同的时期所表现出的显著阶段性特征，发现家庭在物质和精神层面的需求会呈现出明显的年龄特征，该理论将人的生命周期分为挣钱期和退休期两个部分以研究各期的消费和储蓄。其中，退休期无收入，其消费来自挣钱期的储蓄，并且总是各期平均分配收入，使以后各期消费相等。

此后，美国经济学家F.莫迪利安尼和A.安东于20世纪60年代提出生命周期假说，即消费与储蓄的生命周期假说。该假说认为，理性消费者将根据效用最大化的原则，综合考虑其即期收入、未来收入，以及可预期的开支、工作时间、退休时间等因素来分配不同时期的消费和储蓄。在生命周期的不同阶段，收入和储蓄的关系、消费在收入中的占比都是随着年龄变化的。该假说主要观点如下：

第一，消费者以一生效用最大化为目标。消费者行为的唯一目标是实现效用最大化。理性的消费者将根据效用最大化的原则使用一生的收入，安排一生的消费与储蓄，在整个生命周期内实现消费的最佳配置。

第二，一生的收入水平影响消费行为。消费者在某一时刻的消费与储蓄行为，更多地取决于目前的财产、预期一生的收入和预期剩余寿命，而当期收入的短暂变动对消费的影响较小。消费者每年的消费支出只是他一生全部收入现值的一个较小比例，只有持续一定时间的收入变动，才能影响一生收入的现值，从而影响消费支出。

第三，通过储蓄方式跨期平滑消费，实现一生效用最大化。一生的收入波动幅度大于消费波动幅度，同时收入获取的时间短于消费支出时间。理性消费者会通过借贷或者储蓄的方式进行跨期平滑消费，从而做到任何年龄点的消费支出接近预期平均消费率。通过储蓄和退休规划可以帮助消费者追求生命周期内收入和支出的平衡，实现一生效用最大化。

第四，在生命周期内的不同阶段，消费与储蓄配置情况不同。生命周期假说将人的一生分为三个阶段：青年时期、中年时期和老年时期，在生命周期的不同阶段，收入和消费、储蓄的关系、消费在收入中所占的比例会发生变化。青年时期，家庭收入较低，但预期未来收入会增加，因此在这一阶段，往往会把家庭收入的绝大部分用于消费；中年时期，家庭收入会增加，并开始增加养老储蓄，消费在收入中所占的比例会降低；老年时期，退休以后收入下降，消费又会超过收入。

以上生命周期相关理论表明消费者在投资决策过程中具有生命周期特点，因此在养老投资产品设计及投资服务中需考虑处于不同生命阶段的人的特征。

（二）养老目标日期基金下滑曲线设计理论

养老目标日期基金中权益类资产配置比例逐渐下降所形成的"下滑曲线"是产品资产配置策略的直接体现，也是养老目标日期基金产品设计的核心。在设计下滑曲线时，常用的基础理论包括现代资产组合理论、人力资本理论及相对期限风险理论等，各基金管理人的下滑曲线模型通常融合多个基础理论，并结合对国内实际情况的判断进行相应改进。

1.现代资产组合理论

现代资产组合理论（Modern Portfolio Theory）由马科维茨（Markowitz）在1952年创立，首次应用资产组合报酬的均值和方差这两个数学概念，明确定义了投资者偏好。夏普（Sharpe）在1964年扩展了现代资产组合理论，引入了市场组合的概念，并证明了市场组合处于有效边界上，是最优的风险资产投资组合。托宾（Tobin）在1957年提出分离定理（Separation Theorem），即在无风险利率自由借贷的情况下，投资者选择投资组合时都会选择无风险资产和市场组合的最优组合点。

现代资产组合理论推导下滑曲线过程如图5-10所示，图中横轴代表预期波动率，纵轴代表预期收益率。右侧圆弧形曲线代表风险资产组合在给定的风险水平下的最高收益和最低收益，其中上半部分为有效边界。从无风险收益出发，和有效边界相切的直线为资本市场线，切点为市场组合。资本市场线上的点代表了现金和市场组合的线性组合。左上侧圆弧形曲线代表了投资者的无差异曲线。

现代资产组合理论假设投资者随着年龄增长，风险偏好逐渐下降，无差异曲线向左移动（如图中箭头所示）。在不能自由借贷的情形下，市场组合右侧，无差异曲线和有效边界的切点代表了投资者的最佳组合配置；市场组合左侧，无差异曲线和资本市场线的切点代表了投资者的最佳组合配置。随着切点逐渐向左移动，风险资产（主要是权益类资产）的仓位逐渐下降，通过逐一找到与投资者年龄相对应的切点代表的资产组合，即可得到相应的下滑曲线。

图5-10　现代资产组合理论

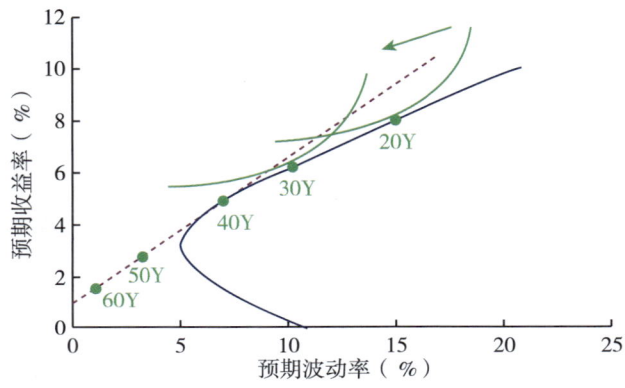

2.人力资本理论

人力资本是投资者未来劳动收入贴现值之和，是一种无形的、不可交易的资产，是投资者总财富的一部分。它与金融资产等实物资产的重要区别在于人力资本无法交易，但可以通过劳动收入、储蓄等形式转化为金融资产。只要给投资者劳动收入进行适当假设，人力资本就能加入资产配置模型，这时的最优资产配置就是具有生命周期特征的资产配置。

人力资本理论通过引入人力资本，在风险偏好不变的情况下得到下滑曲线（见图5-11）。基于风险偏好不变的假设，在投资者整个生命周期中，风险资产组合的股债配置保持不变。但此时，风险资产同时包括金融资产和人力资本。在投资者年轻时，人力资本是其总财富的主要组成部分；随着工作年限增加，收入兑现，人力资本占比逐渐降低，投资者每期获得收入并消费一部分后，都会有结余进入金融投资组合中，再加上投资收益，其金融资产逐渐增加。当投资者退休后，收入来源由工资变为基本养老金，为了保持生活水平不变，投资者需要从金融资产中定期提取一部分用于补充收入。

人力资本的属性更偏债券，年轻时，人力资本多，金融资本少，为了保持风险资产组合恒定的股债配置比例，需要投资者将大部分金融资产投资到股票上；而随着年龄增加，人力资本减少，金融资产增多，投资者需要在金融资产组合里增加债券配置，从而形成下滑曲线。

图5-11 人力资本理论

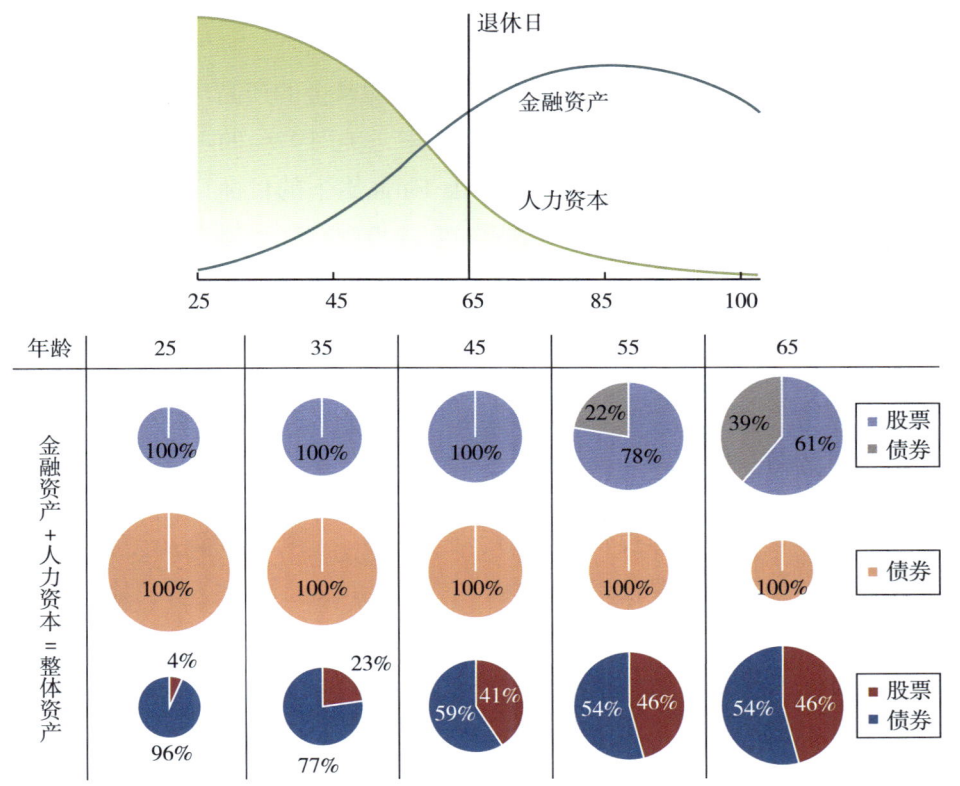

3.相对期限风险理论

根据Mladina（2014）的研究，由于股票收益率存在反转效应、均值恢复现象等，随着持有期延长，股票波动率比债券波动率降低得更快，即投资者的资产持有时间越长，其所面临的股债相对风险（股票风险/债券风险）越小。由于股票的长期预期收益更高，投资者在年轻时应当配置更多的权益类资产，随着年龄的增长、退休日期的临近，再逐步降低权益类资产配置比例，进而形成向下滑动的权益资产配置策略。

二、养老目标基金的运作模式

（一）产品形式

根据《养老目标证券投资基金指引（试行）》，养老目标基金应当采用基金中基金或中国证监会认可的其他形式。

从境外市场来看，目标日期基金及目标风险基金的产品形式也是以FOF形式为绝对主导。根据ICI统计，截至2021年末，美国97%的目标日期基金采用FOF形式。采用非FOF形式的代表有Wells Fargo旗下的目标日期基金。该系列采用类联接基金的Master/Gateway®结构来实现投资目标。该形式下，每只目标日期基金为一只Gateway基金，每只Gateway基金几乎将其全部资产投资于一只或多只该公司旗下专设的Master信托组合，Master信托组合只面向Gateway基金销售，不面向大众销售。

（二）运作方式

根据《养老目标证券投资基金指引（试行）》，养老目标基金应当采用定期开放的运作方式或设置投资人最短持有期限，以引导投资者长期投资。目前，我国已成立的养老目标基金均采用最短持有期模式，即基金在每个开放日开放申购，但对每份基金份额设置最短持有期限，自最短持有期限的到期日起，基金份额持有人可随时提出赎回申请（见图5-12）。相较于定期开放模式，最短持有期模式更便于投资者参与长期定投，与个人养老金投资更加适配。

从境外市场来看，目标日期及目标风险基金的运作方式以日开模式为绝对主导，如美国、日本、中国香港的目标日期及目标风险基金基本均为每日开放申赎。

图5-12 最短持有期运作方式

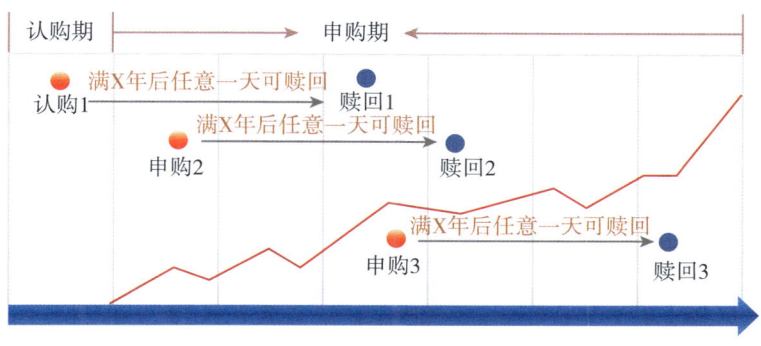

（三）管理模式

目前，我国养老目标基金均采用主动管理模式，即在母基金层面主动管理，暂无在母基金层面被动管理的养老目标基金。主动管理模式下，养老目标基金资产配置调整的灵活度更高，可通过资产配置的适时调整来更好地应对市场变化，有利于兼顾长期的战略资产配置和中短期的战术资产配置。

从境外市场来看，目标日期基金也以主动管理模式为绝对主导，采用被动管理模式的目标日期基金相对较少。例如，Wells Fargo在2006年变更旗下的主动目标日期基金Wells Fargo Advantage Outlook Fund为追踪Dow Jones Global Target Date Index的被动目标日期基金，更名为Wells Fargo Dow Jones Target Date Fund。如前文所述，该系列采用类联接基金模式，为实现对Dow Jones Global Target Date Index的有效跟踪，该公司旗下每只目标日期基金均按照标的指数下滑曲线的资产配置比例投资于公司的3只Master信托组合，从而实现对标的指数的跟踪。但纯被动管理模式下，基金面对市场的变化缺乏资产配置调整的灵活性，在同类产品中并无明显竞争优势。因此，2017年7月，Wells Fargo为优化旗下目标日期基金投资策略，又放弃了母基金层面的纯被动管理模式。

（四）子基金挑选范围

从养老目标基金定期报告披露的持仓来看，目前我国养老目标基金均在全市场范围内挑选子基金，即子基金挑选范围为"内部+外部"，但不同基金管理人对内外部的侧重有所差异。

从境外市场来看，主流基金公司普遍仅在公司内部挑选子基金，如Vanguard、Fidelity、J.P. Morgan、T.Rowe Price、American Funds、BlackRock等旗下主要目标日期及目标风险系列的子基金挑选范围均为仅内部（见表5-6）。

表5-6 境外主流基金公司旗下主要目标日期及目标风险系列运作模式

基金公司	系列名称	策略类型	管理模式	子基金范围	子基金类型
Vanguard	Target Retirement	目标日期	主动管理	仅内部	被动
	Life Strategy	目标风险	主动管理	仅内部	被动
Fidelity	Fidelity Freedom	目标日期	主动管理	仅内部	主动+被动
	Fidelity Asset Manager	目标风险	主动管理	仅内部	主动+被动
J.P.Morgan	Smart Retirement	目标日期	主动管理	仅内部	主动+被动（主动为主）
	Smart Retirement Blend	目标日期	主动管理	仅内部	主动+被动（被动为主）
T.Rowe Price	Target Date	目标日期	主动管理	仅内部	主动+被动（主动为主）
	Retirement Blend	目标日期	主动管理	仅内部	主动+被动（被动为主）
	Spectrum	目标风险	主动管理	仅内部	主动
American Funds	Target Date	目标日期	主动管理	仅内部	主动
	Retirement Income Portfolio	目标风险	主动管理	仅内部	主动
BlackRock	Life Path	目标日期	主动管理	仅内部	被动
	Target Allocation	目标风险	主动管理	仅内部	主动+被动（被动为主）

截止时间：2022年6月底。
资料来源：根据各家基金公司最新招募说明书整理。

（五）子基金运作类型

从养老目标基金定期报告披露的持仓来看，目前我国养老目标基金投资的子基金基本均同时包含主动型和被动型基金。

从境外市场来看，主要基金公司旗下的目标日期及目标风险基金既有仅投资主动基金的，也有仅投资被动基金的，还有主被动基金均投资的。近年来美国投资者更加偏好低费率的养老目标基金。根据晨星统计，美国养老投资者在2021年一如既往地展现出对低费率基金的偏好。在所有目标日期基金中，按照费率由低到高排序，排名在前25%的基金份额共计吸引了590亿美元的资金流入，相较于2020年的410亿美元有所提升。为迎合低费投资热潮，许多基金公司推出与子基金是主动基金的目标日期系列采用同一下滑曲线的低费被动系列，也有很多基金公司调整策略，通过将其投资组合中的主动型基金替换为被动型基金来实现成本的降低。

三、养老目标基金的要素特征

（一）产品名称

养老目标基金的产品名称具有如下典型特征，便于投资者识别：

第一，基金名称中均带有"养老目标"字样。根据《养老目标证券投资基金指引（试行）》，养老目标基金应当在基金名称中包含"养老目标"字样；除"养老"产业投资主题基金外，其他公募基金不得使用"养老"字样。因此，投资者可通过"养老目标"轻松识别养老目标基金。

第二，基金名称呈现系列化特征。根据《养老目标证券投资基金指引（试行）》，养老目标基金名称还应当体现投资策略，因此养老目标日期基金的命名通常为"养老目标日期+XX（具体目标年份，如2035年、2040年等）"，养老目标风险基金的命名通常为"XX（具体风险水平，如稳健、均衡等）+养老目标风险"（如表5-7所示）。

目前我国养老目标日期基金均以5年为间隔进行目标日期划分。从境外市场来看，主流目标日期基金系列的目标日期也主要以5年为间隔，这是在营销精准性和运营经济性之间寻求平衡的结果。间隔越小，每只目标日期基金针对的目标人群将越明确；间隔越大，目标日期基金系列所需管理的基金数目越少。

我国养老目标风险基金均以"保守""稳健""均衡""积极"等划分目标风险水平。从境外市场来看，部分基金公司的目标风险系列也是采用"保守""成长"等代表风险水平，部分公司则直接在基金名称中列示目标资产配置比例来表征风险水平，如BlackRock 80/20 Target Allocation Fund，其目标权益仓位为80%，对应高风险水平。

表5-7　我国养老目标基金数量排名前五的基金管理人产品名称

管理人	策略	基金全称
华夏	目标日期	华夏养老目标日期2035三年持有期混合型发起式基金中基金（FOF）
		华夏养老目标日期2040三年持有期混合型基金中基金（FOF）
		华夏养老目标日期2045三年持有期混合型基金中基金（FOF）
		华夏福源养老目标日期2045三年持有期混合型发起式基金中基金（FOF）
		华夏养老目标日期2050五年持有期混合型发起式基金中基金（FOF）
		华夏养老目标日期2055五年持有期混合型发起式基金中基金（FOF）
	目标风险	华夏保守养老目标一年持有期混合型发起式基金中基金（FOF）
		华夏稳健养老目标一年持有期混合型发起式基金中基金（FOF）
		华夏安康稳健养老目标一年持有期混合型发起式基金中基金（FOF）
		华夏安盈稳健养老目标一年持有期混合型基金中基金（FOF）
		华夏均衡养老目标三年持有期混合型发起式基金中基金（FOF）
南方	目标日期	南方养老目标日期2030三年持有期混合型发起式基金中基金（FOF）
		南方养老目标日期2035三年持有期混合型基金中基金（FOF）
		南方养老目标日期2040三年持有期混合型基金中基金（FOF）
		南方养老目标日期2045三年持有期混合型基金中基金（FOF）
		南方养老目标日期2050五年持有期混合型发起式基金中基金（FOF）
	目标风险	南方富元稳健养老目标一年持有期混合型基金中基金（FOF）
		南方富瑞稳健养老目标一年持有期混合型基金中基金（FOF）
		南方富誉稳健养老目标一年持有期混合型基金中基金（FOF）
		南方富祥稳健养老目标一年持有期混合型基金中基金（FOF）
汇添富	目标日期	汇添富养老目标日期2030三年持有期混合型基金中基金（FOF）
		汇添富养老目标日期2040五年持有期混合型基金中基金（FOF）
		汇添富养老目标日期2050五年持有期混合型发起式基金中基金（FOF）
	目标风险	汇添富添福盈和稳健养老目标一年持有期混合型基金中基金（FOF）
		汇添富添福睿选稳健养老目标一年持有期混合型基金中基金（FOF）
		汇添富添福汇盈稳健养老目标一年持有期混合型基金中基金（FOF）
		汇添富添福增长稳健养老目标一年持有期混合型基金中基金（FOF）
		汇添富添福睿享稳健养老目标一年持有期混合型基金中基金（FOF）

续表

管理人	策略	基金全称
工银瑞信	目标日期	工银瑞信养老目标日期2035三年持有期混合型基金中基金（FOF）
		工银瑞信养老目标日期2040三年持有期混合型发起式基金中基金（FOF）
		工银瑞信养老目标日期2045三年持有期混合型发起式基金中基金（FOF）
		工银瑞信养老目标日期2050五年持有期混合型发起式基金中基金（FOF）
		工银瑞信养老目标日期2055五年持有期混合型发起式基金中基金（FOF）
		工银瑞信养老目标日期2060五年持有期混合型发起式基金中基金（FOF）
	目标风险	工银瑞信稳健养老目标一年持有期混合型发起式基金中基金（FOF）
		工银瑞信平衡养老目标三年持有期混合型发起式基金中基金（FOF）
嘉实	目标日期	嘉实养老目标日期2030三年持有期混合型基金中基金（FOF）
		嘉实养老目标日期2040五年持有期混合型发起式基金中基金（FOF）
		嘉实养老目标日期2045五年持有期混合型发起式基金中基金（FOF）
		嘉实养老目标日期2050五年持有期混合型发起式基金中基金（FOF）
	目标风险	嘉实民安添岁稳健养老目标一年持有期混合型基金中基金（FOF）
		嘉实福康稳健养老目标一年持有期混合型基金中基金（FOF）
		嘉实安康稳健养老目标一年持有期混合型基金中基金（FOF）
		嘉实悦康稳健养老目标一年持有期混合型基金中基金（FOF）

数据截至2022年6月30日；资料来源：Wind。

（二）投资范围

目前我国养老目标基金的投资范围没有突破常规公募基金的限制，投资范围主要包括：经中国证监会依法核准或注册的公开募集的基金（包括QDII基金），中国香港互认基金，中国内地依法发行或上市的股票（包括创业板、存托凭证及其他经中国证监会注册或核准上市的股票），港股通标的股票、债券（包括中国内地依法发行和上市交易的国债、央行票据、金融债券、企业债券、公司债券、中期票据、短期融资券、超短期融资券、次级债券、政府支持机构债券、政府支持债券、地方政府债券、可转换债券、可交换债券及其他经中国证监会允许投资的债券）、货币市场工具（含同业存单）、资产支持证券，债券回购、银行存款等。

相较于境外目标日期及目标风险基金，我国养老目标基金暂不能投资金融衍生品和REITs。

（三）费率结构

目前我国养老目标基金均采用FOF形式，为减少双重收费，防范利益输送，在费用收取上：一是基金管理人不得对FOF财产中持有的自身管理的基金部分收取FOF的管理费；二是基金托管人不得对FOF财产中持有的自身托管的基金部分收取FOF的托管费；三是基金管理人运用FOF财产申购自身管理的基金（ETF除外），应当通过直销渠道申购，且不得收取申购费、赎回费、销售服务费等销售费用。此外，《养老目标证券投资基金指引（试行）》中规定，养老目标基金可以设置优惠的基金费率，并通过差异化费率安排。鼓励投资人长期持有。

目前，养老目标基金均设置固定费率管理费和托管费。截至2022年6月底，养老目标日期基金平均管理费率为0.82%，平均托管费率为0.17%；养老目标风险基金的平均管理费率为0.68%，平均托管费率为0.17%，费率水平整体略低于FOF（见表5-8）。进一步来看，5年期养老目标基金的权益类资产上限为80%，3年期养老目标基金的权益类资产上限为60%，将3年期、5年期养老目标基金对标主动股票型、偏股混合型基金，养老目标基金的管理费率、托管费率要显著低于后者；1年期养老目标基金的权益类资产上限为30%，将其对标偏债混合型基金，养老目标基金的管理费率、托管费率也明显低于后者。

表5-8　养老目标基金平均管理费及托管费情况　　　　　　　　　　（单位：%）

类型		平均管理费	平均托管费
养老目标日期基金	合计	0.82	0.17
	1年	0.58	0.14
	3年	0.83	0.17
	5年	0.84	0.17
养老目标风险基金	合计	0.68	0.17
	1年	0.62	0.16
	2年	0.50	0.15
	3年	0.79	0.18
	5年	0.74	0.17

续表

类型		平均管理费	平均托管费
FOF	合计	0.84	0.17
	股票型	0.85	0.18
	混合型	0.86	0.18
	债券型	0.40	0.10
主动股票型（不含FOF）基金		1.47	0.24
偏股混合型（不含FOF）基金		1.46	0.24
偏债混合型（不含FOF）基金		0.77	0.17

注：数据截至2022年6月30日；资料来源：Wind。

（四）业绩基准

目前我国养老目标基金的业绩基准均综合采用权益类和固定收益类指数，并根据目标权类资产和固定收益类资产配置比例设定产品的复合业绩比较基准，具体可细分为两类：一类使用股票指数和债券指数，如"沪深300指数收益率×X%+中债综合（全价）指数收益率×Y%"；另一类使用股票型基金指数和债券型基金指数，如"中证股票型基金指数收益率×X%+中证债券型基金指数收益率×Y%"。

从境外市场来看，除采用上述复合业绩比较基准外，部分目标日期基金直接选用第三方机构编制的目标日期指数作为其业绩比较基准，如S&P Target Date Index等。

四、养老目标基金的风险控制

（一）大类资产配置层面：战略与战术资产配置相结合，动态调整

在大类资产配置上，养老目标基金采用战略与战术资产配置相结合的方法严控风险。其中，战略资产配置基于长期投资目标制订资产配置计划，时间跨度可以长达5~10年，从整体上平衡基金的风险管理和长期收益目标。因此，战略资产配置可视为长期投资的锚，为基金投资组合的资产配置决策提供参照基准，避免因过度悲观或过度乐观造成决策失误，以保障基金在复杂市场环境

中保持稳定的投资方向，在多元投资环境下有效管理组合整体风险。战术资产配置则主要着眼于市场短期变化或相对价值变化带来的短期投资机会，通过对资产风险和收益的预测，短期内对战略资产配置比例进行适度偏离，在风险可控的前提下增强投资收益。

养老目标日期基金在战略资产配置层面采用动态资产配置策略控制基金的下行风险，主要体现在两个方面：一是随着投资者年龄增加，权益类资产的仓位逐渐降低。由于权益类资产波动率远高于非权益类资产波动率，因此基金整体波动率水平也随着投资者年龄增加而逐渐降低。相应地，基金的最大回撤、半标准差等，也会随着投资者年龄增加而逐渐降低。二是基金在权益类和非权益类资产的内部，通过合理的子类资产配置控制下行风险，即随着投资者年龄增加，风险较低、流动性较好、具有抗通胀属性的子类资产的配置比例将逐渐增加。在战术资产配置层面，养老目标日期基金在下滑曲线的基础上设置战术调整区间，以基本面模型（如美林时钟）及政策研究为主的模型（如货币信用周期）等理论模型为基础进行大类资产的配置调整；同时，基于国内市场实际情况在权益类资产内部适时进行风格及行业板块的轮动调整，严控风险。

养老目标风险基金在产品设计时根据特定的风险偏好设定权益类资产及非权益类资产的基准配置比例，规定权益类资产投资比例中枢，将基金整体风险控制在特定范围内。在战术资产配置层面，养老目标风险基金与养老目标日期基金基本一致，其在基准配置比例的基础上设置战术调整区间，基金管理人定期审查投资组合的配置情况，并根据市场环境变动及对未来市场的走势判断在一定幅度内进行适时调整，以控制投资组合下行风险。

（二）子基金筛选层面：定量与定性研究相结合，层层筛选

在确定资产配置方案后，养老目标基金通过定量与定性研究相结合的方法对基金数据进行分析，并通过构建多层次基金池，层层筛选出与养老目标基金相匹配的优质子基金，从而控制风险。在定量及定性研究方面，定量筛选标准包括子基金的风险收益特征（如基金的历史波动率、夏普值、最大回撤、贝塔值、集中度等）、不同市场环境下的适应性及稳定性等；定性评估则通过面访调研等从多个维度（如投研团队、公司环境、合规风控、研发能力、交易执

行、投资策略、业绩及归因、资产配置等）综合分析基金管理人的投资能力、专业资质、团队支持以及运营能力。在多层次基金池构建方面，虽然各家管理人的层次划分有所差异，但整体来看可包括初选池、重点池、核心池等多个递进层次，核心池通常为经过投资团队反复论证后认为最值得跟踪研究、投资的基金名录。

（三）分散化投资层面：多元资产配置，集中度限制

养老目标基金通过多元化资产配置和单一资产集中度限制分散组合投资风险。在多元资产配置上，养老目标基金可投资于其他公募基金（包含QDII基金、商品基金等）、香港互认基金，还可根据投资目标适度参与股票（含港股通标的股票）、债券及货币市场工具等的投资。除底层资产类型丰富外，养老目标基金通过QDII基金、香港互认基金及港股通机制可参与境外市场投资，利用不同资产及不同市场的低相关性分散风险。在单一资产集中度控制上，养老目标基金均采用基金中基金形式，其持有单只基金的市值不高于养老目标基金资产净值的20%，且其持有一家公司发行的证券的市值不超过养老目标基金资产净值的10%。以上投资限制也可有效分散组合风险，降低单一资产及单一证券发行人的投资风险。

第三节　养老目标基金未来发展趋势与建议

一、养老目标基金与其他养老金融产品比较

根据《关于推动个人养老金发展的意见》，参与人可以根据不同偏好，自主选择购买符合规定的银行理财、储蓄存款、商业养老保险、公募基金等金融产品，并承担相应的风险。预计实施初期，可投产品以养老类金融产品为主，如养老目标基金、养老理财产品、特定养老储蓄、商业养老保险等，它们都专为养老投资设计，符合运作安全、成熟稳定、标的规范、侧重长期保值的要求。我国养老金融产品谱系见图5-13。

图5-13　我国养老金融产品谱系

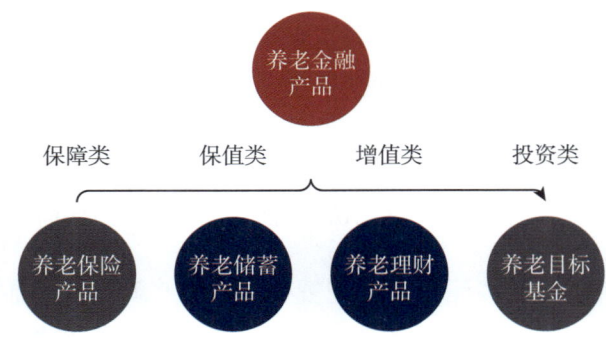

（一）其他养老金融产品发展情况

1. 个人税收递延型商业养老保险

2018年4月2日，财政部、国家税务总局、人社部、中国银保监会、中国证监会五部委联合发布了《关于开展个人税收递延型商业养老保险试点的通知》，宣布自2018年5月1日起，在上海市、福建省（含厦门市）和苏州工业园区三地实施个人税收递延型商业养老保险试点，暂定为期1年。

产品设计方面，个人税延养老保险可提供养老年金给付、全残保障和身故保障[①]三项保险责任；采用账户式管理模式，分为A类收益确定型、B类收益保底型、C类收益浮动型共三类产品（见表5-9）。作为市面上目前唯一已施行税收优惠政策的个人养老金产品，采用的是税收递延模式：既参保人在缴费阶段每月工资可以有"min（当月工资薪金6%，1 000元）"的个人缴费税前扣除额度，这部分工资暂免个税；等将来退休后领取时再按"养老金的25%免税、其余75%按10%征税"，约等于7.5%的税率补缴个税。

实施效果方面，受试点范围较窄、税收优惠吸引力不足、保障受众定位不清、业务流程繁琐等限制，自2018年5月试点开展以来，个人税延养老保险整体发展不及预期。截至2021年末，共有23家保险公司参与试点，累计实现保费收入6.3亿元，参保人数约5万人。

---

① 参保人在年满60周岁前且未开始领取养老年金时发生全残或身故的，保险公司一次性给付产品账户价值并扣除对应的递延税款，同时按照产品账户价值的5%额外给付保险金。

表5–9　个人税延养老保险产品类型

产品类型	产品说明	利率
A类确定收益	积累期提供确定收益率（年复利）的产品，每月结算一次收益	3.5%
B类保底收益	积累期提供保底收益率，同时根据投资情况提供额外收益的产品。其中，按月结算收益为B1类产品；按季度结算收益为B2类产品	2.5%、4.5%
C类收益浮动型	积累期按照实际投资情况进行结算的产品，至少每周结算一次	

2.专属商业养老保险

2021年5月，中国银保监会印发《关于开展专属商业养老保险试点的通知》，推出专门服务新产业、新业态从业人员和各种灵活就业人员养老需求的专属商业养老保险产品。自2021年6月1日起，6家寿险公司①在浙江省（含宁波市）和重庆市开展相关试点（见表5–10）。2022年2月，中国银保监会又印发《关于扩大专属商业养老保险试点范围的通知》，自2022年3月1日起，将专属商业养老保险试点区域扩大到全国范围，在原有6家试点保险公司的基础上，同时允许所有9家养老险公司参与试点，共计15家保险公司可在全国范围开展专属商业保险业务。

表5–10　第一批6家试点险企专属商业养老保险2021年结算利率

产品名称	稳健型账户		进取型账户	
	保底利率/年	2021年结算利率/年	保底利率/年	2021年结算利率/年
人保寿险–福寿年年	3%	5%	0.50%	5.30%
中国人寿–国寿鑫享宝	2%	4%	0%	5%
太平人寿–太平岁岁金生	2%	4.50%	0%	5.35%
太保寿险–太保易生福	2%	稳健A账户4.8% 稳健B账户5%	0.50%	进取A账户5.3% 进取B账户5.5%
泰康人寿–泰康臻享百岁	2.85%	6.00%	0.50%	6.10%
新华保险–卓越优选	2.50%	5.00%	1%	5.50%

注：数据来源各保险公司官网；结算利率为年化利率。

产品设计方面，试点专属商业养老保险大多采取变额年金形态，有如下特点：一是能实现基本保险保障功能，保险责任包括年金领取责任和身故责任，同时鼓励保险公司以适当方式提供重疾、护理、意外等其他保险责任。二

---

① 中国人寿、人保寿险、太平人寿、太保寿险、泰康人寿以及新华人寿。

是采用"保底收益+浮动收益"的账户收益模式，为投资提供收益保障。产品设有稳健型和进取型两类账户，还可为参保人提供积累期投资组合转换功能。专属商业养老保险收益率目前普遍较高，以2021年结算利率为例，稳健型账户为4%~6%，进取型在5%~6.1%之间。三是投保简便、缴费灵活，同时允许企事业单位以适当方式为新产业、新业态从业人员投保提供交费支持。

截至2022年6月末，专属商业养老保险承保保单合计19万件，累计保费近22亿元。其中，快递员、网约车司机等新产业、新业态从业人员投保近3万人。整体来看，专属商业养老保险整体发展优于个人税延养老保险，将逐步替代个人税延保险，成为个人养老金制度下的主力保险产品（见表5-11）。

表5-11 个人税收递延型商业养老保险与专属商业养老保险产品设计比较

	个人税收递延型商业养老保险	专属商业养老保险
针对群体	适用试点税收政策的纳税人	重点是满足新产业、新业态从业人员和各种灵活就业人员的养老需求
缴费	（1）月交或年交 （2）享受税延：当月收入的6%和1 000元较低者 （3）购买C类产品不得超过其当次交费的50%。参保人进行产品转换时，C类产品账户价值不得超过全部产品账户价值的50%	（1）趸交、期缴或不定期追加保费，个别产品还有"转入保险费"选项 （2）允许相关企事业单位以适当方式提供交费支持
领取	（1）退休后，可以选择"保证返还账户价值终身领取月领（年领）"或"15年或20年固定期限领取月领（年领）" （2）25%予以免税，其余75%按照10%的比例税率计算缴纳个人所得税	（1）60周岁及以上方可领取养老金，定期领取（不得短于10年）或终身领取 （2）6家公司都设计了10年、15年、20年以及领取终身

3. 养老理财产品

2021年9月，中国银保监会发布《关于开展养老理财产品试点的通知》，选择"四地四家机构"[①]开展养老理财产品试点，试点期限1年。2022年2月，中国银保监会发布《关于扩大养老理财产品试点范围的通知》，将养老理财产品试点范围扩展为"十地十机构"[②]。加上2022年2月获批参与养老理财产品试

---

① 四地四家试点机构：工银理财在武汉和成都，建信理财和招银理财在深圳，光大理财在青岛。

② 十地十机构：试点地区扩大至"北京、沈阳、长春、上海、武汉、广州、重庆、成都、青岛、深圳"十地；试点机构扩大至"工银理财、建信理财、交银理财、中银理财、农银理财、中邮理财、光大理财、招银理财、兴银理财、信银理财"十家理财公司（贝莱德建信理财开展养老理财产品试点参照19号文执行）。

点的贝莱德建信理财，目前共有11家理财子公司参与养老理财产品试点。首批4只养老理财产品基本情况见表5-12。

表5-12　首批4只养老理财产品基本情况

	工银颐享安泰	招银颐养睿远	光大颐享阳光	建信安享
业绩比较基准	下限5%，上限7%	下限5.8%，上限8%	下上限均为5.8%	下限5.8%，上限8%
规模上限	30亿元	30亿元	20亿元	40亿元
销售区域	武汉、成都	深圳	青岛	深圳
产品类型	固定收益类	固定收益类	混合类	固定收益类
风险等级	R3中风险	R2中低风险	R2较低风险	R2较低风险
分红设置	两年后按年分红	半年后按季分红	一年后按月分红	一年后按月分红
提前赎回及费率	重大疾病等可赎回，无赎回费	重疾、购房可赎回，3年后无赎回费	重大疾病等可赎回，赎回费2%	重大疾病、购房可赎回。60岁无赎回费
成立日	2021-12-23	2021-12-16	2021-12-15	2021-12-16
6月末产品净值（元）	1.0236	1.0180	1.0309	1.0266

注：4只产品均为封闭式产品，封闭期5年。具体净值日期为：工银安泰2022-06-29、招银睿远2022-07-01、光大阳光2022-06-30、建信安享2022-06-30。

资料来源：中国理财网。

总结来看，养老理财产品具备如下特点：第一，长期性和稳健性强，采取封闭式运作，期限多为5年[①]，除重大疾病等特殊情况不得提前赎回，适配长期养老需求。第二，风险等级较低，主要为中低风险R2和中风险R3。第三，业绩基准较高，普遍设在5%~8%，具有一定吸引力。养老理财产品推出后备受市场青睐，截至2022年6月底，已经有27只养老理财产品顺利发售，23.1万名投资者累计认购超600亿元[②]。

4. 特定养老储蓄

2022年7月15日，中国银保监会、中国人民银行联合发布《关于开展特定养老储蓄试点工作的通知》，工、农、中、建四家大型银行将自2022年11月20日起，在合肥、广州、成都、西安和青岛，开展特定养老储蓄试点。单家

---

① 只有贝莱德建信有一款10年期的养老理财产品。

② （1）数据来源银行业理财登记托管中心发布的《中国银行业理财市场半年报告（2022年上）》；（2）贝莱德建信理财首款养老理财试点产品"贝莱德建信理财贝安心2032养老理财产品1期（封闭式）"已在2022年4月25日发行。

银行试点规模不超过100亿元，试点期限1年。

总体来看，特定养老储蓄较普通储蓄具有"期限长、品种多、保本保息"三个特点。一是特定养老储蓄属于定期存款类产品，分为5年、10年、15年和20年四档。二是产品种类包括整存整取、零存整取和整存零取三种类型。三是产品利率水平略高于大型银行5年定期存款挂牌利率，单个储户在单家银行限存50万元。特定养老储蓄产品风险极低，本息有保障，可满足低风险偏好居民的养老需求。

（二）各类产品要素对比

养老储蓄、保险、银行理财和基金四大类产品依托自身业务属性，在我国多层次养老金体系建设中优势互补，发挥着各自独特作用。为更好地帮助个人投资者厘清养老金投资选品困惑，以下针对我国养老金融产品谱系，特别是其中最具代表性的养老目标基金、养老理财产品和专属商业养老保险，选取其投资相关要素，进行对比分析。

1.风险收益特征及适用人群

从目前实践情况看，各类养老金融产品基本延续了其所属产品类别的风险收益特性，商业养老保险更突出风险保障功能，养老理财产品也以稳健保值为主，而养老目标基金则突出长期投资增值。由于个人养老金存续时间长，面临通胀压力大，长期来看，投资增值的需求更加突出。对于个人来说，如果临近退休或者属风险厌恶型，可以选择养老保险、养老储蓄或者养老理财产品；而对于年轻人来说，可选择突出投资功能的养老目标基金，虽然其波动性大一些，但由于个人养老金存续期长，可以"以时间换空间"的方式承受一定波动，获取合理收益，因此较为适合年轻参与者（见表5-13）。

表5-13　各类养老金融产品风险收益特征对比

产品类别	产品定位	权益资产占比	短期风险	长期风险	长期收益区间	波动率	最大回撤
养老储蓄	安全保值	0	极小	极大	3%~5%	无	无
养老保险	保值保障	0~20%	较小	较大	2.5%~5%	无	无
养老理财	稳健增值	0~40%	中等	中等	5%~7%	7%	10%
养老基金	积极增值	0~80%	较大	较小	7%~15%	20%	25%

注：短期风险包括市场波动等扰动因素；长期风险指养老金投资能否战胜通胀、实现养老目标的风险。

2. 费率设置

政策方面，《个人税收递延型商业养老保险产品开发指引》对个人税延养老保险的收费进行了明确约定，其他产品更多是通过"鼓励可设置优化费率、践行社会责任"等监管指导，但未设置具体标准。

根据《养老目标证券投资基金指引（试行）》中设置优惠费率的指导精神，以及《个人养老金投资公开募集证券投资基金业务管理暂行规定》，养老目标基金针对个人养老金业务设立专门的"Y"份额，并对应可以豁免申购费，不得收取销售服务费，施行管理费和托管费优惠费率等，实现让利于民。

通过梳理首批产品可以看到，养老理财产品多是突破了普通银行理财的管理费下限，超出运营成本压低各项费率：工银理财免除产品管理费，招银、光大、建信管理费均为每年0.1%，且不收取业绩报酬和销售费用；托管费也设置在0.02%、0.015%。

对于养老保险产品，为改善个人税延养老保险产品费率高、对收益侵蚀较大的问题，专属商业养老保险在产品设计上压降了初始费，目前普遍在1%以下，甚至零收费；部分产品也有管理费用，但不超过账户价值的0.5%；账户转换费也基本免除。由于保险产品的特殊属性，退保的条款设置也会影响最终产品收益：专属商业养老保险虽然可以退保，但积累期前5年内会有本金损失；此后退保返还本金+75%~90%的累计收益。

3. 投资策略

养老目标基金和养老理财产品作为以投资增值为主的净值型养老金融产品，在投资策略的运用上较保险产品更为丰富，在实现途径选择上也各有侧重（见表5-14）。

表5-14 部分个人养老金融产品投资策略比较

	投资范围	投资策略
养老目标基金	投资范围符合常规公募要求，没有突破	目标日期、目标风险以及证监会认可的其他策略
养老理财产品	较公募基金更宽泛，可投非标准化债权类资产、非公开定向债务融资工具（建信、招行）、证券公司收益凭证（建信）等	列示策略多样：大类资产配置，CPPI，目标风险、目标日期（策略不同，但均以稳健为主

续表

	投资范围	投资策略
专属商业养老保险	配置权益类资产比例，可按照《中国银保监会办公厅关于优化保险公司权益类资产配置监管有关事项的通知》的要求上浮一档执行	稳健账户更多配置固收类资产；进取账户平衡做好各类资产配置，对权益类资产的配置会相对更重一些，对波动有较大容忍度，以取得更高收益

由于公募对产品设计的要求更为细致严格，为控制下行风险、实现基金长期稳健增值，养老目标基金只能更多依靠成熟稳健的资产配置策略，具体包括目标日期策略和目标风险策略。目标日期策略是一种全天候的资产管理配置方式，为持有人提供一站式投资管理服务；而目标风险策略则是根据特定的风险偏好设定权益类资产、非权益类资产的基准配置比例，获取特定风险目标下的投资收益。

相较而言，养老理财在产品设计上创新加入了收益平滑机制，可以让产品在获得超额收益时部分计提入平滑基金，在市场波动、产品净值回撤时再由平滑基金进行回补，有效稳定了产品净值波动，降低了投资者在长期封闭投资中对于市场波动的焦虑，优化了客户体验。

而保险业目前主推的专属商业养老保险，结构上采用的是"保底+浮动"结算利率模式，也就是说向下有保底利率托底，向上有浮动利率作为弹性空间。产品设有稳健和进取两类账户，通过差异化的权益资产配置，为参保人提供不同风险偏好的投资组合，较传统养老保险，投资属性更强、收益预期更加可观。

4.信息披露

养老金目标基金在信息披露方面最为严格规范。传承公募基金高度透明化的优势，养老目标基金可以做到净值每日披露、季度持仓披露，配备专属投资经理及投资团队，并且产品命名清晰规范。相较而言，养老理财和养老保险产品透明性较差。同为净值型产品，养老理财产品净值披露周期只到周度，没有持仓披露，没有指定的产品投资经理，产品命名也没有统一规则。专属商业养老保险虽然较传统养老保险信息披露要求已经有了进一步细化，但产品运营管理的透明度仍有待提升（见表5-15）。

表5-15 部分养老金融产品信披要求比较

	产品命名	净值披露频率	投资经理	收益演示
养老目标基金	管理人+养老字样+产品类型+运作方式；其他公募，不得使用"养老"字样	每日	有明确的产品投资经理；监管对产品投研人员和基金经理有专门任职要求	无
养老理财产品	无统一规则，未来持续规范	每周或每两周	无	可以
专属商业养老保险	保险公司名称+说明性文字+"专属商业养老保险"	年度结算利率，每年至少一次主动向消费者提供账户价值变动信息	无	积累期中应按照高、中、低三档收益率假设，对各投资组合账户价值变动进行演示，低档演示利率为投资组合保证利率，高档演示利率上限为6%。在领取期，应按照最新提供的转换表，演示不同领取方式下年金领取金额，并对转换表不确定性进行充分解释说明

值得注意的是，针对养老投资，养老理财产品和专属商业养老保险产品都设有收益演示机制。该方式对引导投资者树立合理的产品收益预期，更为直观。养老理财产品虽然政策层面未做要求，但部分机构在其养老理财产品的信披材料中增加了收益测算演示，如计算有分红、无分红和提前赎回三种模式下的产品收益；假设盈利、亏损和损失本金三种情形下的收益结果等，而专属商业养老保险产品则是直接在监管层面就对收益演示进行了统一规范。

（三）养老目标基金优势总结

对比来看，相较其他几类个人养老金融产品，养老目标基金具有以下突出优势：

第一，擅长权益投资管理，长期收益能力突出。养老金作为长期资金，面对无风险收益率持续下行以及通胀影响加剧，权益投资是其实现投资收益的核心来源。长周期来看，各类资产中股票的回报率最高，只有权益资产能够带来超越经济增长的回报。从美国130年的先例来看，只有股票资产达到了9.5%，其余的国债、黄金、石油等无法实现。而我国股市虽然时间比较短，但是上证指数1991—2021年30年来也提供了年化12.58%的收益率，沪深300

从2005—2021年提供了年化10.14%的收益率。而隶属公募基金的养老目标基金恰恰在权益投资方面具有显著优势。根据Wind数据，截至2021年末，近十年偏股型基金平均年化收益率为16.09%，超出同期上证综指平均涨幅9.74个百分点。具体到个人养老金产品，目前只有养老目标基金推出了高权益仓位上限的产品选项。虽然股市短期波动比较大，但养老金可充分利用其长期资金特性，依托公募基金投资管理优势，通过时间换空间的方式，通过跨牛熊周期，抵御短期净值波动。

第二，依托FOF产品模式，实现更高风险收益比及全周期配置。养老目标基金的另一优势在于其采用FOF模式。FOF具有双重分散风险的作用，在常规类型公募已经实现一次风险分散的基础上，FOF能够再一次进行基金的筛选，由此实现二次非系统性风险的分散。正是由于这个特性，经过3年的投资运作，养老目标基金作为FOF的风险收益优势已逐步凸显。截至2021年末，全市场运作满3年的养老目标基金共有14只[①]，整体来看过往3年的年化收益14.30%，平均夏普比率1.42（见表5-16）。虽然年化收益略低于同期沪深300指数18.46%，但不论是波动率、最大回撤还是夏普比率指标，都明显优于同期沪深300指数表现。同时由基金管理人进行专业的资产配置、组合风险动态调整以及基金筛选，更充分地发挥机构专业优势，减少了个人投资者基金挑选复杂程度，有效解决投资者"选基难"的困境。特别是通过目标日期的配置策略，投资者只需明确退休年龄、风险偏好、收入水平等因素，与之匹配的养老目标基金就可以为其提供"一站式"的服务，提高其参与积极性。

表5-16　2019—2021年运作满期养老目标基金投资运作情况

	平均年化收益率	平均年化波动率	平均最大回撤	平均夏普比率	平均权益仓位中枢
目标日期	16.50%	11.30%	−11.13%	1.36	46%
目标风险	8.81%	4.98%	−4.61%	1.58	35%
整体情况	14.30%	9.50%	−9.27%	1.42	43%
沪深300指数	18.46%	19.43%	−18.19%	0.96	—

注：（1）数据采用算术平均。
（2）因FOF不披露穿透后权益仓位，此处列示根据产品合同计算的权益上限与下限的平均值。
资料来源：Wind。

---

① 其中目标日期基金10只，目标风险基金4只；规模合计96.57亿元。

第三，作为公募基金，养老目标基金运作更透明规范。让公众能放心地将养老金交给专业机构进行投资管理，是推动个人养老金制度发展的重要前提。随着资管行业"全面净值化"的推进，养老目标基金作为个人养老金可选项中唯一自始至终保持高度净值化、标准化的资管产品，依托其独立托管、分散投资、强制披露、公开透明等优势，将成为个人养老金投资品种的标杆。同时，公募基金公司作为国内管理最透明、运作最规范、专业化程度最高的金融机构之一，在解决委托代理问题方面也更具优势。随着中国证监会《关于加快推进公募基金行业高质量发展的意见》的落实推进，公募基金行业通过科技赋能，将进一步提升投研系统化、流程化建设，为养老目标基金的稳健收益提供坚实保障。另外，通过积极拓展持续营销，创新投资者陪伴方式，加大投资者保护力度，养老目标基金作为公募基金的重要产品分型，将为广大养老金投资人带来更好的用户体验。

二、养老目标基金发展趋势

基于我国养老金融发展现状，借鉴海外目标日期及目标风险基金发展经验，我国养老目标基金或将呈现以下发展趋势：

（一）养老目标基金市场加速扩容

随着个人养老金制度落地，未来或将有大量资金通过个人养老金账户投向养老目标基金。中金公司预测，至2030年我国个人养老金或将迎来1万亿~3万亿元增量资金。参考美国市场经验，如我国个人养老金投资公募基金的比例可达10%~30%，预计每年将为养老目标基金带来100亿~350亿元的增量资金。

此外，面对广阔的发展蓝海，公募基金公司在加速完善现有养老目标日期及养老目标风险系列产品布局的同时，也在积极探索养老目标基金的优化与创新，未来或将有更多细分策略类型、产品机制更加丰富的养老目标基金推出，如针对领取期资金使用需求的退休收入管理类养老目标基金等。美国IRAs账户的资产配置情况见图5-14。

图5-14 美国IRAs账户的资产配置情况

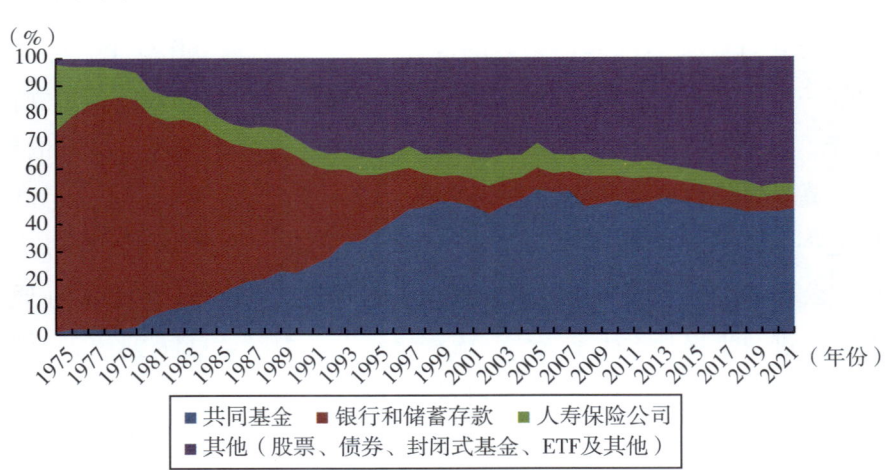

数据截至2021年底；资料来源：ICI。

（二）养老目标日期系列加速发展

我国目标风险基金的发展快于目标日期基金，这与境外成熟市场当前的发展情况相反。造成我国养老目标日期基金发展相对缓慢的可能原因包括：一是国内养老目标基金起步较晚，加之目标日期策略相较于目标风险策略更加复杂，导致投资者对目标日期策略的理解和接受度更低；二是投资者当前仍更加偏好低风险产品，对稳健目标风险基金的认可度更高，甚至将其作为银行理财的替代；三是养老目标日期基金致力于"一站式"养老投资方案，更加强调服务长期养老目标，在当前投资者长期养老规划意识还不强的情况下，投资需求还不充分。未来，随着养老投教的开展及居民养老投资意识的增强，以及通过在个人养老金账户层面进一步引导长期投资、长期持有，将有助于改善这一现状，养老目标日期基金或将迎来高速发展期。

此外，参考境外经验，自美国在2006年推出合格默认投资选择（QDIA），并将目标日期和目标风险基金纳入默认投资选项后，美国目标日期基金进入高速发展阶段，其数量和规模迅速超过目标风险基金（见图5-15）。如我国个人养老金未来推出类似的默认投资选择，养老目标日期基金或将进一步加速发展。

图 5-15　美国目标日期及目标风险基金规模与数量变化

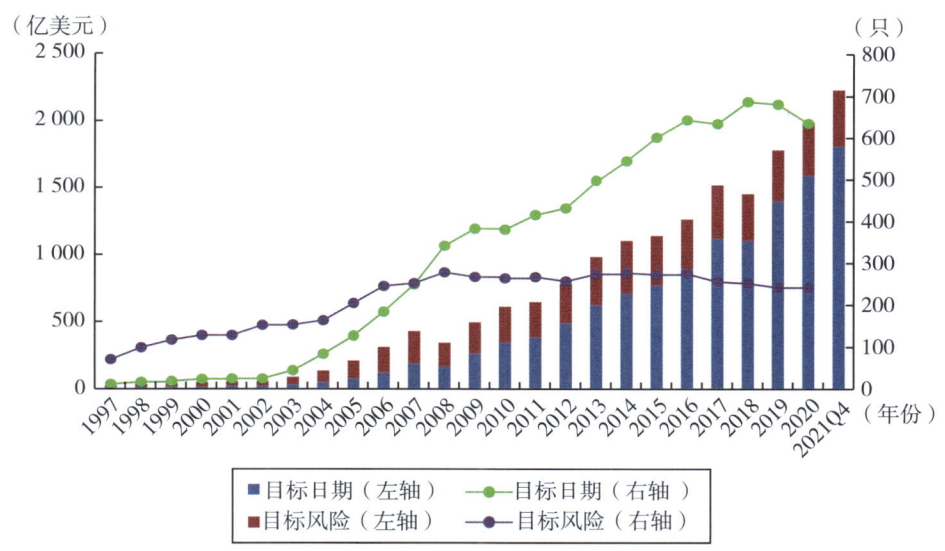

数据截至 2021 年底，资料来源：ICI。

（三）养老目标基金坚持"系列化"

养老目标基金作为主要满足投资者养老需求的基金产品，需要具备持久的生命力，才能陪伴投资者度过全生命周期。研究发现，境外主要国家如美国、加拿大、澳大利亚、英国等的目标日期基金及目标风险基金呈现明显的"系列化"特征。系列化表面上是一组产品采用同样的命名方式，实质上则是强调风险管理方案的一致性，且基金管理人从产品设计、投资目标、业绩比较基准、投资团队、子基金选择等多方面保障风险管理方案一致性的落实，最终使得同一系列的产品始终保持风险收益特征的一致和稳定。

美国的法律法规并没有规定目标日期基金及目标风险基金需要按照系列产品设计发行，也没有规定系列产品需要在哪些方面遵守一致性。但时至今日，美国的养老目标基金确实按照系列产品发行运作，并且核心要素和其他重要因素都遵循了一致性，这是长期发展过程中市场选择的结果。因此，参考境外经验，养老目标基金的系列化发展是符合市场规律的，"系列化"或将是养老目标基金长期坚持的发展方向，也将对养老目标基金的发展、基金管理人资产配置能力的提升发挥"四两拨千斤"的作用。

（四）养老目标基金费率逐步降低

从历年费率变化情况来看，我国公募基金的平均管理费率和平均托管费率呈现逐年降低趋势；从境外市场来看，过去几十年来美国共同基金的费率也呈现不断走低趋势，其目标日期和目标风险基金亦是如此。根据《个人养老金投资公开募集证券投资基金业务管理暂行规定》，养老目标基金可对个人养老金专门份额豁免申购费等销售费用（法定应收取并计入基金资产的费用除外），且可对其管理费和托管费实施一定的费率优惠。因此，预期未来养老目标基金的费率水平有望进一步降低（见图5-16）。

此外，为顺应低费趋势，养老目标基金或将通过更多地投资于管理人旗下自有基金及费率更低的指数基金，来形成低成本优势。

图5-16 我国公募基金历年平均管理费率及平均托管费率走势

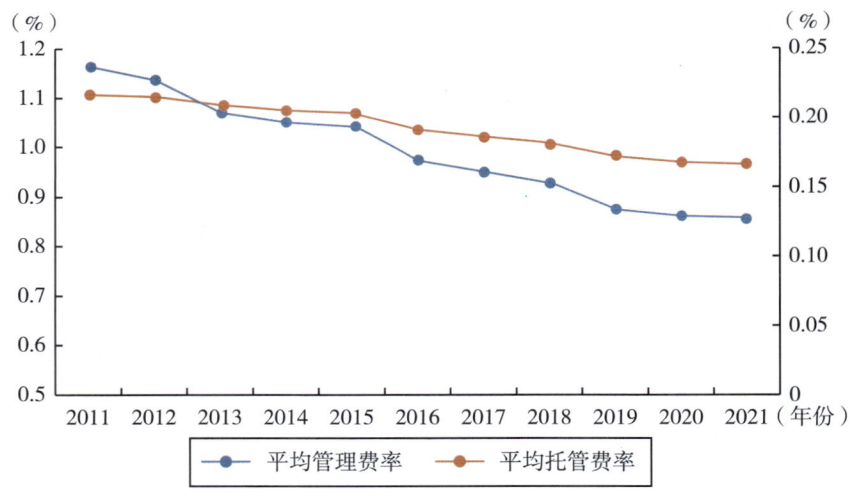

截止时间：2021年底；资料来源：Wind。

三、促进养老目标基金发展的建议

（一）扩大养老目标基金投资范围，进一步增强产品竞争力

建议将公募REITs纳入养老目标基金投资范围。一方面，多元化资产配置的优势在于，通过投资与传统资产如股票、债券等相关性较低的资产类型，可实现投资组合风险的分散化。而REITs作为另类投资品种，与股票、债券等资产相关性较低，适度参与REITs投资，有助于增强多元资产配置能力，分散组合风险。另一方面，公募REITs项目经过严格把关，标的项目均为成熟的基础设施类资产，具有较为稳定的现金流和分配能力，属于较为优质的投资品种，且在境外市场如美国、中国香港，已有公募基金参与REITs投资的长期实践。

建议将股指期货等金融衍生品纳入养老目标基金投资范围。一方面，股指期货、国债期货、股票期权等金融衍生品作为重要的风险管理工具，在公募基金行业已得到广泛应用、较为成熟；另一方面，养老目标基金相较于其他普通基金，具有更高的组合风险控制和波动率控制需求，适度参与金融衍生品投资，有助于养老目标基金更好地进行风险管理。此外，目前其他养老金融产品中，银行养老理财产品的投资范围可覆盖非标债权类资产及衍生品，且在境外市场如美国、中国香港，均允许目标日期基金及目标风险基金参与金融衍生品投资。

建议适度放宽对子基金运作期限的要求，尤其针对指数基金。一方面，根据相关规定，新基金需在6个月内达到基金合同约定的投资组合比例限制，且实际建仓期通常更短，基金可在较短时间内形成基本稳定的投资风格；另一方面，指数基金有明确的运作规则，缩短其运作期限要求对养老目标基金的运行风险影响不大。此外，ETF需在上市交易前完成标的指数拟合，其在上市时已形成较为稳定的投资风格，对于已上市ETF的运作期限要求或可进一步缩短。特别是《关于加快推进公募基金行业高质量发展的意见》提出支持成熟指数型产品做大做强，对于成熟指数基金放宽限制，也有利于指数基金发展。

（二）优化养老目标基金产品设计，提供更多优质服务

建议完善风险收益预测机制，帮助投资者合理估算风险与收益。虽然权

益类资产在短期内波动较大，但从长周期来看，权益类资产的收益与波动趋于收敛和相对确定，具有短期高波动、长期高收益特点。因此，可借鉴基金投顾对于组合风险收益预测的逻辑，为投资者进行不同市场环境下的持有收益及风险测算，通过直观演示来帮助投资者建立合理的产品收益预期，引导投资者坚持长期投资。

建议加强领取期产品设计，引导投资者长期领取。个人养老金在积累期和领取期对资产保值增值及风险管理各有侧重，领取期则更加强调风险管理和流动性保障。为更好地满足投资者在领取期的资金使用需求，同时对接《国务院办公厅关于推动个人养老金发展的意见》中提到的按月、分次或者一次性领取个人养老金，领取期的养老目标基金可在分红机制上做出更加明确的设置安排，如适度提高分红比例和频次，在积累一定安全垫后加大分红收入的可预期性等，满足投资者对稳定收益的诉求。此外，还可通过在领取期养老目标基金中设置定期支付、定期赎回等机制，满足投资者对日常流动性的诉求。

建议设立特殊情形下赎回机制，满足投资者应急需求。一方面，《国务院办公厅关于推动个人养老金发展的意见》中提到参加人达到完全丧失劳动能力、出国（境）定居等情形时可提前领取养老金；且允许重大医疗等特殊情况下提前支取也是国外第三支柱养老金的通行做法，能够平衡投资者的长短期需求。另一方面，特殊情形下的赎回机制相当于为投资者提供了一个"选择权"，尽管不一定行权，但会给投资者带来更好的心理体验，增强养老目标基金在个人养老金融产品中的竞争力。因此，建议养老目标基金可考虑参照养老理财增设特殊情形下的提前赎回机制，并为其设置合理的提前赎回费率条款。

建议适当放松权益仓位上限约束，提高产品吸引力。高权益投资对中长期收益提升具有重要作用，我国社保基金的投资实践证实了权益投资的显著效果；同时，权益投资也是公募基金的核心优势领域。目前养老目标基金投资于股票、股票型基金、混合型基金和商品基金（含商品期货基金和黄金ETF）等品种的比例合计上限原则上不超过80%，为更好地发挥公募基金权益投资优势，助力养老目标基金实现更高的长期回报，建议可将权益仓位上限提高至95%。

建议结合基金投顾加速产品普及。基金投顾可发挥"顾"的优势，与投资者进行定期收益总结，充分将"投+顾"的理念融入养老投资中。由于养老目标基金目前均设有封闭期或最短持有期限，国内基金投顾受限于相关规定，很少将带有封闭期或最短持有期限的产品纳入投顾组合。如后续可将养老目标基金广泛纳入投顾组合，将有助于进一步提高大众投资者对养老目标基金的认知，加速养老目标基金的普及。

第四节　养老投资者的教育和引导

一、投资者对养老问题的认知

（一）个人养老金时代来临，需要引导投资者对于养老问题建立全新的认知

2022年4月21日，《国务院办公厅关于推动个人养老金发展的意见》正式发布，我国个人养老金制度顶层设计落地。4月25日，国务院新闻办公室举行国务院政策例行吹风会，人社部等四部门对该意见进行权威解读，稳步推进个人养老金制度。4月26日，中国证监会发布《关于加快推进公募基金行业高质量发展的意见》，提出做好个人养老金投资公募基金政策落地工作，配合推动出台养老金市场化、长期化投资政策，研究建立以个人账户为基础的多层次补充养老体系，支持更多优秀公募基金管理人参与养老金管理。同时，也对公募基金养老投资者教育确立了新的目标，提出了新的要求。同年11月，中国证监会发布《个人养老金投资公开募集证券投资基金业务管理暂行规定》，就机构资质、产品设计、管理体系和考核制度要求向社会征询意见。这都为公募基金参与个人养老金投资指明了方向。

对个人而言，养老财富储备包括养老储蓄和养老投资，这是全生命周期的长期规划，需要尽早开始准备。在时间效应和投资增值的作用下，能更好地实现养老财富的积累目标。不管从市场前景还是养老需求看，个人养老投资都是解决中国老龄化问题的核心手段之一。相较于其他投资产品，公募基金投资门槛低，运作机制规范透明，在权益类投资方面拥有较强专业优势，能够满足个人养老金的投资需求，为广大投资者带来长期良好投资回报。

公募基金也已成为全球养老金投资的重要参与者。以美国为例，第三支

柱个人养老金资产最初主要投资于银行存款、保险等产品。但是随着美国经济和资本市场的快速发展，人们逐渐意识到以公募基金作为主体的权益类投资，长期来看能够给投资人带来更加丰厚的回报，因此个人养老金投资公募基金的比例逐年上升。根据美国ICI公开披露数据，在美国第三支柱IRA（个人退休账户）计划刚开始的1975年，IRA资产投向基金、银行存款、保险的比例分别为1%、72%和24%。经过40多年发展，截至2021年末，IRA账户资产共13.9万亿美元，其中投资于公募基金6.2万亿美元，占比达45%，而银行存款和保险的占比下降到4%和5%。这也说明，服务国家养老保障大局，促进个人养老金事业高质量发展，既成为公募基金新的时代责任，也是难得的市场机遇。

随着人口老龄化发展、多样化养老需求增加，如何在具有中国特色的语境下，进一步完善养老金体系、推动第三支柱个人养老金发展，成为基金行业亟须研究的重要课题。从社会政策、养老金体系到养老金融产品，再到个人的养老理财规划，是一个系统链条。目前，我国个人养老市场仍处于发展初期，大众养老财富储备意识尚未觉醒，在将投资者从"储蓄养老"转化为"投资养老"的过程中，需要政府、社会、行业等多方面合力推动。公募基金作为普惠金融的代表，不仅是资金的管理者，更是社会责任的践行者，在个人养老投教和专业服务方面责无旁贷。对于公募基金而言，首要的任务就是引导个人积极适应新的发展趋势，主动进行养老投资规划。通过对用户养老投资行为特征和偏好的调查研究，了解个人对养老投资规划的认识，挖掘影响个人养老金融产品选择的关键因素，引导投资者对个人养老问题做全新的认知，形成有效的养老投资者教育模式。

（二）欧洲养老投资者教育经验

为增强养老投教活动的有效性，行为经济学和行为金融的原则运用不可或缺。在这方面，许多欧洲国家的经验值得借鉴。

在开展投资者教育活动之前，欧洲国家通常会使用投资者调查以及经济数据等方式，对目标人群进行调查，从而设定投资者教育的目标受众和关键问题，并且制定基于证据的投资者教育项目。欧洲国家基金行业协会在投资者教育的受众上比较广泛，可以说除了儿童之外，全民都是投资者教育的受众群体。

在投资者教育的内容上，有些欧洲国家的基金行业协会的活动会以产品为核心，比如在欧盟国家流行的可转让证券集合投资计划（UCITS）这种基金产品，包括基金类型、优缺点、风险分散和资产多元化、成本、透明度、流动性和风险管理；而有些活动则以基础概念和原则为主，比如储蓄和投资、风险和回报、债务管理、财务规划等。有些欧洲基金行业协会会应用行为经济学和行为金融的原则，从而让目标受众了解投资决策中认知和心理偏误产生的影响。考虑到投资者教育活动的受众大多是针对金融和投资知识相对匮乏的人群，这样欧洲国家开展投资者教育活动时就特别注重内容通俗易懂、有趣，到达目标受众的渠道容易获取并且具有交互性这些特性。考虑到基金在中长期投资和财务规划中的重要性，有些欧洲国家在投资者教育内容会包含储蓄以及养老金方面的内容，特别是养老金投资这种针对年轻人开展的投资者教育活动更是如此。

在投资者教育的原则上，无论是针对个人投资者还是专业人士，欧洲国家的基金行业协会普遍强调中性原则，也就是说在投资者教育活动中不能出现机构、产品和品牌的名称。这样投资者教育就成为行业驱动而非品牌驱动的活动，同时投资者教育活动可以和金融机构的营销活动区分开。

在投资者教育的方式上，除了网站之外，欧洲各国的基金行业协会还会利用学校（包括中小学和大学）、年会、研讨会、广告、工作场地、博物馆、购物中心等地点开展投资者教育活动。除了电子和纸质文件之外，欧洲国家的基金行业协会还会通过线上服务、帮助热线、社交媒体、面对面的会议、年会等方式。

（三）美国的401K计划和IRAs的投教经验

尽管作为个人养老金领域的"前辈"，美国的401K计划和IRAs在最初推行时也不是一帆风顺的。虽然这两个计划有利于美国普通群众，但是在普及过程中仍然受到了不小阻碍。

以在美国个人养老投资中最积极的基金公司富达投资为例，从20世纪80年代末和2000年初，富达在美国每年花2亿美元做投资者教育，用各种方法推广401K、IRAs。但是项目推进仍很慢。美国的职工参与率遇到瓶颈，到2000年初，一直无法突破50%。到了20世纪90年代中期，企业年金选项越来越多，个人收益却越来越低。产品种类丰富且业绩表现良好，却仍然无法获得投资者的青睐。一批专家对个人养老投资的各种数据展开了研究，发现背后原因实际是由于行为金融学问题：一是专业度过高。绝大多数一线职工都不是做投资的，这些养老投资产品数量多，金融术语一大堆，把职工们看得眼花缭乱。二是流程复杂。政府规定，一个职工有资格参加401K计划了，才可去主动申请，去人事部门填表，然后和税务部门衔接，以获得优惠。三是长线投资却短线操作，频繁买进卖出。养老金本是长钱，但是人们往往最在意短期盈亏。以上等原因最终导致20世纪90年代美国的退休金制度进入困顿期。

为解决这一问题，富达投资以及一批与养老有关的公司组成了一个游说团，通过列举数据以及投资行分析，对美国国会进行游说。其中一个生动的案例就是，研究发现投资者中"懒人"的比例是80%左右。最终，改革法案《年金保护法》在2006年获得通过，将过去主动申请参与养老金计划，改为自动参加、自动预设投资产品、自动提高比例。这样，不再需要去填一大堆表，不再需要在一大堆金融产品中选择，不再需要每年考虑投资比例。工作第一年多少比例，第二年多少，提前预设；提前预设为以货币基金为主的产品。这样一来，美国职工养老投资参与率大幅提升到了90%，计划资金总规模更是大幅提升至当下的28.2万亿美元。后期数据也证明，如果401K里有默认的基金产品，80%~90%的人会选择默认产品，而不会自己主动甄选。这个例子表明，养老问题不等于投资问题，养老金投资不要试图去改变惰性，而是去利用惰性。

虽然在投资者教育和行为研究上花费巨大，但各公司终有所获。1994年3月，富国银行和巴克莱全球投资（现已被贝莱德并购）考虑到，无论如何引导，401k计划的投资者总是忘记适时适当地重新调整资产组合。于是他们想到通过设计恰当的产品来替投资者完成资产配置调整，推出了第一只目标日期基金，这是生命周期基金的原始雏形。1996年10月，美国富达投资推出了其第一只生命周期基金——Fidelity Freedom Fund。这是第一只现代意义上的目标日期基金。此后一批大的金融公司纷纷跟进推出了各自的目标日期基金，1996—1999年生命周期共同基金资产净值增幅均在50%以上。2003—2010年，除2008年受金融危机影响生命周期基金资产明显下降外，增幅同样保持在50%以上。

2018年9月，我国境内第一只养老目标日期基金——华夏养老2040三年持有混合（FOF）面世，这也标志着养老目标日期基金在境内发展的开启。4年多以来，这只基金也获得了优秀的投资业绩，为投资人在不断变化的市场中获取了相对稳健的收益。目前，华夏基金作为境内养老目标日期基金规模市占率最高的基金管理人，力争以更为全面的养老目标日期基金体系，为更多投资人提供全面、专业、高效的个人养老金投资工具。

二、公募基金养老投资者教育的现状

（一）公募基金养老投资者教育目的与实践情况

中金公司发布的《公募基金投资者教育的现状与未来》报告显示，从投资者的特征画像来看，个人投资者整体成熟度在不断提高。首先，投资者的金融投资年限逐渐拉长，投资经验积累越来越多。2020年从事金融投资3年以下的投资者占比29%，与2016年相比下降了13%。而投资经验长达10年以上的投资者占比迅速提升，2019年在受调查的个人投资者中的占比跃居第一，2020年底达到26%，与2016年相比提高了7.8%。从年龄上来看，30~45岁正值壮年的人群是主力投资者，2020年占比39%。除此之外，2017年起30岁以下的年轻人与45岁以上人群占比出现此消彼长的趋势，反映了公募基金投资人群范围的向上扩张。其次，受教育程度方面，2020年63%的投资者都拥有本科或以上学历，完全没有接受相关教育的投资者占比逐渐下降。

但是，基金个人投资者的投资认知与实际行为之间存在背离是当前一个较为严重的问题。尽管投资者对风险收益匹配、产品适配、长期持有等理念认可度普遍提高，但却很难践行，实际投资中仍有较多非理性行为。例如，接近70%的投资者无法有效止盈止损，主要看行情买卖；约80%的投资者预期收益率为5%~30%，从公募基金历史数据来看，该收益率区间对应的年度最大回撤中位数为15%，但能承受10%以上损失的投资者占比不足60%。可见，投资者对自身及基金产品的风险收益特征欠缺准确认知。以上矛盾也催生了对基金投顾服务的需求，2020年73%的投资者对基金投顾服务有兴趣，其中67%的投资者明确表示需要投顾建议或服务。

在养老投资领域，华夏基金也开展过相关调研，从养老目标群体访谈的结果来看，受访者总体上普遍缺乏养老规划。提到养老，受访者普遍首先想到的主要是养老金/退休金（社保），虽然普遍认为到退休的时候每月能拿到的养老金是很少的，但是话语间透露出对目前养老金的依赖和信任，相信养老金能够满足基本温饱需求。而对于退休的财务目标，受访者普遍没有清晰的数字和目标，大多认为不确定因素太多，无法估计。在探讨投资理财的途径和策略时，虽然不同的受访者有不同的理财方式，但是一般都不会把购买基金与养老联系在一起。提到养老，首先想到的还是养老金/退休金（社保），其次有人会购买养老类商业保险（或者年金），再次会把储蓄纳入养老规划中，但仍然没有人提到购买基金是为了养老。这也说明，目前全行业对于利用公募基金进行个人养老投资的投教力度仍需加强。

（二）养老投资者教育的本质与难点

首先，很多个人投资者由于缺乏必要的知识水平，无法理性而又有效进行投资。同时，频发的金融风险加剧了人们对金融市场的不信任程度，从而无法信任金融服务业可以解决人们在财务上遇到的问题和困难。从这个角度来看，包括行业协会和基金管理人都需要采取措施来推动投资者教育，从而解决个人投资者在投资知识上的差距，进而了解自身对金融产品的需求，以及为什么有必要投资金融产品。

从海外的经验看，在讨论投资者教育活动的场景时，德国的行业协会指出了投资者教育活动要解决的关键问题是提升公众的投资知识。就德国来看，调查结果显示德国公众缺乏足够的金融素养，而且这种情形涵盖各个社会层次和年龄组。特别对于年轻人来说，很多人对金融知识只有很少或者是完全没有了解。这种情况会极大影响年轻人的长期财务规划和资产配置。此外，一些欧洲国家会对个人投资者群体进行分层，从而可以更好地开展投资者教育活动。经合组织2017年的一份报告给出了类似的观点：在提供投资者教育的时候，需要考虑那些在参与资本市场会面临更高风险的特定目标受众，同时需要考虑那些已经进行长期投资的人，以及尚未进行任何投资的人（特别是普惠金融所覆盖的人群）。对于这些群体的投资者指导和建议应当进行简化，并且根据他们自身的金融素养水平量身定制投资者教育。

（三）养老投资者教育的形式和创新

国际证监会（IOSCO）2015年的一份报告中指出，应用行为经济和行为金融概念以及原理，可以让目标受众了解投资决策中认知和心理偏误（Cognitive &

Psychological Bias）产生的影响。另外，经合组织和国际证监会建议对投资者群体进行分层，进而展开不同层次的投资者教育活动。

首先，投资者教育项目内容需要明确受众，同时注重个性化、趣味化和创新性以吸引目标受众。投资者教育活动因为场景不同，所以面向的目标受众也存在着一定的差异。这些目标受众大体上可以分为两类。第一类是普通的个人，其中包括个人投资者或者零售投资者、学生、存款者等；第二类是能够向普通公众传播金融和投资知识的专业人士，其中包括基金公司员工、投资顾问、教师和财经记者等。从一般意义上看，第一类人是投资者教育的传统目标受众，侧重消费者保护、补救机制以及长期投资基本要素这些内容。但是对第二类人进行投资者教育也是很重要的。因为他们可以帮助金融机构和学校推广金融和投资知识，从而帮助更多潜在投资者在未来投资时做出更为明智的行动。而且，对于通常和个人投资者不经常接触的资产管理人来说，让第二类人接受投资者教育并且让他们来传授知识是一种更有效的方式，也就是让高阶投资者帮助普通公众提升投资和金融素养，这更符合投资者教育的"乘数效应"。

其次，就投资者教育活动而言，互联网毫无疑问是最重要的展示平台。但需要注意的是，尽管网上可以提供非常有用的信息，但是不一定能够保证那些最需要投教的目标受众能够访问到这些网站，以及阅读并且理解网上提供的材料。所以，采取更为广泛的方法来接触更多的受众是很重要的。在这方面，把互联网平台上的投教活动和针对学校的活动、年度活动以及和新闻媒体或者监管部门进行合作就显得很有必要了。这样的操作方式组合可以保证投教活动更有效地实现其目标。对于提供投教服务的中介机构而言，互联网平台也是很有用的，这个时候如果可以结合面向学生的实习或者是各种研讨会就会更为有效。此外，对于线下而言，境内外展开投资者教育活动的平台还有中小学和大学、研讨会、工作场所以及其他类型的场所，如银行、博物馆和购物中心，也包括社交媒体、宣传册、杂志、视频、免费材料、线上服务、服务热线等展开投资者教育活动。

三、养老投资者教育的趋势和建议

《个人养老金投资公开募集证券投资基金业务管理暂行规定》对个人养老金可投资的公募基金提出了总体原则和基本要求。一方面，引导着公募基金持续发挥专业投研能力，并积极打造普惠和容易触达的投资建议与陪伴式服务；另一方面，将有助于我国个人养老金管理的多元化发展，是鼓励主动养老投资的重要举措。

（一）公募基金具备专业的投资管理能力

1.公募基金表现优于同期市场指数的平均年化收益率

公募基金是个人投资者低成本参与资本市场，分享经济发展成果的重要渠道，也更适合长期持有。以主动管理股票型基金为代表，基金的专业化管理能力体现为在波动市场中的主动管理能力，在市场景气时期能够获得与市场一致的投资回报，在市场不景气时期能够有效管理市场下行风险。根据上海证券基金评价研究中心的一期研究结果，如果通过5年滚动年化收益率来衡量基金的主动投资管理能力，可以发现该指标在2019年拐头向上再次拉开了差距（见图5-17）。这意味着，2004年以来的任一时点上，投资者持有主动管理股票型基金5年以上，通常可以实现好于同期市场指数的平均年化收益率。

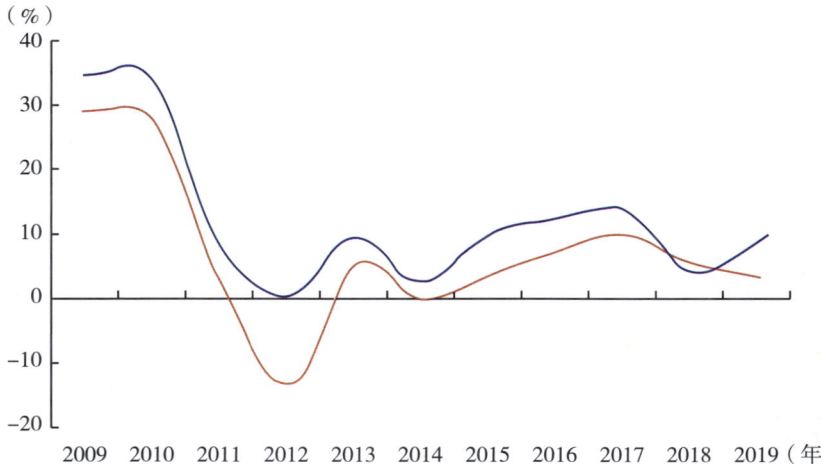

图5-17　主动管理股票型基金和沪深300指数5年滚动年化收益（2009—2019年）

注：蓝色代表主动管理股票型基金，橙色代表沪深300指数。
资料来源：上海证券基金评价研究中心。

2. 企业年金取得了7.17%的年均收益率

自2007年企业年金起始运作以来，截至2021年末，企业年金取得了7.17%的年均收益率。企业年金在15年之中有13年获得正收益，正收益最高的两年发生在2015年与2020年，分别为9.88%和10.30%；仅在2008年与2011年取得负收益，分别为-1.83%和-0.78%（见图5-18）。截至2021年末，企业年金积累基金超过2.6万亿元，累计投资收益率达182.48%。

图5-18 企业年金全市场平均收益率情况

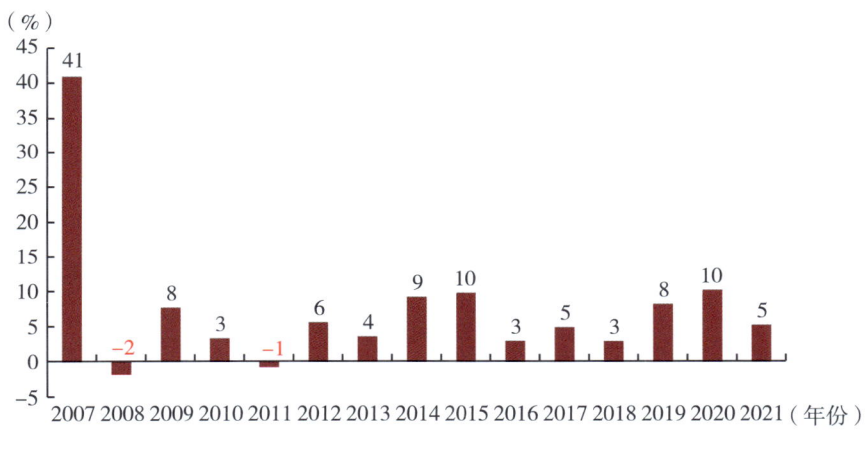

资料来源：人社部。

3. 基金比个人投资者表现出了更强的投资管理能力

对于个人投资者而言，基金可以实现高效率的分散化投资，降低个人投资者因为信息不足和非理性投资而导致的资源浪费，有效实现社会分工。根据上交所的研究结果，2017年沪深300指数上涨了21.78%，近85%的股票型基金实现正收益，40%以上的产品获利超过20%，亏损最多的产品下跌幅度也不超过20%；反观个人投资者，仅三成实现了净收益，亏损幅度在20%~50%之间的个人投资者占到所有投资者的1/4，更有超过13%的投资者亏损50%以上。这表明公募基金比个人投资者表现出了更强的投资管理能力。

4. 通过公募基金投资养老长期回报远远优于储蓄养老

养老目标日期基金作为公募基金行业服务个人养老投资的科学工具，以追求养老资产的长期稳健增值为目的,鼓励投资者长期持有,采用成熟的资产配置策略,合理控制投资组合波动风险,一直以来也获得了较好的业绩表现。而对于养老目标日期基金本身而言,其最大优势在于充分利用和发挥了公募基金管理人在权益资产投资方面的巨大优势。从各类资管产品历史长期投资回报率来看,权益基金产品优势显著。在美国等发达国家,投资于不同资产品类获得的收益回报也与之相似,权益产品投资收益优势明显(见图5-19)。

图5-19 历年美国股票、长期债券、短期国债名义收益率以及通货膨胀率

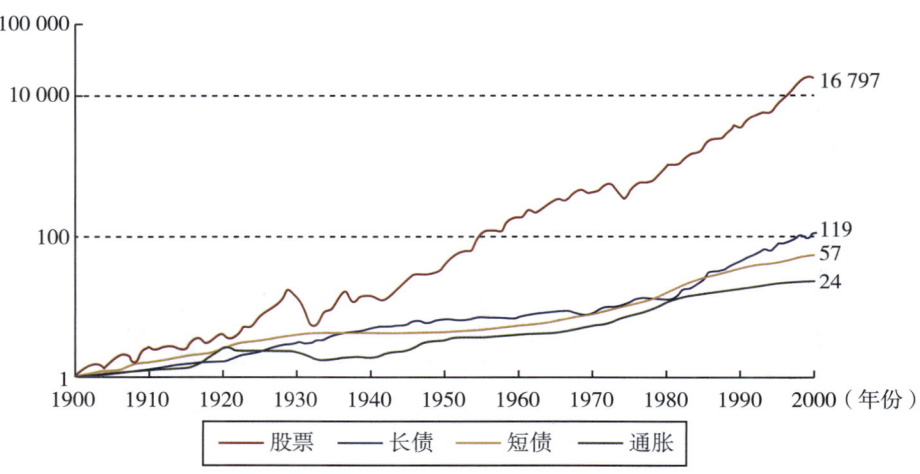

资料来源:E.迪姆森、P.马什、M.斯汤腾著.投资收益百年史[M].中国财政经济出版社2005年版.

同时,人们用于养老投资的资金,天然具有投资期限长、流动性要求不高的长期投资属性,投资年限可以长达20年、30年甚至50年。因此,"长钱"要"长投",要更多地投资到平均收益率较高的长期投资工具上,最匹配的工具就是权益类(股票类)基金产品,才可能提高长期回报。

(二)公募基金在个人养老金投资者教育中将发挥更重要的角色

相较其他类型的资金,养老金的受益人是社会公众,因此具有突出的社会公益属性。通过养老投资者教育,唤醒大众的投资理财意识,帮助尽早树立

养老规划的理念，尽早享受时间复利带来的资产增值，更好地平衡眼前利益和长远利益，这就是养老投资者教育独具特色的公益属性。

公募基金鉴于其强大的投资能力和人才优势，未来在监管、协会的指导下，必然会在开展投资者教育活动时发挥更关键的作用。主要体现在以下几个方面：

第一，对目标受众开展研究和调查。在确定投资者教育中的关键问题之后，相应地确定投资者教育的措施，才能使整个投教活动更加有效。在受众方面，考虑到投资基金，特别是个人养老金投资，覆盖全生命周期，在中长期财务规划中具有不可替代的重要性，有必要设定专门条款加强对于在校大学生和年轻人对于投资基金的教育。为了实现投资者教育的乘数效应，基金公司有必要和银行等销售渠道、高校、新闻媒体建立合作关系，对基金销售人员、高校老师和财经记者进行基金教育，从而让他们可以对客户、广大公众和学生传授恰当的投资基金知识，确定投资者教育中的关键问题，进而相应地确定投资者教育的措施。

第二，让投资者教育变得个性化并且有趣。使用创造性的技术和形式来吸引和保持目标受众的注意力，例如，特定节目的标志、吉祥物、游戏、小测验。由于许多投资者教育活动针对的是普通人群中掌握有限金融知识以及对金融事务兴趣有限的群体，因此，重要的是使内容易于理解和吸引人，追求实现以"大白话"讲清楚复杂知识的目标，以帮助目标群体在个人层面上认同投资者教育传递的内容和关注点。

第三，充分利用数字化的力量。开发线上工具（网站、计算器等），并在搜索引擎上推广这些工具，以确保它们有充分的可参考性，从而方便零售投资者使用。使用社交媒体对于接触某些受众群体（尤其是年轻人）并与之互动尤为重要。每个金融教育项目都应该有一个针对特定受众的整体社交媒体战略。

第四，传播工具要贴近目标受众的触媒习惯。在移动互联网技术的大变革，与后疫情时代用户的媒介使用习惯发生巨大变化的背景下，人们使用网络平台的频率激增，并且显示了通过线上进行人际交互的重要性。所以在设计和提供针对所有受众群体的金融教育活动时，需要考虑到这一趋势。传播工具的选择以及用于接触目标受众的营销活动也需要与这些群体的需求和特征相一致。因此，无论是在使用线上工具网站、社交媒体等，还是传统线下工具，例如小册子、杂志、宣传册等时，需要考虑目标受众，例如教师、资深投资者，或者新手投资人等不同受众了解知识的需要，顺应对应受众的触媒习惯。

参考文献

[1] ICI.2022 Investment Company Fact Book［R］.www.icifactbook.org，2022.

[2] 晨星（中国）.养老目标基金组合构建方法以及借鉴［Z］.2022-05-26.

[3] Morningstar.2022 Target-Date Strategy Landscape［R］.https：//www.morningstar.com/lp/tdf-landscape，2022.

[4] 毛晴晴，龚思匀，蒲寒，姚泽宇.个人养老金2030：第三支柱的五大猜想［Z］.中金点睛，2022-6-6.

[5] 方丽.多维度促创新迎发展 养老目标基金未来是"星辰大海"［N］.中国基金报，2022-8-15（401）.

[6] 黄剑焜，黄钊蓬.关于养老目标基金系列化发展的分析［J］.中国基金业协会《声音》，2019（23）.

第六章
公募养老目标基金产品的初始形态——基金中基金（FOF）

第一节 FOF 的基本介绍

一、FOF的定义

基金中基金（Fund of Funds，FOF），顾名思义，是一种以其他基金作为主要投资标的的基金。可以从产品和策略两个角度对其进行理解。

从产品角度，FOF是一种基金产品。以公募FOF为例，按照中国证监会公布的《公开募集证券投资基金运作指引第2号——基金中基金指引》，FOF具体是指将80%以上的基金资产投资于经中国证监会依法核准或注册的公开募集的基金份额的基金。

从策略角度，FOF是一种多管理人策略，所持有的投资组合主要由其他基金组成，通过持有多个基金实现多个管理人为同一只FOF产品服务的目的。

虽然FOF本质上也是一种基金，但其与普通基金最大的区别在于FOF是以基金为主要投资标的，而普通基金是以股票、债券等有价证券为主要投资标的。

二、FOF的类型

FOF可以从多个角度进行分类（见图6-1）。例如，按照FOF与子基金管理人是否相同可分为内部型和全市场型；按照权益占比可分为股票型、债券型和混合型；按照产品定位可分为养老目标型和非养老目标型，其中养老目标FOF可进一步分为目标日期型和目标风险型。

图6-1 FOF的不同分类方式

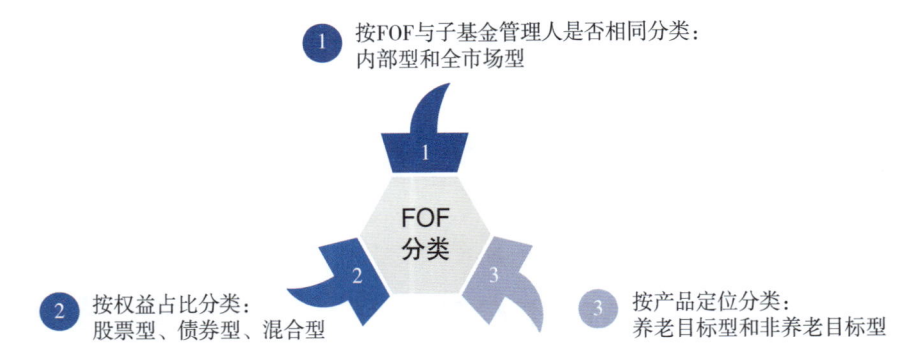

（一）按FOF与子基金管理人是否相同分类：内部型和全市场型

按产品与子基金管理人是否相同，FOF可分为内部型FOF和全市场型FOF。内部型FOF要求子基金主要或全部为FOF管理人自家旗下产品；全市场型FOF则不对子基金管理人归属作额外规定，允许FOF管理人在全市场范围内自由选基。

与全市场型FOF相比，内部型FOF在费率上具有一定的优势。《公开募集证券投资基金运作指引第2号——基金中基金指引》要求："基金管理人不得对基金中基金财产中持有的自身管理的基金部分收取基金中基金的管理费。基金托管人不得对基金中基金财产中持有的自身托管的基金部分收取基金中基金的托管费。基金管理人运用基金中基金财产申购自身管理的基金的（ETF除外），应当通过直销渠道申购且不得收取申购费、赎回费（按照相关法规、基金招募说明书约定应当收取，并记入基金财产的赎回费用除外）、销售服务费等销售费用。"按照此项规定，内部型FOF在管理费、托管费、申购费、赎回费、销售服务费的收取上能够得到更多豁免，具备确定性成本优势。

而全市场型FOF的突出优势在于可投范围更广，可以在全市场范围内优选持仓标的。相比之下，内部型FOF需要将80%乃至更高的仓位配置到自家旗下基金，其业绩好坏比较依赖于FOF管理人自身产品线多元化的程度与产品管理水平的高低。如果基金管理人旗下产品存在较强同质性，内部型FOF很难通过配置手段有效分散风险，容易形成"一荣俱荣""一损俱损"的局面，因此最终体现在FOF业绩上并不一定能带来超额收益。

截至2022年2季度末，我国公募市场上共有306只FOF产品，其中仅有9只基金为内部型FOF（见图6-2）。9只内部型FOF合计规模约98.9亿元，约占当期公募FOF总规模的4%（见图6-3）。这9只内部型FOF由汇添富基金、易方达基金和富国基金三家基金管理人发行，持有期3个月~1年不等，均属于偏股混合型FOF（见表6-1）。

图6-2 按FOF与子基金管理人是否相同分类的数量分布

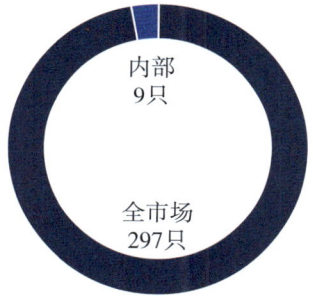

数据截至2022年6月30日；资料来源：Wind。

图6-3 按FOF与子基金管理人是否相同分类的规模分布

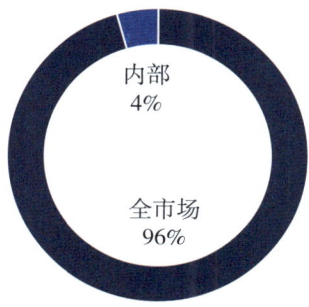

数据截至2022年6月30日；资料来源：Wind。

表6-1 内部型FOF列表

基金代码	基金简称	基金管理人	成立日期	基金类型	最新规模（亿元）
008169.OF	汇添富积极投资核心优势3个月持有期	汇添富基金	2020-04-26	偏股混合型FOF基金	10.63
008168.OF	汇添富聚焦价值成长3个月持有	汇添富基金	2020-07-13	偏股混合型FOF基金	9.60
013287.OF	易方达优势价值一年持有A	易方达基金	2021-08-24	偏股混合型FOF基金	21.34
013647.OF	汇添富经典价值成长一年持有	汇添富基金	2021-11-16	偏股混合型FOF基金	5.47
013793.OF	富国智浦精选12个月持有A	富国基金	2021-11-25	偏股混合型FOF基金	5.53
012652.OF	易方达优势领航6个月持有A	易方达基金	2021-12-10	偏股混合型FOF基金	32.62
161133.OF	易方达优势回报一年封闭	易方达基金	2022-03-23	偏股混合型FOF基金	6.41
013643.OF	汇添富优质精选一年持有A	汇添富基金	2022-06-02	偏股混合型FOF基金	2.56
015090.OF	易方达优势长兴3个月持有A	易方达基金	2022-06-21	偏股混合型FOF基金	4.69

数据截至2022年6月30日；资料来源：Wind。

（二）按权益占比分类：股票型、债券型、混合型等

按投资标的权益占比，FOF可分为股票型FOF、债券型FOF、混合型FOF等类型。其中，股票型FOF、债券型FOF分别要求产品80%以上子基金从属于股票型基金、债券型基金。不满足上述要求的产品则被归类为混合型FOF，并可继续按照权益资产占比情况分为偏股混合型FOF、平衡混合型FOF、偏债混合型FOF和目标日期型FOF等。目标日期型FOF专为养老需求设计，根据投资者不同生命阶段风险偏好变化趋势逐渐调降目标权益资产占比，产品具备明确的时变风险特征，故单独纳为一类。

截至2022年2季度末，稳健性相对突出的偏债混合型FOF在数量和规模上稳居存量产品前列，其次为偏股混合型。二者合计数量在306只FOF产品中占

比近60%（见图6-4），规模占比超80%（见图6-5）。其中，偏债混合型FOF共计117只，数量占比38.2%，规模占比58.4%；偏股混合型FOF共计66只，数量占比21.6%，规模占比24.6%。

图6-4 按权益占比分类的数量分布

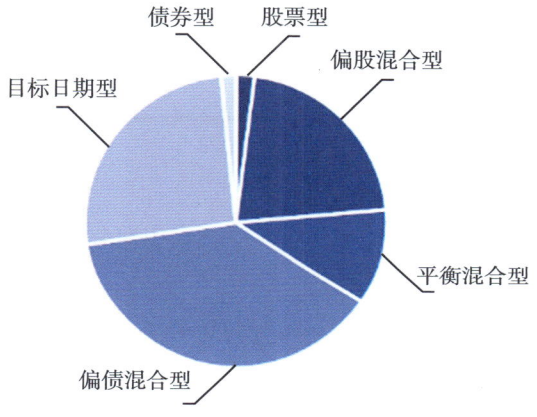

数据截至2022年6月30日；资料来源：Wind。

图6-5 按权益占比分类的规模分布

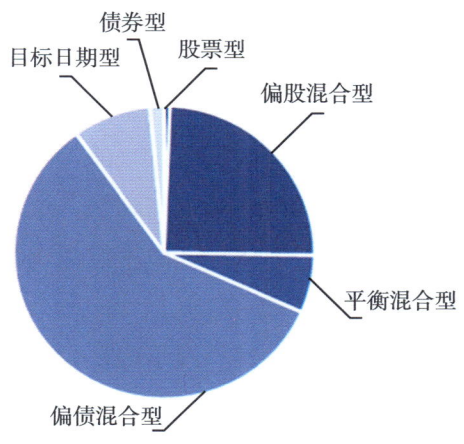

数据截至2022年6月30日；资料来源：Wind。

(三)按产品定位分类:养老目标型和非养老目标型

按产品定位,FOF可分为养老目标型FOF和非养老目标型FOF(见图6-6)。其中,养老目标型FOF以追求养老资产的长期稳健增值为目的,会在基金名称中明确标注"养老"字样,以目标日期型基金(Target Date Fund,TDF)和目标风险型基金(Target Risk Fund,TRF)两大类为主,而目标日期型可根据其目标日期的年份进一步分类,目标风险型则可根据其风险等级进一步划分为稳健型、平衡型和积极型。

图6-6 按产品定位分类

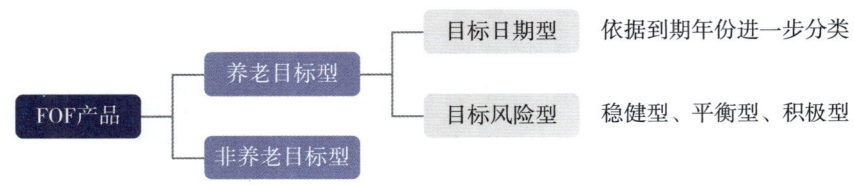

目标日期型FOF的收益风险结构是时间的函数。随着时间的推移,目标日期型FOF的持仓风格通常逐渐趋于保守,也可以依据具体到期年份再作进一步区分,被称为"生命周期基金"。目标日期型FOF在海内外广泛用于养老领域[比如美国401(k)计划和个人退休账户],致力于为投资者提供"一站式"的养老投资解决方案。这类产品具有两大突出特征:一是基金名称中包含明确的目标年份,对应当年附近退休人群的养老现金流需求;二是基金在产品设计之初需要根据投资者在不同生命阶段的风险承受能力确定下滑曲线。目标日期型FOF假设投资者的风险偏好随年龄增长逐渐降低:年轻时倾向于承担更多风险,追求资产增值和成长性;临近退休时倾向于保守化投资,追求资产保值和稳健性。根据《养老目标证券投资基金指引(试行)》,采用目标日期策略的基金,应当随着所设定目标日期的临近,逐步降低权益类资产的配置比例,增加非权益类资产的配置比例。因此,目标日期型FOF在成立初期会呈现偏权益型基金的特征,即持有较高比例的权益类资产;随后将随着目标日期的临近,逐步降低权益类资产的配置比例,转变为一只平衡型基金,进而再转变为偏债或纯债型基金。在这个过程中，下滑曲线是目标日期型FOF进行资产配置的关键要素，用以指导目标日期型FOF调整配置结构，逐渐降低高风险资产敞口。由于下滑曲线的设置，目标日期型FOF的比较基准不是恒定的，而是随着时间推移不断变化的。

目标风险型FOF通过调整多元资产组合配置结构盯住某个特定的风险敞口，旨在提供不同风险水平的投资方案，服务风险偏好各异的投资者，称为"生活方式基金"。与目标日期型FOF不同，目标风险型FOF的权益、债券配比在时间序列上相对稳定，没有特殊的时变性安排。《养老目标证券投资基金指引（试行）》规定，采用目标风险策略的基金，应当根据特定的风险偏好设定权益类资产、非权益类资产的基准配置比例，或使用广泛认可的方法界定组合风险（如波动率等），并采取有效措施控制基金组合风险。常见的目标风险型FOF构建方法是按照某一特定波动率（例如3%）来进行资产配置，并采取有效措施控制基金组合风险。目标风险型FOF会明确风险等级及其指标含义，并在招募说明书中注明。一般根据风险等级不同，此类基金可分为稳健型、平衡型和积极型等类别。从稳健型到积极型，基金的风险依次递增。

目标日期型FOF和目标风险型FOF并无明显优劣之分，适配于不同的目标客群。目标日期型FOF主打"一站式"服务，按投资者退休日期自动匹配下滑曲线，优势在于便捷省心，适合新手或没有精力自行打理养老账户的投资者。目标风险型FOF需要投资者明确自身工作阶段、收支变动、收益预期、风险承受能力等因素，允许投资者基于自我认知个性化判断适合自己的产品风险等级，优势在于灵活适配，适合具有一定投资经验的投资者。

目标日期型FOF、目标风险型FOF在我国多层次养老体系中均扮演了重要角色。但与海外成熟市场相比，我国养老目标FOF市场呈现目标风险型FOF规模占比更大的格局；目标日期型FOF当前多处于下滑曲线前端，权益占比处于相对高位，当前占比不大，未来有广阔发展空间。截至2022年2季度末，我国公募目标日期型FOF总数量为79只，目标年份分布在2025—2060年，集中于2035—2050年，规模合计为近188亿元；目标风险型FOF共99只，规模合计为近870亿元（见图6-7和图6-8）。

图 6-7　我国养老目标 FOF 的数量变化趋势

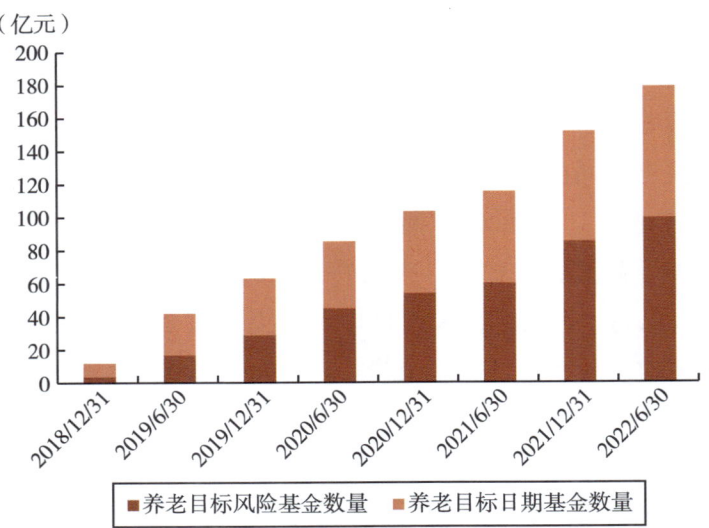

数据截至 2022 年 6 月 30 日；资料来源：Wind，民生加银基金。

图 6-8　我国养老目标 FOF 的规模变化趋势

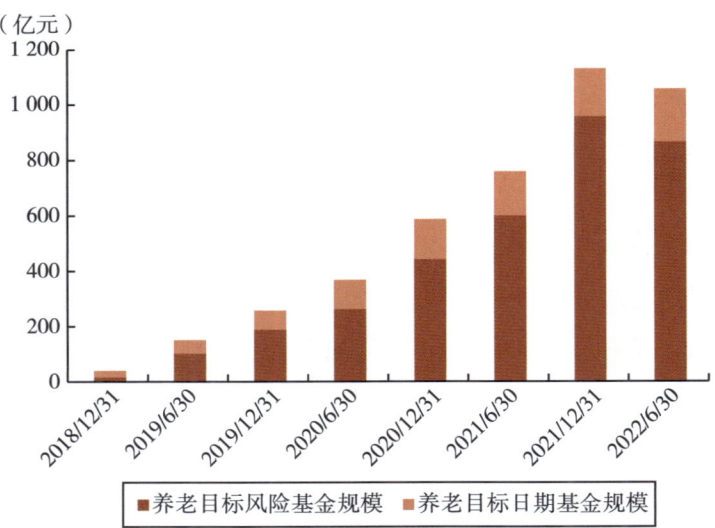

数据截至 2022 年 6 月 30 日；资料来源：Wind，民生加银基金。

三、多管理人策略辨析：FOF、MOM 和 TOT

FOF、MOM 和 TOT 都是多管理人策略，均实现了多个基金经理为一只产品服务的最终目的。但是它们在产品形式和管理方式方面存在一些区别。

基金中基金（Fund of Funds，FOF）是一种主要投资于其他证券投资基金的基金。FOF 的多数资产并不直接投资股票或债券，而是通过持有其他证券投资基金而间接持有股票、债券等证券资产。

管理人的管理人（Manager of Mangers，MOM）是把资金分配给不同的子基金经理，并由子基金经理投资股票、债券等证券资产的资产管理模式。

MOM 与 FOF 本质上的不同是：MOM 主要是选"人"，相当于挑选多个基金经理共同管理同一个投资组合；FOF 是将投资组合中的资产投向多个独立的基金产品，虽然这些基金产品背后也是"人"来管理，但其选择的对象是在基金产品层面。

信托的信托（Trust of Trusts，TOT）是指投资于信托计划的信托产品，是国内特有的一种多管理人基金。除了产品类型与投资标的均以信托的架构而不是证券投资基金的形式来实现以外，它的结构模式和特点与 FOF 基本一致。

第二节　中国 FOF 市场的发展及现状

中国公募 FOF 虽然起步较晚，但凭借着抗风险能力较强、业绩稳定性高等优点，加之相关法规指引逐步出台，养老需求日益膨胀，推动公募 FOF 逐渐驶入发展"快车道"。2014 年 7 月，中国证监会发布《公开募集证券投资基金运作管理办法》，首次将基金中基金定义为单独的基金类别，确立了公募 FOF 在中国的法律地位。2016 年 9 月，中国证监会发布《公开募集证券投资基金运作指引第 2 号——基金中基金指引》，明确了 FOF 及 ETF 联接基金的相关规定。2017 年 10 月，南方全天候策略混合型基金中基金（FOF）公告成立，标志着国内公募 FOF 产品从无到有的突破。

公募 FOF 的特征与养老需求的吻合程度较高，适宜用于解决"银发经济"时代矛盾，为公募基金参与养老"第三支柱"建设搭建桥梁。2018 年 2 月，

《养老目标证券投资基金指引（试行）》的出台为养老目标基金提供了制度环境，明确规定养老目标基金应当采用基金中基金形式或中国证监会认可的其他形式运作。2018年9月，首只养老目标基金华夏养老目标日期2040三年持有期混合型基金中基金（FOF）成立，标志着养老目标FOF正式登上历史舞台（见图6-9）。

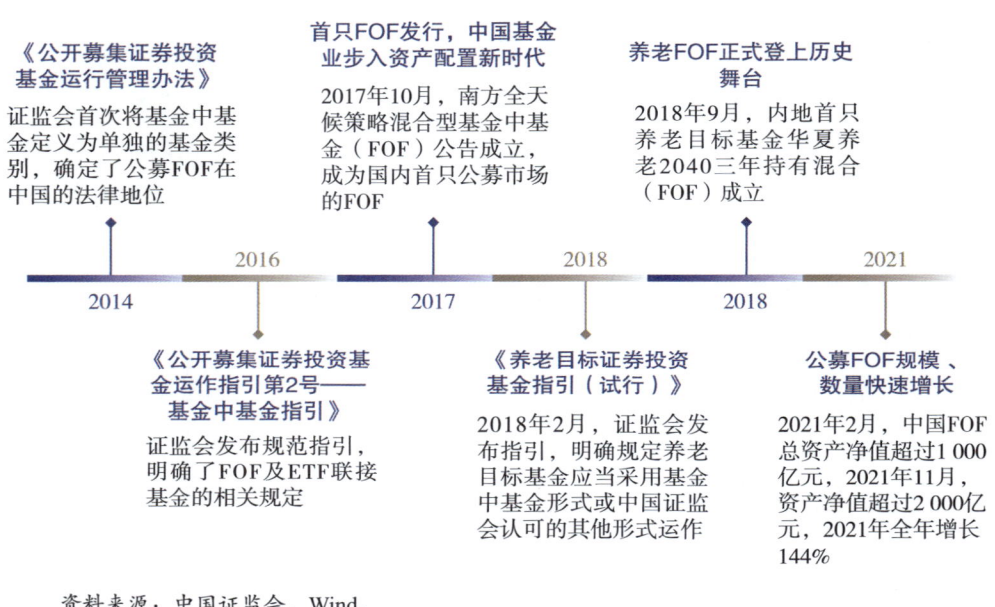

图6-9　中国公募FOF发展简史

资料来源：中国证监会，Wind。

自2018年以来，公募FOF的规模和数量持续增长，在2021年迎来爆发。2017年4季度，我国首批6只公募FOF产品开始试水。2018—2020年，中国公募FOF的规模和数量逐渐上升（见图6-10）。2021年起，FOF资产规模加速增长：2021年2月，国内公募FOF合计资产规模突破1 000亿元，进而于11月超过了2 000亿元；截至2021年底，国内公募FOF合计规模达到了2 222亿元，全年新发份额1 195亿份，规模增长1 312亿元，同比增速144%。截至2022年2季度末，公募FOF合计规模为约2 223亿元，在近半年的震荡市场中规模稳定性较强（见图6-11）。受市场环境影响，2022年上半年公募FOF季度新发份额相较2021年有所缩水，但依旧高于以往水平。

第六章　公募养老目标基金产品的初始形态——基金中基金（FOF）　269

图6-10　中国公募FOF的数量与规模

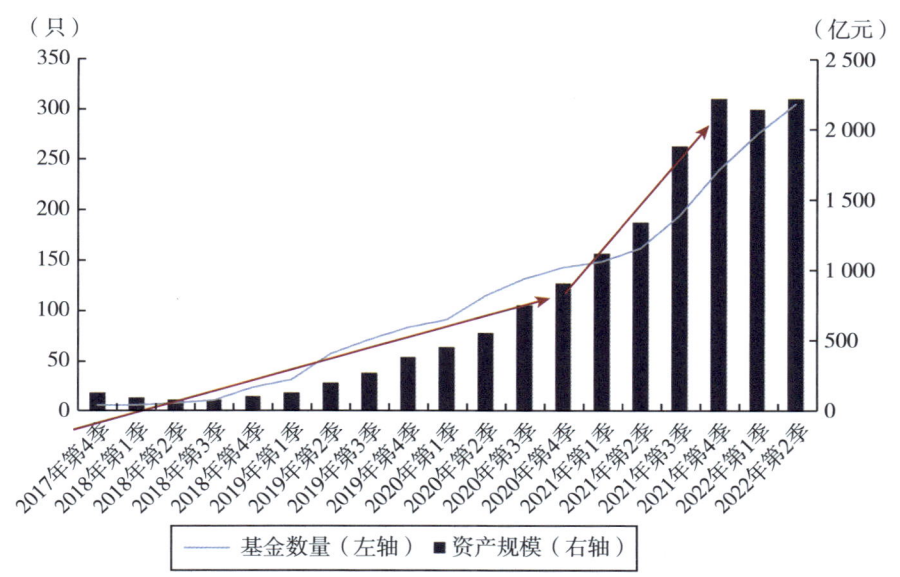

资料来源：Wind。

图6-11　中国公募FOF的新发份额（亿份）

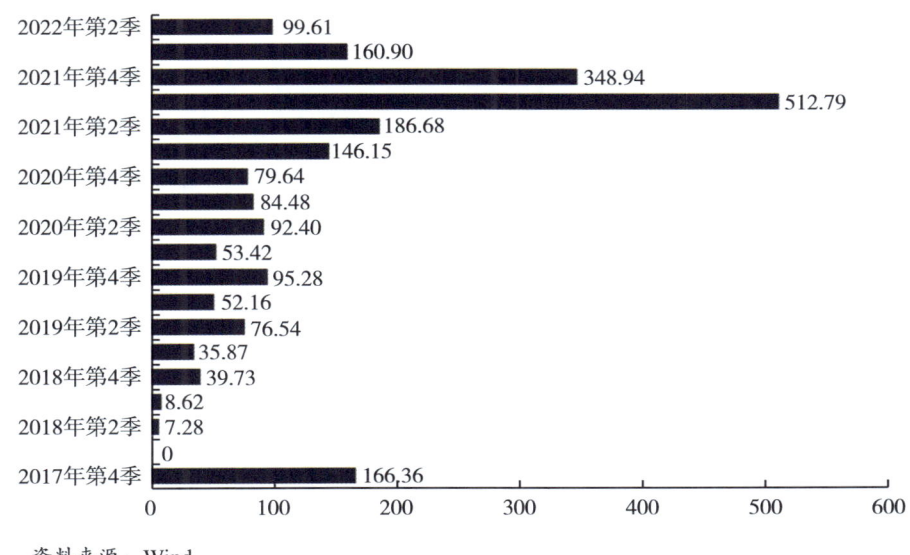

资料来源：Wind。

作为创新型产品，公募FOF"蓝海"市场依旧有广阔的增长空间，FOF规模增速超过公募基金全品类平均水平，但单品类规模占比的绝对值仍不高。2018年至今，公募FOF在公募基金中的资产规模占比逐渐提升，2022年2季度末占比为0.84%，而美国这个比例已超过12%（见图6-12）。与海外成熟市场相比，我国公募FOF的发展仍有较大的想象空间。

图6-12　2018—2022年中国公募基金资产规模及FOF的规模占比

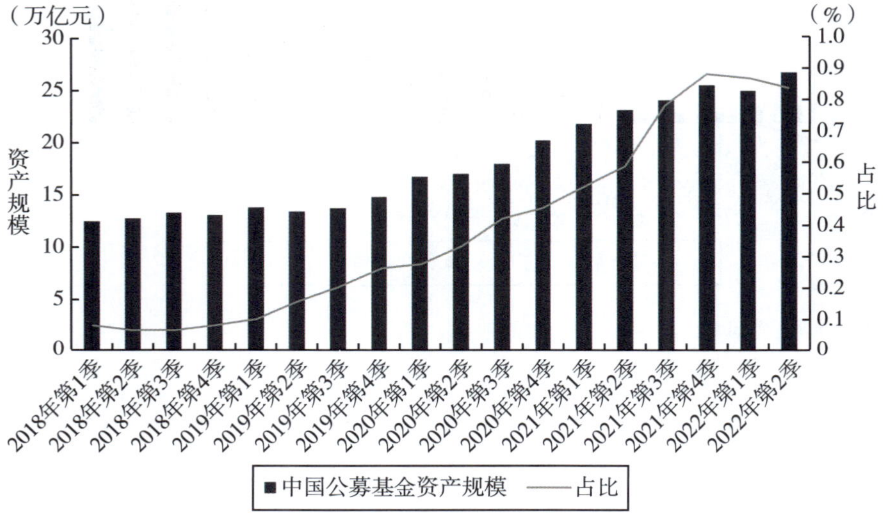

资料来源：Wind。

自2017年起，各家公募管理人积极参与FOF产品线布局，发行公募FOF产品的基金公司数量持续上升。2017—2021年，每年都有超过10家基金公司参与发行FOF产品。截至2021年底，已经有64家公司参与FOF业务布局（见图6-13）。

国内公募FOF竞争格局渐趋明朗，马太效应下优势资源逐步向头部管理人集中。截至2022年2季度末，中国公募FOF市场约70%的资产规模集中在前十大公司，FOF规模超百亿元的基金公司共有8家，分别是交银施罗德基金、兴证全球基金、汇添富基金、民生加银基金、南方基金、易方达基金、浦银安盛基金和广发基金（见表6-2）。交银施罗德基金是目前国内规模最大的公募FOF管理公司，所管理的6只公募FOF产品规模合计达到约345亿元，占公募FOF总规模的比例超过15%。

图6-13 参与FOF业务的基金公司数量

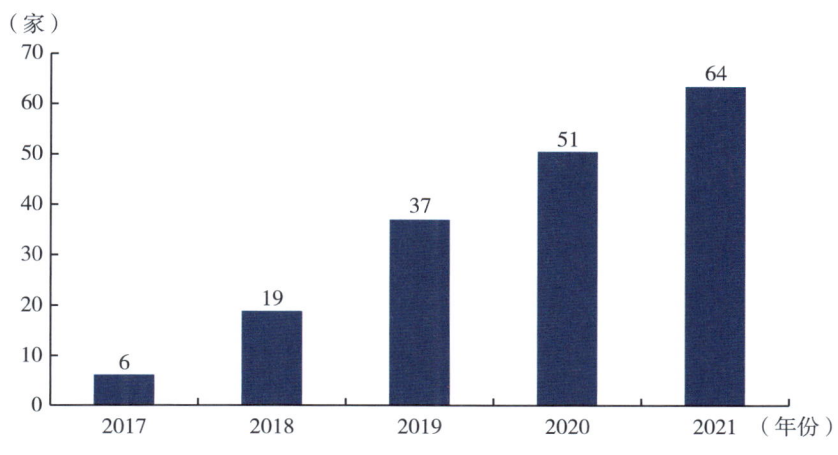

资料来源：Wind。

表6-2 FOF规模前十大基金公司

序号	基金公司	FOF数量（只）	FOF规模（亿元）
1	交银施罗德基金	6	344.75
2	兴证全球基金	8	276.47
3	汇添富基金	15	147.77
4	民生加银基金	8	127.62
5	南方基金	15	124.62
6	易方达基金	12	121.49
7	浦银安盛基金	8	121.46
8	广发基金	12	113.69
9	华夏基金	17	98.52
10	中欧基金	9	87.64

数据截至2022年6月30日；资料来源：Wind。

养老目标FOF是国内公募FOF市场的关键组成部分。截至2022年2季度末，公募FOF存量306只产品中178只为养老目标FOF，数量占比58%；养老目标FOF资金规模达到1 057亿元，占总资金规模的48%（见图6-14）。

图6-14　养老FOF和普通FOF数量及规模占比

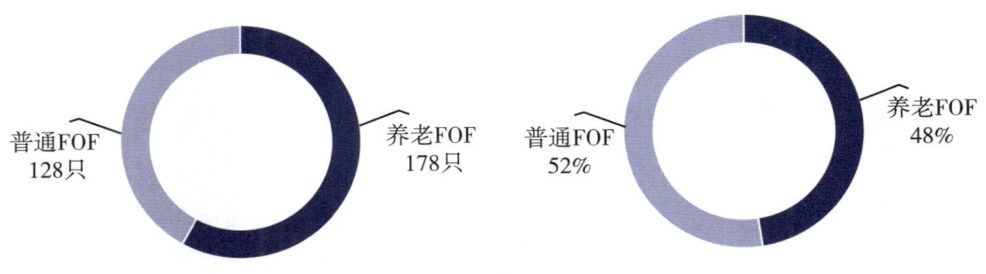

数据截至2022年6月30日；资料来源：Wind。

第三节　FOF产品在满足养老需求上优势凸显

一、FOF提供了专业解决方案

近年来，公募基金市场在产品数量和类型上均迎来了爆发式增长。截至2022年2季度末，我国公募基金的总数量已经接近了1万只。同时，为应对投资者越加复杂多样的需求场景，基金产品细分化、特色化趋势日益明显，逐渐形成了"百花齐放"的健康格局。我国基金市场实现跨越式高质量发展，为投资者提供了多元化的选择，却也因业绩分化程度大带来了"万里挑一""无从下手"等选基难题。此种背景下，FOF管理人致力于提供优质的专业基金组合方案，在解决"基金赚钱，基民不赚钱"的痛点上独具优势，适宜作为衔接公募基金市场与养老资金需要的桥梁，帮助投资者达成"保值增值"的目标。

FOF管理人作为专业的机构投资者，拥有多年理论和实践积累，在信息获取、投资研究、资产配置、基金选择、风险控制等方面均具备较强实力。

（1）信息获取：FOF管理人具备海量信息获取及处理能力，能察觉市场边际变化，及时做出有效应对。FOF管理人还可以获得对子基金管理人尽职调查的机会，便于全面掌握子基金持仓动向和投资理念，做出针对性更强的投资决策。

（2）投资研究：基金公司汇聚了来自不同领域的专家人才，积累了相对深厚的专业知识储备，配备严谨的定性和定量研究方法，可以相对全面地覆盖不同的资产、板块、行业、个券，在基金组合运作的各个环节发挥价值。

（3）资产配置：无论是目标日期型FOF还是目标风险型FOF，都必须结合合同约定和宏观经济环境，通过大类资产配置手段合理安排股票、债券及其他资产占比。资产配置向来是投资组合的"必争之地"。从收益角度，历史验证了大类资产间相关性长期较低，不同资产各有其适应环境，没有哪种资产能称得上"常胜将军"。用多元化配置的方式应对多变的经济环境，把握各类资产的"牛市"节奏，是更具长期性价比的投资方式。从风险角度，高收益资产大概率伴随着高风险。长期来看，相较持有单一高风险资产，持有多元投资组合能明显降低单一市场不确定性对组合净值的冲击，有可能获得相似的收益但更好的投资体验，在熊市或风格切换频繁的震荡市中为组合贡献较强的抗跌性。FOF管理人在资产配置上通常会依托"战略—战术—回撤控制"等框架，使用股债搭配、"核心+卫星"、动态调整等方法把握确定性较强的基础收益，再用小比例仓位尝试捕捉景气轮动机遇，增厚收益空间，兼顾策略上涨弹性与稳健性。相比普通基金，FOF对资产配置环节尤其关注。

（4）基金选择：高速发展的基金市场为FOF产品提供了内容丰富的标的池。FOF管理人拥有科学且多样化的基金分析手段，会对感兴趣的子基金管理人进行特征画像，综合考虑子基金的持仓风格、历史收益风险表现、基金经理能力圈与当前风格是否匹配、长期投资框架是否清晰等因素，从数量繁多的产品池中层层遴选出当下最合适的绩优产品。

（5）风险控制：基金公司通常配备专门的风险控制条线，能够通过事前、事中和事后的监测和分析对组合及时纠偏，比如控制单一标的持仓集中度不能过高、单一行业暴露不能过大等。

此外，FOF管理人还会根据投资者的风险收益目标定位设计相应的投资策略，并根据市场的变化帮助持有人主动管理投资组合，力求在大类资产配置和细分资产配置两个层次获得超额收益，同时也使得整个产品的配置更加符合其风险收益特征的定位。FOF为基金养老提供了优质、专业的解决方案（见图6-15）。

图 6-15　FOF 是基金投资的优质解决方案

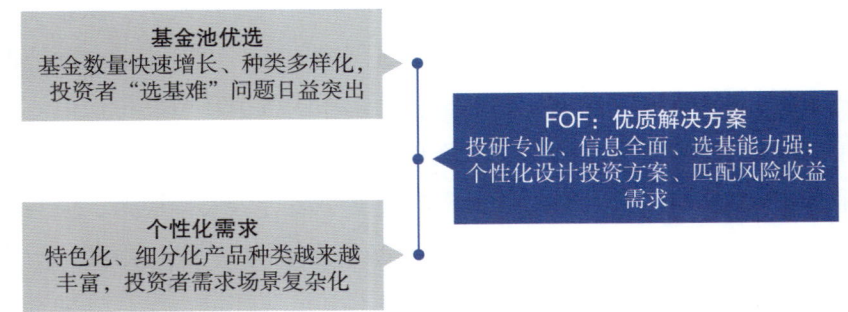

二、FOF 实现了风险的 "二次分散"

FOF 的本质是在合同约束下帮助投资者一次性购买"一篮子基金",在既定的目标风险下追求较高的收益。相比投资于普通基金,FOF 组合为投资者提供了分散程度更高的选择,能够满足养老资金对安全性和收益性的双重要求。

"分散风险"是基金组合重要特性之一,是指把资金分配到不同的证券资产上,降低非系统性风险可能带来的资金损失。一般来说,通过投资不同的证券资产,普通基金已经对风险进行了分散;FOF 通过持有子基金间接配置股票、债券等底层资产,在子基金层面实现了"二次分散",有效降低了子基金中重仓品种、管理人、区域、风格等因素集中度过高带来的非系统性风险,从而强化了基金"分散投资"的特性(见图 6-16)。

图 6-16　FOF 的运作可实现风险的二次分散

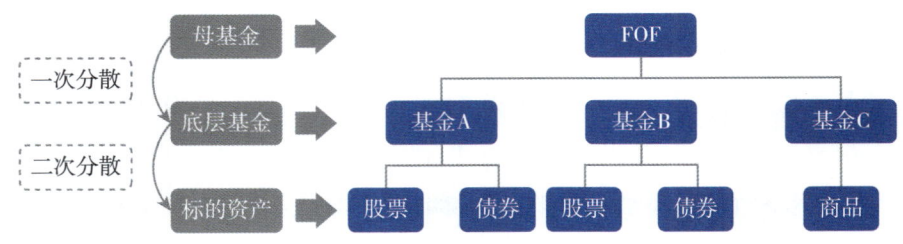

以偏债混合型FOF和偏债混合型"固收+"基金为例,对比2021年两类基金的年化波动率和最大回撤。从图6-17和图6-18可见,相比偏债混合型"固收+"基金,偏债混合型FOF的年化波动率和最大回撤水平普遍更小,反映了FOF在风险特征上的相对优势。

图6-17 2021年偏债混合型FOF与偏债混合型"固收+"基金年化波动率的概率密度对比

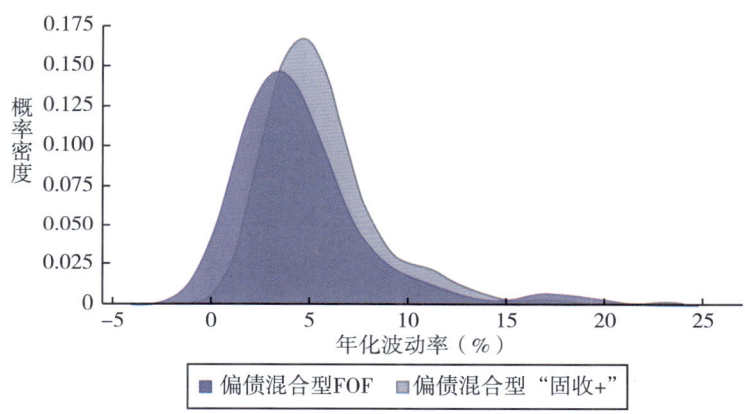

资料来源:Wind。

图6-18 2021年偏债混合型FOF与偏债混合型"固收+"基金最大回撤的概率密度对比

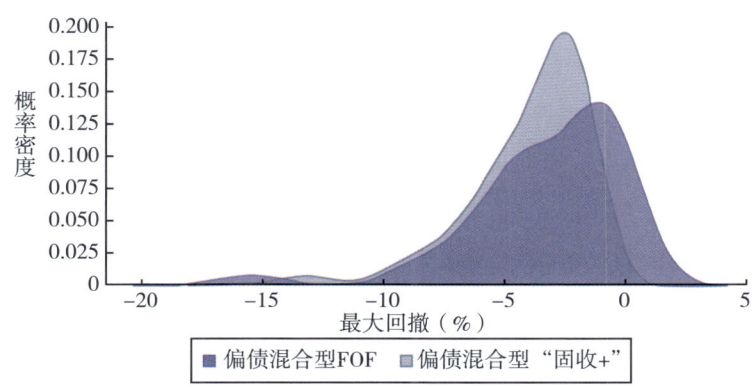

资料来源:Wind。

此外，偏股混合型FOF相对偏股混合型基金整体也有明显的确定性优势。2018年以来，偏股混合型FOF的季度波动率均低于偏股混合型基金整体水平，且该波动率在时序上稳定性更强，便于投资者进行事前掌握（见图6-19）。

图6-19　2018年以来偏股混合型FOF波动水平时序上确定性更强

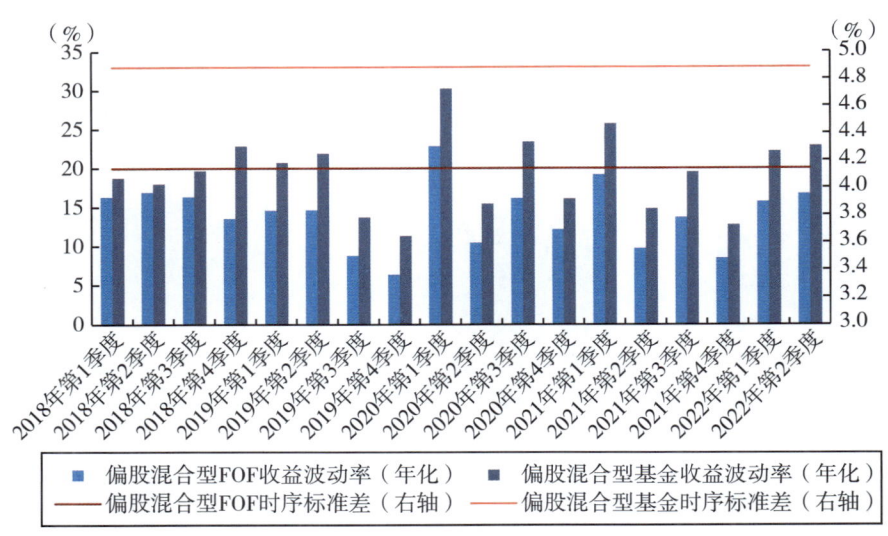

数据截至2022年6月30日；资料来源：Wind。

三、FOF的收益率相对稳健

相比普通基金，FOF具备长期净值稳健性较强的特征。受益于管理人较高的配置、选基和风控水平以及风险"二次分散"的机制优势，FOF通常具备与普通基金相比更低的收益弹性，能为养老投资者提供更好的投资体验。牛市中，FOF虽未必能给投资者带来多大惊喜，但也能通过多层次的资产配置获取一定的超额收益；熊市中，FOF同样也不会带来太大的惊吓，收益率弹性较小这一特点能为组合提供相对充足的收益保护。

以2020年以来偏股型FOF及偏股混合型基金的平均收益水平为例，在牛市中偏股型FOF的平均收益率要跑输偏股混合型基金的平均水平，而在熊市中偏股型FOF则整体展现了更强的抗跌性（见图6-20）。

图 6-20　2020 年以来偏股型 FOF 及偏股混合型基金的平均收益率水平

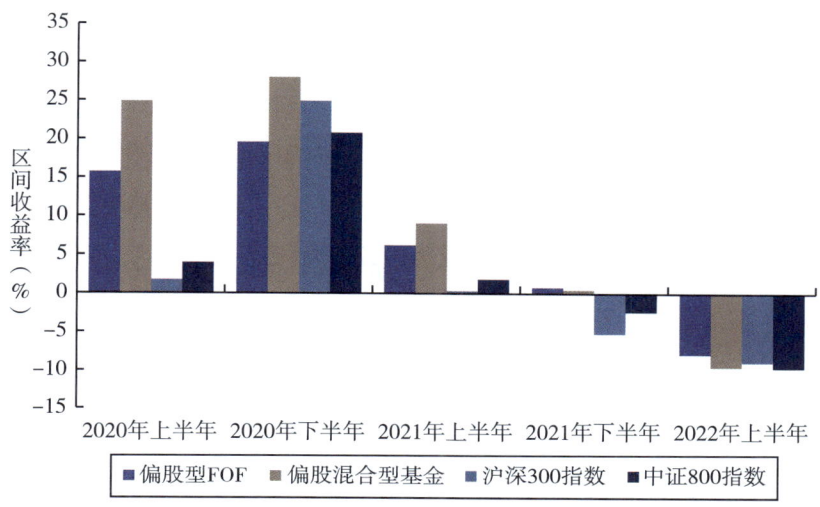

数据截至 2022 年 6 月 30 日；资料来源：Wind。

另外，与普通基金相比，FOF 的收益分布更集中，业绩表现的确定性相对较高。以偏债混合型 FOF 和偏债混合型"固收+"基金为例，不管是在牛市、熊市还是震荡市中，FOF 收益波动散点图的分布均更加集中（见图 6-21）。

图 6-21　不同市场下偏债混合型 FOF 相对偏债混合型"固收+"基金的风险收益表现均更为稳健

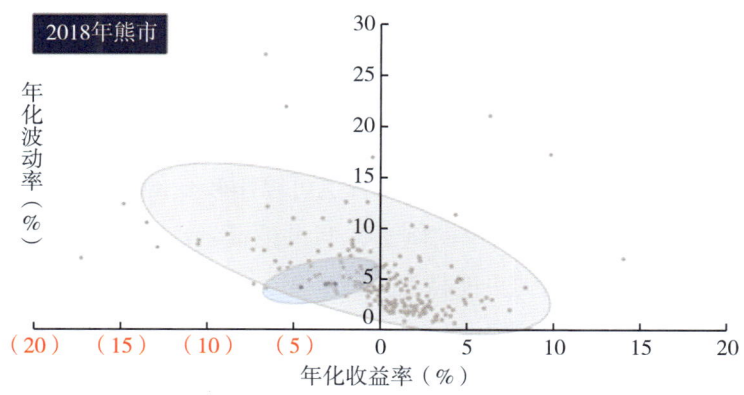

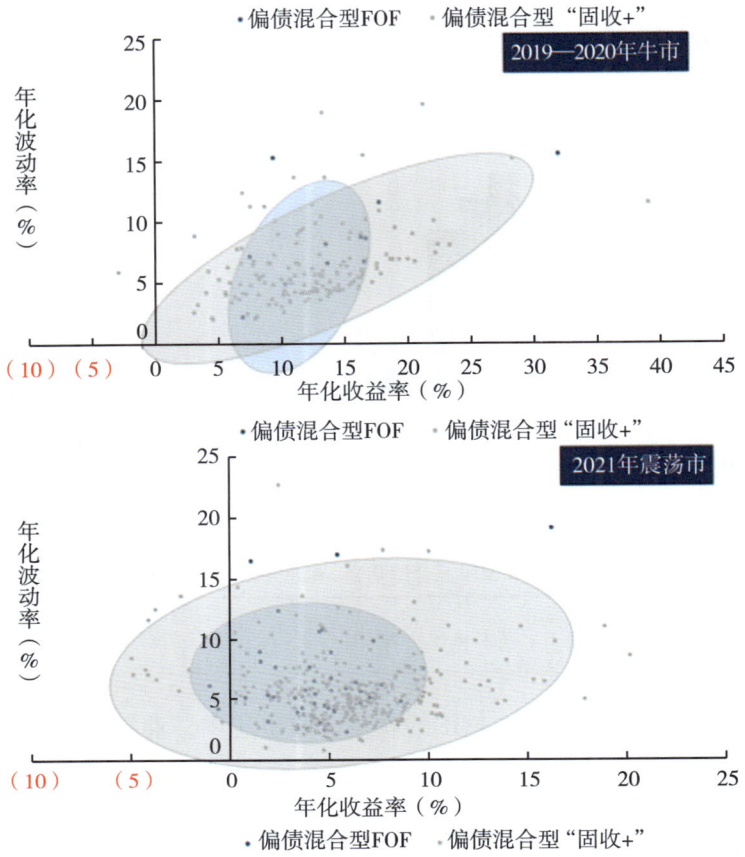

资料来源：Wind。

四、FOF的投资门槛较低

"不把鸡蛋放在同一个篮子里"充分体现了风险分散的重要性，而普通投资者资金体量小，难以充分做到分散化投资。通过投资FOF，投资者既可以间接持有具有较高门槛的优质资产，投资者也可以用较少的资金持有多种基金产品，拓宽了投资范围。举个简单的例子，假设投资者拿出10元钱来申购基金，如果最小申购金额为10元则只能持有1只基金，如果最小申购金额为1元则能持有10只基金，如果通过申购FOF则能间接持有几十只甚至更多的基金，充分做到分散化投资。

此外，通过持有FOF间接申购基金多数情况下能享受到一定的费率优惠。我国公募基金通常会根据申购金额设置不同的申购费率。以某只股票型基金为例，在不考虑渠道费率优惠的情况下，如果申购金额小于100万元，则申购费率为1.5%；如果申购金额在100万~200万元之间，则申购费率为1.0%；如果申购金额在200万~500万元之间，则申购费率为0.5%；如果申购金额大于500万元，则申购费仅为500元/笔。FOF的资金体量一般较高，在申购时的金额也相对较大，相对于普通投资者在多数情况下有一定费率上的优势。

五、FOF契合长期投资目标

目前我国已发行的公募FOF产品大多采用定期开放的运作方式或设置了最短持有期限。这样的运作方式在一定程度上缓解了由于"追涨杀跌""频繁买卖"而带来的"基金赚钱而基民不赚钱"的矛盾，有助于投资者养成长线投资视野，能够满足养老资金长线投资的目标。有专业的FOF管理人打理组合，也使得投资者可以放心地持有更长时间。

截至2022年2季度末，306只公募FOF中仅14只基金没有最短持有时间限制。从历史数据看，持有偏股型FOF基金6个月、9个月、12个月、18个月、2年、3年的赚钱概率和收益均值逐渐提升。相关资料见图6-22至图6-25。

图6-22 按最短持有时间分类的数量分布

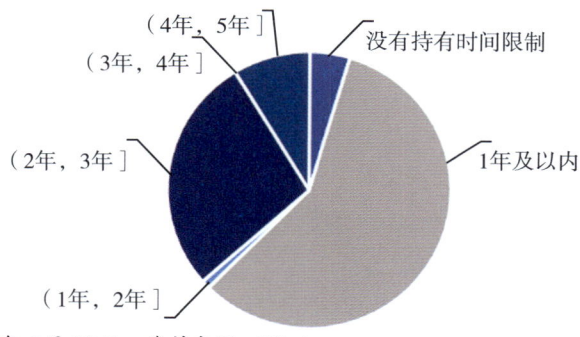

数据截至2022年6月30日；资料来源：Wind。

图6-23 按最短持有时间分类的规模分布

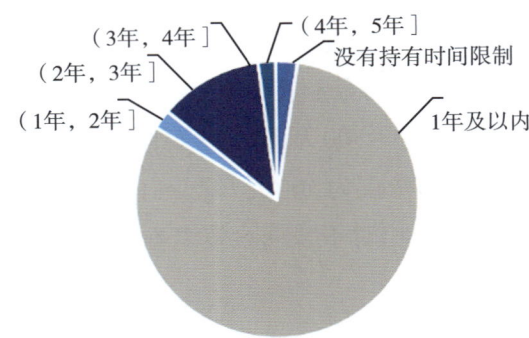

数据截至2022年6月30日；资料来源：Wind。

图6-24 持有不同时长偏股型FOF的平均赚钱概率

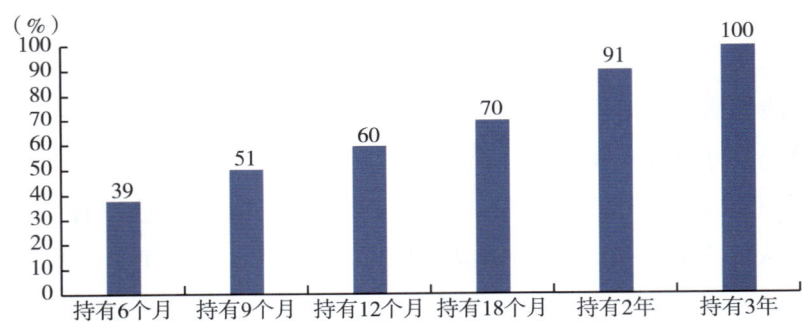

数据截至2022年6月30日；资料来源：Wind。

图6-25 持有不同时长偏股型FOF的平均收益水平

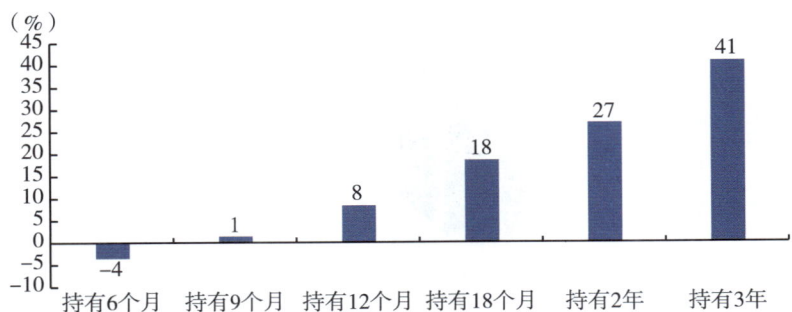

数据截至2022年6月30日；资料来源：Wind。

第七章
符合个人养老金需求的公募基金产品研究评价

第一节　公募养老目标基金业绩比较基准的选取

一、业绩比较基准的重要性

　　公募基金产品往往是一个多资产的投资组合，为了表征在整体市场中该基金目标资产配置的风险收益特征，包括相应风险收益水平，基金设置以市场指数、基准利率及固定收益率等组成的相应业绩比较基准。在实践中，一是以市场指数或指数组合的形式作为业绩比较基准，如"中债综合全价指数收益率×80%+沪深300指数收益率×20%"等，此类基金产品通常追求的是相对收益；二是以市场利率或在市场利率上加减一个固定利率的形式作为业绩比较基准的，如"一年期银行定期存款收益率（税后）+1.2%"，此类基金产品通常追求绝对收益，投资组合中稳健型资产占比相对较高。

　　基金的业绩比较基准的初衷在于投资相对主义，是基金在运作中所追求的最低收益标准，它的存在一方面是从事前将风险收益特征更清晰、有效地传递给投资者，有利于投资者识别和选择；同时，也为产品管理人在进行投资时提供了一个重要的参考标尺，增强其投资行为和投资结果的可控性，并且保证其投资风险控制在一定范围内。此外，业绩比较基准更为评价产品业绩表现提供一个客观、稳定的衡量标准，包括为基金管理人评估和优化投资组合提供辅助标尺，帮助投资者更好地评价和选择更合适的基金产品。因此，业绩比较基准在明确产品定位、便利投资者选择、提供基金经理投资指引以及为基金评价提供依据等方面均具有重要意义。

首先，通过业绩比较基准能够看出基金可能的类型、投资的大致方向及资产配置情况。货币市场基金的作用和活期存款类似，仅投资于货币市场工具，其业绩比较基准往往与活期存款利率挂钩，如"七天通知存款利率（税后）""人民币活期存款利率（税后）"等；债券基金将80%及以上的基金资产投资于债券，其业绩比较基准一般与债券指数挂钩，如"中证全债指数收益率""中债综合指数收益率"等；股票基金将80%及以上的基金资产投资于股票，其业绩比较基准则通常与股票指数挂钩，如"沪深300指数收益率""上证50指数收益率"等；混合基金投资股票和债券的比例介于股票基金和债券基金之间，其业绩比较基准大多是股票指数乘以一定的权重加上债券指数乘以一定的权重，如"沪深300指数收益率×60%+中债综合指数收益率×40%""中证800指数收益率×65%+一年期人民币定期存款利率（税后）×35%"等。

其次，业绩比较基准在投资者选择基金时也能提供相应帮助。很多基金，尤其是混合型基金，难以通过其名称了解投资范围、投资风格以及可能的收益风险特征，但是通过业绩比较基准则可以进行大致的判断，便于投资者进行决策：如"中欧明睿新起点"和"广发聚宝A"均为混合型基金，仅凭名称难以获取任何关于基金投资的信息，但是上述两只基金的业绩比较基准分别是"沪深300指数收益率×80%+中债综合指数收益率×20%"和"中证全债指数收益率×70%+沪深300指数收益率×30%"，则可以清楚地看出前者是偏股混合型基金，而后者是偏债混合型基金；从而如果风险偏好更为积极的投资者则可以选择前者，而风险偏好相对稳健的投资者则可以选择后者。[①]

最后，业绩比较基准在事前及事后的基金评价方面都有着重要的指导意义：事前能够显示基金的风险收益特征，事后能够作为评价基金风格稳定性及基金经理投资能力的重要基础。在基金风格稳定性方面，公募基金的业绩基准通常与该基金的投资范围、投资比例等指标相吻合，投资者可以据此来判断基金的投资风格是否稳定，是否发生风格漂移。例如，采用沪深300指数作为业

---

① 本文所涉及具体基金产品仅用于观点的表达与说明，不构成任何投资建议（下同）。

绩比较基准组成部分的基金是否主要投资于大中盘蓝筹股，采用中证800指数作为业绩比较基准组成部分的基金是否主要投资于中小盘股等。在基金经理投资能力方面，业绩比较基准相当于基金业绩表现的"及格线"，主动管理型基金经理的目标之一就是力求获得超越业绩比较基准的收益，因此投资者可以通过实际业绩与业绩基准间的差额（即超额收益）来直观地判断基金经理主动管理能力的强弱。例如，在市场上行时观察基金是否获得足够的超额收益，在市场下行时观察基金抵御风险的能力如何等。因此，通过业绩比较基准，一方面有利于促进基金管理人遵守基金合同、保持稳定的投资风格；另一方面也将帮助投资者不再单纯用"是否跑赢大盘"这种简单且不合理的方法来判断基金的优劣和基金经理管理能力的强弱。当然，我们可以根据基金实际业绩和业绩比较基准进行适当比较，通过多维度的指标评估基金经理的投资管理技巧和能力，帮助我们选择出真正具备长期稳健获取超额能力的基金。

二、生命周期、下滑曲线与业绩比较基准

（一）生命周期与下滑曲线（亦称"下滑航道"）

比起普通公募基金产品，养老目标基金的业绩比较基准还需要考虑到对投资者整个生命周期的匹配性，这一特点在养老目标日期FOF基金中体现得十分明显。基于下滑曲线，养老目标日期FOF基金将动态调配整个生命周期跨度下的战略资产配置，力争使基金的风险和收益符合投资者在各个年龄段的风险承受能力和收益预期，从而使基金的投资效果符合长期的养老投资目标。因此，该类基金提供的不仅仅是一个产品，而是"一站式养老服务"。

下滑曲线是描述基金中权益类资产配置比例随时间而变化的曲线。下滑曲线在趋势上是长期下降的，反映了随着投资者年龄的增长投资风险偏好逐渐降低的趋势。在养老目标日期FOF的大类资产配置框架中，随着目标日期的接近及在目标日期之后，基金的资产配置方案将越来越趋于保守：基金的权益类资产投资比例从较高的位置逐步降低，同时固定收益类资产和货币类资产的配置比例逐步提高。

从海外的实践经验来看，以美国目标日期基金的"三巨头"先锋

（Vanguard）、富达（Fidelity）和普信（T.Rowe Price）为代表的大多数基金公司，所发行的目标日期基金的下滑曲线都是以"人力资本理论"作为理论基础并以"投资者效用最大化"作为资产配置目标进行设计的，但在实际构建过程中，又各有差异。①

先锋采用追求投资者效用最大化的生命周期模型VLCM（Vanguard Life-cycle Investing Model）来设计下滑曲线（见图7-1）。VLCM将投资者个人特征参数（如退休年龄、风险厌恶、储蓄率、工资增速、支出需求等）与资本市场参数（由先锋资本市场模型Vanguard Capital Market Model，VCMM生成对大类资产收益率的预测）相结合，并在各种市场条件下进行退休投资资产组合模拟，最终选择在终身支出水平和风险承受能力之间提供最佳平衡的下滑曲线，并确定期望效用达到最大的下滑曲线的确切形状。

图7-1 先锋Vanguard Target Retirement Funds下滑曲线

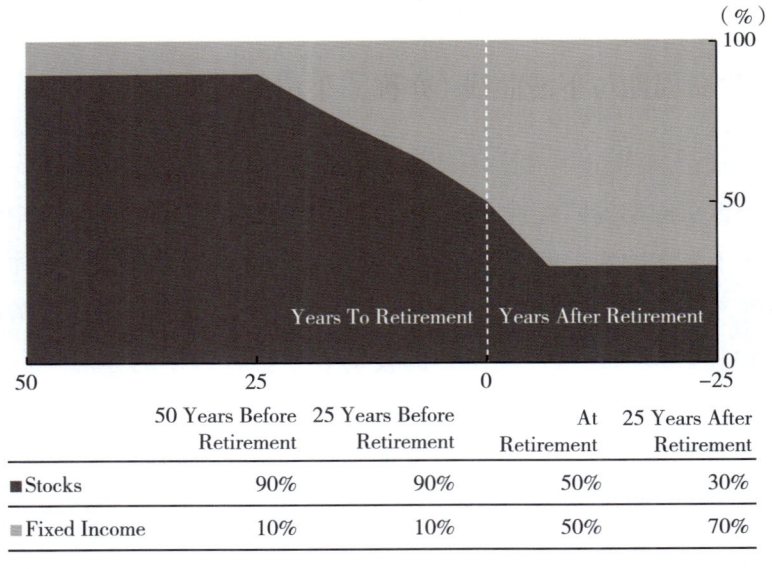

	50 Years Before Retirement	25 Years Before Retirement	At Retirement	25 Years After Retirement
■ Stocks	90%	90%	50%	30%
■ Fixed Income	10%	10%	50%	70%

资料来源：Bloomberg，Vanguard官网。

富达的下滑曲线设计基于其构建的各类定量和定性的研究分析框架（如长

---

① 相关内容源自《声音》，2021年第2期，《养老目标日期基金下滑曲线设计及建议》；国泰君安证券专题报告《Big 3 TDF管理人如何设计下滑曲线》，2022年9月13日。

期资产负债分析框架、场景分析和敏感性测试框架等),并且通过对投资者实际行为的持续研究,及时对资本市场和投资者需求的变化做出相应调整,以应对目标日期基金投资流程中的不确定性(见图7-2)。在实际设计过程中,富达的研究框架极为注重对投资者风险厌恶程度的刻画,并且会在所有潜在的下滑曲线中选取在股市最大的20次回撤区间上投资者平均投资效用最高的方案。

图7-2 富达Fidelity Freedom Funds下滑曲线

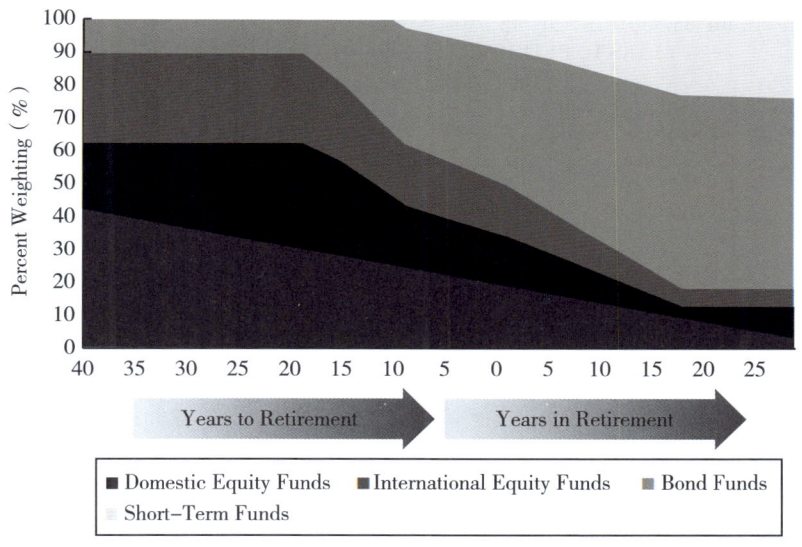

资料来源:Bloomberg,Fidelity官网。

普信在设计下滑曲线时有两大核心目标:一是确保资产配置策略能为投资者退休后的消费提供持续和足够的资金;二是希望通过控制组合波动以保障退休账户的稳定性。为此,普信在其三大基本模型(经济情景模型、行为情景模型和效用满意度模型)中融入了资本市场、人口统计数据和投资者行为偏好三大关键因子来构建其下滑曲线。其中,资本市场和人口统计数据是对大类资产回报和投资者资金状况的核心假设;行为偏好捕捉了投资者关于风险、财富损耗、投资区间、消费行为的目标和偏差(见图7-3)。

图7-3 普信T.Rowe Price Retirement Fund下滑曲线

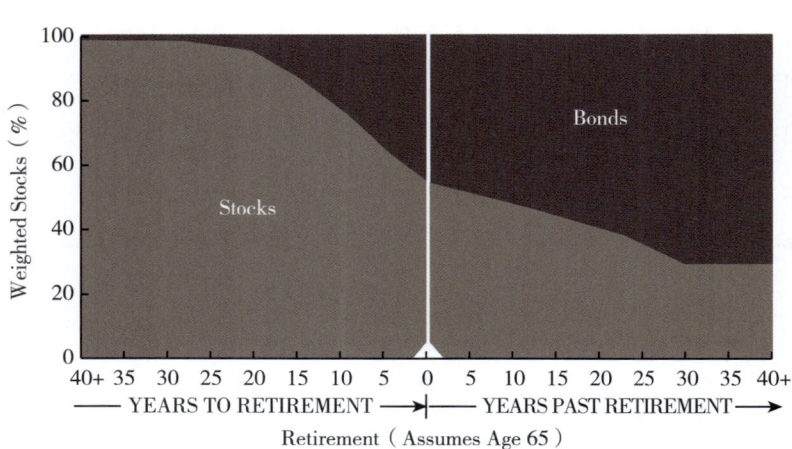

资料来源：Bloomberg，T.Rowe Price 官网。

各个国家情况并不一致，养老基金的下滑曲线必须结合本国实际国情进行精心设计。养老目标基金在中国发展时间较短，需要制订适合中国国情的资产配置下滑曲线方案。下滑曲线不仅要根据年龄设计，还要考虑投资者养老目标、个人风险偏好、收入增长和财富消耗曲线以及资本市场波动和宏观经济环境的影响等诸多因素。目前，我国养老目标日期FOF下滑曲线设置一般分为三个步骤：

第一步，根据人口结构、人口行为信息和资本市场预期风险收益，确定与投资者年龄相符的风险递减路径；

第二步，根据特定的风险水平和大类资产长期收益特征，计算资产配置比例；

第三步，在大类资产内部用不同的细分资产和策略来达到全面覆盖和分散风险的目的。

与海外相比，我国养老目标FOF在下滑曲线设计上相对简单，未将投资者收入、支出预期、风险厌恶等自身特性融入，定制化程度有限，但一致性较高，总体思路上与人力资本等基本理论所体现的配置规律也是一致的。

（二）养老目标日期FOF的下滑曲线在业绩比较基准中的内嵌

养老目标日期FOF根据目标下滑曲线于各个阶段所对应的权益类资产中枢

配置比例，设置阶梯状业绩比较基准。因此，基金的业绩比较基准成分比例会随着时间推移而变化，配置变化时间及变化幅度依据基金合同的规定各异。具体来看，养老目标日期FOF主要采用两种方式来调整其业绩比较基准。

1. 按照下滑曲线值进行调整，年度间调整幅度较小

通常采用"基准成分指数1×X+基准成分指数2×（1-X）"的计算方法计算配比，其中X为下滑曲线值（也有部分基金以下滑曲线值乘某一固定比例表示X）。

以"广发养老2050五年"为例，其业绩比较基准为"中证800指数收益率×X+中债综合全价（总值）指数收益率×（1-X）"，其中X为下滑曲线值。该只基金各年份下滑曲线值如表7-1所示。

表7-1 下滑曲线权益类资产配置比例中枢值以及权益类资产投资比例上下限

年份	下滑曲线值（%）	权益类资产比例范围（%）	年份	下滑曲线值（%）	权益类资产比例范围（%）
2019	72	57~80	2036	46.8	31.8~56.8
2020	70.6	55.6~80	2037	45.2	30.2~55.2
2021	69.2	54.2~79.2	2038	43.6	28.6~53.6
2022	67.8	52.8~77.8	2039	42	27~52
2023	66.4	51.4~76.4	2040	40	25~50
2024	65	50~75	2041	38	23~48
2025	63	48~73	2042	36	21~46
2026	61	46~71	2043	34	19~44
2027	59	44~69	2044	32	17~42
2028	57	42~67	2045	30	15~40
2029	55	40~65	2046	28	13~38
2030	54	39~64	2047	26	11~36
2031	53	38~63	2048	24	9~34
2032	52	37~62	2049	22	7~32
2033	51	36~61	2050	20	5~30
2034	50	35~60	2051及以后	20	5~30
2035	48.4	33.4~58.4			

资料来源：Wind，上海证券基金评价研究中心。

2.基金业绩比较基准以某一期限（如2~5年）为划分节点，在招募说明书中事前规定未来某个时间段内基金的基准配比

如"鹏华养老2035三年"，其业绩比较基准规定如表7-2所示。

表7-2 鹏华养老2035三年业绩比较基准调整规则

时间段	业绩比较基准
基金合同生效日至2020.12.31	中证800指数收益率×60%+中证全债指数收益率×40%
2021.01.01—2023.12.31	中证800指数收益率×60%+中证全债指数收益率×40%
2024.01.01—2026.12.31	中证800指数收益率×58%+中证全债指数收益率×42%
2027.01.01—2029.12.31	中证800指数收益率×54%+中证全债指数收益率×46%
2030.01.01—2032.12.31	中证800指数收益率×45%+中证全债指数收益率×55%
2033.01.01—2035.12.31	中证800指数收益率×32%+中证全债指数收益率×68%

资料来源：Wind。

三、我国养老目标基金业绩比较基准现状及建议

养老目标基金是适合个人投资者的养老理财工具，肩负助力我国养老金第三支柱建设的历史使命，自2018年8月首批14家基金公司旗下养老目标基金获中国证监会批文以来，至今已发展4年有余。截至2022年6月30日，Wind数据显示，市场上已成立的养老目标基金（主代码）共178只，其中目标风险基金99只，目标日期基金79只，市场规模已突破千亿元。

虽然我国养老目标基金市场规模持续扩大，但是其始终缺乏统一的业绩比较基准设定标准：多数基金公司在养老目标基金的业绩比较基准选择上，通常依据自身下滑曲线设计或投资策略，将宽基市场指数的组合作为基金合同约定的业绩比较基准，这使不同基金公司同一目标日期或目标风险的产品拥有不同的业绩比较基准；如何以统一的标准衡量不同产品的运作水平并选出符合自身需求的产品成为摆在投资者面前的难题。

我们认为，针对养老目标基金编制并使用统一的目标日期指数和目标风险指数作为业绩比较基准是解决上述问题的方式之一：使用统一的业绩比较基

准能完善养老目标基金风险收益预测机制，为投资者提供直观合理的投资风险收益预期，帮助投资者在不同市场环境下合理估算基金产品的收益区间。这有利于投资者相对客观地将基金产品的风险收益特征与自身投资目标的需要进行匹配，从而筛选出最适合自己的产品，并将"基金为投资者提供专业投资服务"这一核心价值最大化。

目标日期指数方面，中证指数有限公司已分别于2016年7月和8月发布了"中证平安退休宝指数系列"（包含2025、2035、2045三条指数）和"中证目标日期指数系列"（包含2025、2035和2045三条指数）。前者利用寿险公司提供的生命周期大数据预测人们在不同年龄段拥有的人力资本与金融财富，设置相应的个人风险承受水平，并结合宏观市场的表现和预期，在现代投资组合理论的基础上，实现境内外股票、固定收益产品和货币市场工具间的大类资产动态配置；后者则基于全社会工资收入、社保费率、储蓄水平、人均寿命、市场回报等生命周期参数，预估人们在不同年龄段具备的人力资本与金融财富，设置相适应的个人风险承受水平，并结合宏观市场的表现和预期，在现代投资组合理论的基础上，实现境内外股票、固定收益产品、黄金资产和货币市场工具间的大类资产动态配置。

中证养老目标指数的样本指数权重每半年调整一次，基于各类资产的历史表现得到未来的预期收益率及协方差矩阵，确保一定置信度下养老金融资产的月度损失被控制在当期剩余人力资本的月度摊薄均值以内。这种调整虽然反映了配置的实时性，但不够公开透明，投资者很难预期未来的实际风险暴露。此外，资本市场的相对短期的波动也容易导致在配置上的近期倾向，不利于长期配置效率。

上海证券、中国基金报、深圳证券信息有限公司于2015年联合编制并发布中国养老生命周期系列指数。该指数系列由距离退休不同年份范围的5个指数组成，根据距离退休时间的长短，调整股票、债券、现金三类资产的权重，旨在为不同年龄人群的个人退休账户投资管理提供业绩比较基准。该指数系列以相对稳定、清晰、简洁的编制规则，为相关基金产品的开发提供参考，以距离退休的时长而非具体年份作为区分标志，也使得指数的应用性更为广泛（见表7–3）。

表7-3 中国养老生命周期系列指数资产目标权重

指数代码	指数简称	股票资产（国证A指）	债券资产（中债综合财富指数）	现金资产（国证货币基金指数）
CN6114	生命周期（20-35）基金指数	80%	10%	10%
CN6115	生命周期（15-20）基金指数	60%	20%	20%
CN6116	生命周期（10-15）基金指数	40%	40%	20%
CN6117	生命周期（5-10）基金指数	20%	60%	20%
CN6118	生命周期（0-5）基金指数	0%	80%	20%

资料来源：国证指数。

当前市场中有共计4只养老目标日期FOF选取目标日期指数为业绩比较基准，具体产品与其业绩比较基准如表7-4所示。与其他养老目标日期FOF相比，以相关养老目标日期指数为业绩比较基准，能够更为清晰地表达其投资范围与目标。

表7-4 以目标日期指数为业绩比较基准的养老目标基金

基金名称	业绩比较基准
景顺长城养老目标日期2035三年持有	中证目标日期2035指数收益率
景顺长城养老2045五年	中证目标日期2045指数收益率
平安养老2035	中证平安2035退休宝指数收益率×95%+同期银行活期存款利率×5%
平安养老2045五年	中证平安2045退休宝指数收益率×95%+同期银行活期存款利率×5%

资料来源：wind。

目标风险指数方面，中证指数有限公司于2021年4月发布了"中证目标风险指数系列"（包含目标保守、目标稳健、目标平衡、目标积极四个指数）。该指数系列设置从低到高的风险目标，根据对应的权重中枢和波动率目标进行资产优化配置，从而实现多种风险收益水平，以满足投资者多样化的风险偏好与收益目标。该四个指数的股票资产权重上限、大类资产权重中枢以及组合波动率目标如表7-5所示。

表 7-5　目标风险指数的股票资产权重上限、大类资产权重中枢以及组合波动率目标

（单位：%）

目标风险指数		目标保守	目标稳健	目标平衡	目标积极
股票资产权重上限		15	30	60	80
权重中枢	股票	10	25	50	70
	债券	80	65	40	20
	现金	10	10	10	10
组合波动率目标		3	5	10	15

资料来源：中证指数有限公司。

但是目前来看，市场对于目标风险、目标日期指数的特征标准尚未形成共识，可作为养老目标FOF业绩比较基准的权威目标指数仍处于缺位状态。

我们认为，养老目标基金使用统一的目标日期指数和目标风险指数为业绩比较基准意义在于：

对于投资者而言，统一的业绩比较基准为其进行产品间横向比较提供了重要的参考依据，有利于其在相同的基础上对同类别的基金进行相对收益风险的比较，增加了投资者对产品运作情况判断的准确性与合理性，助力其更好地挑选出产品风险收益特征与自身投资目标匹配的养老基金产品。

对于基金管理人而言，使用突出养老属性且符合养老投资需求的指数作为养老目标基金的业绩比较基准，可以合理约束和规范其投资行为，规范化产品运作，促使管理人在基金投资过程中严格按照产品合同约定的投资目标与投资范围进行投资，避免风格漂移的情况且有利于为基金持有人获取长期稳定的收益。

第二节　公募养老目标 FOF 的评价指标和方法

一、评价目标

对公募养老目标FOF的评价与其他公募产品的评价既有共同点也有不同

点。共同点在于都要能够实现对该产品长期的且具有一定可持续性实现既定投资目标的能力，进行科学地、有效地刻画。不同在于这个被刻画的对象是一系列基金的组合而不是某一个单一基金产品。这一方面对这类产品要做不一样的基金分类安排，另一方面也对部分常规的基金评价方法提出了新的挑战。

二、基金分类

工欲善其事，必先利其器，对任何产品的评价总是从合理、完善的基金分类开始的。对公募养老目标FOF的评价也是一样。一个好的分类，要求类别内部的一致性和类别之间的差异性都要尽可能处在一个较高的水平，这样才更有利于对产品作出更为合理的对比与评价，即人们常说的要拿苹果与苹果对比，而不是拿苹果与香蕉比较。

对于非FOF类产品，现行的常见的分类方法有事前分类法、事后分类法以及事前事后相结合的分类方法。

事前法的分类有利于在产品发行之初即立即执行，但也饱受产品风格漂移、分类可能未必准确的困扰。例如一些灵活配置类产品，发行后由于种种原因，有的长期呈现偏股基金的特征，有的则长期呈现偏债基金的特征。而事后法虽然能够在各个信息披露节点上较为及时地判定当时的产品风险收益特征，但其考察窗口难以统一。如果只看一期或者最近的几期，那么有可能出现分类频繁变动的情况。

为了解决这个问题，如果拉长时间来看，例如3年共12个报告期来看，那在这3年内的基金分类则无法认定。所以在实务中就出现了事前+事后的分类方法，即设定一个考察期阈值，在阈值范围内采用事前法，在阈值范围外则采用事后法。以3年的考察期为例，3年内以该产品招募说明书中的投资范围与投资目标等信息判定某产品的分类，3年后则以该产品的实际投向来判定类别。

理想情况下，若产品在发行之初就能够比较清晰地界定产品的风险收益特征，那事前法会是比较理想的选择。上述情况我们仅从基于产品的大类资产配置的角度出发，指出了投资范围较为宽泛的产品中出现的风险收益特征随着时间的变化而迥异的现象。而从产品投资风格的角度来看，则有更多具体的情况，使事前分类法的有效性大打折扣。一种情况是价值投资与成长投资定义缺乏市场共识。这个领域较为知名的是来自芝加哥大学的诺奖得主Fama和他的学生French在1993年提出的三因素模型。在三因素模型中他们使用市净率来构建价值因子。而价值风格则通常被引申为面向市净率偏低、成长性较差标的的投资行为；反之，则通常被认为是成长风格投资，即面向高市净率或者市盈率、成长性较高股票的投资行为。然而，在当前的市场环境中，对价值投资的理解和定义则越来越多元。有另一种声音也广受推崇，即价值投资不等于价值股投资，所以价值投资可以不一定拘泥于其市净率水平，甚至有人指出投资于成长性好的股票也是创造价值的过程，也是价值投资的组成部分。这里先不论哪种观点或者定义更为合理或者科学，仅就这种分歧存在本身对事前分类的挑战是显而易见的。

另一种情况则在近些年更加广受诟病，即行业主题基金的风格漂移问题。事实上，如果事前约定的行业主题是较为清晰的，那在事后出现风格漂移是较为容易认定的。风格漂移的违规成本比较高，市场机制会倒逼这个现象下降到一个很低的水平。而这个问题之所以长期存在，很大程度上是由于事前约定的定义不够清晰。例如一些产品的主题横跨多个行业甚至产业，且这种跨越水平的描述较为模糊或者解释空间较大，导致投资者与管理人在投资范围上出现分歧时，无法参照既有的法律文件给出明确的界定。先不论我们是应该更照顾投资者感受，还是更尊重管理人的最终解释权，从分类的角度来看，如果事先约定的投资范围解释空间太大了，也就失去了事前分类的意义。

面对上述情况，事后分类就能有效解决吗？事后分类除了之前所说的时滞问题以外，也一样存在定义标准的问题。其本质是将部分产品管理人对产品的定义重新标准化成分类机构的定义，但只要这样的定义无法达成市场共识，为尽可能多的市场参与者所接受，事后分类依然无法有效解决事前分类中遇到诸如投资风格亦或行业主题的问题。而一个第三方形成且为市场广泛接受的定义标准是一个漫长的过程，并非一蹴而就。那接下来的问题是，如果非FOF类产品的分类中尚存在一系列难点，公募养老FOF会不会更为困难呢？幸运的是，目前来看，这个问题得到了很好地解决。这就要归功于公募养老FOF一系列配套政策中的顶层设计理念。

2018年发布的《养老目标证券投资指引（试行）》（以下简称《指引》）对

养老目标基金的认定给予了非常明确的定义。

第一,《指引》明确了只有养老目标基金可以在名称中使用"养老"字样,这就从产品名称层面上杜绝了"养老"字样可能在投资者理解上产生的歧义。一般来说,只要名称中含有"养老"字样的,就一定是养老目标基金,而没有的就一定不是。这一点是非常清晰可辨识的,不存在太多解释空间,对于产品事前分类是非常友好的。

第二,《指引》明确了投资策略的两种主要形式,分别是主流的目标日期策略和目标风险策略。为接下来养老产品发展方向指明了道路,也收窄了其他类型养老产品的创设空间。

第三,《指引》对目标风险策略中风险的界定给出了进一步的要求。其中,最有参考价值的是对于股票、股票型基金、混合基金和商品基金(含商品期货基金和黄金ETF)等品种比例给出了较为明确的阈值。《指引》第五条中要求:"养老目标基金定期开放的封闭运作期或投资人最短持有期限不短于1年、3年或5年的,基金投资于股票、股票型基金、混合型基金和商品基金(含商品期货基金和黄金ETF)等品种的比例合计原则上不超过30%、60%、80%。"这一点严格约束了养老目标风险产品的创设空间,对最短持有期限与产品风险水平上限做了一对一的绑定,那么这个领域就不会出现灵活配置类产品。这体现了目标风险类产品的设计特点,即这类产品的风险必须要有一个可观察、可测度、易理解且不会产生过多歧义的锚。如果只是要求管理人设定比例却没有对比例范围做出进一步的要求,或者只是要求使用广泛认可的组合风险界定方式(如波动率等)却没有进一步的细则,那最后真正落地时就会存在很大的变化空间。此时,对这类产品进行事前分类就会出现上文提到过的标准不统一的问题。但《指引》从源头上就很好地解决了这个问题。

养老基金的目标针对大众投资者,其中大多数是对金融投资基础了解不够深入的非专业投资者。事后分类的方式无疑给投资者带来更大的选择难度,基金运作大幅偏离基金产品定位将给投资者带来无法预期的额外风险。因此,在养老基金的分类上,事前分类更为重要,对风格偏离基金产品定位的基金产品,在基金评价上应当进行适当惩罚,以督促基金按照实际的合同约定的方向和定位进行投资,避免风格漂移。业绩比较基准是传递基金风险收益特征的最核心的工具。因此,从大众投资者角度出发,应当更为看重基金业绩比较基准。

综上所述，对于公募养老目标FOF的分类似乎比普通基金更适合采用事前分类法。而《指引》实际上已经为"将产品分为两个策略"指明了方向。在目标日期类产品中显然更适合参照产品的具体日期来分类，而目标风险类产品则更适合参照指引中的要求，将它们分为稳健、平衡和积极这几个主要的子类别开展后续的评价工作。

三、评价思路

在落实了有效的产品分类后，对产品的评价通常会从收益创造能力、风险管理能力、资产管理效率以及上述能力的可持续性等几个维度进一步剖析。对于非FOF类产品考察重点在于其管理人对权益资产投资能力、固定收益类资产投资能力以及资产配置能力。但到了FOF类产品中，除了资产配置能力依然较为重要以外，对各类资产子类别的投资能力不再是考察重点，取而代之的是其对于被投资管理人产品管理能力的分析与判断能力。所以，在评价FOF类产品时，要明确其与非FOF类产品有若干个重大的区别。

首先，在盈利能力输出方面，两者的发力点不同。非FOF类产品的投资标的是具体资产，如股票、债券等。它们的盈利能力输出主要是通过挖掘经济、产业、上市公司的长期投资价值或者交易性机会。而FOF类产品的投资标的是基金，所以它们的能力输出方式主要是挖掘公募基金的投资管理能力。我们无法断言哪一点更难一些，但这两点的区别是非常显著的，并不能一对一置换。也就是说我们不能简单推断，某投研团队在基础资产的投研能力上较为突出，就一定能直接复制或者投射到其对公募基金产品的投研能力上来。

其次，在风险管理能力方面，两者的聚焦点不同。非FOF类产品在风险管理上主要聚焦在同类资产内部以及资产类别之间的联动关系和管理技巧。而FOF类产品则需要聚焦在管理人投资理念以及投资方向之间的联动关系及其管理技巧。在这个方面，我们可以毫不讳言地说，FOF类产品的管理难度是更高的。我们在上文关于基金分类的表述中曾经提过，大量存在的灵活配置类产品以及行业主题类产品的风格漂移现状，为FOF基金管理人进行基金配置带来的不小的挑战。由于我国资本市场风格轮动速度较快，波动幅度较大，部分基金产品迫于排名压力，不得不加入追逐优质资产的行列，导致风险特征高度同源。这使配置需求所需的备选产品池进一步收缩，在那些仅存的符合要求的产品中继续深挖风格稳定且具有可持续性的产品，难度可见一斑，有时候甚至是一"基"难求。不仅如此，部分基金产品出于对现有投资人利益的考虑或者其特定策略的资金容量有限，会做出限大额甚至直接暂停申购的安排。此时，如果没有足够的"板凳"深度，即足够深的备选池产品储备，那么原有的产品风险特征就更难以维系。

最后，在评价方法上，基于持仓信息的考察效果不同。如前十大持仓集中度、行业集中度、基金换手率等基于持仓的考察指标，在我们观察非FOF类产品较为常用。虽然在FOF类产品上可以采用穿透的方式构建类似的考察指标，但由于这些持仓类信息本身都存在长短不一的时滞，一旦涉及的产品较多时，穿透时的准确性就大大降低了，使这些指标在基金评价时能发挥的作用大打折扣。

综上所述，在充分考虑了FOF类产品的这些特点后，对其各项能力的考察会更多围绕其投资目标的达成效果展开。即同类产品实际上都面临着同样的市场环境，大家都是同场竞技，哪个产品能更好地处理好策略布局、产品优选、风险管控，它就应当获得更好的评价结果。

四、考察维度

（一）收益创造能力

无论是不是养老目标基金，收益创造能力都是绕不开的话题。养老产品的本质是为投资者在丧失劳动收入后保持养老生活所需的购买力水平提供一定的财务支撑。随着我国医疗卫生服务水平的提高，人均寿命在持续延长。投资期间的收益目标不仅需要对抗通货膨胀，即维持投资者退休后的购买力，还需要尽可能覆盖更多的年金给付期数安排。要实现这个目标，第一可以通过拉长投资期限，即呼吁投资者尽可能早地进行养老投资；第二可以提高投资额，即鼓励投资者尽可能多的投资；第三提升投资产品的投资回报率。这前两者都对投资者投资行为和养老意识有较高的要求，第二点则更是需要牺牲一部分投资者的即期生活质量和消费习惯，只有第三点对投资者没有提出太多要求。换句话说，一款覆盖了通货膨胀率以外，还能创造有收益竞争力的养老产品，对投资者来说是非常有意义的。有一种观点认为，当下的养老产品特色是稳健，这当然是有道理的。但是我们想强调的是，养老产品光稳健是不够的，关注用户体验的同时，必须要重视产品的购买力维持能力，否则就本末倒置了。

考察养老产品收益创造能力有两个重要的维度，即真实收益水平和收益水平的可持续性。真实收益水平是指剔除了市场无风险收益和被动收益水平之后，管理人通过主动管理所创造的收益水平。我们常见的产品收益一般包含了产品风格收益与主动管理收益两个部分，也可以将它们称为基金的贝塔收益和阿尔法收益。贝塔收益同产品所处的市场环境，以及产品在多大程度上暴露在市场风险上有关，这部分收益受管理人主动管理能力的影响较小，更多取决于外部因素及产品的风险、风格偏好。单纯观察某产品在某一段时间收益率，其评价效果通常并不理想，这也就是为什么收益率或者收益率排名本身一般很少被纳入评价指标体系。而真实收益率主要由管理人的主动管理所创造，更能够体现出管理人在应对一系列FOF产品管理的难题过程中所体现出的竞争优势，更可控且可复制性更强。贝塔收益可以用基金业绩比较基准所代表的多资产组合来衡量，也可以用基金实际承担的市场风险暴露来衡量。但基金相对业绩比较基准的风险暴露偏离是由基金经理主动管理所实现，因此，从大众投资者的视角来看，用业绩比较基准的贝塔进行衡量更为合理。

基金创造收益能力的水平及其可持续主要由基金经理的投资能力决定，因为只有真正的"投资能力"才能穿越市场的周期波动，为投资者提供长期可持续的超额收益。如果其长期业绩是由某一段期间获取的，但没有体现出长期性和稳定性。那即便业绩较好，也很难确定这样的业绩不是运气成分造成的。只有长期且稳定地输出阿尔法，才能剥离掉运气成分，构成主动创造收益能力的一种表征。运气是可遇不可求的，但能力是可复制的，所以着眼于能力的评价对投资者来说才显得更为重要。

俗话说"路遥知马力"，对于能力的评价需要更长的时间观察，因此基金评价机构对养老基金的评价需要拉长评价的期间。2022年11月4日中国证监会发布的《个人养老金投资公开募集证券投资基金业务管理暂行规定》中，明确对养老目标基金的评价期限不得低于5年，所以也明确了在评价启动时，该产品已经具备了较长的运作时间和投资业绩可供考察其收益创造能力的持续性情况。

（二）风险管理能力

风险管理能力主要考察的是管理人在管理产品过程当中，对产品偏离投资目标的概率与幅度的控制能力。前文描述的FOF类产品在管理产品风险中所遇到的一系列问题，管理人的应对是否有效，控制效果是否有高下之分，最终都会体现在产品管理绩效的稳定性，即风险指标中。比较常用的波动率指标同时刻画正偏离与负偏离的情况，而下行风险则只刻画负偏离的情况。随着大众越来越重视持有体验，最大回撤指标也广受推崇，即某一段时间产品从最高点滑落到最低点的下跌幅度。

刻画产品风险的指标也不止这些，但站在能力评价的角度来看，基于步长数据的评价要好于基于累计数据的评价。基于步长数据是指如波动率指标等是通过观察大量数据序列的运行规律核定的指标。这样的指标随机性偏小，极值对全局指标的影响相对更小，并且其影响会随着考核时间的长度递减。类似最大回撤这种基于累计数据的指标，其数值由整个运作期间的两个点构成的。据此前所述的能力评价的核心，其实质就是要剔除运气成分，将长期的、可控的、可复制的内容刻画出来。这里特别需要指出的是，要谨慎使用最大回撤指标。首先，最大回撤指标受客观因素影响往往会大于主观因素，在某些系统性风险面前，大部分产品都会呈现出类似的最大回撤水平。此时，不同产品之间的区别可能仅仅体现出那个特定时刻的应激反应效果。但某一个特定时刻的应激反应效果是否就体现了该产品管理人长期的、可持续的风险管理能力，是要打个大大的问号。其次，最大回撤的出现往往是各类风险因素的共振，各类风险因素的共振有一定的偶然性。再次，最大回撤仅刻画了产品考察期的最大跌幅，却不体现该产品其他的回撤次数以及回撤程度，而这些反而更能体现产品的长期风险控制能力。从这个角度来看，下行风险或者其他一些类似的指标似乎是理想的观测手段。

（三）资产管理效率

资产管理效率主要考察管理人投资的性价比，即产品承担单位风险所能获取的收益水平。资产管理效率对于养老目标FOF的价值体现在对资产管理机构管理特长的肯定。即有的管理机构可能更擅长风险控制，那即便其所创造的收益不太突出，但依然可以达成较高的产出效率。而有的管理机构主动追求较大的风险敞口，只要能获取足够的风险补偿收益，在投资效率维度来看，依然是可圈可点的。这个考察维度是对收益创造能力与风险管理能力很好的补充，弥补了单一视角下，对投资人管理能力刻画的局限性。

考核指标方面较为常见的有夏普比、信息比率等。从刻画真实能力的角度来看，基于业绩比较基准的评价指标如信息比率，通常更有利于刻画产品的主动管理绩效。因为对于公募养老FOF产品而言，无论是对候选基金的优选成果还是对产品与产品之间的配置效应，都是其在业绩比较基准的基础之上创造出来的。

（四）信义义务

养老目标FOF不仅是一款投资工具，更是用于承接亿万国人养命钱的国策落地工具之一。对管理人在履行资产管理义务时的要求比普通基金更高一些。据北美养老基金运作经验，很多普通养老基金投资者都不具备资产配置能力，而对养老基金的选择更多的是出于对整个基金行业的信任。而这种信任关系通常要能够贯穿投资者的整个职业生涯直至退休才能更好地服务好投资者，使投资者利益最大化，使资产管理行业获取长期稳定的资金支持，最终取得双赢的效果，更好地发挥资本市场有效配置资源的作用。这使得管理人在履行信托责任的过程中，所表现出的勤勉尽职、维护自身以及整个行业良好形象，创建一个良性的、可持续的行业生态等特质显得尤为重要。反之，那些在此过程中，未能保护好投资人利益，甚至内部管理机制存在漏洞并造成投资人损失的管理人，在评价过程中，通过调研或者其他取证手段判断无误的，也必须要反映到最终的评价结果中去。

第三节　如何筛选符合个人需求的产品

一、生命周期的匹配

养老投资并不是到退休即完成而是可以贯穿整个生命周期的，随着年龄的增长和收入的边际降低,投资者的风险承受能力也呈现出递减的趋势,其投资风格也将从进取型向保守型转型,因而产生不同的资产配置需求:在青壮年时,个人资产不断增长,投资者的风险偏好较高,会更倾向于权益类资产的配置;但是随着年龄增长并临近退休时,个人资产的边际增长趋缓,预期收入可能不足以弥补投资的或有损失,因此其风险偏好会逐步降低,更倾向于固收类或货币类资产的配置。

在众多公募基金产品中,养老目标基金正是基于这一生命周期匹配原则应运而生的。根据2018年2月中国证监会发布的《养老目标证券投资基金指引(试行)》,养老目标基金应当采用基金中基金形式运作;投资策略包括目标风险策略和目标日期策略。

投资者可以通过生命周期匹配的方式筛选符合个人需求的养老基金产品:将自身生命周期所对应的风险承受能力与产品的目标风险进行主动匹配,可以挑选出适合自己风险偏好的养老目标风险FOF;将自身生命周期所对应的退休年龄与产品的目标日期进行被动匹配,可以挑选出符合自己的年龄增长节奏的养老目标日期FOF(见图7-4)。

图7-4 通过生命周期匹配筛选符合个人需求的养老基金产品

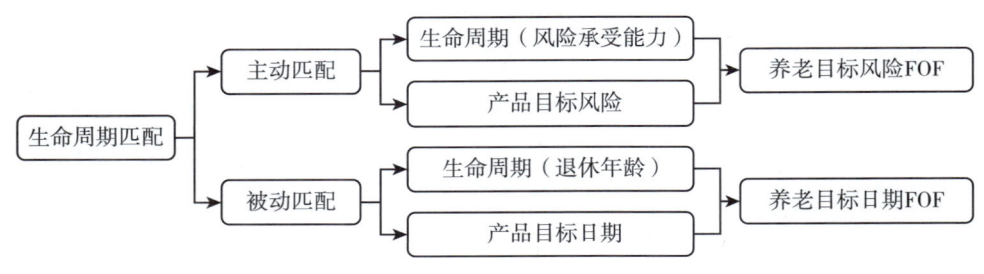

养老目标风险FOF适合对自身风险定位比较清晰且在某个生命周期阶段想要主动选择与自身风险偏好相对应的养老产品的投资者。养老目标风险FOF,其投资逻辑较为简单,即通过调整权益类和固收类资产的配置比例,保证在不同时间上投资组合的风险恒定。根据风险等级不同,养老目标风险FOF通常可分为保守、稳健、均衡、积极四类。整体来看,目标风险越低的产品持有期越短，且权益类资产的配置比例越低。相比于养老目标日期FOF，养老目标风险FOF最大的特点就是在最大限度上给予了投资者自主权，因而对投资者的要求也较高，一旦对自身的风险承受能力认识不准确，可能会选错产品并导致不必要的损失；所以，该类产品更适合具备一定投资知识和经验且对自身的投资目标及风险偏好有准确把握的投资者。在选择这类基金时，需根据年龄、收支情况、预期收益、可承受风险程度等多个角度，选择适合自己的目标风险等级。

养老目标日期FOF则为缺乏经验、不能准确把握自身风险承受能力的投资者提供了一个较优的解决方案。基于"下滑曲线"，养老目标日期FOF将动态调配整个生命周期跨度下的资产配置，即随着所设定目标日期的临近，基金的资产配置方案越来越保守，将逐步降低权益类资产的配置比例，增加固收类或货币类资产的配置比例，力争使基金的风险和收益符合投资者在不同生命周期阶段的风险承受能力和预期收益水平，从而使基金的投资效果符合长期的养老投资目标。因此，该类基金提供的不仅仅是一个产品，而是"一站式养老服务"。在该类产品的选择时，投资者只需要考虑一个问题：我大约在什么时候退休？养老目标日期FOF一般以退休年份命名，如"养老目标日期2040三年持有期混合型发起式基金中基金（FOF）"就是针对2040年左右退休的投资者而设立的基金产品，因此投资者可以将自己的退休日期与产品名称对应，便可以轻松挑选出与自身年龄及风险承受能力相匹配的养老基金产品。因此，如果是缺乏投资经验或工作生活较为忙碌以致无暇进行投资管理的投资者，可以选择此类基金，"一站式"解决自己的养老焦虑。

二、产品的评价

除了将投资者自身的生命周期与产品目标相匹配外，通过本章第三节中给出的评价指标体系也能够有效筛选出符合个人需求的养老目标基金。总体来看，共有4个评价维度：收益创造能力、风险管理能力、资产管理效率以及管理人信义义务。

（一）收益创造能力

经济社会的发展为养老目标基金的收益创造能力提出了更高要求。从超额收益所体现出的结果看，基金产品的真实收益水平以及其可持续性是评价收益创造能力的重要维度。

首先，真实收益水平，一般指基金的阿尔法收益。优秀的基金经理通过专业的管理不仅适当分散资产风险和个券风险，还会在管理过程中带来阿尔法收益，即"超额收益"。超额收益是基金收益超出某一基准收益的部分，这一基准可以是基金固有的业绩比较基准，也可以是某一指数（如沪深300指数等）。我国底层基金资产的长期超额收益是很高的，对于FOF而言，如果基金经理拥有较强的资产配置能力，那么一定能会在其所管理的FOF的超额收益上有所体现。

其次，市场中存在很多能够获取贝塔收益的机会，如果仅凭基金在某段时期内较高的超额收益，是难以区分这是由运气造成的还是基金经理主动管理的结果。因此，我们需要考虑这一超额收益的可持续性，从而将运气成分从中剥离。"超额胜率"是一个可以参考的指标。超额胜率是某段时间区间内，以某一步长计算的超额收益为正的次数占比。比如投资者可以考察某只基金在近一年内的月度超额胜率或周度超额胜率等是否高于同类平均水平；长期内稳定的超额胜率可以反映出基金在剥离运气成分之后输出阿尔法收益的可持续性，也能真正反映出基金经理的主动管理能力。

在实践中，我们需要同时衡量超额收益和超额收益的稳定性。信息比率就是很好的指标，它通过基金相对于跟踪目标或业绩比较基准的单位跟踪误差所获得的超额收益，从主动管理角度描述风险调整后收益。

从基金创造的超额收益（相对业绩比较基准）的来源来看，主要包括三个方面：一是以业绩比较基准为"锚"，在产品约定风险水平范围内，基于长期市场假设视角对资产组合进行的偏差性配置，区别于产品合同约定的长期配置结果，所体现出来的能力为资产配置能力。二是以长期资产配置为"锚"，基于短期市场和投资机会的判断，进行适当择时所体现出的择时能力。三是基于基金管理人对具体标的资产，如具体某只股票、债券的价值判断，所体现出来的选择证券能力。

从能力挖掘角度来看，詹森单因素模型、T-M模型、H-M模型、C-L模型等，在CAPM基础上，基于基金净值数据，将基金收益率进行分解，以评估基金的选股以及择时能力。詹森单因素模型在CAPM的基础上增加α指标衡量基金选股能力；T-M模型将超额收益获取能力进一步区分为选股和择时能力，引入市场组合收益率的二次项，以二次项回归系数的正负及显著与否判断择时能力是否存在，但并未有效评估其水平；H-M模型在T-M模型的基础上将二次项改为市场风险溢价与代表市场环境的虚拟变量的乘积，以计算不同市场环境即市场上涨和下跌情况下的基金绩效表现，考察不同市场环境中基金捕捉机会的能力；C-L模型在H-M模型基础上进行线性变换，将市场环境划分为上升期与下降期，测算不同市场环境中的风险水平β，在应用过程中准确度量基金经理在不同市场中的风险暴露。

以上海证券为例，上海证券基金评价中心将基金的业绩分为无风险收益、承担股市所获得的收益、承担债市贝塔所获得的收益，基金经理通过管理技巧所获得的收益四个部分，其中基金经理通过管理技巧所获得的收益又区分为择时能力、选证能力两个部分。上海证券创新性地构建股债二因素模型，准确衡量基金的各类收益来源，并以此为基础，通过数学换算，测算出基金的择时能力和证券选择能力。

上海证券二市场风险因素分析模型：

$$R_p - R_f = \alpha + \beta_s(R_s - R_f) + \beta_b(R_b - R_f) + \varepsilon$$

其中，R_p为基金收益率，R_f为无风险收益率，R_s为股票市场收益率，R_b为债券市场收益率，α为市场风险调整后的超额收益率，β_s为基金的股市贝塔，β_b为基金的债市贝塔，ε为随机误差。

上海证券基金评价研究中心注重对能力的考察，具备可持续的能力应该体现在业绩表现上，不仅应该实现具有竞争力的超额收益率，且超额收益率应该是稳定可持续的。因此，在方法设计上，将经市场风险调整后的超额收益率的值与其标准差进行比较，以综合度量基金由证券选择所产生的超额收益率的平均大小及其稳定性，作为证券选择能力指标。

市场风险调整后的超额收益率（A值）= $R_p - R_f - \beta_s(R_s - R_f) - \beta_b(R_b - R_f)$

证券选择能力指标 = $\overline{A}/\sigma_A$

上海证券基金评价研究中心注重基金对业绩比较基准的遵循，对时机选择能力的衡量以基金业绩比较基准为基础，表现为基金根据对市场走势的判断，调整对市场敏感度进而跑赢基准的能力，且同样考虑了超额收益的大小及稳定性，以避免将运气误当做能力。

由时机选择所产生的相对基金基准的超额收益率（T值）：

$$T = (\beta_{ps} - \beta_{bs})(R_s - R_f) + (\beta_{pb} - \beta_{bb})(R_b - R_f)$$

其中，β_{ps}、β_{bs}分别为基金的股市、债市贝塔，β_{bs}、β_{bb}分别为基金业绩比较基准的股市、债市贝塔。

机选择能力指标：$\overline{T}/\sigma_T$

此外，上海证券基金评价研究中心还综合考虑基金风险管理能力，即承担单位风险带来的超额收益。基金风险管理能力是资产管理效率的客观反映，上海证券选择夏普比率（指标介绍见下文）作为基金风险管理能力的衡量标准，并公平对待时机选择能力、证券选择能力和风险管理能力，对运作3.5年以上的主动开放式股票、混合和债券基金进行综合能力评价，以客观反映基金的综合投资能力。

根据养老目标基金评价长期性原则，以及监管的相应要求，可至少以5年为一个周期对养老目标基金进行评价，评价周期选择5年、10年为标准进行相关指标计算和业绩评价并选择能平稳穿越牛熊市的基金进行投资。

（二）风险管理能力

对于基金风险管理能力的评价可以从基于步长数据的指标和基于累计数据的指标入手。

首先，基于步长数据的指标，常见的有波动率和下行风险等。波动率，即基金收益率的标准差：波动率越大，表明基金的收益更远离过去平均数值，收益较不稳定，基金的风险越高；相反，波动率越小，代表收益更接近过去平均数值，收益较为稳定，基金的风险越低。下行风险，即小于无风险收益率的基金收益率相对于无风险收益率的标准差，衡量的是基金收益小于无风险收益的风险大小。该系数越高，说明基金下行风险即亏损率越高；反之亦反。简而言之，波动率衡量的是基金风险的大小，下行风险衡量的是基金相对于无风险收益的风险大小。在同类基金中、相同的时间区间内、同一步长下，波动率和下行风险越小则反映出基金经理长期和可持续的风险管理能力越强。

其次，基于累计数据的指标，常见的有最大回撤。最大回撤是在选定周期内任一历史时点往后推，基金净值走到最低点时的收益率回撤幅度的最大值。最大回撤越小，投资者持有体验越好。此外，该指标能反映出短期内基金经理对市场变化的应变和调仓换股能力。最大回撤越小，说明基金经理能根据市场的变化及时应对，但是该指标受系统性风险影响较大且难以反映基金经理长期的风险管理能力，因此可以结合前述两指标共同对基金的风险管理能力作出评价。

以养老资产的保值增值属性为出发点，我们重点关注业绩波动性。此外，通过下行风险和最大回撤指标，可以对基金的绝对收益展开评价。

(三) 资产管理效率

资产管理效率体现的是基金投资的性价比，常用的指标有夏普比率和信息比率。

夏普比率是衡量基金收益水平相对所承担的风险所体现出来的投资效率，衡量的是承担单位总风险带来的相对无风险收益超额收益，是基金相对于无风险收益的超额收益与基金波动率的比值。夏普比率越高，表明每多承担一单位总风险，能获得的超额收益越多，即风险收益交换效率越高，从而投资性价比越高。夏普指标不仅衡量资产管理效率，也衡量基金的综合风险管理能力。信息比率衡量的是承担单位主动风险带来的相对业绩比较基准的超额收益，是基金相对于基准指数的超额收益与其跟踪误差的比值。信息比率越高，表明每多承担以单位主动风险，能获得的相对业绩比较基准的超额收益越多，从而投资性价比越高。与夏普指标一样，信息比率不仅衡量资产管理效率，也衡量基金的相对业绩比较基准的风险管理能力。

另外，从长期来看，优秀的基金投资组合应该是实现风险尽可能小化、收益尽可能最大化，争取每一份风险的投资都应该获得更有竞争力的回报，这是组合资产配置效率、证券组合有效搭配和适度分散的反映，体现出相应的风险管理水平。因此，上海证券基金评价研究中心将夏普比率纳入综合评价体系，以衡量基金投资组合在组合风险管理上的能力。

夏普比率$(S) = (\overline{R_P} - \overline{R_F}) / \sigma(R_P)$

其中，$\overline{R_P}$为基金收益率均值，$\overline{R_F}$为无风险收益率均值，$\sigma(R_P)$为基金收益率的标准差。

上述两个指标是基金管理绩效的体现，在具体实践中，如果投资者对基金业绩比较基准不熟悉，夏普指标的可参考性更强；如果投资者对基金业绩比较基准认识清晰，相对夏普比率，基于主动风险的信息比率更能反映出基金经理的主动管理能力。

此外，索提诺比率和特雷诺比率也是市场普遍使用的指标。与夏普比率的不同之处在于，索提诺比率运用下行标准差而非总标准差，以区别不利和有利的波动，衡量的是基金承担单位下行风险所获得的超额收益；特雷诺比率以系统性风险 β 而非标准差作为绩效调整因子，考察的是基金承担单位系统性风险所获得的超额收益。

（四）管理人信义义务

管理人信义义务是对基金管理人道德风险的评价。

养老目标基金是居民长期、持续的投资，承接的是投资者的"养老钱"，所以基金管理人的稳定、合规性影响着养老资金安全，需要对其进行审慎评价。公募基金作为专业资产管理机构，将投研作为其核心竞争力，以中长期业绩吸引投资人从而水到渠成地发展规模，并通过长期优异的超额收益为投资者创造价值。因而，基金管理人是否把经营重心放在提升基金经理和投研团队的投资管理能力上，是否以投资者为中心并致力于通过优秀的产品业绩为其创造长期稳定的回报，是投资者在选择养老目标基金时需要对基金管理人进行重点考量的。

另外，投资者将财产交付并委托基金管理人管理，并赋予其开放的主动管理权利，因此投资人有权要求基金管理人为投资者的最大利益化负责，要求其勤勉尽责，付出专业、积极且忠诚的努力。养老基金作为大众养老储备的重要选择，其产品合同所约定的投资方向和所揭示的风险收益特征是基金管理人和投资者最基础的共识。因此，基金管理人在实践中是否进行资产和标的的合理分散，实际投资风格与基金投资范围所彰显的风格是否吻合，以及基金投资风格的稳定性，是避免在基金投资中出现信任危机、道德风险的基础，也是考核基金履行信义义务的重要指标。

从定性评价的角度来看，投资者可以从公司及其人员的合规性、基金销售适当性、公司治理结构、人员稳定性、信息披露和风险控制能力来对基金管理人展开定性评价。

在实践中，挑选具有社保基金、养老基金管理经验的基金公司可能是一个比较简单且有效的选择。自2002年，南方基金、博时基金、华夏基金、鹏华基金、长盛基金和嘉实基金等6家基金公司被选为首批社保基金管理人以来，截至2022年6月，目前18家社保基金境内管理人中，除2家证券公司外，其余16家均为公募基金公司。在养老金第一支柱和第二支柱的投资管理人中，公募基金占比分别达到67%和50%。此外，能够参与社保基金、养老金管理的公募基金管理人，一般都是业内管理长期资金的业绩表现突出的公司。因此，投资者在选择养老目标基金时，选择参与管理社保基金和养老基金的公募基金公司能使得自身的道德风险暴露最小化。

综上所述，在收益创造能力方面，需关注产品超额收益及超额收益稳定性，并可对超额收益来源进一步分解，如择时、选股能力等；风险管理能力方面，综合运用波动率、下行风险、最大回撤等指标；资产管理效率方面，基于无风险收益率的夏普比率、索提诺比率、特雷诺比率，以及基于业绩比较基准的信息比率均是较好的度量指标；管理人信义义务方面，综合考察管理人在合规性、基金合同遵守、风格稳定性、人员稳定性、销售适当性等方面的表现（见表7-6）。

表7-6　基金产品评价维度及指标

	评价指标/维度
收益创造能力	超额收益、超额胜率；信息比率择时能力、选股能力
风险管理能力	波动率、下行风险、最大回撤
资产管理效率	夏普比率、索提诺比率、特雷诺比率；信息比率
管理人信义义务	合规性、风格稳定性、人员稳定性、销售适当性等

资料来源：上海证券基金评价研究中心。

三、其他因素

除了通过匹配生命周期和产品评价来筛选养老目标基金产品外，还有如基金流动性、基金费率等因素，也是投资者在选择基金产品时可以参考的。

（一）基金流动性

投资者在选择养老目标基金时需要注意产品的流动性。

一方面，根据2018年2月中国证监会发布的《养老目标证券投资基金指引（试行）》，养老目标基金应当采用定期开放的运作方式或设置投资人最短持有期限，养老目标基金定期开放的封闭运作期或投资人最短持有期限应当不短于1年。就目前市场上已成立的178只养老目标基金来看，均设有1~5年不等的最短持有期。这意味着养老目标基金在设立后就会进入封闭期，而在封闭期结束前，不能要求基金公司赎回。在封闭期内，养老目标基金的流动性比较差，所以投资者不能忽略这一封闭期限，且尽可能根据自身需求将1~5年内无须动用的"闲置资金"进行投资；同样地，也可以根据自己的资金情况，选择相应持有期的基金进行投资。

另一方面，养老目标基金作为公募基金，其固有的流动性风险也需要注意。公募基金的流动性风险是指基金管理人未能及时变现基金资产以应对投资者赎回申请的风险，本质上是基金组合资产的变现能力与投资者赎回需求的匹配与平衡问题。自上而下来看，基金的流动性风险可能与金融市场整体的流动性、证券市场的走势、基金公司流动性管理流程和措施、基金类型、基金规模以及基金持有人结构与行为特征等因素有关。

（二）基金费率

一般来看，由于FOF的管理人提供了基金投研等服务，所以要收取FOF的管理费、托管费和申赎费等；同时，FOF投资的标的也是基金，这些底层基金本身也会发生上述费用，因此FOF存在双重收费的现象。但为了尽可能降低双重收费的影响，中国证监会于2016年9月发布了《公开募集证券投资基金运作指引第2号——基金中基金指引》，其中对FOF的费率豁免问题作出了明确规定：基金管理人不得对基金中基金财产中持有的自身管理的基金部分收取基金中基金的管理费。基金托管人不得对基金中基金财产中持有的自身托管的基金部分收取基金中基金的托管费。基金管理人运用基金中基金财产申购自身管理的基金的（ETF除外），应当通过直销渠道申购且不得收取申购费、赎回费（按照相关法规、基金招募说明书约定应当收取，并计入基金财产的赎回费用除外）、销售服务费等销售费用。

根据2018年2月中国证监会发布的《养老目标证券投资基金指引（试行）》，养老目标基金可以设置优惠的基金费率，并通过差异化费率安排，鼓励投资人长期持有。整体来看，目前市场上已成立的178只养老目标基金的平均管理费率为0.74%，低于FOF0.78%和全市场基金0.85%的水平，且养老目标基金管理费率的方差仅为0.02（见表7-7）。

表7-7 养老目标基金费率

最短持有期（年）	平均管理费率（%）	平均托管费率（%）	平均权益仓位（%）
1	0.62	0.16	2.11
2	0.50	0.15	0.00
3	0.82	0.18	3.00
5	0.82	0.17	1.90
合计	0.74	0.17	2.48

资料来源：Wind，上海证券基金评价研究中心。

区分养老目标基金的最短持有期来看，最短持有期为1年的基金其平均管理费率明显低于最短持有期为3年和5年的基金（由于最短持有期为两年的养老目标基金仅1只，相关数据无统计意义，此处不纳入考虑）。我们认为，1年持有期产品的这一费率优势是由于其相对更低的权益仓位造成的。养老目标日期1年持有期FOF的目标日期均为2025年和2035年，养老目标风险1年持有期FOF的目标风险均为保守和稳健，由于其目标日期较近和目标风险较低，基金的权益仓位也相应较低，从而体现为更低的管理费率。

总体而言，养老目标基金的费率水平整体已处于低位且产品之间差异较小。投资者在选择养老目标基金产品时，如不同产品之间风险收益特征较为相似，且按本文前述方法仍难以筛选出符合个人需求的产品，则可以参考基金费率指标，并从中选择费率相对更低的基金；否则，对于费率指标简单参考即可，而不用过多担忧基金费率对投资收益造成的侵蚀。

第四节　常规基金如何满足个人养老业务的内在属性要求

一、常规基金如何更好满足养老需求

公募基金服务于大众养老需求，产品普惠特性至关重要，产品运作重心应在于提高广大投资者实际盈利。

以往公募基金行业"基金赚钱基民不赚钱"矛盾突出，产品波动性过高是造成这一现象的重要原因之一。过高的波动性使大多数投资者产生种种非理性行为，例如在大幅上涨过后因无法抵御巨额收益的诱惑追高入场，或是在下跌过后难以忍受亏损而恐慌割肉离场。因此，提升基金产品稳健特性对于投资者最终获得较好的收益水平至关重要。

从产品设计层面，可进一步推进中低风险产品谱系的完善，以填补理财净值化转型后，受广泛认可的低风险投资品的缺位。

从证券配置层面而言，持有证券的均衡和分散是提升产品稳健性的重要前提。行业基金集中度较高、短期波动较大，且不同主题的行业基金以及同主题行业基金内部业绩分化较大，需要密切跟踪市场情况，对于行业有深度理解，才能准确把握投资机会，因此行业基金更适合满足专业的特定投资者的需求，普通投资者参与难度较高。养老型产品是通过分享经济增长而达到长期稳健的增值，而不是对赌某一个狭窄行业的涨跌。因此，养老产品应尽可能选择持券均衡和分散的产品，谨慎纳入行业主题基金，尤其是过于狭小的、不具备长期空间的行业基金。[①] 此外，由于基金管理人普遍对于提升管理规模有较强动机，基金在投资过程中对于投资者关注度较高的业绩排名格外注重。对于相对排名的过度追求也将导致部分基金在证券配置上出现集中化的倾向，以寻求"出圈"效应，吸引投资者购买。基金管理人应加强内控，对集中度加以严格限制，除主题基金以外，谨慎采用过于激进的，集中于单一风格、行业或主题的投资策略。

---

① 相应内容引用上海证券基金评价研究中心专题报告《行业主题基金发展已过剩 中小公司破局在主动》，2019年6月17日。

在投资目标上，应以长期为导向。根源上，首先需引导投资者正确看待短期业绩排名。基金研究机构、媒体等应加大对基金短期业绩持续性研究、投资者投资行为及结果统计等相关研究结论的推广；基金评价、评奖机构在对基金进行评级、评奖的过程中，应加大长期指标，风险管理指标的评价权重；基金销售机构在产品推介的过程中，也应着眼长期，规避对短期、单一维度的过度曝光。

基金运作过程中，应注重契约精神，严格按照基金合同所示的风险等级及投资范围，保持风险收益特征和风格特质的稳定，避免风格漂移，以保证投资者能顺畅地匹配到和自身相适应的产品。

在费率水平方面，应逐步降低基金整体费率水平，尤以目前相对于国际水平明显偏高的管理费率为代表，避免过高的费率侵蚀长期收益；实行鼓励长期投资的差异化费率安排，引导投资者树立长期投资理念。

二、其他类型产品如何纳入养老体系中

多样化的产品形式纳入养老投资体系有其必要性，同时给投资者适当性匹配带来挑战。我们需要建立科学严谨的投资者适当性流程，以保证投资者将其今后赖以生存的养老金投向适合的基金产品。在产品风险等级及业绩比较基准能准确反映养老基金产品特质的前提下，投资者的实际需求和风险承受能力需得到有效刻画。

相较于现存基金产品销售中的投资者适当性匹配体系，可进一步优化的方面包括：

（1）以基于投资者自行填报的个人收入水平、家庭收支状况、教育背景、职业特征、金融知识储备及未来收入预期等初步形成的投资风险等级为基础，结合个人账户资金流入流出特征进行交叉验证，确保定位准确。

（2）投资适当性匹配不应以单一产品为维度判断是否准入，而应以养老金资产组合作为整体进行管理，以保证合理的资产配置比例及适度的分散为目标。

（3）对于非传统意义上符合养老基金特质的基金产品，如高波动、主题、赛道类基金的投资，可附加投前流程，确保投资者明确知晓该产品定位及特

性,并设定硬性投资比例限制。

(4)利益相关方与投资者有效隔离,避免形成对投资决策的诱导。

第五节 基金评价体系与养老基金产品发展

一、我国基金评价业务现状

我国基金评价业务,受中国证监会及其派出机构监督管理,以及中国证券投资基金业协会自律管理。中国证监会、中国证券投资基金业协会(以下简称"基金业协会")分别于2009年、2010年发布《证券投资基金评价业务管理暂行办法》《证券投资基金评价业务自律管理规则(试行)》,规范证券投资基金评价业务。《证券投资基金评价业务管理暂行办法》通过长期性、公正性、全面性、客观性、一致性、公开性六个原则,对基金评价业务的价值取向进行定调,对于评价理论基础、标准、方法及独创性提出了高标准要求,从信息采集、校正复核、底稿保存等业务实操的方方面面进行了细致规范(见表7-8)。

表7-8 《证券投资基金评价业务管理暂行办法》
关于基金评价业务应遵循原则的表述

长期性原则	注重对基金的长期评价,培育和引导投资人的长期投资理念,不得以短期、频繁的基金评价结果误导投资人
公正性原则	保持中立地位,公平对待所有评价对象,不得歪曲、诋毁评价对象,防范可能发生的利益冲突
全面性原则	全面综合评价基金的投资收益和风险或基金管理人的管理能力,不得将单一指标做为基金评级的唯一标准
客观性原则	基金评价过程和结果客观准确,不得使用虚假信息作为基金评价的依据,不得发布虚假的基金评价结果
一致性原则	基金评价标准、方法和程序保持一致,不得使用未经公开披露的评价标准、方法和程序
公开性原则	使用市场公开披露的信息,不得使用公开披露信息以外的数据

资料来源:中国证监会官网,上海证券基金评价研究中心。

机构从事基金评价业务，须经由中国证券投资基金业协会备案并核准，协会通过其网站公告具备会员资格的基金评价机构名单。当前，可从事基金评级业务的机构共有7家，包括3家基金研究机构——晨星资讯、天相投顾、济安金信，以及4家证券公司基金研究部门——上海证券、银河证券、招商证券、海通证券。此外，三大官媒（中国证券报、上海证券报、证券时报）可以从事基金评奖业务，对应奖项分别为金牛奖、金基金奖和明星基金奖。

在统一、严格的规范下，基金评奖及评价结果具备一定权威性，在业内人士及投资者间得到广泛认可。

科学合理的基金评价体系能够反映投资价值观，通过长期评价、能力评价和风险评价，引导投资者长期投资、价值投资、风险匹配和合理配置。评价业务的展开可以向大众传递基础的金融和基金知识，帮助投资者更好地认识基金；评价结果可以鞭策基金管理人严格按照基金投资策略和投资范围进行投资，也鞭策基金管理人勤勉尽职尽可能提升投资管理能力；可靠的评价结果更可以帮助投资者对产品进行合理的选择和配置。

借助公募基金行业现有的较为成熟的基金评价业务发展格局，公募养老基金产品在规范化发展道路上具备天然优势，基于养老场景优化的评价体系及标准，对于引领养老基金产品专业化发展，更好服务大众具有重要意义。

二、从个人养老金业务出发优化常规公募基金评价

公募基金评价业务长期以来一直奉行公平、客观、科学、长期导向的价值观，以引导投资者更全面地看待公募基金的表现情况。随着个人养老金业务的纵深化发展，对公募基金及其评价业务提出了新的需求。这些需求既体现在评价理念的深化理解上，更体现在评价结果的落地模式上。

（一）评价要远离唯结果论，更专注于探求产品获取成功的原因

评价与投资都有逆人性的一面，要求人们透过现象看本质，不要被表面的浮华与落寞所迷惑。但市场上依然大量存在对短期表现的刻画与宣传，这也直接导致部分基金公司对规模排名、基金经理对业绩排名的极致追求，从而出现了各种短期冲动现象。上文中提到过的风格漂移就很大程度上是由短期市场

波动所带来的相对排名压力导致。而一款风格较为鲜明的产品之所以存在，其本身追求的究竟是长期风格收益还是短期风口效益，这个问题在理论上与实际上出现了截然不同的答案。然而在个人养老业务中，投资者们的投资期限长达几十年，他们或许还是会被炫目的短期收益吸引眼球，但他们真实需要的是能够长期持续稳定表现的产品。评价需要做到的就是杜绝只看重结果而忽视原因的方法体系，因为在任何时刻总是能得出一个结果，其中有一些（如业绩排名）可能还更容易受到大众的瞩目与追捧，但只有那些具有强有力的成因所支撑的结果才有参考价值。这也就是为什么在《个人养老金投资公开募集证券投资基金业务管理暂行规定》中，明确指出了"……不得使用单一指标进行排名或评价，不得进行短期收益和规模排名"。

（二）评价要更全方位地与基金服务各个环节相结合

评价理念所能发挥的作用与其落地的模式密不可分。在一个信息时代，一切顺人性的传播方式都得到了爆发式的发展。微博、微信和短视频，无一不体现出人性中对短期、快速、轻松获取信息的内核诉求。基金评价这种呼吁大众远离短期结果导向的理念，仅凭大众传播的方式几乎是举步维艰的。如果评价理念无法有效触达尽可能多的投资者，那么它的方法论再科学也对投资者发挥不了实际作用。要解决这个问题，必须寻求评价结果与基金服务环节的有效结合。当前，除了大众传媒以外，有效触达投资者的场景主要有基金销售环节、基金售后服务环节以及基金投顾服务等。评价业务通过与基金销售环节结合，帮助投资者更全面地看到基金的各个维度的综合表现，以选择更适合自己的产品。通过售后服务环节，定期或者不定期审视已购产品是否还继续符合投资者的理财需求。通过基金投顾服务，选择更适合投资者的组合配置品类，帮助投资者辨识那些风格更稳定、更具有组合配置价值的基金产品。通过与这些基金服务环节的深度结合，将基金评价的优越性无缝传导至终端投资者的基金投资活动中去，从而真切地实现投资理念落地、真正地惠及普罗大众的个人养老需求。

第八章
公募个人养老金销售与服务模式分析及建议

第一节　公募个人养老金业务销售与服务现状

一、公募个人养老金业务目标客群客户画像分析

根据海外养老金客户特征和我国现实情况，在对个人养老金的客群分析当中，最主要的人群划分因素分别是年龄和收入水平。

年龄方面，理论上18~60岁为个人养老金业务覆盖的全部人群，但不同年龄阶段的人群养老准备的意识存在较大差异。根据中国养老金融50人论坛2022年调查数据显示，超过70%的调查对象认为应该在50岁以前就开始进行养老财富储备，约40%的调查对象认为应该在30~39岁开始做好养老储备，占比最高。可见，中青年应是个人养老金业务的主要客群。

收入方面，个人养老金实施递延纳税优惠政策是重要的激励手段。根据现行政策，个人缴费享受税前扣除优惠，缴纳的个人养老金在退休前无法取出（除特殊情况），退休领取时按照3%的税率计算缴纳个人所得税。因此，收入水平是否能满足节税要求将是客户考虑是否参与个人养老金的重要衡量因素。在当前政策的影响下，中高收入人群应是个人养老金业务的主要客群，但随着政策的进一步放宽，个人养老金也会有望进一步增强对更广大客群的吸引力。

根据年龄和收入两个维度，可以将个人养老金业务面向的客群大致分为四类（见图8-1）。

图8-1 个人养老金客群

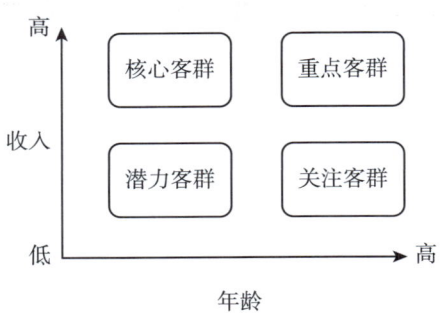

1.核心客群：中高收入的中青年人。该类客群年龄在50岁以下，具备较高和稳定的收入，有足够的养老意识和参与能力，较早地开始养老准备对这类客群的意义也较大。其中35~44岁年龄段是核心中的核心。此类人群在家庭中起到承上启下的作用，不仅自身有养老准备需求，对上一代的父母也有赡养义务，同时较早地进行养老准备并产生效果也对下一代有着教育意义。

2.重点客群：中高收入、临近退休的中老年人。该类客群年龄在50岁以上，具备较高的收入，因为临近退休养老准备的急迫性更强，更容易接受并参与个人养老金业务。不过，此类客群已过了黄金储备年龄，接受新事物的能力和风险偏好较低，更适合相对稳健的养老产品。

3.潜力客群：中低收入的青年人。该类客群可能是初入职场的年轻人或低线城市奋斗的中青年人，由于目前收入水平较低，参与个人养老金不能起到节税效果，因此此类客群参与意愿较低。不过，这部分人年龄也较低，人力资本处于增值期，未来也有机会纳入核心或重点客群，故列为潜力客群。

4.关注客群：中低收入的中老年人。该类客群为50岁以上、收入较低不满足个人养老金节税要求的人。进一步细分可以分为两类：一是低收入低资产客群；二是低收入高资产客群。前者是需要国家和社会在后续持续给予更多的关注和支持的客群，后者则是个人养老金外其他养老服务的重点客群。

根据不同年龄阶段的细分客群见表8-1。

表 8-1

阶段		探索期	建立期	稳定期	维持期	高原期	退休期
年龄	男	18~24岁	25~34岁	35~44岁	45~54岁	55~60岁	60岁以上
	女	18~24岁	25~34岁	35~44岁	45~54岁	45~55岁	55岁以上
家庭形态		以父母家庭生活为主	择偶结婚，有学前子女	子女上小学、中学	子女进入高等教育阶段	子女独立	以夫妻两人为主
收入		学习，零收入或初踏社会基础薪水	以薪水为主	以薪水为主，理财收入为辅	以薪水为主，理财收入为辅	以理财收入、转移性收入为主	退休金
支出/负债		日常生活开销，无大额家庭支出，啥负债	家庭支出，无大额负债	子女教育费用负担重，房贷为主	老人赡养费用加重，房贷余额逐年减少	随子女经济独立而减少，退休前结清大额负债	医疗费用增加
心态洞察		勇敢闯，啥都不怕养老意识较薄弱	开始重视家庭拼事业创收	工作和健康的危机感渐增	望子成龙，财富积累至高值	家庭重心转移到孩子成家规划和父母养老	平安健康享乐风险承受力弱
养老	城镇（职工基本养老保险为主）	养老教育	养老储蓄、养老理财产品、养老基金产品、养老保险（具体产品需综合考虑投资人的风险承受度、家庭状况、投资状况等推荐）				领退休年金至终老；享受综合性养老服务
	农村（新型农村社会养老保险为主）		养老保险为主，其他个人养老产品处于渗透初期阶段				

注：表中的细分客群及特征仅代表部分人群。

可以看出，18~24岁探索期的青年人无论是城镇职工还是农村人员均以养老教育为主，为今后人力资本上升期进行养老规划做好准备；25~60岁的养老客群则差异明显，城镇职工相对收入较高，有基本养老保险作为保障，相对应的养老规划应该覆盖养老理财、储蓄、公募基金等各类偏好和属性不同的产品；同时，关注综合性的养老服务需求。农村居民则应该优先配置好新型农村社会养老保险（简称"新农保"），保证养老时期物质生活的基本需求。

二、参与机构现状分析

在参与养老金业务销售和服务机构方面，目前个人养老金产品包括公募基金、商业养老保险、银行理财、存款储蓄等四类产品，涉及的销售机构包括银行、证券公司、基金公司、第三方基金销售和保险公司五类，各类销售机构各具特色，主打的个人养老金业务客群也有一定差异。

（一）商业银行

商业银行的优势在于账户和渠道，一方面个人养老金资金账户需要在银行开立，这一得天独厚的入口优势让银行有望形成"账户开立——销售——服务"的闭环；另一方面，银行线下网点众多，信用背书强，具有良好的渠道优势。另外，从产品的丰富度来看，一定规模以上的商业银行大多数具备多种金融产品的销售资质，产品线丰富。从另一个角度，商业银行在产品和服务上总体还偏卖方特征，在长期陪伴和投教上也不具备显著优势。

结合商业银行的优势和业务特征，其个人养老金业务会广泛覆盖各类客群，但对银行信用背书重视度更高的重点客群更可能选择银行办理个人养老金业务。此类客群多为临近退休的企业职工（"60后""70后"），他们对银行更具有信任感，非常切合银行重点销售的银行理财和存款产品。

（二）证券公司

证券公司的优势在于优秀的投研能力，投顾转型后也具备强大的投顾团队，可以为客户提供优质的投资指导。另外，证券公司的客户具备资本市场投资兴趣和经验，风险偏好也相对较高，这为高风险产品销售提供了基础。从客群服务和客群特征上来讲，证券公司的线下渠道覆盖和线上渠道的客户体验都有其他强有力的竞争机构，且证券公司的客群风险偏好整体偏高且主动交易频率偏高。

基于证券公司的特点，其个人养老金业务主打客群为低龄高收入的核心客群。此类客群多为处于事业高峰期的城市小白领，接受新事物能力更强，同时，也具备一定的财力基础，客观上风险承受能力也更强，契合证券公司销售权益产品的优势。

（三）基金公司

基金公司的优势在于具备优秀的投研能力，部分基金公司也具备投顾资质，建立了完善的投顾体系。另外，基金公司也是重要养老产品养老目标基金的提供方，具备根据客户需求开发相应产品的能力优势。由于机构特征和发展历程不同，基金公司相较于银行和证券公司，直销渠道能力整体相对不强。

基于基金公司的特点，其个人养老金业务主打客群为核心客群。主观具备高风险投资偏好，客观又具备较高风险承受能力的此类客群。

（四）第三方基金销售公司

第三方基金销售公司的主要优势在于线上流量，特别是几大头部互联网平台具备强大的流量优势，可覆盖到其他机构难以覆盖的长尾客户。另外，部分三方也获得了投顾资质，结合自身互联网基因，具备较强的买方思维。作为基金销售类机构，比起银行、证券公司、基金公司等有着很长发展历程的传统金融机构，投研能力建设还在相对早期阶段，且对线下渠道的高净值人群服务能力还不够完善。

结合第三方基金销售公司的优势和业务特点，其个人养老金业务主打客群为核心和潜力客群。这两类客群整体偏年轻，对新鲜事物接受程度较高，也是处于开启养老金准备的黄金年龄。其中，核心客群具备较大的风险承受能力，也满足个人养老金税优标准，考虑到三方平台主要代销养老目标基金，两者匹配度较高。另外，潜力客群虽还不满足税优标准，参与个人养老金意愿较低，但大多还处于人力资本上升期，三方平台可利用低成本优势覆盖到这部分客群，提前普及养老概念。

（五）保险公司

保险公司不是公募基金销售和服务的主要主体，不过作为金融服务的一个重要参与主体，其提供养老服务的模式对公募基金体系也有重要借鉴意义。

保险公司是国内较早涉足养老领域的金融机构，具备一定的先发优势，其在养老产业链上的布局也最为完善，包括养老社区、医疗护理等都具备较强的吸引力。另外，养老保险可以提供保障功能，这是区别于其他养老产品的特色，保险公司的现有客群有较强的风险意识，是个人养老金业务的精准客群。

基于保险公司的特点，其个人养老金业务主打客群与商业银行类似，都是为高龄高收入的重点客群。此类客群风险偏好较低，一个稳健、有保底收益、永续领取的产品对他们吸引力较强。同时，此类客群年龄偏大，临近退休也让他们开始考虑养老相关的一系列问题，包括居住、医疗、娱乐等，保险公司可利用自身养老产业链的布局进行精准营销。

第二节　公募个人养老金业务销售与服务模式分析

一、国内机构服务模式探索与实践

现阶段，我国正处于个人养老金相关政策的推广初期，国内公募基金行业对于个人养老金业务的销售服务模式暂时比较单一，大多集中在提供养老投资产品销售和基本的售前服务方面，尚未形成立体化、多维度的服务体系。

具体而言，国内各金融机构对个人养老金业务目前提供的服务主要可以分为四类：账户服务、销售服务、产品服务及顾问服务，但基本都处于比较早期的阶段（见表8-2）。

表8-2

账户服务	帮助开立和管理个人养老金账户，代理客户进行产品申赎、证券交易等活动
销售服务	基于个人养老金项下销售规定，向客户推介销售适当的养老金融产品

续表

产品服务	作为产品提供方，针对不同养老需求，打造对应产品
顾问服务	基于客户养老需求，提供产品、方案、咨询建议及陪伴服务等

（一）商业银行：打造个人养老金融服务全链条

商业银行作为我国养老金融体系的重要参与主体之一，天然拥有账户、客户及产品等多重优势，可为客户养老提供全链条式的金融服务。

在账户服务方面，商业银行拥有最为完备的账户系统，可为客户同时开立个人养老金账户及个人养老金资金账户，为养老金缴费、归集收益、支付缴纳个人所得税等环节，提供优质服务。

在销售服务方面，商业银行拥有较为广大的客群资源及销售团队，可在符合监管要求及合规前提下，为个人养老金客户提供养老金融产品的销售服务。

在产品服务方面，商业银行可提供养老储蓄、养老理财等产品，满足客户较为稳健的养老投资需求。

在投顾服务方面，商业银行拥有庞大的线下投顾团队，可结合养老用户需求和风险偏好提供个性化的咨询建议。

（二）证券公司：提供个人综合养老财富管理服务

与其他金融机构相比，证券公司的优势主要在于良好的客群基础、财富管理经验以及投顾服务能力，尤其对于客户的长期资本市场投资，证券公司具备明显优势。这些有助于证券公司为客户提供包括投资教育、养老规划、产品配置等较为综合的养老财富管理服务。

在销售服务方面，证券公司作为个人养老相关金融产品，尤其是养老基金类产品的主要代销机构之一，具备较为广大的客户基础。根据《中国证券业发展报告（2022）》数据统计，截至2021年底，94.18%的证券公司成立了营业部，证券公司营业部总数量达到9 880家，证券行业登记从业人员数量达到35.98万人。并且，当前主流证券公司纷纷发力线上渠道，利用手机APP、公众号、视频直播等多种手段，努力触达服务客户，扩大客群覆盖规模。这些较为广泛的服务资源，均可为养老客群提供优质的金融产品销售服务。

在产品服务方面，除了代销传统公募基金产品外，具备公募基金业务牌照的证券公司或资管子公司也可以通过发行公募养老FOF产品，为个人养老金提供更多投资选择。整体来看，证券公司资管的FOF产品投资范围广、结构多样化、策略也比较灵活，因此非常适合个人养老金账户投资。未来，随着更多证券公司向公募养老赛道发力，其在公募养老FOF产品设计、权益投资、多资产组合及量化投资等方面的经验和优势将会进一步得到加强，并为养老客户提供更多优质的产品服务。

在投顾服务方面，证券公司不仅拥有庞大的投顾团队及较为完善的投顾体系，而且对于投顾业务的改进，也一直延续了其独有的"四化特征"（一体化、线上化、智能化、专业化）。从人员结构看，根据Choice数据显示，2021年度，证券公司投顾业务从业人员整体增长了7 381人，达到6.832万人，在各业务版块增速中位居第二。

现阶段，已有多家证券公司正在整合并计划推出"一站式个人养老金资产配置方案"。这些方案预计可为客户提供包括个人养老规划、养老金账户开立、养老产品筛选、养老基金定投、账户查询管理及养老投顾陪伴等多种服务在内的个人综合养老财富管理服务。

（三）公募基金：强化个人养老金融产品，构建投顾价值链

公募基金作为我国资管行业的主力军，虽然在账户和销售服务方面与商业银行及证券公司相比存在一定差距，但从国际经验来看，养老第三支柱的发展将会极大促进以公募基金为主的资管行业的发展。

目前来说，公募基金个人养老金业务的主要优势在于为客户提供优质的养老产品服务。比如，养老目标基金就是专门为服务客户养老打造的产品类型，其针对不同风险承受能力、不同退休日期的用户，已经形成了较为完备的产品线。

同时，作为资本市场最为成熟的专业机构投资者，公募基金具备强大的宏观策略研究及资产研究优势，可为养老投资组合提供有力支持，助力客户养老金资产的保值增值。

在投顾服务方面，目前已有多家基金公司提前开始布局养老投顾业务，通过客户投教场景切入养老投顾服务。比如，一些基金公司开始尝试在手机

APP开设养老专区,提供养老产品、养老投教和预约开户等服务。从向用户科普"什么是个人养老金",唤醒客户的养老投资意识,到"如何选产品",通过基金配置完成落地,从而形成养老客户投教到规划配置服务的闭环。

(四)三方机构:差异化服务,赋能客户养老规划

第三方机构作为国内资管行业的新晋参与者,虽入市较晚但增长迅速。尤其是以蚂蚁基金、天天基金、腾安基金及盈米基金等为代表的新互联网三方机构,对于如何通过线上资源服务好个人养老金客户,提供高效优质的解决方案,往往有自己较为独到的理解。

在账户服务方面,第三方机构与银行相比存在明显差距,目前主要通过对接合作银行系统,利用APP引导客户连接银行进行个人养老金账户开户服务。

在销售服务方面,第三方机构和国内传统机构差异较大。传统机构的优势往往集中于线下,通过开设线下网点,培养线下销售团队,来完成个人养老金客户的销售服务;而第三方机构往往具备较强的互联网基因,习惯于依托网络流量来完成客户获取、客户转化等环节,可以通过少量线上团队完成个人养老金的销售服务。

在产品服务方面,第三方机构不具备发行个人养老产品的资质,同时受到销售牌照的限制,仅能选择公募基金作为主打产品,整体范围比较窄,与其他机构相比无明显优势。

在投顾服务方面,第三方机构虽然没有传统金融机构对于人员团队、牌照资质及金融专业等方面的优势,但业务惯性的影响也相应较低。它们往往更多地从客户视角出发,来思考个人养老金业务投顾服务的布局。以第三方机构中主打投顾服务的盈米基金为例,在个人养老客户的投顾服务方面,就提出了"投教顾一体化"解决方案。围绕投资者"投前"的养老金预期管理、"投中"的养老金产品适配以及"投后"的全方位陪伴,通过《国家养老税收政策解读》专题,《养老新鲜事》《养老小黑板》《养老知多少课堂》等科普短视频以及《养老现状》《养老问题如何解决》等系列直播,以短视频、图文、直播、播客等形式多方位、多层次、多角度触达不同的投资者,帮助其选择合适自己的养老金投资方案,引导投资者养成长期投资的理念并战胜内心的恐惧。

二、国外机构服务模式借鉴与启发

虽然各类机构都在通过自身优势进行个人养老金业务的开展和推进，但是整体仍然处于初级阶段，单一产品销售和以产品为导向仍然占据主流地位，与成熟的国外养老业务所形成的全方位服务存在较大差距。通过分析境外养老金服务机构提供的服务形态，可以为国内机构后续发展提供参考和借鉴。

目前来说，美国养老金体系是当今最庞大的养老金体系之一，截至2021年末，美国养老金总规模超过40万亿美元，居全世界之首，在全球养老金占比近70%。

以美国投顾机构服务第三支柱个人养老金来看，共建立了四层服务框架：

第一层：投资者教育和投资计划咨询建议。由各金融主体免费提供养老相关的投资者教育，及基于个人投资目标和财务状况，提供初步的投资计划咨询建议，作为新客获客手段并引导客户进行更深入的互动。

第二层：组合策略及投资产品推荐。由投资顾问或经纪商对个人退休账户的组合策略以及投资产品进行推荐，进行养老账户的定期检视以及对产品买卖时点建议，一般按佣金收费。

第三层：全权委托服务。由投资顾问接受客户全权委托管理个人养老金投资账户（IRA），充分沟通客户需求，依据风险偏好和投资目标，为客户进行全权投资管理和资产配置。收费模式多样，可单独对单个IRA账户收取管理费，或将IRA作为客户整体财管账户的一部分，对客户整体财管账户收取统一的管理费。

第四层：养老生态圈建设。各金融主体根据持牌业务范围进行养老生态圈拓展，将养老金、财富管理和其他金融服务整合，兼顾老年照护、医疗和其他保障保险业务。财管机构把养老金、财富管理和其他金融服务整合到全面一站式财富管理解决方案中，包括提供医疗储蓄账户HSA、学生贷款、教育储蓄等更为广泛的产品。另一方面，金融机构还将养老金管理与老年照护等养老服务直接结合，提供老年人生活和家庭护理解决方案，或整合保险产品、医院、医生和药企服务网络，拓展医疗服务边界。海外领先保险机构则从开发客户养老以外的保险保障需求出发，提供财产保护如车险计划、房屋保单等。

可以看到，美国对于个人养老金业务的投顾服务体系是非常全面的。从投资者教育、投资者咨询、投资者陪伴一直到投资者全生命周期的服务，包括建立养老生态圈，这些可为国内金融机构开展个人养老金业务及服务，提供新的方向参考及建议。

具体来看，在组合策略和投资产品上，国内发展速度非常快，产品种类、产品创新、产品模式等均不输国外机构。但是在服务模式和建立养老全生态服务上和国外差距甚大。

服务模式上，美国投顾以全委模式为主，占比超过90%，全权委托的优势在于机构可以精准把握用户账户的状态，并根据市场因素、用户基本情况变动，再结合自身的投研优势，最大限度地帮助用户实现资产的增值。而国内投顾模式刚刚兴起，全委模式也仅限于公募基金投顾试点机构，绝大部分用户均是非全委模式，导致最终投资结果千差万别。

在用户养老生态上，更是差距巨大。以Vanguard为例，在养老业务上打造的是一站式产品服务，通过丰富的产品形态、简化投资者投资过程来提升体验。除了共同基金、ETF、股票、债券、存单等投资交易外，Vanguard针对养老和教育场景的财富管理需求，还提供了相应的退休储蓄和教育储蓄服务，甚至是退休后的医疗需求、养护需求都可以提供（见图8-2）。

国内目前受限于牌照制约，公募基金投顾试点仅仅能投资公募基金，并不能满足用户全部的养老需求，在服务上也是仅仅围绕投资在进行，而不是围绕用户的全部养老需求进行。

图8-2 Vanguard一站式产品服务

资料来源：Vanguard。

第三节　公募个人养老金业务销售与服务环节面临的挑战及渠道变革和服务模式升级的思考

一、个人养老金销售与服务面临的挑战

个人养老金投资对于大部分客户来说，都是一个超长期限的投资，通过长期投资让自己养老的钱可以保值增值，实现富足养老。根据国外相关养老金政策的经验，仅依靠投资低风险的产品很难实现这个目标，需要根据用户的生命周期配置一定比例的权益资产。然而权益资产必定会带来波动，进而影响用户的实际体验。而在很长的时间内，国内投资者对刚兑和保本保收益存在较深的依赖，在资管新规推行之后，资管产品正处在从刚兑向净值化转型和过渡的阶段，净值化投资的客户基础依然比较薄弱，这就需要参与者各方一起通过用户教育、持续陪伴来从实处解决。

截至2022年一季度，国内公募基金养老FOF共计166只，总规模达1 047.47亿元。其中，目标风险养老FOF共92只，规模887.67亿元；目标日期养老FOF共74只，规模159.81亿元。整体来看，两种类型的养老FOF发展结构非常不均衡。

主要原因有三点：

第一，目标风险产品持有期适中，更容易被用户接受，而目标日期产品普遍持有期都大于等于3年，用户的决策成本较大。从销售端来看，发行更加简单易懂且持有期更短的目标风险产品更适合当下的市场环境。如果我们从客户角度出发来看，目标日期基金更能帮助用户实现养老规划。较长的持有期且权益比例会通过下滑曲线变动，从长期投资的视角是更好的选择。

第二，目标风险产品的定位比较明确，用户仅需根据自身风险承受能力进行匹配，理解成本低；而目标日期产品需要根据下滑曲线改变资产配置比例，对用户而言理解成本高。

第三，目前发行的目标风险养老FOF中占据绝大多数的都是中低风险产品，这类产品采用固收+策略以较小的波动实现资产的稳健增值。从目前我国

用户购买养老FOF产品来看,中低风险产品和短期产品依然占据主导地位(见表8-3)。目标日期养老FOF多是中高风险产品,因为产品设计原因,下滑曲线初期一般都是中高风险,权益占比较大,随着时间的推移才会逐步降低。

表8-3 目标风险和目标日期养老FOF的风险等级分布

风险等级	目标风险养老FOF		目标日期养老FOF	
	数量(只)	规模(亿元)	数量(只)	规模(亿元)
中低风险	59	801.9	3	6.0
中风险	29	71.7	51	131.2
高风险	4	14.0	20	22.6

资料来源:盈米基金研究院,数据截至2022年4月20日。

从长期养老的角度,仅仅采用固收+策略很难实现资产的有效增值,还是需要用户搭配权益类的资产进行投资,那么权益类资产必定造成波动,造成投资体验欠佳,所以造成两种养老FOF发展不均衡的局面。

根据美国市场的发展经验,初期风险定位更为明确的目标风险类FOF更容易被用户接受,2000年目标风险类FOF规模占混合类FOF规模约70%,随后目标日期产品占比开始快速扩张,而目标风险FOF从2014年开始出现资金净流出,截至2020年目标日期FOF占混合类FOF的比例约60%。可见,在美国的养老产品发展过程中,目标日期产品慢慢成为主流,被广大用户接受。

综合来看,在传统的销售体系下,产品的发行由销售情况来决定,销售好的产品则发行数量大,宣传力度足;销售不好的产品,则发行数量小,宣传力度弱。销售的好坏跟用户认知以及投资人性息息相关。期限短、易于理解、波动较小的目标风险养老FOF发行效果好,产品规模大,则这类产品占据主流;期限长、理解成本高、一定时期内波动较大的目标日期养老FOF发行效果差,产品规模小。

真正想要解决这个问题,则需要更好地陪伴客户,提升客户的认知,否则即使客户购买了目标日期养老FOF也有可能因为初期较大的波动形成不好的体验,从而通过互联网效应扩大负面影响,不利于我国个人养老金业务的推广与落地。

再深一层,从行业角度来看,单一的养老产品也不能解决用户的养老问题，而是需要全方位系统化地为用户进行养老规划和服务，这就意味着现有的销售渠道及服务模式都需要进行升级。

二、渠道变革和服务模式升级

如上分析，公募基金行业与银行、保险行业相比，开展养老金业务的优势在于长期优秀的权益投资能力可以为客户的养老金带来更好的长期增值，但这个优势的发挥通过简单的产品销售的渠道体系和服务模式无法达成。需要一整套从投资者教育、投资规划、投后陪伴、动态投资调整的一系列完整解决方案，这需要一场公募基金销售渠道和服务模式的升级和变革才能完成。

其实在公募基金销售体系当中，不仅仅是养老金业务遇到了这个问题，整个基金销售业务都遇到了这样的问题。投资者在净值化投资当中的行为偏差、追涨杀跌、频繁交易、赎旧买新等行为，导致行业出现了客户行为短期化、基金赚钱、基民不赚钱的重大难题。同样的问题在公募基金养老金业务当中也会重演一遍。

为了找到解决这个问题的答案，行业在过去几年做了很多的探索，同时也深入研究了境外公募基金和养老金业务的发展历史，我们的探索和研究，都将答案指向了一个共同的方向：公募基金销售和服务渠道，需要一场从卖方销售到买方投顾的转型和变革。

（一）境内的买方投顾探索实践及对公募基金养老金销售服务体系的启示

2019年10月，中国证监会放开基金投顾试点，标志着基金投顾模式正式起航。这意味着行业正式发起从卖方销售到买方投顾的转变，颠覆现有的以销售为导向的模式，加速公募基金行业向综合财富管理的转型升级。

买方投顾和卖方销售的最大区别在于机构所站视角不同，买方投顾更加注重"以客户为中心"的信义原则，实现用户利益的最大化，并且不强调单一的销售模式和销售环节，而是强调从投前到投后的从投教、规划、投资、陪伴的综合化一站式解决方案，这种模式无疑更加契合客户不管是在基金销售，还是养老金投资规划上的需求。

买方投顾尽管试点时间不长,但已经在销售与服务上,做了诸多的变革,包括投前对客户资金规划的匹配、投中和投后的服务陪伴都有了很大的提升。

在投资前,会全面了解用户的个人情况、资金用途和投资预期等问题,通过科学的资产配置理论来为每一位用户量身定制投资方案,大幅度提升客户资金规划和配置的合理性。根据目前国内投顾机构的实践,比较行之有效的模式是根据客户风险承受水平、资金用途与可用期限、预计收益率水平进行资金规划和分配的模式,应用最为广泛的是盈米基金"且慢"提出的"四笔钱"资产配置框架,而养老金资金作为超长线的资金,无疑很适合按照投顾服务体系"四笔钱"框架当中的长钱投资进行规划和配置。

投中和投后的服务是买方投顾相较于传统基金销售最大的差异所在,买方投顾尤为强调通过投教和投顾的长期陪伴不断的提升客户的认知水平,从而可以更加匹配净值化投资的文化需求,更加可以帮助客户在长期的投资当中正确认识和应对市场的波动。

从目前各投顾试点机构的业务开展情况来看,逐步形成了投前给客户的体系化课程教育、投后持续的市场周报、投顾月报、季度运作报告等定期陪伴服务,市场波动下的及时的心理按摩和投教服务。除了内容更加多元和体系化之外,投顾机构给客户提供的提交和投顾陪伴也更加的多元化,除了图文内容之外,还有更加直观的短视频、长视频、直播内容、还有更加体系化的投教课程也都免费为投顾客户开放和提供。

在产品净值化的全新时代,买方投顾正在通过自己的服务体系变革和实践让用户理解净值、理解波动,并逐渐适应净值,拥抱波动。这对推动投资者从刚兑文化往净值化文化的过渡和适应具有重大现实意义,对于公募基金养老金业务的落地和长期健康发展也有重大借鉴意义。

(二)境外养老金业务发展对境内公募基金养老金销售和服务模式的启示

为了更加全面科学地寻找公募基金养老金业务渠道销售与服务的变革和升级的方向,我们不仅借鉴了境内当前一些有效探索带来的其实,同时也研究了境外成熟资本市场的发展历史给我们带来的启示。

研究的结论我们认为,跟目前国内我们从卖方销售往买方投顾的有效探索具有高度的一致性：美国的个人养老金业务与买方投顾服务模式具备很紧密的相互促进、互为推动的发展关系。

美国买方投顾发展较早，这种服务模式出现与美国佣金自由化、公募基金推行零代销费有关，而买方投顾逐渐成为主流则与美国养老体系完善，401K、IRAs计划推出密切相关，养老需求的兴起使得用户购买金融产品不再是浅层次获取收益，而更多地体现为投研咨询、资产配置咨询、税收优惠和养老服务等更为复杂且个性化的方式，这种需求在传统的销售模式下无法得到满足，因此激起了对买方投顾服务的强大需求。

可以说，买方投顾的服务模式不仅促进了美国个人养老金业务的健康发展和客户资金的合理配置，同时反过来也是因为养老金业务的兴起和发展，让买方投顾的模式更加深远地走入每一个普通投资者的家庭当中。在1975年纽交所开始实行交易佣金自由化之后，大量低佣金经纪商出现，紧接着1977年先锋集团推出零佣基金。这一举措使得传统机构依靠交易佣金的卖方销售模式难以为继，以管理AUM收费的买方投顾模式兴起。然而这并未使买方投顾成为主流模式，因为此时用户个性化需求并未兴起，用户需求还是停留在更便宜、更方便获取金融投资渠道上。随后美国401K和IRAs等养老政策推出，以及人口老龄化的日趋严重使得美国居民对财富管理的需求发生了变化，由于更多的产品和税收优惠挂钩，人们也越来越多地关注养老问题。这些非常个性化的需求使得能提供个性化方案的财富管理机构更加受到青睐。ICI数据显示，在美国有78%的用户会选择专业的金融机构咨询服务；在个人第二支柱向第三支柱转换时，有65%的用户会选择专业的投资顾问服务。随着投资产品种类的增多和人们需求的多样化，单纯提供投资服务的市场逐渐饱和，提供更多更全增值服务，诸如教育、税收、养老、住房等服务的机构展露自己的优势，这进一步促进买方投顾服务模式开始成为行业的主流模式。

对比境内外养老金业务的发展历程，不难看出，我国公募基金养老金业务正处于发展初期阶段，旧有体系的产品销售模式无法匹配养老金业务长期健康发展的需求。生逢其时的是，当前我国买方投顾服务模式创新也如火如荼。不管是境内还是境外的研究和实践，都表明了这两者之间有着不可分割的相互促进和互为推动的发展关系。买方投顾服务模式的创新和实践，也为公募基金个人养老金业务的渠道变革和服务模式创新指明了方向，我们期待在下一阶段可以看到个人养老金业务在服务模式升级之后可以更加健康茁壮地发展壮大。

第四节 公募基金行业个人养老金业务能力建设方向的思考

为了解决公募基金行业的"基金赚钱、基民不赚钱"及"如何帮助客户在养老金长期投资当中面对市场波动并且获取长期合理回报"两大难题，以及养老金业务的销售和服务模式相对单一的问题，公募基金行业已经在推动从卖方销售到买方投顾的转型和变革。具体到转型过程当中的能力建设，我们认为有几大关键能力可以作为机构在提升养老金客户服务能力过程当中的重要发展方向：

一是客户识别能力和客群转化的能力的建设。尽管同样都是为养老生活做经济准备，但不同年龄阶段和资产级别的客户，对于个人养老金服务在需求和偏好上有很大的差异，各家机构的禀赋与擅长也有很大差异，因而机构首要需要的就是根据自己的擅长与禀赋定位好各自的主打客群，并发展出自己的客群转化能力。

二是提供全链条客户服务和解决方案的能力。未来在公募基金产品销售和客户服务商的竞争，单一的产品销售模式已经无法适应客户和养老金业务发展的内在需求，从业机构在养老金业务发展上要跳出产品销售思维，建立从投前规划、到投中产品精准匹配、再到投后持续陪伴和动态管理的全链条解决方案。再进一步地，养老金仅仅只是个人财富管理需求的一部分，以此为契机和抓手建立客户更加完整的全账户甚至家庭维度的解决方案则是更进一步的要求和能力发展方向。

三是金融科技应用能力的建设。时代的车轮和养老金业务服务的内在需求，都把从业机构推向了不得不完善自身金融科技服务能力的道路。养老金业务客户需求具备高度多样性与复杂性，并且本身已经复杂多样的需求还会随着客户的收入和家庭状况的变化而动态变化，这符合典型的千人千面的特征，如此复杂的系统，已经无法通过人工可以简单地满足客户需求。此外，持续的陪伴和服务的需求，又对机构服务和触达客户的能力提出了进一步的要求，为了保障服务质量和效率，各从业机构需要在大数据应用、智能化科技、客户服务精准触达等领域不断增强和完善自身的科技能力。

  站在此时此刻，公募基金行业已经成为居民金融服务的中坚力量。我们对公募基金行业在居民个人养老金业务发展当中可以起到的作用充满了信心和期待，也希望行业可以以此为契机，通过这个过程的渠道变革和服务模式升级，健全自身能力和提高竞争力，为公募基金客户和养老金客户都提供更多的价值和获得感。

第九章
个人养老金制度相关政策汇编

第一节 国务院和综合部门关于个人养老金的政策汇编

一、国务院关于企业职工养老保险制度改革的决定

国发〔1991〕33号

（1991年6月26日起施行）

我国企业职工的养老保险制度是五十年代初期建立的，以后在一九五八年和一九七八年两次作了修改。近年来，各地区适应经济体制改革的需要，又进行了以退休费用社会统筹为主要内容的改革，取得一定成效。按照国民经济和社会发展十年规划和第八个五年计划纲要的要求，在总结各地经验的基础上，国务院对企业职工养老保险制度改革作如下决定：

一、根据我国生产力发展水平和人口众多且老龄化发展迅速的情况，企业职工养老保险制度改革要处理好国家利益、集体利益和个人利益，目前利益和长远利益，整体利益和局部利益的关系，主要是对现行的制度办法进行调整、完善。考虑到各地区和企业的情况不同，各省、自治区、直辖市人民政府可以根据国家的统一政策，对职工养老保险作出具体规定，允许不同地区、企业之间存在一定的差别。

二、随着经济的发展，逐步建立起基本养老保险与企业补充养老保险和

职工个人储蓄性养老保险相结合的制度。改变养老保险完全由国家、企业包下来的办法，实行国家、企业、个人三方共同负担，职工个人也要缴纳一定的费用。

三、基本养老保险基金由政府根据支付费用的实际需要和企业、职工的承受能力，按照以支定收、略有结余、留有部分积累的原则统一筹集。具体的提取比例和积累率，由省、自治区、直辖市人民政府经实际测算后确定，并报国务院备案。

四、企业和职工个人缴纳的基本养老保险费分别记入《职工养老保险手册》。

企业缴纳的基本养老保险费，按本企业职工工资总额和当地政府规定的比例在税前提取，由企业开户银行按月代为扣缴。企业逾期不缴，要按规定加收滞纳金。滞纳金并入基本养老保险基金。

职工个人缴纳基本养老保险费，在调整工资的基础上逐步实行，缴费标准开始时可不超过本人标准工资的3%，以后随着经济的发展和职工工资的调整再逐步提高。职工个人缴纳的基本养老保险费，由企业在发放工资时代为收缴。

五、企业和职工个人缴纳的基本养老保险费转入社会保险管理机构在银行开设的"养老保险基金专户"，实行专项储存，专款专用，任何单位和个人均不得擅自动用。银行应按规定提取"应付未付利息"；对存入银行的基金，按其存期照人民银行规定的同期城乡居民储蓄存款利率计息，所得利息并入基金。积累基金的一部分可以购买国家债券。

地方各级政府要设立养老保险基金委员会，实施对养老保险基金管理的指导和监督。委员会由政府主管领导任主任，劳动、财政、计划、审计、银行、工会等部门的负责同志参加，办公室设在劳动部门。

六、职工退休后的基本养老金计发办法目前不作变动，今后可结合工资制度改革，通过增加标准工资在工资总额中的比重，逐步提高养老金的数额。

国家根据城镇居民生活费用价格指数增长情况，参照在职职工工资增长情况对基本养老金进行适当调整，所需费用从基本养老保险基金中开支。

七、尚未实行基本养老保险基金省级统筹的地区，要积极创造条件，由目前的市、县统筹逐步过渡到省级统筹。实行省级统筹后，原有固定职工和劳动合同制职工的养老保险基金要逐步按统一比例提取，合并调剂使用。具体办法由各省、自治区、直辖市人民政府制定。

中央部属企业，除国家另有规定者外，都要参加所在地区的统筹。

八、企业补充养老保险由企业根据自身经济能力，为本企业职工建立，所需费用从企业自有资金中的奖励、福利基金内提取。个人储蓄性养老保险由职工根据个人收入情况自愿参加。国家提倡、鼓励企业实行补充养老保险和职工参加个人储蓄性养老保险，并在政策上给予指导。同时，允许试行将个人储蓄性养老保险与企业补充养老保险挂钩的办法。补充养老保险基金，由社会保险管理机构按国家技术监督局发布的社会保障号码（国家标准GB11643-89）记入职工个人账户。

九、劳动部和地方各级劳动部门负责管理城镇企业（包括不在城镇的全民所有制企业）职工的养老保险工作。

劳动部门所属的社会保险管理机构，是非营利性的事业单位，经办基本养老保险和企业补充养老保险的具体业务，并受养老保险基金委员会委托，管理养老保险基金。现已由人民保险公司经办的养老保险业务，可以维持现状不作变动。个人储蓄性养老保险由职工个人自愿选择经办机构。

十、社会保险管理机构可从养老保险基金中提取一定的管理服务费，具体的提取比例根据实际工作需要和节约的原则，由当地劳动部门提出，经同级财政部门审核，报养老保险基金委员会批准。管理服务费主要用于支付必要的行政和业务等费用。养老保险基金及管理服务费，不计征税、费。

社会保险管理机构应根据国家的政策规定，建立健全基金管理的各项制度，编制养老保险基金和管理服务费收支的预、决算，报当地人民政府在预算中列收列支，并接受财政、审计、银行和工会的监督。

十一、本决定适用于全民所有制企业。城镇集体所有制企业可以参照执行；对外商投资企业中方职工、城镇私营企业职工和个体劳动者，也要逐步建立养老保险制度。具体办法由各省、自治区、直辖市人民政府制定。

十二、国家机关、事业单位和农村（含乡镇企业）的养老保险制度改革，分别由人事部、民政部负责，具体办法另行制定。

企业职工养老保险制度改革，是保障退休职工生活，维护社会安定的一项重要措施，对减轻国家和企业负担，促进经济体制改革以及合理引导消费有重要作用。这项工作政策性强，涉及面广，各级政府要切实加强领导，根据本决定的精神，结合实际抓紧制订具体的实施方案，积极稳妥地推进企业职工养老保险制度的改革。

二、国务院关于印发完善城镇社会保障体系试点方案的通知

国发〔2000〕42号　　2000年12月25日

各省、自治区、直辖市人民政府，国务院各部委、各直属机构：

《关于完善城镇社会保障体系的试点方案》（以下简称《试点方案》）已经党中央、国务院批准，现印发给你们，请按照《试点方案》组织试点。现就试点工作的有关问题通知如下：

一、提高认识，加强领导，确保试点工作顺利进行

建立完善的城镇社会保障体系，是关系改革、发展、稳定的一件大事。各地区和有关部门都要充分认识做好试点工作的重大意义，切实加强对试点工作的组织领导，保证试点工作顺利进行。国务院将成立由劳动保障部牵头的国务院完善城镇社会保障体系试点工作小组（以下简称国务院试点工作小组），负责对试点工作的具体协调和指导。试点地区也要成立由政府主要领导负责的试点工作领导小组，具体组织试点工作。

二、严格选定试点市，精心组织实施

国务院确定，只选择辽宁省在全省范围内进行完善城镇社会保障体系试点；其他省、自治区、直辖市自行决定是否进行试点，如决定试点，可确定1个具备条件的市进行试点。各地区确定的试点市名单要报国务院试点工作小组备案。试点市一经确定，要根据《试点方案》尽快拟定具体的工作计划和实施办法，报省级人民政府批准后实施。

三、及时总结试点经验，不断完善有关政策

各试点地区要注意研究试点过程中出现的新情况、新问题并积极探索解决问题的办法，重要情况要及时向国务院试点工作小组报告。国务院试点工作

小组要切实加强对试点工作的跟踪、指导，及时总结试点经验，不断完善有关政策，切实解决工作中遇到的问题。

除辽宁省和其他省（自治区、直辖市）的试点市外，其他地区仍然执行现行的社会保障制度和办法。各地区、各部门要积极采取措施，妥善处理改革、发展、稳定的关系，继续全力做好两个确保工作，积极推进医疗保险制度改革，认真做好各项社会保障工作，确保社会的稳定。

关于完善城镇社会保障体系的试点方案

根据党的十四届三中全会、十五大和十五届五中全会关于社会保障体系建设的目标、原则，经报请党中央批准，国务院制订了《关于完善城镇社会保障体系的试点方案》，并决定2001年在辽宁省及其他省（自治区、直辖市）确定的部分地区进行试点。社会保障体系包括社会保险、社会救济、社会福利、优抚安置和社会互助等项内容，本方案主要从完善社会保障体系的角度出发，涉及城镇职工基本养老、基本医疗、失业等社会保险制度和城市居民最低生活保障制度。

一、完善社会保障体系的目标，原则和主要任务

（一）完善社会保障体系的总目标是：建立独立于企业事业单位之外、资金来源多元化、保障制度规范化、管理服务社会化的社会保障体系。

（二）完善社会保障体系的原则是：由近及远，逐步完善；保持社会保障政策的连续性，改善居民对改革的心理预期；国家统一决策与分级管理相结合，局部利益服从全局利益；社会保障的标准要与省情及各方面的承受能力相适应，公平与效率相结合，权利与义务相对应；明确划分社会保障事权，调动各方面的积极性，推动多层次社会保障体系建设。

（三）当前完善社会保障体系的主要任务是：调整和完善城镇企业职工基本养老保险制度；研究制定机关事业单位职工养老保险办法；加快建立城镇职工基本医疗保险制度；推动国有企业下岗职工基本生活保障向失业保险并轨；加强和完善城市居民最低生活保障制度；实现社会保障管理和服务的社会化；加强社会保障资金的筹集和管理；加快社会保障立法步伐。

二、调整和完善城镇企业职工基本养老保险制度

（一）坚持社会统筹与个人账户相结合的基本养老保险制度，基本养老保险费由企业和职工共同负担。

（二）企业依法缴纳基本养老保险费，缴费比例一般为企业工资总额20%左右，目前高于20%的地区，可暂维持不变。企业缴费部分不再划入个人账户，全部纳入社会统筹基金。并以省（自治区、直辖市）为单位进行调剂。

（三）职工依法缴纳基本养老保险费，缴费比例为本人缴费工资的8%，并全部计入个人账户。个人账户规模由本人缴费工资的11%调整为8%。个人账户储存额的多少，取决于个人缴费额和个人账户基金收益，并由社会保险经办机构定期公布。个人账户基金只用于职工养老，不得提前支取。职工跨统筹范围流动时，个人账户随同转移。职工或退休人员死亡，个人账户可以继承。

（四）社会统筹基金与个人账户基金实行分别管理。社会统筹基金不能占用个人账户基金。个人账户基金由省级社会保险经办机构统一管理，按国家规定存入银行，全部用于购买国债，以实现保值增值，运营收益率要高于银行同期存款利率。

（五）基本养老金由基础养老金和个人账户养老金组成。职工达到法定退休年龄且个人缴费满15年的，基础养老金月标准为省（自治区、直辖市）或市（地）上年度职工月平均工资的20%，以后缴费每满一年增加一定比例的基础养老金，总体水平控制在30%左右；个人缴费不满15年的，不发给基础养老金，个人账户全部储存额一次支付给本人。基础养老金由社会统筹基金支付；个人账户养老金由个人账户基金支付，月发放标准根据本人账户储存额除以120。个人账户基金用完后，由社会统筹基金支付。已经离退休的人员，仍按国家原来的规定发给养老金；1997年统一全国企业职工基本养老保险制度前参加工作的人员，其退休后在发给基础养老金和个人账户养老金的基础上，再发给过渡性养老金。

（六）基本养老金领取者死亡后，其遗属按国家有关规定领取丧葬补助金，丧葬补助金由基本养老保险社会统筹基金支付。

（七）基本养老金水平的调整，由劳动保障部和财政部参照城市居民生活费用价格指数和在职职工工资增长情况，提出方案报国务院审定后统一组织实施。

（八）未参加过基本养老保险统筹，且已经没有生产经营能力、无力缴纳养老保险费的城镇集体企业，不再纳入养老保险统筹范围，其已退休职工本人由民政部门按企业所在地城市居民最低生活保障标准按月发放生活费。

（九）自由职业人员、城镇个体工商户应参加基本养老保险，具体办法由各省（自治区、直辖市）人民政府规定。

（十）有条件的企业可为职工建立企业年金，并实行市场化运营和管理。企业年金实行基金完全积累，采用个人账户方式进行管理，费用由企业和职工个人缴纳，企业缴费在工资总额4%以内的部分，可从成本中列支。同时，鼓励开展个人储蓄性养老保险。

三、改革机关事业单位职工养老保险办法

（一）公务员（含参照国家公务员制度管理的事业单位工作人员，下同）的现行养老保险制度仍维持不变。

（二）全部由财政供款的事业单位，仍维持现行养老保险制度；已改制为企业的，执行城镇企业职工基本养老保险制度，并保持已退休人员基本养老金水平不变；由财政部分供款事业单位的养老保险办法，在调查研究和试点的基础上另行制定。

（三）公务员转入企业工作的，执行企业职工的基本养老保险制度；企业职工调入机关的，执行机关的基本养老保险制度。其养老保险关系的衔接以及退休时待遇计发的办法，另行研究制定。

（四）已经进行机关事业单位养老保险制度改革试点的地区，要继续完善和规范。

四、积极推进城镇职工医疗保险制度改革

（一）进一步落实《国务院关于建立城镇职工基本医疗保险制度的决定》（国发〔1998〕44号）全面推进城镇职工基本医疗保险改革，加快组织实施步伐。尚未启动的地区要尽快启动，已经启动实施的地区，要进一步完善和深化配套改革，加强基础管理。

（二）基本医疗保险费由用人单位和职工双方共同负担。用人单位缴费一般为职工工资总额的6%左右，个人缴费占本人工资的2%左右。具体缴费比例，由各省（自治区、直辖市）根据当地情况自行规定。原来医疗费用水平比

较高的地区，单位缴费可以高一些，但要注意控制；原来医疗费用水平比较低的地区，不能盲目攀比。

（三）基本医疗保险基金实行社会统筹和个人账户相结合。个人缴费全部计入个人账户，用人单位缴费的30%左右划入个人账户，其余部分用于建立统筹基金。个人账户主要用于小病或门诊费用，统筹基金主要用于大病或住院费用。少数单位缴费比例较低、划一部分资金进入个人账户有困难的地区，可以暂不划入，先用于建立统筹基金。

（四）逐步建立多层次的医疗保障体系。要贯彻落实国家公务员医疗补助办法；实行职工大额医疗费用补助办法，妥善解决基本医疗保险最高支付限额以上的医疗费用；建立社会医疗救助制度。有条件的企业可以为职工建立补充医疗保险，提取额在工资总额4%以内的从成本中列支。

（五）按照国务院的要求，各有关部门要转变职能，加强配合，同步推进医疗保险制度、医疗机构和药品流通体制三项改革，实现"用比较低廉的费用提供比较优质的医疗服务"的改革目标。要打破地区和行业垄断，促进医院之间、药厂、药店和药房之间、医务人员之间的竞争；对营利和非营利医疗机构要实行不同的财政、税收和价格政策，促进医疗机构之间公平竞争；医院药品收入要实行收支两条线管理办法，逐步将医院药房改为药品零售企业，独立核算，照章纳税。要严格实行生产经营许可证制度，大力整顿和规范药品流通秩序，通过实行药品集中招标采购等办法，从源头上治理医药购销中的不正之风。

现在医疗保险及相应的改革已在大多数城市推开，要进一步完善，尤其是试点的省市更应如此，其他尚未推开的城市应按国务院的要求尽快推开。

五、推动国有企业下岗职工基本生活保障向失业保险并轨

（一）全面贯彻落实《失业保险条例》，依法扩大覆盖面，将城镇企业事业单位及其职工纳入失业保险范围，强化基金收支管理，加强基础管理工作，切实保障失业人员基本生活，促进再就业。

（二）从2001年1月1日起，国有企业原则上不再建立新的再就业服务中心，企业新的减员原则上不再进入再就业服务中心，由企业依法与其解除劳动关系，凡所在单位参加了失业保险并依法足额缴费的，按规定享受失业保险待

遇。各地区要区分不同企业情况，实行分类指导，用三年左右时间有步骤地完成向失业保险并轨。

（三）已经进入再就业服务中心的下岗职工，其基本生活保障和再就业协议的内容保持不变。协议期满仍未实现再就业的下岗职工，要按规定解除劳动关系，并依法享受失业保险或城市居民最低生活保障待遇。

（四）有困难的企业要本着劳动关系和债权债务关系分开处理的原则，妥善处理好经济补偿、拖欠职工工资和集资款等债权债务问题。具体办法由各省（自治区、直辖市）人民政府结合本地实际制定。

（五）对距法定退休年龄不足5年或工龄已满30年、实现再就业有困难的下岗职工，可以实行企业内部退养，由企业发给基本生活费，并按规定继续为其缴纳社会保险费，达到退休年龄时正式办理退休手续。

（六）下岗职工原租住的公有住房，可按当地房改政策购买。

（七）从2001年起，各级财政原来安排用于下岗职工基本生活保障的预算资金，规模不减少，但要调整使用方向，除用于下岗职工基本生活保障外，主要用于补充失业保险基金和城市居民最低生活保障资金的不足。为鼓励下岗职工提前出再就业服务中心、解除劳动关系、促进再就业，允许地方对下岗职工基本生活保障资金灵活运用。具体办法由省级人民政府制定。

六、加强和完善城市居民最低生活保障制度

（一）认真贯彻《城市居民最低生活保障条例》，将符合条件的城镇贫困人口纳入最低生活保障范围，并做好与其他社会保障制度的衔接工作。

（二）城市居民最低生活保障标准，由市、县人民政府按照当地维持城市居民基本生活所必需的费用确定，既要保证城市贫困居民的基本生存条件，又要有利于鼓励就业。

（三）城市居民最低生活保障所需资金，由地方各级人民政府列入财政预算，专户管理，专款专用。中央和省级财政对财政困难地区和老工业基地给予补助。

（四）对企业改组改制和产业结构调整过程中出现的特殊困难人群，特别是中央、省属企业和城镇集体企业在职职工、下岗职工、退休人员，以及下岗职工基本生活保障向失业保险并轨过程中的下岗、失业人员，按规定计算其应得待遇后，家庭人均收入仍然低于当地城市居民最低生活保障标准的，享受最

低生活保障待遇。

（五）严格进行家庭收入调查。要准确调查核实保障对象家庭经济状况和实际生活水平，规范申请、评审和资金发放的程序，做到公开、公平、公正。具体办法由各省、自治区、直辖市人民政府制定。

（六）最低生活保障对象自谋职业的，工商、税务机关要按国家规定给予政策支持和税收优惠。

（七）大力发展慈善机构、服务于贫困家庭的基金会等非营利机构。非营利机构用于公益事业的支出，可按税法有关规定在缴纳企业所得税前扣除；企业和个人向慈善机构、基金会等非营利机构的公益、救济性捐赠，可全额在税前扣除。鼓励社会各界向贫困家庭提供法律援助、基本医疗服务，为贫困学生提供助学金。

七、加强社会保障资金的筹集和管理

（一）全面落实《社会保险费征缴暂行条例》的各项规定，实行社会保险费全额征缴，加强社会保险费的征收管理，提高征缴率。凡是参加社会保险的单位都必须依法按时足额缴纳社会保险费；对拒缴、瞒报少缴的要依法处理；对欠缴社会保险费的，要采取各种措施，加大追缴力度。社会保险费征收机构由各省、自治区、直辖市人民政府确定，可以由税务机构征收，也可以由社会保险经办机构征收。

（二）调整财政支出结构，逐步增加社会保障支出。各级财政必须进一步深化财政支出管理改革，严格实施部门预算，加大调整财政支出结构的力度，转化企业亏损补贴，压缩部分事业性支出，逐步将社会保障支出占财政支出的比重提高到15%~20%。今后，预算超收的财力，除了保证法定支出外，主要用于补充社会保障资金。

（三）各项社会保险统筹基金要纳入财政专户，实行收支两条线管理，严禁截留、挤占、挪用。

（四）社会保障经办机构要依法接受参保登记和缴费申报，稽核缴费基数，建立职工及离退休人员数据库，管理养老、医疗保险个人账户及失业保险个人缴费记录，按规定审核、发放社会保险待遇，提供查询服务等。社会保险费征收机构要依法加强征收管理，做到应收尽收。实行税务机构征收的地区，社会保险经办机构要做好与税务机构在缴费申报、记录等方面的衔接。

（五）加强社会保障行政监督和社会监督。要建立由政府部门、用人单位、职工代表和专家等组成的社会保障监督委员会，依法对社会保障政策执行和基金管理情况进行监督。有关部门要切实履行监督职能，对玩忽职守、徇私舞弊和贪污、挪用、扣押、拖欠社会保障资金等行为依法予以查处。

八、推动社会保障管理和服务的社会化

（一）自本方案实施之日起办理退休手续的人员、登记为失业的人员以及破产、兼并企业的退休人员，其档案及日常管理服务工作要从原用人单位转到职工户口所在地或常年居住地的街道统一管理。

（二）从企业剥离出来的社会保障事务性工作，除了社会保险经办机构承接一部分外，主要由街道和社区服务组织承担。街道办事处要设立或确定负责社会保障事务的机构。经济较发达、社会化程度较高、社区管理工作较为规范的地区，要积极探索已退休人员从单位转到社区管理的途径和办法，力争在2002年底以前完成移交；其余地区也应创造条件，在2003年底之前基本完成上述工作。

（三）社会保险经办机构应做好退休人员、失业人员社会保险关系的管理、接续和转移工作。社会保险金由社会保险经办机构委托银行、邮局等社会服务机构发放；退休人员死亡后按国家规定支付的丧葬补助金，由社会保险经办机构发放。城市居民最低生活保障资金，由市、区民政部门委托和组织街道、居委会审核和发放。

（四）各地要充分利用现有资源、场所，加强社区基础设施建设和老年卫生、文化、福利设施和活动场所建设，建立健全服务网络，强化社区功能，同时按照社会化、产业化和市场化的原则，引导社会力量为社会保障对象提供生活照料、医疗保健、文化教育和法律服务。

（五）民政部门要加强街道、居民委员会组织建设，组织和指导社区服务，推动社区建设；社会保险经办机构要拓展服务范围，为参加社会保险人员提供相应服务；就业服务机构要加强社区就业的指导和职务；卫生部门要大力发展社区卫生组织，为退休人员提供方便、及时的医疗服务；文化体育部门要组织退休人员开展文化健身活动，丰富退休人员精神文化生活；地方财政部门要帮助社区组织解决工作经费。

（六）建立覆盖全国的社会保障信息服务网络。社会保障资金的缴纳、记录、核算、支付以及查询服务等，都要纳入计算机管理系统，并逐步实现全国联网。劳动保障、民政、财政、税务部门要根据各自的职能，尽快开发、研制社会保障管理和服务软件，建立健全网络传输和查询系统。社会保障计算机网络建设要全国统筹规划、统一安排，做到软件统一、硬件设备配置要求统一、网络之间接口标准统一、数据传递方式统一，力争在2003年底前全国社会保障计算机网络系统全面投入运行。各地要成立由政府主要领导牵头，有关职能部门参加的社会保障信息网络建设领导小组，在统一规划下，协调各部门的工作，加快社会保障信息网络建设。

三、财政部 税务总局 人力资源和社会保障部 中国银行保险监督管理委员会 证监会关于开展个人税收递延型商业养老保险试点的通知

财税〔2018〕22号　　2018年4月2日

上海市、江苏省、福建省、厦门市财政厅（局）、地方税务局、人力资源社会保障厅（局）、银监局、证监局、保监局：

　　为贯彻落实党的十九大精神，推进多层次养老保险体系建设，对养老保险第三支柱进行有益探索，现就开展个人税收递延型商业养老保险试点有关问题通知如下：

一、关于试点政策

（一）试点地区及时间。

自2018年5月1日起，在上海市、福建省（含厦门市）和苏州工业园区实施个人税收递延型商业养老保险试点。试点期限暂定一年。

（二）试点政策内容。

对试点地区个人通过个人商业养老资金账户购买符合规定的商业养老保险产品的支出，允许在一定标准内税前扣除；计入个人商业养老资金账户的投资收益，暂不征收个人所得税；个人领取商业养老金时再征收个人所得税。具

体规定如下：

1.个人缴费税前扣除标准。取得工资薪金、连续性劳务报酬所得的个人，其缴纳的保费准予在申报扣除当月计算应纳税所得额时予以限额据实扣除，扣除限额按照当月工资薪金、连续性劳务报酬收入的6%和1 000元孰低办法确定。取得个体工商户生产经营所得、对企事业单位的承包承租经营所得的个体工商户业主、个人独资企业投资者、合伙企业自然人合伙人和承包承租经营者，其缴纳的保费准予在申报扣除当年计算应纳税所得额时予以限额据实扣除，扣除限额按照不超过当年应税收入的6%和12 000元孰低办法确定。

2.账户资金收益暂不征税。计入个人商业养老资金账户的投资收益，在缴费期间暂不征收个人所得税。

3.个人领取商业养老金征税。个人达到国家规定的退休年龄时，可按月或按年领取商业养老金，领取期限原则上为终身或不少于15年。个人身故、发生保险合同约定的全残或罹患重大疾病的，可以一次性领取商业养老金。

对个人达到规定条件时领取的商业养老金收入，其中25%部分予以免税，其余75%部分按照10%的比例税率计算缴纳个人所得税，税款计入"其他所得"项目。

（三）试点政策适用对象。

适用试点税收政策的纳税人，是指在试点地区取得工资薪金、连续性劳务报酬所得的个人，以及取得个体工商户生产经营所得、对企事业单位的承包承租经营所得的个体工商户业主、个人独资企业投资者、合伙企业自然人合伙人和承包承租经营者，其工资薪金、连续性劳务报酬的个人所得税扣缴单位，或者个体工商户、承包承租单位、个人独资企业、合伙企业的实际经营地均位于试点地区内。

取得连续性劳务报酬所得，是指纳税人连续6个月以上（含6个月）为同一单位提供劳务而取得的所得。

（四）试点期间个人商业养老资金账户和信息平台。

1.个人商业养老资金账户是由纳税人指定的、用于归集税收递延型商业养老保险缴费、收益以及资金领取等的商业银行个人专用账户。该账户封闭运行，与居民身份证件绑定，具有唯一性。

2.试点期间使用中国保险信息技术管理有限责任公司建立的信息平台（以

下简称"中保信平台")。个人商业养老资金账户在中保信平台进行登记，校验其唯一性。个人商业养老资金账户变更银行须经中保信平台校验后，进行账户结转，每年允许结转一次。中保信平台与税务系统、商业保险机构和商业银行对接，提供账户管理、信息查询、税务稽核、外部监管等基础性服务。

（五）试点期间商业养老保险产品及管理。

个人商业养老保险产品按稳健型产品为主、风险型产品为辅的原则选择，采取名录方式确定。试点期间的产品是指由保险公司开发，符合"收益稳健、长期锁定、终身领取、精算平衡"原则，满足参保人对养老账户资金安全性、收益性和长期性管理要求的商业养老保险产品。具体商业养老保险产品指引由中国银行保险监督管理委员会提出，商财政部、人社部、税务总局后发布。

（六）试点期间税收征管。

1.关于缴费税前扣除。个人购买符合规定的商业养老保险产品、享受递延纳税优惠时，以中保信平台出具的税延养老扣除凭证为扣税凭据。取得工资、薪金所得和连续性劳务报酬所得的个人，应及时将相关凭证提供给扣缴单位。扣缴单位应按照本通知有关要求，认真落实个人税收递延型商业养老保险试点政策，为纳税人办理税前扣除有关事项。

个人在试点地区范围内从两处或者两处以上取得所得的，只能选择在其中一处享受试点政策。

2.关于领取商业养老金时的税款征收。个人按规定领取商业养老金时，由保险公司代扣代缴其应缴的个人所得税。

二、试点期间其他相关准备工作

试点期间，中国银行保险监督管理委员会、证监会做好相关准备工作，完善养老账户管理制度，制定银行、公募基金类产品指引等相关规定，指导相关金融机构产品开发。做好中国证券登记结算有限责任公司信息平台（以下简称"中登公司平台"）与商业银行、税务等信息系统的对接准备工作。同时，由人社部、财政部牵头，联合税务总局、中国银行保险监督管理委员会、证监会等单位，共同研究建立第三支柱制度和管理服务信息平台。

试点结束后，根据试点情况，结合养老保险第三支柱制度建设的有关情况，有序扩大参与的金融机构和产品范围，将公募基金等产品纳入个人商业养老账户投资范围，相应将中登公司平台作为信息平台，与中保信平台同步运行。第三支柱制度和管理服务信息平台建成以后，中登公司平台、中保信平台与第三支柱制度和管理服务信息平台对接，实现养老保险第三支柱宏观监管。

三、部门协作

（一）信息平台应向税务机关提供个人税收递延型商业养老保险有关信息，并配合税务机关做好相关税收征管工作。

（二）保险公司在销售个人税收递延型商业养老保险产品时，应为购买商业养老保险产品的个人开具发票和保单凭证，载明产品名称及缴费金额等信息。保险公司与信息平台实时对接，保证信息真实准确。

（三）试点地区财政、人社、税务、金融监管等相关部门应各司其职，密切配合，认真组织落实本通知，并及时总结、动态评估试点经验。对实施过程中遇到的困难和问题，及时向财政部、人社部、税务总局和金融监管部门反映。

注释：条款第一条第（二）项第3点第二段废止。参见：《财政部 税务总局关于个人取得有关收入适用个人所得税应税所得项目的公告》财政部 税务总局公告2019年第74号。

四、国务院办公厅关于推动个人养老金发展的意见

国办发〔2022〕7号　　2022年4月8日

各省、自治区、直辖市人民政府，国务院各部委、各直属机构：

为推进多层次、多支柱养老保险体系建设，促进养老保险制度可持续发展，满足人民群众日益增长的多样化养老保险需要，根据《中华人民共和国社会保险法》《中华人民共和国银行业监督管理法》《中华人民共和国保险法》《中华人民共和国证券投资基金法》等法律法规，经党中央、国务院同意，现就推动个人养老金发展提出以下意见：

一、总体要求

以习近平新时代中国特色社会主义思想为指导，全面贯彻党的十九大和十九届历次全会精神，认真落实党中央、国务院决策部署，坚持以人民为中心

的发展思想，完整、准确、全面贯彻新发展理念，加快构建新发展格局，推动发展适合中国国情、政府政策支持、个人自愿参加、市场化运营的个人养老金，与基本养老保险、企业（职业）年金相衔接，实现养老保险补充功能，协调发展其他个人商业养老金融业务，健全多层次、多支柱养老保险体系。

推动个人养老金发展坚持政府引导、市场运作、有序发展的原则。注重发挥政府引导作用，在多层次、多支柱养老保险体系中统筹布局个人养老金；充分发挥市场作用，营造公开公平公正的竞争环境，调动各方面积极性；严格监督管理，切实防范风险，促进个人养老金健康有序发展。

二、参加范围

在中国境内参加城镇职工基本养老保险或者城乡居民基本养老保险的劳动者，可以参加个人养老金制度。

三、制度模式

个人养老金实行个人账户制度，缴费完全由参加人个人承担，实行完全积累。参加人通过个人养老金信息管理服务平台（以下简称信息平台），建立个人养老金账户。个人养老金账户是参加个人养老金制度、享受税收优惠政策的基础。

参加人可以用缴纳的个人养老金在符合规定的金融机构或者其依法合规委托的销售渠道（以下统称金融产品销售机构）购买金融产品，并承担相应的风险。参加人应当指定或者开立一个本人唯一的个人养老金资金账户，用于个人养老金缴费、归集收益、支付和缴纳个人所得税。个人养老金资金账户可以由参加人在符合规定的商业银行指定或者开立，也可以通过其他符合规定的金融产品销售机构指定。个人养老金资金账户实行封闭运行，其权益归参加人所有，除另有规定外不得提前支取。

参加人变更个人养老金资金账户开户银行时，应当经信息平台核验后，将原个人养老金资金账户内的资金转移至新的个人养老金资金账户并注销原资金账户。

四、缴费水平

参加人每年缴纳个人养老金的上限为12 000元。人力资源社会保障部、财政部根据经济社会发展水平和多层次、多支柱养老保险体系发展情况等因素适时调整缴费上限。

五、税收政策

国家制定税收优惠政策，鼓励符合条件的人员参加个人养老金制度并依规领取个人养老金。

六、个人养老金投资

个人养老金资金账户资金用于购买符合规定的银行理财、储蓄存款、商业养老保险、公募基金等运作安全、成熟稳定、标的规范、侧重长期保值的满足不同投资者偏好的金融产品，参加人可自主选择。参与个人养老金运行的金融机构和金融产品由相关金融监管部门确定，并通过信息平台和金融行业平台向社会发布。

七、个人养老金领取

参加人达到领取基本养老金年龄、完全丧失劳动能力、出国（境）定居，或者具有其他符合国家规定的情形，经信息平台核验领取条件后，可以按月、分次或者一次性领取个人养老金，领取方式一经确定不得更改。领取时，应将个人养老金由个人养老金资金账户转入本人社会保障卡银行账户。

参加人死亡后，其个人养老金资金账户中的资产可以继承。

八、信息平台

信息平台由人力资源社会保障部组织建设，与符合规定的商业银行以及相关金融行业平台对接，归集相关信息，与财政、税务等部门共享相关信息，为参加人提供个人养老金账户管理、缴费管理、信息查询等服务，支持参加人享受税收优惠政策，为个人养老金运行提供信息核验和综合监管支撑，为相关金融监管部门、参与个人养老金运行的金融机构提供相关信息服务。不断提升信息平台的规范化、信息化、专业化管理水平，运用"互联网+"创新服务方式，为参加人提供方便快捷的服务。

九、运营和监管

人力资源社会保障部、财政部对个人养老金发展进行宏观指导，根据职责对个人养老金的账户设置、缴费上限、待遇领取、税收优惠等制定具体政策并进行运行监管，定期向社会披露相关信息。税务部门依法对个人养老金实施税收征管。相关金融监管部门根据各自职责，依法依规对参与个人养老金运行金融机构的经营活动进行监管，督促相关金融机构优化产品和服务，做好产品风险提示，对产品的风险性进行监管，加强对投资者的教育。

各参与部门要建立和完善投诉机制，积极发挥社会监督作用，及时发现解决个人养老金运行中出现的问题。

十、组织领导

推动个人养老金发展是健全多层次、多支柱养老保险体系，增强人民群众获得感、幸福感、安全感的重要举措，直接关系广大参加人的切身利益。各地区要加强领导、周密部署、广泛宣传，稳妥有序推动有关工作落地实施。各相关部门要按照职责分工制定落实本意见的具体政策措施，同向发力、密切协同，指导地方和有关金融机构切实做好相关工作。人力资源社会保障部、财政部要加强指导和协调，结合实际分步实施，选择部分城市先试行1年，再逐步推开，及时研究解决工作中遇到的问题，确保本意见顺利实施。

五、国务院关于个人养老金税收优惠政策

9月26日，国务院常务会议决定：对政策支持、商业化运营的个人养老金实行个人所得税优惠：对缴费者按每年12 000元的限额予以税前扣除，投资收益暂不征税，领取收入实际税负由7.5%降为3%。

六、财政部 税务总局关于个人养老金有关个人所得税政策的公告

财政部 税务总局公告〔2022〕第34号　　2022年11月3日

为贯彻落实《国务院办公厅关于推动个人养老金发展的意见》（国办发〔2022〕7号）有关要求，现就个人养老金有关个人所得税政策公告如下：

一、自2022年1月1日起，对个人养老金实施递延纳税优惠政策。在缴费环节，个人向个人养老金资金账户的缴费，按照12 000元/年的限额标准，在综合所得或经营所得中据实扣除；在投资环节，计入个人养老金资金账户的投资收益暂不征收个人所得税；在领取环节，个人领取的个人养老金，不并入

综合所得，单独按照3%的税率计算缴纳个人所得税，其缴纳的税款计入"工资、薪金所得"项目。

二、个人缴费享受税前扣除优惠时，以个人养老金信息管理服务平台出具的扣除凭证为扣税凭据。取得工资薪金所得、按累计预扣法预扣预缴个人所得税劳务报酬所得的，其缴费可以选择在当年预扣预缴或次年汇算清缴时在限额标准内据实扣除。选择在当年预扣预缴的，应及时将相关凭证提供给扣缴单位。扣缴单位应按照本公告有关要求，为纳税人办理税前扣除有关事项。取得其他劳务报酬、稿酬、特许权使用费等所得或经营所得的，其缴费在次年汇算清缴时在限额标准内据实扣除。个人按规定领取个人养老金时，由开立个人养老金资金账户所在市的商业银行机构代扣代缴其应缴的个人所得税。

三、人力资源社会保障部门与税务部门应建立信息交换机制，通过个人养老金信息管理服务平台将个人养老金涉税信息交换至税务部门，并配合税务部门做好相关税收征管工作。

四、商业银行有关分支机构应及时对在该行开立个人养老金资金账户纳税人的纳税情况进行全员全额明细申报，保证信息真实准确。

五、各级财政、人力资源社会保障、税务、金融监管等部门应密切配合，认真做好组织落实，对本公告实施过程中遇到的困难和问题，及时向上级主管部门反映。

六、本公告规定的税收政策自2022年1月1日起在个人养老金先行城市实施。

个人养老金先行城市名单由人力资源社会保障部会同财政部、税务总局另行发布。上海市、福建省、苏州工业园区等已实施个人税收递延型商业养老保险试点的地区，自2022年1月1日起统一按照本公告规定的税收政策执行。

特此公告。

七、人力资源社会保障部 财政部 国家税务总局 银保监会 证监会

关于印发《个人养老金实施办法》的通知

人社部发〔2022〕70号　　2022年10月26日

各省、自治区、直辖市及新疆生产建设兵团人力资源社会保障厅（局）、财政厅（局），国家税务总局各省、自治区、直辖市、计划单列市税务局，各银保

监局、证监局：

  为贯彻落实《国务院办公厅关于推动个人养老金发展的意见》（国办发〔2022〕7号），我们制定了《个人养老金实施办法》，现印发给你们，请认真贯彻落实。实施中遇到新情况、新问题，请及时向主管部门报告。

个人养老金实施办法

第一章　总则

  第一条　为贯彻落实《国务院办公厅关于推动个人养老金发展的意见》（国办发〔2022〕7号），加强个人养老金业务管理，规范个人养老金运作流程，制定本实施办法。

  第二条　个人养老金是指政府政策支持、个人自愿参加、市场化运营、实现养老保险补充功能的制度。个人养老金实行个人账户制，缴费完全由参加人个人承担，自主选择购买符合规定的储蓄存款、理财产品、商业养老保险、公募基金等金融产品（以下统称个人养老金产品），实行完全积累，按照国家有关规定享受税收优惠政策。

  第三条　本实施办法适用于个人养老金的参加人、人力资源社会保障部组织建设的个人养老金信息管理服务平台（以下简称信息平台）、金融行业平台、参与金融机构和相关政府部门等。

  个人养老金的参加人应当是在中国境内参加城镇职工基本养老保险或者城乡居民基本养老保险的劳动者。金融行业平台为金融监管部门组织建设的业务信息平台。参与金融机构包括经中国银行保险监督管理委员会确定开办个人养老金资金账户业务的商业银行（以下简称商业银行），以及经金融监管部门确定的个人养老金产品发行机构和销售机构。

  第四条　信息平台对接商业银行和金融行业平台，以及相关政府部门，为个人养老金实施、参与部门职责内监管和政府宏观指导提供支持。

  信息平台通过国家社会保险公共服务平台、全国人力资源和社会保障政务服务平台、电子社保卡、掌上12333APP等全国统一线上服务入口或者商业银行等渠道，为参加人提供个人养老金服务，支持参加人开立个人养老金账户，查询个人养老金资金账户缴费额度、个人资产信息和个人养老金产品等信息，根据参加人需要提供涉税凭证。

第五条　各参与部门根据职责，对个人养老金的实施情况、参与金融机构和个人养老金产品等进行监管。各地区要加强领导、周密部署、广泛宣传，稳妥有序推动个人养老金发展。

第二章　参加流程

第六条　参加人参加个人养老金，应当通过全国统一线上服务入口或者商业银行渠道，在信息平台开立个人养老金账户；其他个人养老金产品销售机构可以通过商业银行渠道，协助参加人在信息平台在线开立个人养老金账户。

个人养老金账户用于登记和管理个人身份信息，并与基本养老保险关系关联，记录个人养老金缴费、投资、领取、抵扣和缴纳个人所得税等信息，是参加人参加个人养老金、享受税收优惠政策的基础。

第七条　参加人可以选择一家商业银行开立或者指定本人唯一的个人养老金资金账户，也可以通过其他符合规定的个人养老金产品销售机构指定。

个人养老金资金账户作为特殊专用资金账户，参照个人人民币银行结算账户项下Ⅱ类户进行管理。个人养老金资金账户与个人养老金账户绑定，为参加人提供资金缴存、缴费额度登记、个人养老金产品投资、个人养老金支付、个人所得税税款支付、资金与相关权益信息查询等服务。

第八条　参加人每年缴纳个人养老金额度上限为12 000元，参加人每年缴费不得超过该缴费额度上限。人力资源社会保障部、财政部根据经济社会发展水平、多层次养老保险体系发展情况等因素适时调整缴费额度上限。

第九条　参加人可以按月、分次或者按年度缴费，缴费额度按自然年度累计，次年重新计算。

第十条　参加人自主决定个人养老金资金账户的投资计划，包括个人养老金产品的投资品种、投资金额等。

第十一条　参加人可以在不同商业银行之间变更其个人养老金资金账户。参加人办理个人养老金资金账户变更时，应向原商业银行提出，经信息平台确认后，在新商业银行开立新的个人养老金资金账户。

参加人在个人养老金资金账户变更后，信息平台向原商业银行提供新的个人养老金资金账户及开户行信息，向新商业银行提供参加人当年剩余缴费额度信息。参与金融机构按照参加人的要求和相关业务规则,为参加人办理原账户内资金划转及所持有个人养老金产品转移等手续。

第十二条 个人养老金资金账户封闭运行,参加人达到以下任一条件的,可以按月、分次或者一次性领取个人养老金。

(一)达到领取基本养老金年龄;

(二)完全丧失劳动能力;

(三)出国(境)定居;

(四)国家规定的其他情形。

第十三条 参加人已领取基本养老金的,可以向商业银行提出领取个人养老金。商业银行受理后,应通过信息平台核验参加人的领取资格,获取参加人本人社会保障卡银行账户,按照参加人选定的领取方式,完成个人所得税代扣后,将资金划转至参加人本人社会保障卡银行账户。

参加人符合完全丧失劳动能力、出国(境)定居或者国家规定的其他情形等领取个人养老金条件的,可以凭劳动能力鉴定结论书、出国(境)定居证明等向商业银行提出。商业银行审核并报送信息平台核验备案后,为参加人办理领取手续。

第十四条 鼓励参加人长期领取个人养老金。

参加人按月领取时,可以按照基本养老保险确定的计发月数逐月领取,也可以按照自己选定的领取月数逐月领取,领完为止;或者按照自己确定的固定额度逐月领取,领完为止。

参加人选取分次领取的,应选定领取期限,明确领取次数或方式,领完为止。

第十五条 参加人身故的,其个人养老金资金账户内的资产可以继承。

参加人出国(境)定居、身故等原因社会保障卡被注销的,商业银行将参加人个人养老金资金账户内的资金转至其本人或者继承人指定的资金账户。

第十六条 参加人完成个人养老金资金账户内资金(资产)转移,或者账户内的资金(资产)领取完毕的,商业银行注销该资金账户。

第三章 信息报送和管理

第十七条 信息平台对个人养老金账户及业务数据实施统一集中管理,

与基本养老保险信息、社会保障卡信息关联，支持制度实施监控、决策支持等。

第十八条 商业银行应及时将个人养老金资金账户相关信息报送至信息平台。具体包括：

（一）个人基本信息。包括个人身份信息、个人养老金资金账户信息等；

（二）相关产品投资信息。包括产品交易信息、资产信息；

（三）资金信息。包括缴费信息、资金划转信息、相关资产转移信息、领取信息、缴纳个人所得税信息、资金余额信息等。

第十九条 商业银行根据业务流程和信息的时效性需要，按照实时核验、定时批量两类时效与信息平台进行交互，其中：

（一）商业银行在办理个人养老金资金账户开立、变更、注销和资金领取等业务时，实时核验参加人基本养老保险参保状态、个人养老金账户和资金账户唯一性，并报送有关信息；

（二）商业银行在办理完个人养老金资金账户开立、缴费、资金领取，以及提供与个人养老金产品交易相关的资金划转等服务后，定时批量报送相关信息。

第二十条 金融行业平台应及时将以下数据报送至信息平台。

（一）个人养老金产品发行机构、销售机构的基本信息；

（二）个人养老金产品的基本信息；

（三）参加人投资相关个人养老金产品的交易信息、资产信息数据等。

第二十一条 信息平台应当及时向商业银行和金融行业平台提供技术规范，确保对接顺畅。

推进信息平台与相关部门共享信息，为规范制度实施、实施业务监管、优化服务体验提供支持。

第四章 个人养老金资金账户管理

第二十二条 商业银行应完成与信息平台、金融行业平台的系统对接，经验收合格后办理个人养老金业务。

第二十三条 商业银行可以通过本机构柜面或者电子渠道，为参加人开立个人养老金资金账户。

商业银行为参加人开立个人养老金资金账户，应当通过信息平台完成个人养老金账户核验。

商业银行也可以核对参加人提供的由社会保险经办机构出具的基本养老保险参保证明或者个人权益记录单等相关材料，报经信息平台开立个人养老金账户后，为参加人开立个人养老金资金账户，并与个人养老金账户绑定。

第二十四条 参加人开立个人养老金资金账户时，应当按照金融监管部门要求向商业银行提供有效身份证件等材料。

商业银行为参加人开立个人养老金资金账户，应当严格遵守相关规定。

第二十五条 个人养老金资金账户应支持参加人通过商业银行结算账户、非银行支付机构、现金等途径缴费。商业银行应为参加人、个人养老金产品销售机构等提供与个人养老金产品交易相关的资金划转服务。

第二十六条 商业银行应实时登记个人养老金资金账户的缴费额度，对于超出当年缴费额度上限的，应予以提示，并不予受理。

第二十七条 商业银行应根据相关个人养老金产品交易结果，记录参加人交易产品信息。

第二十八条 商业银行应为参加人个人养老金资金账户提供变更服务，并协助做好新旧账户衔接和旧账户注销。原商业银行、新商业银行应通过信息平台完成账户核验、账户变更、资产转移、信息报送等工作。

第二十九条 商业银行应当区别处理转移资金，转移资金中的本年度缴费额度累计计算。

第三十条 个人养老金资金账户当日发生缴存业务的，商业银行不应为其办理账户变更手续。办理资金账户变更业务期间，原个人养老金资金账户不允许办理缴存、投资以及支取等业务。

第三十一条 商业银行开展个人养老金资金账户业务，应当公平对待符合规定的个人养老金产品发行机构和销售机构。

第三十二条 商业银行应保存个人养老金资金账户全部信息自账户注销日起至少十五年。

第五章 个人养老金机构与产品管理

第三十三条 个人养老金产品及其发行、销售机构由相关金融监管部门确定。个人养老金产品及其发行机构信息应当在信息平台和金融行业平台同日发布。

第三十四条　个人养老金产品应当具备运作安全、成熟稳定、标的规范、侧重长期保值等基本特征。

第三十五条　商业银行、个人养老金产品发行机构和销售机构应根据有关规定，建立健全业务管理制度，包括但不限于个人养老金资金账户服务、产品管理、销售管理、合作机构管理、信息披露等。商业银行发现个人养老金实施中存在违规行为、相关风险或者其他问题的，应及时向监管部门报告并依规采取措施。

第三十六条　个人养老金产品交易所涉及的资金往来，除另有规定外必须从个人养老金资金账户发起，并返回个人养老金资金账户。

第三十七条　个人养老金产品发行、销售机构应为参加人提供便利的购买、赎回等服务，在符合监管规则及产品合同的前提下，支持参加人进行产品转换。

第三十八条　个人养老金资金账户内未进行投资的资金按照商业银行与个人约定的存款利率及计息方式计算利息。

第三十九条　个人养老金产品销售机构要以"销售适当性"为原则，依法了解参加人的风险偏好、风险认知能力和风险承受能力，做好风险提示，不得主动向参加人推介超出其风险承受能力的个人养老金产品。

第六章　信息披露

第四十条　人力资源社会保障部、财政部汇总并披露个人养老金实施情况，包括但不限于参加人数、资金积累和领取、个人养老金产品的投资运作数据等情况。

第四十一条　信息披露应当以保护参加人利益为根本出发点，保证所披露信息的真实性、准确性、完整性，不得有虚假记载、误导性陈述和重大遗漏。

第七章　监督管理

第四十二条　人力资源社会保障部、财政部根据职责对个人养老金的账户设置、缴费额度、领取条件、税收优惠等制定具体政策并进行运行监管。税务部门依法对个人养老金实施税收征管。

第四十三条　人力资源社会保障部对信息平台的日常运行履行监管职责，规范信息平台与商业银行、金融行业平台、有关政府部门之间的信息交互流程。

第四十四条　人力资源社会保障部、财政部、税务部门在履行日常监管职责时，可依法采取以下措施：

（一）查询、记录、复制与被调查事项有关的个人养老金业务的各类合同等业务资料；

（二）询问与调查事项有关的机构和个人，要求其对有关问题做出说明、提供有关证明材料；

（三）其他法律法规和国家规定的措施。

第四十五条　中国银行保险监督管理委员会、中国证券监督管理委员会根据职责，分别制定配套政策，明确参与金融机构的名单、业务流程、个人养老金产品条件、监管信息报送等要求，规范银行保险机构个人养老金业务和个人养老金投资公募基金业务，对参与金融机构发行、销售个人养老金产品等经营活动依法履行监管职责，督促参与金融机构优化产品和服务，做好产品风险提示，加强投资者教育。

参与金融机构违反本实施办法的，中国银行保险监督管理委员会、中国证券监督管理委员会依法依规采取措施。

第四十六条　中国银行保险监督管理委员会、中国证券监督管理委员会对金融行业平台有关个人养老金业务的日常运营履行监管职责。

第四十七条　各参与部门要加强沟通，通过线上线下等多种途径，及时了解社会各方面对个人养老金的意见建议，处理个人养老金实施过程中的咨询投诉。

第四十八条　各参与机构应当积极配合检查，如实提供有关资料，不得拒绝、阻挠或者逃避检查，不得谎报、隐匿或者销毁相关证据材料。

第四十九条　参与机构违反本实施办法规定或者相关法律法规的，人力资源社会保障部、财政部、税务部门按照职责依法依规采取措施。

第八章　附则

第五十条　中国银行保险监督管理委员会、人力资源社会保障部会同相关部门做好个人税收递延型商业养老保险试点与个人养老金的衔接。

第五十一条　本实施办法自印发之日起施行。

第五十二条　人力资源社会保障部、财政部、国家税务总局、中国银行保险监督管理委员会、中国证券监督管理委员会根据职责负责本实施办法的解释。

第二节　金融监管部门关于个人养老金的政策汇编

一、养老目标证券投资基金指引（试行）

证监会公告〔2018〕2号　　2018年2月11日

第一条　为满足养老资金理财需求，规范养老目标证券投资基金（以下简称养老目标基金）的运作，保护投资人的合法权益，根据《证券投资基金法》《公开募集证券投资基金运作管理办法》等有关规定，制定本指引。

第二条　养老目标基金是指以追求养老资产的长期稳健增值为目的，鼓励投资人长期持有，采用成熟的资产配置策略，合理控制投资组合波动风险的公开募集证券投资基金。

第三条　养老目标基金应当采用基金中基金形式或中国证监会认可的其他形式运作。

第四条　养老目标基金应当采用成熟稳健的资产配置策略，控制基金下行风险，追求基金长期稳健增值。投资策略包括目标日期策略、目标风险策略以及中国证监会认可的其他策略。

采用目标日期策略的基金，应当随着所设定目标日期的临近，逐步降低权益类资产的配置比例，增加非权益类资产的配置比例。权益类资产包括股票、股票型基金和混合型基金。

采用目标风险策略的基金，应当根据特定的风险偏好设定权益类资产、非权益类资产的基准配置比例，或使用广泛认可的方法界定组合风险（如波动率等），并采取有效措施控制基金组合风险。采用目标风险策略的基金，应当明确风险等级及其含义，并在招募说明书中注明。

第五条　养老目标基金应当采用定期开放的运作方式或设置投资人最短持有期限，与基金的投资策略相匹配。养老目标基金定期开放的封闭运作期或投资人最短持有期限应当不短于1年。

养老目标基金定期开放的封闭运作期或投资人最短持有期限不短于1年、3年或5年的，基金投资于股票、股票型基金、混合型基金和商品基金（含商品期货基金和黄金ETF）等品种的比例合计原则上不超过30%、60%、80%。

第六条　养老目标基金的基金管理人应当制订子基金（含香港互认基金）选择标准和制度，重点考察风格特征稳定性、风险控制和合规运作情况，并对照业绩比较基准评价中长期收益、业绩波动和回撤情况，且被投资子基金应当满足以下条件：

（一）子基金运作期限应当不少于2年，最近2年平均季末基金净资产应当不低于2亿元；子基金为指数基金、ETF和商品基金等品种的，运作期限应当不少于1年，最近定期报告披露的季末基金净资产应当不低于1亿元。

（二）子基金运作合规，风格清晰，中长期收益良好，业绩波动性较低。

（三）子基金基金管理人及子基金基金经理最近2年没有重大违法违规行为。

（四）中国证监会规定的其他条件。

第七条　鼓励具备以下条件的基金管理人申请募集养老目标基金：

（一）公司成立满2年；

（二）公司治理健全、稳定；

（三）公司具有较强的资产管理能力，旗下基金风格清晰、业绩稳定，最近3年平均公募基金管理规模（不含货币市场基金）在200亿元以上或者管理的基金中基金业绩波动性较低、规模较大；

（四）公司具有较强的投资、研究能力，投资、研究团队不少于20人，其中符合养老目标基金基金经理条件的不少于3人；

（五）公司运作合规稳健，成立以来或最近3年没有重大违法违规行为；

（六）中国证监会规定的其他条件。

第八条　基金管理人应当优先选择具备以下条件的投研人员担任养老目标基金的基金经理：

（一）具备5年以上金融行业从事证券投资、证券研究分析、证券投资基金研究评价或分析经验，其中至少2年为证券投资经验；或者具备5年以上养老金或保险资金资产配置经验。

（二）历史投资业绩稳定、良好，无重大管理失当行为。

（三）最近3年没有违法违规记录。

（四）中国证监会规定的其他条件。

第九条　养老目标基金可以设置优惠的基金费率，并通过差异化费率安排，鼓励投资人长期持有。

第十条　基金管理人、基金销售机构向投资人推介养老目标基金，应当遵循以下原则：

（一）根据投资人年龄、退休日期和收入水平，向投资人推介适合的养老目标基金，引导投资人开展长期养老投资；

（二）向投资人推介的目标日期基金应与其预计的投资期限相匹配；

（三）中国证监会规定的其他要求。

第十一条　养老目标基金应当在基金名称中包含"养老目标"字样且反映基金的投资策略。采用目标风险策略的基金还应当在基金名称中明确产品风险等级。其他公募基金，不得使用"养老"字样。

养老目标基金的宣传推介材料应当明确"养老"的名称不代表收益保障或其他任何形式的收益承诺，并在显著位置使用醒目方式注明产品不保本，可能发生亏损。基金管理人应当对养老目标基金编写专门风险揭示书，并要求投资人以书面或电子形式确认其了解产品特征。养老目标基金风险揭示书中应当包括但不限于基金投资策略、权益类资产配置比例、基金风险特征以及基金管理费、托管费、销售费用等情况。

第十二条　本指引实施后，基金名称中已经包含"养老"字样的公募基金，不符合本指引要求的，基金管理人应当在3个月内履行程序修改基金名称，"养老"产业投资主题基金除外。

第十三条　本指引自发布之日起施行。

二、个人养老金投资公开募集证券投资基金业务管理暂行规定

证监会公告〔2022〕46号　　2022年11月4日

第一章　总则

第一条　为推进多层次、多支柱养老保险体系建设，规范个人养老金投

资公开募集证券投资基金业务（以下简称个人养老金投资基金业务）的相关活动，保护投资人合法权益，根据《证券投资基金法》《国务院办公厅关于推动个人养老金发展的意见》《公开募集证券投资基金运作管理办法》（以下简称《运作办法》）《公开募集证券投资基金销售机构监督管理办法》（以下简称《销售办法》）《证券投资基金托管业务管理办法》（以下简称《托管办法》）等法律法规以及《个人养老金实施办法》相关要求，制定本规定。

第二条　本规定所称个人养老金投资基金，是指投资人根据《国务院办公厅关于推动个人养老金发展的意见》等有关规定，通过个人养老金资金账户购买符合规定的基金产品。

基金管理人、基金托管人、基金销售机构、基金评价机构等机构开展个人养老金投资基金业务的相关活动，适用本规定。

第三条　基金管理人、基金托管人、基金销售机构等机构开展个人养老金投资基金业务的，应当坚持投资人利益优先原则，落实资产安全性、运作稳健性、投资长期性、服务便利性等基本要求，履行诚实信用、谨慎勤勉的义务，确保业务规范、安全、可持续发展。

第四条　中国证监会及其派出机构依照法律法规和本规定，对个人养老金投资基金业务进行监督管理。

中国证券投资基金业协会（以下简称基金业协会）依照法律法规、本规定及自律规则，对个人养老金投资基金业务实施自律管理。

第五条　个人养老金基金行业平台（以下简称基金行业平台）是个人养老金投资基金业务的信息服务平台。中国证监会授权中国证券登记结算有限责任公司（以下简称中国结算）等机构建设并运营基金行业平台，为个人养老金投资基金业务提供支持，并对基金行业平台相关业务实施管理。

第二章　基本要求

第六条　基金管理人、基金销售机构应当针对个人养老金投资基金业务，建立健全并有效执行专门的管理制度和流程，完善组织架构和系统建设，配备足够的专业人员，强化投资、研究、销售、风险管理、投资者教育、客户服务等能力建设，确保业务运作符合个人养老金相关制度及中国证监会的规定，切实维护投资人合法权益。

第七条　基金管理人、基金销售机构应当建立长周期考核机制，对个人养老金投资基金业务、产品业绩、人员绩效的考核周期不得短于5年。

基金评价机构应当坚持长期评价原则，业绩评价期限不得短于5年，不得使用单一指标进行排名或者评价，不得进行短期收益和规模排名。

第八条　基金管理人、基金托管人、基金销售机构等机构应当在各自职责范围内，按照个人养老金相关制度规定，保障投资人参与个人养老金投资基金业务相关资金及资产的安全封闭运行。

除另有规定外，基金管理人、基金销售机构应当确保基金份额购买等款项来自个人养老金资金账户，基金份额赎回等款项转入个人养老金资金账户。基金管理人、基金销售机构办理继承等事项的，应当通过份额赎回方式办理，个人养老金相关制度另有规定的除外。

第九条　个人养老金资金和资产独立于基金管理人、基金销售机构、基金托管人等机构的自有资产。

非因投资人本身的债务或者法律法规规定的其他情形，不得查封、冻结、扣划或者强制执行个人养老金投资基金业务的基金销售结算资金、基金份额。

第三章　产品管理

第十条　个人养老金可以投资的基金产品（以下简称个人养老金基金）应当具备运作安全、成熟稳定、标的规范、侧重长期保值等特征，且基金管理人具备《运作办法》第六条规定的条件。产品类型包括：

（一）最近4个季度末规模不低于5 000万元或者上一季度末规模不低于2亿元的养老目标基金；

（二）投资风格稳定、投资策略清晰、运作合规稳健且适合个人养老金长期投资的股票基金、混合基金、债券基金、基金中基金和中国证监会规定的其他基金。

个人养老金基金名录由中国证监会确定，每季度通过中国证监会网站、基金业协会网站、基金行业平台等向社会发布。

第十一条　个人养老金基金出现下列情形的，基金管理人应当在5个工作日内向中国证监会报告，中国证监会将不定期移出名录：

（一）依据法律法规规定及基金合同约定，不再符合产品存续条件的；

（二）产品发生重大变化导致不再适合个人养老金投资的；

（三）中国证监会规定的其他情形。

个人养老金基金被移出名录后，基金管理人、基金销售机构等机构应当做好信息披露和提示等工作，并暂停办理相关产品份额的申购等。

第十二条　个人养老金基金应当针对个人养老金投资基金业务设立单独的份额类别，在基金合同、招募说明书等文件中清晰约定，并依法进行注册或者备案。

个人养老金基金的单设份额类别不得收取销售服务费，可以豁免申购限制和申购费等销售费用（法定应当收取并计入基金资产的费用除外），可以对管理费和托管费实施一定的费率优惠。

第十三条　基金管理人可以根据投资人不同生命周期阶段的养老投资需求和资金使用需求，在做好充分信息披露的前提下，对个人养老金基金产品设计做出以下安排：

（一）为鼓励投资人在个人养老金积累期长期投资，将分红方式设置为红利再投资；

（二）为鼓励投资人在个人养老金领取期长期领取，设置定期分红、定期支付、定额赎回等机制；

（三）在运作方式、持有期限、投资策略、估值方法、申赎转换等方面的其他安排。

第十四条　基金管理人在个人养老金基金的投资管理过程中，应当恪尽职守、专业审慎，结合个人养老金投资基金业务特点，坚持长期投资、价值投资，加强对个人养老金基金资产配置、投资标的、估值方法、风险状况、产品业绩等方面的研究分析，确保投资管理的科学性、稳健性和长期性。

基金管理人应当建立有效机制，严格遵守基金合同约定的投资目标、投资策略和投资限制，保持清晰、稳定的投资风格，合理控制投资组合与业绩比较基准的偏离。

第十五条　基金管理人应当根据个人养老金投资基金业务特征，建立健全风险管理机制和应急预案，有效防范和控制各类风险对产品运作的影响，确保投资人的合法权益不受损害并得到公平对待。

第四章　销售管理

第十六条　中国证监会根据以下条件确定可以开展个人养老金基金销售相关业务的基金销售机构名录，并每季度通过中国证监会网站、基金业协会网站、基金行业平台等向社会发布：

（一）经营状况良好，财务指标稳健，具备较强的公募基金销售能力；最近4个季度末股票基金和混合基金保有规模不低于200亿元，其中，个人投资者持有规模不低于50亿元；

（二）公司治理健全，内部控制完善，具备较高的合规管理水平；最近3年没有受到刑事处罚或者重大行政处罚；最近1年没有因相近业务被采取重大行政监管措施；没有因相近业务存在重大违法违规行为处于整改期间，或者因相近业务涉嫌重大违法违规行为正在被监管机构调查；不存在已经影响或者可能影响公司正常经营的重大变更事项，或者重大诉讼、仲裁等事项；

（三）与基金行业平台完成联网测试；

（四）中国证监会规定的其他条件。

基金管理人及其销售子公司可以办理该基金管理人募集的个人养老金基金的销售相关业务，且不适用前款第（一）项规定。

第十七条　基金销售机构出现下列情形的，应当在5个工作日内向中国证监会报告，中国证监会将不定期移出名录：

（一）连续2年不符合本规定第十六条第（一）项规定的条件；

（二）基金销售业务资格被依法撤销或者终止的；

（三）存在重大风险隐患；

（四）中国证监会规定的其他情形。

基金销售机构被移出名录后，基金销售机构不得新增个人养老金投资基金业务。

第十八条　基金销售机构应当向投资人充分解释说明个人养老金相关制度，在投资人首次投资个人养老金基金前，向投资人特别提示以下信息，并由投资人确认：

（一）基金份额赎回等款项将转入个人养老金资金账户，投资人未达到领取基本养老金年龄或者政策规定的其他领取条件时不可领取个人养老金；

（二）投资人应当如实提供个人身份信息、个人养老金资金账户信息；

（三）基金管理人、基金销售机构对个人信息的收集、保存、使用等情况；

（四）个人养老金投资基金业务具有自愿参加、自主选择、自担风险等业务属性；

（五）个人养老金每年缴费额度上限及相关税收政策；

（六）其他重要信息。

第十九条　基金销售机构应当根据投资人申请提供相关账户服务，并符合法律法规和个人养老金相关制度要求。账户服务包括：

（一）为投资人开立个人养老金基金专用交易账户，并绑定个人养老金资金账户作为结算账户；

（二）可以协助投资人通过商业银行等渠道在人力资源社会保障部个人养老金信息管理服务平台（以下简称信息平台）开立个人养老金账户；

（三）可以协助投资人在商业银行在线开立或者指定本人唯一的个人养老金资金账户；

（四）个人养老金资金账户变更后，为投资人办理新增或者变更结算账户、转托管转出等业务；

（五）个人养老金相关制度规定的其他职责。

第二十条　基金销售机构应当依照法律法规和中国证监会的规定开展个人养老金基金的宣传推介活动，强化投资者适当性管理，并履行下列职责：

（一）全面介绍产品不保证本金、不保证收益、追求长期收益等风险收益特征；

（二）向投资人展示产品资料概要，清晰揭示产品的封闭期或者持有期、权益资产等高风险资产的投资比例、费用项目和费率水平等信息；

（三）强化投资者适当性管理，个人养老金基金按照风险收益特征进行风险等级划分，根据投资人年龄、退休日期、收入水平和风险偏好等情况向投资人推介基金，不得向投资人主动推介超出其风险承受能力的基金，不得承诺或者宣传产品保本保收益，不得宣传产品预期收益率。

第二十一条　基金销售机构应当主要以定期投资等方式引导投资人长期投资。

基金销售机构为投资人办理其他基金份额向个人养老金基金份额转换业

务、提供默认投资选择等服务的，应当符合个人养老金相关制度和中国证监会的规定，并在销售协议中充分揭示服务内容和风险。

基金销售机构在有效核实投资人身份及交易意愿、确保资金安全的前提下，可以将投资人赎回其他基金份额的销售结算资金转入投资人个人养老金资金账户，转入金额应当符合个人养老金制度关于缴费额度上限的规定。基金销售结算资金监督机构应当依法对相关销售结算资金划转流程进行监督。

第二十二条　基金销售机构应当在其互联网网站、移动客户端等渠道的醒目位置设立个人养老金投资基金业务专区，提供业务咨询、产品申赎、信息查询等相关服务。

基金销售机构应当积极开展养老金融教育，普及养老投资理念，加强投资人对养老金政策的理解。基金销售机构为投资人办理个人养老金基金专用交易账户开立后，投资人长期未购买个人养老金基金的，基金销售机构应当予以适当提示。

第二十三条　基金销售机构应当为投资人提供便捷的信息查询服务，查询信息包括但不限于个人基本信息、基金产品基本信息、持有份额信息等。根据投资人授权，基金销售机构可以依法协助投资人查询个人养老金缴费等相关信息。

第二十四条　基金销售机构应当及时处理投资人提出的个人养老金投资基金业务相关投诉、咨询及意见建议。

第五章　基金行业平台

第二十五条　基金行业平台按照个人养老金相关制度要求与信息平台、开展个人养老金资金账户业务的商业银行、基金管理人和基金销售机构等机构建立系统连接和数据交互。

中国结算等机构应当妥善保存相关数据，遵守个人信息保护和数据保密等要求，不得篡改、毁损或者泄露，除法律法规以及中国证监会另有规定或者认可外，中国结算等机构不得向第三方提供相关数据。

第二十六条　基金管理人、基金销售机构应当与基金行业平台建立系统连接，按照基金行业平台相关业务规则及技术规范要求与基金行业平台交互相关业务数据，并确保数据的完整性、准确性、安全性、及时性。

第二十七条　基金行业平台与开展个人养老金资金账户业务的商业银行进行数据交互，具体内容包括：

（一）个人养老金资金账户信息、账户状态信息等；

（二）个人养老金投资基金业务的资金划付指令、交收结果等资金信息；

（三）中国证监会认可的其他信息。

第二十八条　基金行业平台按照个人养老金相关制度要求向信息平台报送个人养老金投资基金业务相关数据。

基金行业平台应当建立健全数据统计分析制度，并定期向中国证监会、人力资源社会保障部等部门报送个人养老金投资基金业务运行情况。

第六章　监督管理

第二十九条　中国证监会加强与人力资源社会保障部、财政部、国家税务总局、中国银保监会等部门的沟通配合，建立信息共享机制，不断完善监管安排，加强监管协调。

第三十条　中国证监会及其派出机构依据法律法规对基金管理人、基金销售机构等机构开展个人养老金投资基金业务的情况进行定期或者不定期检查，基金管理人、基金销售机构等机构应当予以配合。

第三十一条　中国证监会及其派出机构定期对基金管理人、基金销售机构开展个人养老金投资基金业务情况进行动态监管，包括个人养老金基金投资运作情况、销售保有规模、投资人长期收益、客户服务能力等。相关结果应用于基金管理人分类评价、业务创新评估等，不合格的个人养老金基金或者基金销售机构从名录中移出。

第三十二条　基金管理人、基金托管人、基金销售机构、基金评价机构等机构违反法律法规和本规定的，中国证监会、中国银保监会根据《运作办法》《托管办法》《销售办法》《证券投资基金评价业务管理暂行办法》等规定，对有关机构和人员采取行政监管措施；依法应予行政处罚的，依照有关规定进行行政处罚；涉嫌犯罪的，移送司法机关，追究刑事责任。

第七章　附则

第三十三条　基金管理人及其销售子公司办理该基金管理人募集的个人养老金基金销售相关业务的，应当符合本规定第十八条至第二十四条的要求。

第三十四条　个人养老金投资基金业务的投资顾问服务管理规范，由中国证监会另行制定。

第三十五条　本规定自公布之日起施行。

三、中国银保监会办公厅关于开展专属商业养老保险试点的通知

银保监办发〔2021〕57号　　2021年5月8日

为贯彻落实党中央、国务院关于规范发展第三支柱养老保险的重要部署，推动商业养老保险加快发展，更好地服务多层次、多支柱养老保险体系建设，积极满足人民群众多样化养老保障需求，银保监会决定开展专属商业养老保险试点，现就有关事项通知如下：

一、试点期限和范围

自2021年6月1日起，在浙江省（含宁波市）和重庆市开展专属商业养老保险试点。试点期限暂定一年。

参与试点的保险公司包括：中国人民人寿保险股份有限公司、中国人寿保险股份有限公司、太平人寿保险有限公司、中国太平洋人寿保险股份有限公司、泰康人寿保险有限责任公司、新华人寿保险股份有限公司。

二、试点内容

（一）试点保险公司应创新开发投保简便、交费灵活、收益稳健的专属商业养老保险产品。消费者达到60周岁及以上方可领取养老金，且领取期限不短于10年。

（二）试点保险公司应积极探索服务新产业、新业态从业人员和各种灵活就业人员养老需求。允许相关企事业单位以适当方式，依法合规为上述人员投保提供交费支持。

（三）试点保险公司应探索建立与专属商业养老保险业务长期发展相适应的内部管理机制，包括长期销售激励考核机制、风险管控机制和较长期限的投资考核机制等。

（四）在风险有效隔离的前提下，鼓励试点保险公司积极探索将专属商业

养老保险业务发展与养老、照护服务等相衔接，满足差异化养老需求。

三、试点要求

（一）各单位要统一思想，提高认识，充分发挥保险优势，推动专属商业养老保险规范发展。

（二）各总公司应统一领导，加强制度建设，加大资源投入，建立健全相关工作机制，完善与专属商业养老保险经营相适应的治理架构、管理模式、考核体系和风险管控要求等。

（三）各公司应扎实做好准备工作，并按要求报送试点方案，经批准后方可实施。试点启动后，各公司应于每季度结束后5个工作日内向银保监会人身险部和试点地区银保监局报送进展情况。

（四）各公司应结合试点地区情况和自身实际，立足消费者需求合理制定业务发展规划，稳妥有序推进各项工作，审慎开展经营，加强合规管理，做好消费者保护，始终守住风险底线。

（五）试点地区银保监局应做好政策解读和指导，密切关注业务发展，加强业务监管，及时总结、动态评估试点经验，对试点过程中遇到的困难和问题，及时向银保监会报告。

附件：专属商业养老保险业务方案

专属商业养老保险业务方案

一、产品概述

专属商业养老保险是指以养老保障为目的，领取年龄在60周岁及以上的个人养老年金保险产品。产品设计分为积累期和领取期两个阶段，领取期不得短于10年。产品采取账户式管理，账户价值计算和费用收取公开透明。

二、交费方式

采取灵活交费方式，保险公司可收取初始费用，消费者交纳保费在扣除初始费用后全部进入个人账户。保险公司可根据交费金额、账户累积金额、销售渠道不同等设定差异化的公平合理的费用标准，并在保险合同中载明。

针对新产业、新业态从业人员和各种灵活就业人员，允许相关企事业单位以适当方式，依法合规为上述从业人员投保专属商业养老保险提供交费支持。企事业单位相关交费在扣除初始费用后全部进入个人账户，权益全部归属个人。

三、积累期和领取期设计

积累期采取"保证+浮动"的收益模式，保险公司应为消费者提供风险偏好不同的一个以上的投资组合。不同投资组合的保证利率可以不同，但不得超过新型人身保险产品法定准备金评估利率上限。投资组合的保证利率一经确定，不得调整。投资组合收益水平应反映保险公司投资能力和实际投资收益情况。保险公司应按年度结算投资组合收益，以每年12月31日24时作为当年投资组合收益结算时点，并在1月份的前6个工作日内确定并公布上一年度投资组合的实际结算收益率。两个投资组合收益结算日之间特定日期的投资组合收益，为最近一个投资组合收益结算日到该日期按保证利率计算的收益。

在积累期，保险公司应向消费者提供投资组合转换功能，并在保险合同中明确约定一定期限内可转换次数、转换时点，以及转换费用收取标准等。

消费者年满60周岁方可领取养老金。保险公司须提供定期领取（领取期限不短于10年）、终身领取等多种方式供消费者选择。保险公司应制定专属商业养老保险养老年金领取转换表（以下简称转换表），可根据预定利率、生命表变化对转换表适时调整，并在公司官方网站显著位置公布调整后的转换表。保险公司可提供以下转换表锁定方式供消费者选择：

（一）在消费者签订保险合同时锁定当期转换表；

（二）在消费者到达约定的开始领取年龄时锁定当期转换表。

转换表一经锁定，不得调整。消费者开始领取养老金后，不得调整已选定的养老年金领取转换标准。养老金领取可衔接养老、照护服务，但须另行签署相关服务合同。

保险公司应建立适当机制，有效控制金融市场短期波动对投资组合长期稳健管理的影响，体现养老资金长期管理、安全管理的要求。

四、保险责任

包括身故责任、年金领取责任，鼓励保险公司以适当方式提供重疾、护理、意外等其他保险责任。其中，消费者在保险合同期内身故，赔付金额在积累期内不得低于账户价值，在领取期内不得低于保证领取剩余部分与年金转换时账户价值减去各项已领取金额的较大者，累计赔付给付金额不得低于领取期与积累期转换时的账户价值。对于其他长期养老金领取方式，累计赔付给付金额不得低于消费者尚未领取权益部分。

五、退保规则

在积累期，前5个保单年度内退保，退保现金价值不得高于累计已交保费；第6—10个保单年度内退保，退保现金价值不得高于累计已交保费和75%账户累计收益部分之和；第10个保单年度后退保，退保现金价值不得高于累计已交保费和90%账户累计收益部分之和。在领取期，退保现金价值为0。允许保险公司以适当方式，依法合规地建立与引导个人长期持有保险合同、长期领取养老金相关的持续奖励机制。

消费者罹患中国保险行业协会颁布的《重大疾病保险的疾病定义使用规范（2020年修订版）》中定义的重大疾病，或遭遇意外且伤残程度达到人身伤残保险评定标准1—3级的，可以申请特殊退保。如在保险合同有效期内，相关单位重新修订或颁布重大疾病保险的疾病定义、人身伤残保险评定标准等，按重新修订或颁布的内容执行。

消费者在积累期申请特殊退保的，退保现金价值为申请时的账户价值；在领取期申请特殊退保的，退保现金价值为申请时保证领取剩余部分与年金转换时账户价值减去各项已领取金额的较大者。对于其他长期养老金领取方式，退保金额为消费者尚未领取权益部分。

六、信息披露

保险公司应在其官方网站显著位置披露专属商业养老保险产品的服务信息。保险公司的信息披露材料应由总公司统一管理，确保所披露材料的真实性、准确性和完整性。

保险公司在销售过程中应提供产品说明书，详细说明产品特点、保险责任、费用收取、各投资组合历史结算收益率水平的查询方式等情况，并对账户价值变动和年金领取进行利益演示。利益演示按照积累期和领取期分别演示，并就长期资金的合理投资收益预期和利益演示的不确定性向消费者进行充分解释说明。在积累期，保险公司应按照高、中、低三档收益率假设，对各投资组合账户价值变动进行演示，低档演示利率为投资组合保证利率，高档演示利率上限为6%。在领取期，保险公司应按照最新提供的转换表，演示不同领取方式下年金领取金额，并对转换表不确定性进行充分解释说明。

保险公司应以消费者易于获取的形式，向其明示个人账户内每笔交费、相应扣费，以及扣费后进入账户金额等信息。保险公司应在保险合同中明确账户结算周期，每年至少一次主动向消费者提供账户价值变动信息。通过各种形式提供的服务信息应保持一致。

七、产品管理

保险公司开发专属商业养老保险产品，应报中国银保监会审批。产品命名格式为：保险公司名称+说明性文字+"专属商业养老保险"。

除中国银保监会已规定的产品审批材料外，保险公司还应提交产品可行性分析报告。

八、其他事项

保险公司可通过其官方网络平台或其所属保险集团官方网络平台销售专属商业养老保险产品，销售区域不受试点区域限制。

保险公司应对专属商业养老保险业务单独核算，设立单独投资账户。在资产配置、投资管理、估值核算等环节，应独立于自有资金和其他保险产品资金。保险公司应按照合同约定配置专属商业养老保险产品账户的资产范围和投资比例。保险公司运用专属商业养老保险资金配置权益类资产比例，可按照《中国银保监会办公厅关于优化保险公司权益类资产配置监管有关事项的通知》（银保监办发〔2020〕63号）的要求上浮一档执行。保险公司应建立与专属商业养老保险长期投资相适应的、期限不短于1年的较长期限的投资考核机制。

保险公司应当按照保险公司偿付能力监管规则，审慎计量专属商业养老保险业务的最低资本要求。中国银保监会将根据其经营长期性的特征和风险实际，在偿付能力最低资本要求上体现监管支持。

支持保险公司建立与专属商业养老保险业务长期发展相适应的长期销售激励考核机制。

对于未尽事项，保险公司应按照安全审慎、有利于维护消费者合法权益的基本原则，参照现行保险业务监管规定执行。

四、中国银保监会办公厅关于开展养老理财产品试点的通知

银保监办发〔2021〕95号　　2021年8月31日

湖北、四川、青岛、深圳银保监局，各理财公司及其控股股东，银行业理财登记托管中心：

为进一步发挥理财业务特点和优势，促进第三支柱养老金融产品丰富发展，满足人民群众多样化养老需求，银保监会决定开展养老理财产品试点。现就有关事项通知如下：

一、试点内容

自2021年9月15日起，工银理财有限责任公司在武汉市和成都市，建信理财有限责任公司和招银理财有限责任公司在深圳市，光大理财有限责任公司在青岛市开展养老理财产品试点。试点期限暂定一年。试点阶段，单家试点机构养老理财产品募集资金总规模限制在100亿元人民币以内。

二、试点要求

（一）试点理财公司应当统一思想，提高认识，充分发挥理财业务成熟稳健的资产配置优势，创设符合长期养老需求和生命周期特点的养老理财产品，推动养老理财业务规范发展，积极拓宽居民财产性收入渠道。

（二）试点理财公司应当建立试点工作领导机制，明确各项职责，加强制度建设，保证必要资源投入，建立与养老理财相适应的治理架构、管理模式、投研能力和考核体系等。

（三）试点理财公司应当严格按照理财业务现有制度和养老理财产品试点要求，规范设计和发行养老理财产品，做好销售管理、信息披露和投资者保护等工作，确保审慎合规展业，守住风险底线。

（四）试点理财公司应当结合试点地区情况，稳妥有序开展试点，健全养老理财产品风险管理机制，实施非母行第三方独立托管，引导形成长期稳定资

金,探索跨周期投资模式,积极投向符合国家战略和产业政策的领域,更好支持经济社会长期投融资需求。

(五)各理财公司应当规范养老理财产品名称使用,持续清理名不符实的"养老"字样理财产品。银行业理财登记托管中心配合做好养老理财产品信息登记和清理规范相关工作。

三、监督管理

(一)试点理财公司应当制定养老理财产品试点方案,报经银保监会相关机构监管部门认可后,按照公募理财产品信息登记要求,于销售前10个工作日,在银行业理财登记托管中心"全国银行业理财信息登记系统"进行产品登记。

(二)试点理财公司应当于每季度结束后5个工作日内,向银保监会及试点地区银保监局报送试点工作进展情况。

(三)银保监会及试点地区银保监局应当密切关注业务发展,指导试点理财公司不断优化养老理财服务形态,及时研究改进问题,确保试点工作顺利推进。

(四)银保监会及试点地区银保监局应当督促理财公司做好政策解读和宣传引导,培育投资者长期价值投资、健康养老投资理念和文化,帮助投资者树立科学的风险观和收益观,对市场形成良好示范和带动。

(五)银保监会及试点地区银保监局应当持续加大理财业务监督检查力度,严肃惩处侵害投资者合法权益的行为,维护养老金融市场良好秩序。

(六)银保监会及试点地区银保监局应当做好总结评估,研究复制推广优秀试点经验,为推动养老理财常态化运营,规范发展养老金融业务创造有利条件。

中国银保监会办公厅

五、银保监会办公厅关于贝莱德建信理财有限责任公司开展养老理财产品试点的通知

2022年1月30日

广东银保监局、四川银保监局,贝莱德建信理财有限责任公司,银行业理财登记托管中心:

按照我会养老金融改革工作统一安排,工银理财、建信理财、招银理财

和光大理财四家理财公司开展了养老理财产品试点工作，首批产品顺利发售，在丰富第三支柱养老金融产品、满足人民群众多样化养老需求等方面起到了积极作用。为持续推进试点工作，银保监会决定由贝莱德建信理财有限责任公司（以下简称贝莱德建信）参与养老理财产品试点。现就有关事项通知如下：

一、试点内容

自本通知印发之日起，贝莱德建信在广州市和成都市开展养老理财产品试点。试点期限暂定一年。试点阶段，贝莱德建信养老理财产品募集资金总规模先期限制在100亿元人民币以内，实施过程中经过评估可再进行调整。

二、试点要求

（一）贝莱德建信应当提高认识，充分发挥理财业务成熟稳健的资产配置优势，创设符合长期养老需求和生命周期特点的养老理财产品，推动养老理财业务规范发展，积极拓宽居民财产性收入渠道。

（二）贝莱德建信应当明确工作机制和各项职责，加强制度建设，保证必要资源投入，建立与养老理财相适应的治理架构、管理模式、投研能力和考核体系等。

（三）贝莱德建信应当严格按照监管要求和养老理财产品试点要求，规范设计和发行养老理财产品，做好销售管理、信息披露和投资者保护等工作，确保审慎合规展业，守住风险底线。

（四）贝莱德建信应当结合试点地区情况，稳妥有序开展试点，健全养老理财产品风险管理机制，引导形成长期稳定资金，探索跨周期投资模式，积极投向符合国家战略和产业政策的领域，更好支持经济社会长期投融资需求。

三、监督管理

（一）贝莱德建信应当制定养老理财产品试点方案，报银保监会认可后，按照公募理财产品信息登记要求，于销售前10个工作日，在银行业理财登记托管中心"全国银行业理财信息登记系统"进行产品登记。

（二）贝莱德建信应当于每季度结束后5个工作日内，向银保监会及试点地区银保监局报送试点工作进展情况。

（三）银保监会相关部门及试点地区银保监局应当密切关注业务发展，指导贝莱德建信不断优化养老理财服务形态，及时研究改进问题，确保试点工作顺利推进。

（四）银保监会相关部门及试点地区银保监局应当督促贝莱德建信做好政策解读和宣传引导，培育投资者长期价值投资、健康养老投资理念和文化，帮助投资者树立科学的风险观和收益观，对市场形成良好示范和带动。

（五）银保监会相关部门及试点地区银保监局应当持续加大理财业务监督检查力度，严肃惩处侵害投资者合法权益的行为，维护养老金融市场良好秩序。

（六）银保监会相关部门及试点地区银保监局应当做好总结评估，研究复制推广优秀试点经验，为推动养老理财常态化运营，规范发展养老金融业务创造有益条件。

六、中国银保监会办公厅关于扩大专属商业养老保险试点范围的通知

银保监办发〔2022〕13号　　2022年2月15日

各银保监局，中国人民人寿保险股份有限公司、中国人寿保险股份有限公司、太平人寿保险有限公司、中国太平洋人寿保险股份有限公司、泰康人寿保险有限责任公司、新华人寿保险股份有限公司，各养老保险公司：

专属商业养老保险试点启动以来，总体运行平稳，业务规模稳步增长，试点公司积极创新产品和服务，为消费者提供了更多安全稳健的长期养老保障选择。为进一步探索商业养老保险发展经验，更好满足人民群众多层次养老保障需求，经银保监会同意，决定扩大专属商业养老保险试点范围。现将有关事项通知如下：

一、自2022年3月1日起，专属商业养老保险试点区域扩大到全国范围。在原有6家试点公司基础上，允许养老保险公司参加专属商业养老保险试点。

二、试点范围扩大后，相关监管要求适用《中国银保监会办公厅关于开展专属商业养老保险试点的通知》（银保监办发〔2021〕57号）规定。

三、各试点公司应当秉持长期经营理念，合理制定业务发展规划，有序推进各项工作。在坚决守住风险底线的前提下，持续创新产品，增强养老保障功能。要服务民生大局，积极探索满足新产业、新业态从业人员和灵活就业人

员多样化需求。

四、各银保监局要加强与当地相关部门和单位的沟通协调，做好政策解读，营造试点发展的良好氛围。要持续加强监管，规范市场秩序，坚决查处各类损害消费者权益的行为。对试点过程中发现的问题，及时向银保监会报告。

七、中国银保监会办公厅关于扩大养老理财产品试点范围的通知

银保监办发〔2022〕19号　　2022年2月21日

北京、辽宁、吉林、上海、湖北、广东、重庆、四川、青岛、深圳银保监局，各理财公司及其控股股东，银行业理财登记托管中心：

养老理财产品试点启动以来，总体运行平稳，市场反应积极，取得良好开局，在丰富商业养老金融产品、满足人民群众多样化养老需求等方面发挥了积极作用。为进一步推动完善试点，加大养老理财产品供给，经银保监会同意，现决定扩大养老理财产品试点范围，并就有关事项通知如下：

一、自2022年3月1日起，养老理财产品试点地区扩大至北京、沈阳、长春、上海、武汉、广州、重庆、成都、青岛、深圳十地。养老理财产品试点机构扩大至工银理财有限责任公司、建信理财有限责任公司、交银理财有限责任公司、中银理财有限责任公司、农银理财有限责任公司、中邮理财有限责任公司、光大理财有限责任公司、招银理财有限责任公司、兴银理财有限责任公司和信银理财有限责任公司十家理财公司。

二、试点范围扩大后，对于已开展试点的工银理财有限责任公司、建信理财有限责任公司、光大理财有限责任公司和招银理财有限责任公司，单家机构养老理财产品募集资金总规模上限由100亿元人民币提高至500亿元人民币；对于本次新增的试点理财公司，单家机构养老理财产品募集资金总规模上限为100亿元人民币。

三、试点范围扩大后，试点理财公司应当在试点地区范围内自主选择一个或多个试点地区销售养老理财产品，并采取有效方式严格控制销售范围，不得超出试点地区进行销售。

四、试点理财公司开展养老理财产品试点，应当符合《中国银保监会办公

厅关于开展养老理财产品试点的通知》（银保监办发〔2021〕95号）相关规定。

五、试点理财公司应当持续优化养老理财产品方案，提高信息披露准确度和透明度，增加长期限产品供给，不得变相通过期限结构化设计规避监管要求，不得宣传养老理财产品预期收益率。

六、贝莱德建信理财有限责任公司开展养老理财产品试点参照本通知执行。

七、银保监会相关部门及试点地区银保监局应当持续加强监管，做好政策解读和总结评估，坚决查处各类侵害投资者合法权益的行为，维护养老金融市场良好秩序。试点地区银保监局对试点过程中发现的问题，应当及时报告银保监会。

八、中国银保监会关于规范和促进商业养老金融业务发展的通知

2022年4月28日

各银保监局，各大型银行、股份制银行、理财公司、人身保险公司，建信养老金管理有限责任公司：

为深入贯彻党中央、国务院关于规范发展第三支柱养老保险的决策部署，推动银行保险机构更好服务多层次、多支柱养老保险体系建设，现就有关事项通知如下：

一、支持和鼓励银行保险机构依法合规发展商业养老储蓄、商业养老理财、商业养老保险、商业养老金等养老金融业务，向客户提供养老财务规划、资金管理、风险保障等服务，逐步形成多元主体参与、多类产品供给、满足多样化需求的发展格局。

二、银行保险机构开展商业养老金融业务应体现养老属性，产品期限符合客户长期养老需求和生命周期特点，并对资金领取设置相应的约束性要求。

三、银行保险机构应在产品合同中与客户对特殊情形下的流动性安排作出明确约定，但不得以期限结构化设计等方式变相缩短业务存续期限。

四、银行保险机构应当落实客户适当性管理要求，充分了解客户年龄、退休计划、财务状况、风险偏好等信息，合理评估客户养老需求、风险承受能力等，向其推介销售适当的养老金融产品。

五、银行保险机构经营商业养老金融业务，应当按照监管规定进行信息披露和风险提示，及时、准确、全面披露期限、费用、风险、权益等关键信息。商业养老金融产品宣传材料和销售文件应当简明易懂，不得包含与事实不符或者引人误解的宣传。商业养老理财产品不得宣传预期收益率。

六、支持和鼓励银行保险机构向客户提供长期直至终身的养老金领取服务，探索将商业养老金融产品与养老、健康、长期照护等服务相衔接，丰富养老金领取形式。

七、银行保险机构应当持续开展客户教育，提高社会公众对商业养老金融产品的认知度和接受度，逐步培育成熟的养老金融理念和长期投资理念，引导客户合理规划、持续投入、长期持有、长期领取，切实提高养老保障水平。

八、银行保险机构应当立足实际，制定合理的商业养老金融发展规划，有序开展普惠性产品创新和业务经营，将长期经营效果纳入销售、投资、管理人员考核评价体系，推动商业养老金融业务持续健康发展。

九、支持和鼓励银行保险机构之间开展业务合作，优化商业养老金融产品设计、渠道推广、市场营销、投资管理、风险管控等。商业养老金融业务合作费用水平原则上不高于本机构其他同类型业务。

十、银行保险机构应当加强商业养老资金投资管理，采用成熟稳健的资产配置策略，有效管控商业养老资金投资风险。鼓励积极投向符合国家战略和产业政策的领域，为资本市场和科技创新提供支持。

十一、符合银保监会规定的银行理财、储蓄存款、商业养老保险等运作安全、成熟稳定、标的规范、侧重长期保值的满足不同投资者偏好的金融产品可纳入个人养老金投资范围，享受国家规定的税收优惠政策。

十二、对于符合本通知规定的商业养老金融产品，银行保险机构可在产品名称和营销宣传中使用"养老"字样。其他金融产品不得在名称和营销宣传中使用"养老"或其他可能造成混淆的字样。

十三、银行保险机构应当按照依法合规、稳妥有序、保护客户合法权益的原则，对名称中带有"养老"但不符合本通知规定的金融产品进行更名或清理，并于2022年6月30日前向监管部门报送整改情况。各银行保险机构法人应向其直接监管责任单位报送。

九、中国银保监会和中国人民银行办公厅关于开展特定养老储蓄试点工作的通知

银保监办发〔2022〕75号　　2022年7月15日

安徽、广东、四川、陕西、青岛银保监局，中国人民银行济南、广州、成都、西安分行，中国人民银行合肥中心支行，中国人民银行青岛市中心支行，工商银行、农业银行、中国银行、建设银行：

为持续推进养老金融改革工作，丰富第三支柱养老金融产品供给，进一步满足人民群众多样化养老需求，银保监会和人民银行决定开展特定养老储蓄试点。现就有关事项通知如下：

一、试点内容

自2022年11月20日起，由工商银行、农业银行、中国银行和建设银行在合肥、广州、成都、西安和青岛市开展特定养老储蓄试点。试点期限暂定一年。试点阶段，单家试点银行特定养老储蓄业务总规模限制在100亿元人民币以内。

二、试点要求

（一）试点银行应当统一思想，提高认识。充分发挥商业银行储蓄业务优势，推出符合长期养老需求、充分体现养老功能的特定养老储蓄产品，推动特定养老储蓄业务规范健康发展，满足人民群众差异化养老金融需求。

（二）试点银行应当建立试点工作领导机制，明确职责分工和管理架构，为试点工作提供充足的资源保障。建立健全业务管理制度，制定规范的业务流程和操作标准，完善相应的激励约束等机制，做好系统研发改造工作。

（三）试点银行应当严格遵循"存款自愿、取款自由、存款有息、为储户保密"的原则，公开、公平、公正开展业务。落实储蓄业务和个人账户管理相关要求，依法合规办理特定养老储蓄业务，不得违规吸收和虚假增加存款。

（四）试点银行应当做好特定养老储蓄业务风险管理，充分评估风险并制定风险处置预案，有效防控风险。做好产品宣传和消费者教育工作，完善属地管理、分级负责的消费者投诉处理机制，不断提升服务水平，维护消费者合法权益。

三、监督管理

（一）试点银行应当制定特定养老储蓄试点方案，经银保监会和人民银行相关部门认可后方可实施。试点银行分支机构在首次办理特定养老储蓄业务前，应向试点地区银保监局和人民银行分支机构报告。

（二）试点银行应当于每季度结束后5个工作日内，向银保监会和人民银行、试点地区银保监局和人民银行分支机构报送试点工作进展情况。

（三）银保监会和人民银行相关部门、试点地区银保监局和人民银行分支机构应当持续关注特定养老储蓄试点工作开展情况，指导试点银行科学设计产品，优化服务，稳妥开展业务，确保试点工作平稳有序推进。

（四）银保监会和人民银行相关部门、试点地区银保监局和人民银行分支机构应当加强特定养老储蓄业务的监督检查力度，对违法违规问题及时采取措施，依法严肃处理。切实保护消费者权益，提升金融服务质效。

（五）银保监会和人民银行相关部门、试点地区银保监局和人民银行分支机构应当督促试点银行做好消费者教育和宣传工作，引导消费者树立健康养老理念。

（六）银保监会和人民银行相关部门、试点地区银保监局和人民银行分支机构应当及时进行总结评估，研究解决试点工作中存在的问题，推广试点经验，推动养老金融改革工作持续健康发展。

十、中国银保监会关于保险公司开展个人养老金业务有关事项的通知

银保监规〔2022〕17号　　2022年11月21日

各银保监局，各人身保险公司，中国银行保险信息技术管理有限公司：

为推进多层次、多支柱养老保险体系建设，促进保险公司开展个人养老金业务，根据《中华人民共和国保险法》等法律法规和《国务院办公厅关于推动个人养老金发展的意见》（国办发〔2022〕7号），现就有关事项通知如下：

一、保险公司应当落实个人养老金制度要求，提供简明易懂、安全稳健、长期保值增值的商业养老保险，健全客户权益保护机制，满足人民群众日益增

长的多样化养老需求。

二、符合以下条件的保险公司可以开展个人养老金业务：

（一）上年度末所有者权益不低于50亿元且不低于公司股本（实收资本）的75%；

（二）上年度末综合偿付能力充足率不低于150%、核心偿付能力充足率不低于75%；

（三）上年度末责任准备金覆盖率不低于100%；

（四）最近4个季度风险综合评级不低于B类；

（五）最近3年未受到金融监管机构重大行政处罚；

（六）具备完善的信息管理系统，与银行保险行业个人养老金信息平台（以下简称银保行业平台）实现系统连接，并按相关要求进行信息登记和交互；

（七）银保监会规定的其他条件。

养老主业突出、业务发展规范、内部管理机制健全的养老保险公司，可以豁免第一款关于上年度末所有者权益不低于50亿元的规定。

三、保险公司开展个人养老金业务，可提供年金保险、两全保险，以及银保监会认定的其他产品（以下统称个人养老金保险产品）。个人养老金保险产品应当符合以下要求：

（一）保险期间不短于5年；

（二）保险责任限于生存保险金给付、满期保险金给付、死亡、全残、达到失能或护理状态；

（三）能够提供趸交、期交或不定期交费等方式满足个人养老金制度参加人（以下简称参加人）交费要求；

（四）银保监会规定的其他要求。

四、保险公司申请个人养老金保险产品保险条款和费率审批或备案的，除规定材料外还应当提交以下材料：

（一）对上年度末所有者权益、偿付能力充足率、责任准备金覆盖率，以及最近4个季度风险综合评级情况的说明；

（二）最近3年受到金融监管机构行政处罚情况的说明；

（三）与银保行业平台对接情况的说明；

（四）对本公司个人养老金保险产品的保险条款和费率使用情况的说明。

保险公司可以通过申请变更保险条款和费率审批或备案的方式，将现有保险产品纳入个人养老金保险产品。对于已经审批的专属商业养老保险产品，保险公司应当向银保监会报送上述说明材料，无须另行申请变更保险条款和费率审批。

五、按照本通知规定通过保险条款和费率审批或备案的产品可纳入个人养老金保险产品名单。银保行业平台应当定期公布个人养老金保险产品名单。

六、保险公司与参加人签订保险合同前，应当就以下事项专门做出说明：

（一）个人养老金制度及其税收政策；

（二）个人养老金资金账户管理要求；

（三）银保行业平台信息管理要求。

七、经参加人授权，保险公司可以依法合规提供以下服务：

（一）协助参加人在人力资源社会保障部个人养老金信息管理服务平台开立个人养老金账户；

（二）协助参加人办理个人养老金资金账户指定或者变更；

（三）将参加人相关信息在银保行业平台登记。

八、保险公司应当与参加人单独签订保险合同，并在公司相关信息系统中对该合同做出明确标识，不得接受其使用个人养老金资金账户内资金为他人投保。

九、保险公司应当加强个人养老金资金管控，个人养老金保险产品相关业务发生的各类资金往来应当符合个人养老金资金账户封闭管理要求。

十、保险公司按照合同约定的因参加人死亡、全残、达到失能或护理状态而支付的保险赔款，不返回参加人个人养老金资金账户。保险公司应当加强保险赔款信息管理，按要求向银保行业平台等报送信息。

十一、保险公司应当在自营网络平台、移动客户端等为个人养老金相关业务建立专区，提供业务咨询、权益查询、信息披露、消费投诉、教育宣传等服务。其中，保险公司提供的个人权益信息包括但不限于交费情况、现金价值，以及相关保险责任等。

十二、保险公司应当切实履行销售管理主体责任，健全管理制度体系，加强机构管理、人员管理和销售行为全流程管控。保险公司负责制作销售宣传材料并督促使用，不得授权分支机构、中介机构或个人自行制作或修改。

十三、银保监会及其派出机构应当加强对保险公司经营个人养老金相关业务的监管,对于产品管理、销售管理、投资管理、信息披露等方面发现的问题,采取风险提示、监管约谈、责令限期整改等监管措施,依法进行行政处罚。对涉嫌犯罪的,移送司法机关处理。

十四、开展个人养老金业务的保险公司应当于每年1月31日前,向银保监会及其相关派出机构报送上一年度个人养老金业务经营报告,包括经营情况、保险条款和费率审批或备案情况、资金运用情况等。

十五、中国银行保险信息技术管理有限公司负责建设并运营银保行业平台,支持保险公司承保、理赔、保全等运营操作,按照规定将银保行业平台与人力资源社会保障部个人养老金信息管理服务平台、相关金融机构建立系统连接,制定银保行业平台运营管理制度,做好信息统计和数据报送,落实数据安全责任。

十一、中国银保监会关于印发商业银行和理财公司个人养老金业务管理暂行办法的通知

银保监规〔2022〕16号　　2022年11月17日

各银保监局,各大型银行、股份制银行、理财公司,各保险集团(控股)公司、保险公司、保险资产管理公司、养老金管理公司,中国银行保险信息技术管理有限公司、银行业理财登记托管中心有限公司:

为推进多层次、多支柱养老保险体系建设,促进商业银行和理财公司个人养老金业务发展,现将《商业银行和理财公司个人养老金业务管理暂行办法》(以下简称《暂行办法》)印发给你们,并就有关事项通知如下:

一、切实提高思想认识。开展个人养老金业务,是践行金融工作人民性的重要举措。各参与机构应提高思想认识,坚持以人民为中心的发展思想,丰富个人养老金产品供给,切实满足人民群众多样化养老需求,助力第三支柱养老保险体系健康发展。

二、积极开展筹备工作。截至2022年三季度末,一级资本净额超过1 000亿元、主要审慎监管指标符合监管规定的全国性商业银行和具有较强跨区域服

务能力的城市商业银行，可以开办个人养老金业务。截至2022年三季度末已纳入养老理财产品试点范围的理财公司，可以开办个人养老金业务。理财公司应当按照《暂行办法》要求制定开办个人养老金业务方案，对拟参与个人养老金运行的理财产品开展可行性评估，并将业务方案报送银保监会。商业银行、理财公司应当履行主体责任，尽快完成业务筹备工作，确保制度建设、人员配备、系统对接等满足个人养老金业务需求。

三、及时报告业务开展情况。商业银行、理财公司应当在正式开办个人养老金业务后10日内向其直接监管责任单位报告制度建设、人员配备、系统对接、产品管理等情况。银保监会及其派出机构应当持续监测个人养老金业务运行情况和风险状况，督促商业银行、理财公司稳妥有序开展个人养老金业务。

四、商业银行、理财公司在国家有关部门选定的个人养老金制度试行城市开展业务，后续按照国家有关规定逐步推开。

商业银行和理财公司个人养老金业务管理暂行办法

第一章　总则

第一条　为推进第三支柱养老保险体系建设，规范商业银行和理财公司个人养老金业务，根据《中华人民共和国商业银行法》《中华人民共和国银行业监督管理法》《中华人民共和国保险法》等法律法规以及《国务院办公厅关于推动个人养老金发展的意见》（国办发〔2022〕7号），制定本办法。

第二条　本办法所称个人养老金业务，是指商业银行和理财公司按照国家有关规定开展、市场化运营、政府提供政策支持、实现养老保险补充功能的业务。

第三条　本办法所称参加人，是指符合国家有关规定，在中国境内参加城镇职工基本养老保险或者城乡居民基本养老保险的劳动者。

第四条　本办法所称个人养老金资金账户（以下简称资金账户），是指具有个人养老金缴费、交易资金划转、收益归集、支付和缴纳个人所得税、信息查询等功能的特殊专用账户，参照个人人民币银行结算账户项下Ⅱ类户管理

（以下简称Ⅱ类户）。未达到国家规定领取条件的，资金账户封闭运行。

第五条　本办法所称个人养老金产品，是指符合金融监管机构要求，运作安全、成熟稳定、标的规范、侧重长期保值的金融产品。包括个人养老储蓄、个人养老金理财产品、个人养老金保险产品、个人养老金公募基金产品等。

第六条　中国银行保险信息技术管理有限公司和银行业理财登记托管中心有限公司分别建立个人养老金银行保险行业信息平台（以下简称银保行业平台）和个人养老金理财产品行业信息平台（以下简称理财行业平台）。

银保行业平台和理财行业平台按照个人养老金制度要求和实际业务情况，与人力资源社会保障部建立的个人养老金信息管理服务平台（以下简称人社信息平台），银保监会确定可开展个人养老金业务的商业银行、理财公司，以及其他经金融监管机构确定的个人养老金产品发行、销售、托管等机构建立系统对接，为个人养老金业务提供支持，并制定行业平台业务细则。

第七条　商业银行、理财公司应当建立健全消费者权益保护机制，完善消费者权益保护内部考核体系，构建便捷高效的投诉处理渠道，将消费者权益保护要求嵌入个人养老金业务全流程管理体系。

第八条　开办个人养老金业务的商业银行和理财公司名单由银保监会确定。银保监会及其派出机构依照本办法，对商业银行和理财公司个人养老金业务经营活动进行监督管理。

第二章　商业银行个人养老金业务

第一节　一般规定

第九条　商业银行个人养老金业务包括：

（一）资金账户业务；

（二）个人养老储蓄业务；

（三）个人养老金产品代销业务，包括代销个人养老金理财产品、个人养老金保险产品、个人养老金公募基金产品等，国务院金融监管机构另有规定的除外；

（四）个人养老金咨询业务；

（五）银保监会规定的其他个人养老金业务。

第十条　开办个人养老金业务的商业银行应当建立个人养老金业务管理系统，与人社信息平台、银保行业平台、理财行业平台对接，取得验收合格意见或符合相关要求。

商业银行应当定期对个人养老金业务管理系统开展技术评估，确保基础设施水平、网络承载能力、技术人员保障能力、运营服务能力与业务规模相匹配。

第十一条　商业银行应当建立健全个人养老金业务管理制度和操作规程，将个人养老金业务风险管理纳入商业银行全面风险管理体系，确保业务经营符合法律法规及相关监管规定。

商业银行负责个人养老金业务的部门以及内部审计、内控管理等职能部门应当根据职责分工，建立并有效实施个人养老金业务内部监督检查和跟踪整改制度。

第十二条　商业银行应当建立个人养老金业务档案管理制度，按照规定保存业务相关的个人信息、缴费和养老金领取等账务交易信息，以及在个人养老金产品销售环节涉及的文件、记录等资料。

第十三条　商业银行应当通过公开渠道，公布个人养老金业务基本情况、办理要求、业务流程、服务内容、咨询和投诉方式、客户服务联系方式等信息，并提供个人养老金信息查询、交易办理等服务。

第二节　个人养老金资金账户

第十四条　商业银行提供以下资金账户服务：

（一）提供资金账户开立或指定、注销、变更服务，资金账户不受参加人持有的Ⅱ类户数量限制；

（二）提供个人养老金缴费和领取服务；

（三）可以为参加人通过其他银行账户、非银行支付机构、现金等途径缴费提供划转服务（不受Ⅱ类户非绑定账户资金转入限制），为参加人、个人养老金产品销售机构等提供与个人养老金产品交易相关的资金划转服务（不受Ⅱ类户划转金额限制）；

（四）提供资金账户信息管理服务，完整记录资金账户基础信息、缴费信息、资金结算信息、扣缴税款信息等；

（五）提供资金账户信息查询服务；

（六）银保监会规定的其他事项。

资金账户缴费上限按照国家有关规定执行，商业银行不得为参加人提供超过额度上限的缴费服务。

第十五条　商业银行对资金账户免收年费、账户管理费、短信费、转账手续费。

第十六条　个人养老金缴费归集、交易资金划转等，以资金账户为唯一载体。个人养老金产品相关交易行为涉及的资金往来，除另有规定外，应当从资金账户发起，并返回资金账户。

第十七条　资金账户可以由参加人在开办个人养老金业务的商业银行开立或指定，也可以由参加人通过其他符合规定的个人养老金产品销售机构，在开办个人养老金业务的商业银行指定，但不得由个人养老金产品销售机构直接在商业银行开立。

商业银行可以通过柜面或电子渠道为参加人办理资金账户开立或指定服务。资金账户不受六个月未发生交易暂停非柜面服务限制。

第十八条　资金账户具有唯一性，参加人只能选择一家符合条件的商业银行确定一个资金账户，商业银行只能为同一参加人开立一个资金账户。

第十九条　商业银行应当为参加人提供资金账户变更服务，并做好新旧账户衔接和旧账户注销。账户变更涉及资金转入或转出的，不受Ⅱ类户划转金额限制。因账户变更导致旧账户资金转入新账户的，资金转入不计入当年缴费额度。

资金账户发生缴存业务当日，商业银行不得办理账户变更手续。账户变更期间，原资金账户不允许办理缴存、投资以及支取等业务。

第二十条　参加人向商业银行申请开立资金账户，可以由本人办理或委托他人办理，也可以委托在职单位批量办理。

参加人委托他人或单位开立资金账户后，应当按照账户实名制要求，及时办理账户激活手续并设置交易密码。

第二十一条　代理开立资金账户的，商业银行应当要求代理人提供代理人、被代理人有效身份证件的复印件、合法的授权委托书等。商业银行对代理人身份信息的核验应比照本人申请开立资金账户进行，并联系被代理人进行核实。无法确认代理关系的，商业银行不得办理该资金账户开立业务。

商业银行应当登记代理人和被代理人的身份信息，留存代理人和被代理人有效身份证件的复印件或影印件、以电子方式存储的身份信息以及授权委托书原件等，有条件的可以留存开户过程的音频或视频等资料。

第二十二条　单位代理职工开立资金账户的，应当提供单位证明材料、被代理人有效身份证件的复印件或影印件等材料。

单位代理开立资金账户的，在参加人持本人有效身份证件到开户银行营业网点办理身份确认、密码设（重）置等激活手续前，商业银行可以向参加人提供资金转入、产品购买等服务，但不得提供资金领取服务。

第二十三条　商业银行开立资金账户，应当严格落实个人账户实名制要求，做好客户身份信息收集与核查、反洗钱和反恐怖融资筛查、涉赌涉诈筛查等，并完成手机短信验证等必要身份核验工作。

商业银行为参加人办理在线开户服务时，应当将相关有效的生物特征识别技术或其他安全有效的技术作为身份核验的辅助手段，核实身份信息。

第二十四条　商业银行开立资金账户，应当登记开户人的基本信息、辅助身份证明文件信息、核验记录等，以电子或纸质方式留存开户人身份信息。

第二十五条　商业银行应当加强异常开户行为审核，有下列情形之一的，不应办理开户手续：

（一）对单位和个人身份信息存在合理疑问，要求出示其他必要的可证明身份的辅助证件，单位和个人拒绝出示的；

（二）代理开立资金账户时，无法提供单位证明、被代理人有效身份证件的复印件或影印件等材料的；

（三）有理由怀疑开立资金账户从事违法活动的。

第二十六条　商业银行发现资金账户为假名或虚假代理开户的，应当对该资金账户予以临时止付，重新进行身份识别，并在征得被冒用人或被代理人同意后予以销户。账户资金列入专户管理。重新进行身份识别后确定资金账户确为参加人开立的，应当及时解除临时止付措施。

第二十七条　资金账户封闭运行。符合国家规定的领取条件后，经参加人提出，商业银行审核并报人社信息平台核验，可以为参加人办理按月、分次或一次性领取服务，将资金划转至参加人本人社会保障卡银行账户。资金领取时，不受Ⅱ类户转出金额限制。

参加人身故的，资金账户的资产可以依法被继承，商业银行按照继承人要求办理产品赎回等。参加人因出国（境）定居、身故等原因，无社会保障卡的，商业银行审查后，在符合有关规定的前提下，可以将资金账户内资金转移至参加人本人或继承人指定的其他银行账户。

第二十八条 存在以下情形的，商业银行应当注销资金账户：

（一）资金账户已变更，相关资产已转移完成的；

（二）参加人达到养老金领取条件，相关资金已领取完毕，且完成个人所得税代扣代缴的；

（三）法律法规或银保监会规定的其他情形。

在发生前款第（一）项和第（二）项情形时，商业银行应当告知参加人。

第二十九条 商业银行应当在网络查控平台、电子化专线信息传输系统等相关平台和系统对资金账户进行特殊标识，并作出在符合国家规定的领取条件前，限制冻结、扣划的设置。

第三节 个人养老金产品

第三十条 银保监会及其派出机构对个人养老储蓄、个人养老金理财等个人养老金产品进行动态监管，对不满足个人养老金业务监管要求的产品实施退出。

第三十一条 商业银行发行与代销的个人养老金产品，应当符合金融监管机构有关规定。商业银行不得向参加人推荐和销售不符合金融监管机构规定的个人养老金产品。

第三十二条 商业银行应当为金融监管机构确定的个人养老金产品提供投资交易和购买服务，并做好产品交易信息核对。资金账户的资金只能用于购买金融监管机构确定的个人养老金产品，无法确认是否在购买范围内或缺少销售机构等必要信息的，不允许办理交易手续。

商业银行应当按照产品交易规则，为参加人提供个人养老金产品的各类交易、查询等服务。商业银行向参加人提供的个人养老金产品信息，包括但不限于管理人或保险人情况、投资策略、投资范围、历史投资业绩、保险责任、除外责任等。

参加人自主选择购买个人养老金产品，并依法承担投资风险。

第三十三条　商业银行应当按照监管规定，对其发行和代销的个人养老金产品按照统一制度、标准、流程进行管理。商业银行应当建立健全内部管理制度，包括合作机构管理、产品准入管理、投资人适当性管理、销售管理、全面风险管理、信息披露和保密管理、投诉和应急处理、销售系统支持等，并及时对存在严重违规行为、重大风险或其他不符合合作标准的机构与产品实施退出。

第三十四条　商业银行应当建立利益冲突防范机制，公平对待符合规定的个人养老金产品发行机构和销售机构。

第三十五条　开办个人养老金业务的商业银行所发行的储蓄存款（包括特定养老储蓄，不包括其他特定目的储蓄）可纳入个人养老金产品范围，由参加人通过资金账户购买。参加人仅可购买其本人资金账户开户行所发行的储蓄产品。

第三十六条　资金账户开户行可开办个人养老金咨询业务，为参加人提供个人养老金产品投资咨询服务。个人养老金咨询业务所涉及的产品标的，应当为金融监管机构确定的个人养老金产品。涉及个人养老金公募基金产品的，还应当符合证监会有关规定。

第三章　理财公司个人养老金业务

第三十七条　本办法所称个人养老金理财产品是指符合金融监管机构相关监管规定，由符合条件的理财公司发行的，可供资金账户投资的公募理财产品。

个人养老金理财产品应在销售文件中明确标识"个人养老金理财"字样。

第三十八条　理财公司作为个人养老金理财产品发行机构，应当符合相关审慎监管要求，建立完善、有效的公司治理、内部控制和风险管理体系，制定完备的个人养老金理财产品内部管理制度，具备与开展个人养老金理财业务相适应的信息系统，与理财行业平台对接，能够提供相应的技术支持和运营保障。

理财公司可以销售本机构发行的个人养老金理财产品。

第三十九条　个人养老金理财产品应当符合法律法规及相关监管规定，

具备运作安全、成熟稳定、标的规范、侧重长期保值等特征，包括：

（一）养老理财产品；

（二）投资风格稳定、投资策略成熟、运作合规稳健，适合个人养老金长期投资或流动性管理需要的其他理财产品；

（三）银保监会规定的其他理财产品。

第四十条　个人养老金理财产品允许投资者通过资金账户购买的同时，还允许通过其他账户购买的，应符合以下要求：

（一）针对通过资金账户购买份额设置单独的份额类别，并在销售文件中进行明确标识；

（二）公平对待通过资金账户或其他账户购买的所有投资者。

第四十一条　开办个人养老金业务的商业银行应当建设与个人养老金理财产品相适应的信息系统，与理财行业平台对接，根据人社信息平台和理财行业平台发布的信息，通过适当方式向参加人完整披露个人养老金理财产品名单，保障参加人的合法权益。

第四十二条　对于本办法施行后新发行的个人养老金理财产品，理财公司应当委托与本机构不存在关联关系且符合以下条件的商业银行为其提供托管服务：

（一）具有全国社会保障基金、基本养老保险基金和企业年金基金托管业务资格；

（二）具有养老理财产品托管业务经验；

（三）具备与托管个人养老金理财产品相适应的信息系统，与理财行业平台对接，能够提供相应的技术支持和运营保障；

（四）银保监会规定的其他条件。

第四十三条　个人养老金理财产品发行机构、销售机构和托管机构在商业可持续基础上，可以对个人养老金理财产品的销售费、管理费和托管费实施一定的费率优惠。

第四十四条　个人养老金理财产品发行机构和销售机构应当引导投资者树立长期投资、合理回报的投资理念。

第四十五条　个人养老金理财产品发行机构和销售机构应当按照法律法规及相关监管规定，通过公开渠道，真实准确、合理客观、简明扼要地披露个人养老金理财产品相关信息，不得宣传策略保本，不得承诺或宣传保本保收益。

个人养老金理财产品发行机构和销售机构为投资者提供产品份额转换、默认投资选择等服务的，应当符合个人养老金相关制度和监管规定，并向投资者充分披露信息和揭示风险。

第四十六条　个人养老金理财产品发行机构、销售机构和托管机构应当在人员数量和资质、激励和考核机制以及信息系统建设等方面给予个人养老金理财产品业务足够支持，确保业务开展具备所需要的各类资源。

个人养老金理财产品发行机构应当建立专门的个人养老金理财产品投资研究团队，优选投资经验丰富、投资业绩良好、无重大管理失当行为或重大违法违规记录的投资人员担任投资经理。

个人养老金理财产品发行机构和销售机构应当完善个人养老金理财产品内部考核机制，强化激励约束，建立兼顾收益与风险的长周期绩效考核机制，将长期投资收益等纳入投资经理和销售人员考核评价和薪酬体系。

第四章　信息报送

第四十七条　个人养老储蓄、个人养老金保险产品的信息交互和数据交换通过银保行业平台进行。个人养老金理财产品的信息交互和数据交换通过理财行业平台进行。商业银行和理财公司按照要求分别向银保行业平台和理财行业平台报送信息。

第四十八条　商业银行为参加人开立资金账户后，应当及时将以下信息报送至银保行业平台：

（一）个人基本信息，包括个人身份信息、资金账户信息等；

（二）产品投资信息，包括产品交易信息、资产信息等；

（三）资金信息，包括缴费信息、资金划转信息、相关资产转移信息、领取信息、资金余额信息、缴纳个人所得税信息等。

第四十九条　涉及个人养老金理财产品的，商业银行或理财公司应当及时将以下信息报送至理财行业平台：

（一）由商业银行和直接销售个人养老金理财产品的理财公司报送个人基本信息；

（二）由商业银行报送资金信息，包括缴费信息、资金划转信息、相关资产转移信息、领取信息、资金余额信息、缴纳个人所得税信息等；

（三）由提供托管服务的商业银行报送产品托管信息；

（四）由理财公司报送产品投资信息，包括产品交易信息、资产信息、投资者交易明细和持仓情况等。

第五十条　根据业务流程和信息时效性需要，商业银行按照实时、定期批量两类时效，向银保行业平台报送信息，其中：

（一）商业银行办理资金账户开立、变更、注销等服务时，应当实时报送信息；

（二）商业银行办理完资金账户缴费、资金领取，以及个人养老金产品相关交易服务后，应当定期批量报送信息；

（三）商业银行发行个人养老储蓄和代销个人养老金保险产品的，应当定期批量报送信息。

第五十一条　涉及个人养老金理财产品交易的，商业银行应当将资金账户变更、注销等账户信息以及个人养老金理财产品相关交易信息实时报送理财行业平台，将资金账户缴费、领取等资金信息定期批量报送理财行业平台。理财公司应当将发行的个人养老金理财产品及销售机构、托管机构、投资者信息定期批量报送理财行业平台。

第五十二条　发生可能对资金账户和个人养老金产品运营产生重大影响的事件时，商业银行应当立即将事件起因、现状和可能产生的后果等，报告相关金融监管机构和人力资源社会保障部门，并积极采取应对措施。

第五十三条　商业银行开展个人养老金业务，发现参加人有涉嫌洗钱、逃避税收管理等违法违规行为的，应当按照国家有关规定及时向相关部门报告。

第五十四条　商业银行、理财公司、银保行业平台、理财行业平台应当于每年1月31日前，向银保监会或其派出机构报送上一年度个人养老金业务情况报告。

第五章　监督管理

第五十五条　银保监会根据本办法，向社会公布可开办个人养老金业务的商业银行和理财公司名单。理财行业平台定期向社会公布个人养老金理财产品名单。

第五十六条　银保监会对开办个人养老金业务的商业银行和理财公司进行持续监管。对于不满足个人养老金业务监管要求的商业银行和理财公司，银保监会及其派出机构有权责令该机构改正。逾期未改正或存在其他严重情节的，银保监会及其派出机构有权停止该机构新开展个人养老金业务，并视情况将其移出名单。对于不满足监管要求的个人养老金理财产品，将不定期移出名单。

商业银行被停止新开展个人养老金业务期间，应当做好存量业务缴费、产品转换、个人养老金领取等服务和数据报送工作。

理财公司被停止新开展个人养老金业务期间，应当暂停已发行个人养老金理财产品的申购。

个人养老金理财产品被移出名单后，理财公司和个人养老金理财产品销售机构应当暂停该产品申购并妥善处理，充分保障投资者合法权益。

第五十七条　商业银行有下列行为之一的，由银保监会及其派出机构依照有关法律法规，对商业银行和（或）直接负责的董事、高级管理人员和其他直接责任人员采取相应措施：

（一）未建立或执行资金账户相关业务管理、操作规程、风险防控、信息保密等制度的；

（二）违反规定为个人办理资金账户开立、变更、个人养老金缴费及领取、个人养老金产品销售等业务的；

（三）未按规定对资金账户开户申请人身份信息进行审核和验证，造成虚假开户或冒用开户的；

（四）未按规定及时向人社信息平台和银保行业平台、理财行业平台报送信息的；

（五）其他违反本办法及有关规定的行为。

第五十八条　商业银行工作人员泄露资金账户信息等内容的，按照有关法律法规等进行处罚。构成犯罪的，依法追究刑事责任。

第五十九条　商业银行应当审慎经营资金账户业务，若因违反规定等被移出可开办个人养老金业务机构名单，或商业银行因解散、被撤销和被宣告破产而终止的，其资金账户及资金应转让给其他开办个人养老金业务的商业银行。

不能与其他商业银行达成转让协议的，由银保监会按照有关法律法规，将资金账户及资金有序转至其他可开办个人养老金业务的商业银行。

第六章　附则

第六十条　资金账户与个人人民币银行结算账户项下Ⅱ类户有关管理要求不一致的，按照本办法执行。

第六十一条　本办法由银保监会负责解释。

第六十二条　本办法自印发之日起施行。

第三节　地方政府关于个人养老金的政策汇编——天津市

关于印发《天津滨海新区补充养老保险试点实施细则》的通知

保监厅发〔2008〕32号　　2008年6月14日

天津保监局、天津市各区县政府、各委办局、各有关单位、光大永明人寿保险有限公司、恒安标准人寿保险有限公司、中国人寿保险股份有限公司、中国平安人寿保险股份有限公司、中国太平洋人寿保险股份有限公司、新华人寿保险股份有限公司、泰康人寿保险股份有限公司、太平人寿保险股份有限公司、生命人寿保险股份有限公司、平安养老保险股份有限公司、信诚人寿保险有限公司、中国人民人寿保险股份有限公司：

为落实《关于在天津滨海新区试点补充养老保险的通知》（保监发〔2008〕28号），推动补充养老保险的发展，更好地保护投保人和被保险人的合法权益，规范补充养老保险业务发展，中国保监会办公厅和天津市人民政府办公厅研究制定了《天津滨海新区补充养老保险试点实施细则》。现印发给你们，请认真贯彻执行。

特此通知

附件：天津滨海新区补充养老保险试点实施细则

天津滨海新区补充养老保险试点实施细则

第一章　总则

第一条　为贯彻落实《国务院推进天津滨海新区开发开放有关问题的意见》（国发〔2006〕20号）、《关于加快天津滨海新区保险改革试验区创新发展的意见》（保监发〔2007〕110号）和《关于在天津滨海新区试点补充养老保险的通知》（保监发〔2008〕28号），规范保险公司补充养老保险业务，保护补充养老保险业务活动当事人的合法权益，促进保险业健康发展，推动社会多层次养老保障体系的完善，根据《中华人民共和国保险法》等法律、行政法规和国家有关规定，制定本细则。

第二条　中国保险监督管理委员会（以下简称"中国保监会"）鼓励保险公司发挥专业优势，通过个人养老保险、团体养老保险等多种养老保险业务，为个人和团体提供补充养老保障服务。

第三条　本细则所称保险公司，是指经保险监督管理机构批准设立并依法登记注册的人寿保险公司和养老保险公司。

第四条　本细则所称补充养老保险，包括个人补充养老保险和团体补充养老保险。

第五条　符合下列条件的个人养老保险，经中国保监会批准，可以认定为个人补充养老保险：

（一）保单签发时，提供年金选择权，具体包括一次领取、终身领取、定期领取和定期保证领取四类选择权；

（二）对于每一名被保险人，保险期间可以区分为积累期和领取期。在积累期内，如果被保险人死亡，可以领取属于被保险人的保险金。领取期应当从被保险人达到劳动部门规定的退休年龄开始。

保险公司应当至少同时提供前款中的四类选择权。死亡保险金为累计所交保费和账户价值两者取较大者。被保险人的领取时间不得早于劳动部门规定的退休年龄。

第六条　符合第五条中的条件和下列条件的团体养老保险，经中国保监会批准，可以认定为团体补充养老保险：

（一）为每一名被保险人建立个人账户，至少每月向投保人和被保险人提供完整的个人账户信息；

（二）被保险人正常离职时，应当允许该被保险人选择将其利益保留在原补充养老保险内，或者将其利益移转至同一保险公司或者其他保险公司提供的补充养老保险；

（三）被保险人因发生离职、升学、参军、出国等情况或家庭生活发生重大困难时，需要提前领取的，需经投保人同意后，报有关税务部门批准，并补交税金。

第七条　保险公司应当积极进行补充养老保险创新，根据市场情况开发适合不同个人和团体需要的补充养老保险产品。

第八条　投保人购买补充养老保险，可享受天津市人民政府给予的税收优惠。

第九条　在天津市开展有关补充养老保险业务的活动，适用本细则。

第二章　经营管理

第十条　保险公司经营补充养老保险业务，可以采用传统寿险、万能保险、投资连结保险和中国保监会认可的其他形式。保险公司采用投资连结保险形式的，应当提供不同风险程度的投资账户供投保人和被保险人选择。

保险公司经营补充养老保险业务，不得将其设计为附加险。

第十一条　保险公司经营传统型补充养老保险业务，产品名称应符合以下要求：

传统型补充养老保险产品定名格式为：保险公司名称+吉庆、说明性文字+承保方式+补充养老保险；万能型、投资连结型补充养老保险产品定名格式为：保险公司名称+吉庆、说明性文字+承保方式+补充养老保险+（设计类型）。其中，

（一）保险公司名称可用全称或简称；

（二）吉庆、说明性文字由各保险公司自定，字数不得超过10个；

（三）承保方式仅限于团体保险要说明"团体"；

（四）设计类型为万能型、投资连结型。

第十二条　团体补充养老保险的投保团体的成员人数应不少于5人,投保团体中符合参保条件的成员应当全部参保,参保条件由投保人与保险公司在保险合同中约定。

团体补充养老保险中,投保人应当为全部被保险人交纳其工资薪金收入相同比例的保费。

第十三条　保险公司销售具有投资选择权的补充养老保险产品,应当在投保人选择投资方式前,以书面形式向投保人明确提示投资风险,并由投保人签字确认。

第十四条　对投保人具有投资选择权的补充养老保险产品,在保险合同约定的开始领取养老金年龄的前5年以内,保险公司不得向投保人推荐高风险投资组合。

个人补充养老保险的投保人自愿选择高风险投资组合的,保险公司应当制作独立的《高风险投资组合提示书》,明确提示投资风险;投保人坚持选择的,应当在《高风险投资组合提示书》上签字确认。

第十五条　保险公司销售个人补充养老保险产品,应当对其所包含的各种养老年金领取方式,向投保人提供领取金额示例。

第十六条　保险公司销售团体补充养老保险产品,应当向每个被保险人签发保险凭证。保险凭证应当记载团体补充养老保险合同约定的保险责任,以及被保险人享有的合同权益。

第十七条　保险公司经营团体补充养老保险业务,应当在合同到期给付时,要求投保人提供被保险人达到国家规定退休年龄的有效证明。因特殊情况提前退休的,可以在办理退休手续后重新计算领取金额。

第十八条　保险公司应当加强对补充养老保险业务销售人员和管理人员的培训与管理,提高其职业道德和业务素质,不得唆使、误导销售人员和管理人员进行违背诚信义务的活动。

第十九条　保险公司经营补充养老保险业务,应当建立完善的财务管理系统,为补充养老保险设立单独账户,对补充养老保险业务进行单独核算。

第二十条　保险公司经营补充养老保险业务,应当建立完善的业务管理系统,能够满足补充养老保险业务的税收处理、账户查询和账户信息更新等业务管理要求。

第二十一条 保险公司经营补充养老保险业务，不得向投保人和被保险人提供保单贷款。

第二十二条 保险公司经营团体补充养老保险业务，应当与投保人协商一致后，在保险合同中约定不得退保。因投保人解散、破产或其他不可抗力导致保险合同终止的，被保险人的利益应当转移至同一保险公司或者其他保险公司提供的补充养老保险。

第二十三条 除第六条第三项规定情形外，团体补充养老保险的被保险人不得提前领取个人账户价值。

第二十四条 团体补充养老保险的被保险人提前领取个人账户价值的，应当一次领取全部个人账户价值。保险公司应当在被保险人提前领取个人账户价值之后取消其个人账户。

第二十五条 团体补充养老保险的被保险人分担交费的，保险合同中应当明确投保人和被保险人各自交费部分的权益归属，被保险人交费部分的权益应当完全归属其本人。

第二十六条 团体补充养老保险合同设置公共账户的，被保险人交费部分的权益不得计入公共账户。

第三章 产品管理

第二十七条 补充养老保险产品，应当经中国保监会审批、天津市税务部门备案。

第二十八条 保险公司经营补充养老保险业务，应当按《人身保险产品审批和备案管理办法》（保监会令〔2004〕6号）和《保险公司养老保险业务管理办法》（保监会令〔2007〕4号）的规定提交申请材料，并对申请材料实质内容的真实性和完整性负责。

保险公司在补充养老保险的产品精算报告中应当提交定价基础和评估基础的确定依据。

第二十九条 保险公司开发补充养老保险产品，预定利率不受《关于调整寿险保单预定利率的紧急通知》（保监发〔1999〕93号）规定的约束，但应当根据公司投资收益率审慎确定。

保险公司开发万能保险形式的补充养老保险产品，最低保证利率不受

《关于调整寿险保单预定利率的紧急通知》（保监发〔1999〕93号）规定的约束，但应当根据公司投资收益率审慎确定。

第三十条　保险公司开发补充养老保险产品，应当控制销售和管理成本。传统寿险形式的补充养老保险产品的附加费用率不得超过《关于下发有关精算规定的通知》（保监发〔1999〕90号）中所规定的费用率上限的80%，万能保险和投资连结保险形式的补充养老保险产品的费用收取不得超过《关于印发投资连结保险、万能保险精算规定的通知》（保监寿险〔2007〕335号）中所规定的费用上限的90%。

第三十一条　保险公司应当按照有关精算规定对补充养老保险提取责任准备金，采用的评估利率不得高于预定利率，并不得高于年复利3.5%。

第三十二条　保险公司经营补充养老保险业务，在会计年度精算报告中应当单独报告。

第四章　信息披露

第三十三条　保险公司经营万能保险和投资连结保险形式的补充养老保险业务，应当按照中国保监会的有关规定进行信息披露。

第三十四条　保险公司经营万能保险形式的补充养老保险业务，应当向投保人、被保险人提供查询账户和个人账户有关信息的便利，包括保证利率、结算利率、个人账户价值等信息，信息更新的频率不低于每月一次。

第三十五条　保险公司经营投资连结保险形式的补充养老保险业务，应当向投保人、被保险人提供查询账户和个人账户有关信息的便利，包括账户投资单位数、投资单位价值等信息，信息更新的频率不低于每周一次。

第三十六条　保险公司经营万能保险和投资连结保险形式的补充养老保险业务，应当按照中国保监会的要求定期寄送保单状态报告、业绩报告等有关材料。

第三十七条　保险公司使用的信息披露材料，应当由总公司或其授权的分公司统一管理。

第三十八条　保险公司应将产品说明书、保险利益测算书、公告制度及客户报告制度报中国保监会备案。保险公司总精算师、法律责任人应对报备材料出具精算声明书和法律声明书，保证报备材料客观、真实、无重大遗漏。

第三十九条　保险公司在公告、寄送客户报告之前，应将公告、客户报告内容报中国保监会备案。保险公司总精算师、法律责任人应对报备材料出具精算声明书和法律声明书，保证报备材料客观、真实、无重大遗漏。

第四十条　保险公司采用其他形式经营补充养老保险，经中国保监会认定后，应当参照本细则中最相类似的产品形式进行信息披露。

第五章　税收管理

第四十一条　享受补充养老保险税收优惠的企业应是在天津市注册并经营的企业，享受补充养老保险税收优惠的个人所受雇的企业应是在天津市注册并经营的企业。

第四十二条　企业为职工购买补充养老保险的费用支出和个人购买补充养老保险的保费支出可以按天津市人民政府给予的税收优惠政策在所得税前扣除。享受税收优惠的个人补充养老保险，投保人和被保险人必须为同一人。

第四十三条　企业为职工购买补充养老保险的费用支出在本企业上年度职工工资总额8%以内的部分，可以在企业所得税前扣除。补充养老保险的个人交费部分则可在个人工资薪金收入30%以内的部分，在个人所得税前扣除。

第四十四条　投保企业交费后凭保险公司出具的发票和保单复印件作为企业所得税税前扣除凭证。个人购买补充养老保险的，保险公司出具的首续期发票可以作为享受税收优惠的凭据。

第四十五条　个人购买月交型补充养老保险产品后，应将保险公司开具的发票交付用人单位作为扣除凭据。用人单位计算代扣代交个人所得税金额时，应以当月交纳的保费为上限在个人工资薪金收入30%以内的部分于当月或次月个人所得税前一次性扣除。

第四十六条　个人购买年交型补充养老保险产品时，应于交费后取得保险公司开具的发票交付用人单位作为扣除凭据。用人单位计算代扣代缴个人所得税金额时，应把年交保费平均到12个月，以平均后的每月保费金额为上限，在个人工资薪金收入30%以内的部分，从当月或次月开始起12个月内在个人所得税前扣除。

第四十七条　个人申请退保的，保险公司应将个人的退保情况报送税务部门，由个人到税务部门进行补税，补税后税务部门开具补税凭据，保险公司收到税务部门的补税凭据后方可给个人支付退保金。

第六章　附则

第四十八条　本细则由中国保监会办公厅和天津市人民政府办公厅负责解释。

第四十九条　本细则自发布之日起施行。

第四节　海外个人养老业务相关政策索引

一、美国个人养老金制度

1. 1974年，通过《雇员退休收入保障法》，The Employee Retirement Income Security Act，简称ERISA法案，建立个人养老金账户IRA体系。

2. 1997年，通过《纳税人减税法案》，Taxpayer Relief Act of 1997，引入ROTH IRA计划。

3. 2001年，通过《经济增长和税收减免协调法案》，Economic Growth and Tax Relief Reconciliation Act of 2001，简称EGTRRA法案，放宽养老金第二支柱和第三支柱之间资金互转的限制，提高第三支柱缴费上限及税收优惠幅度。

二、英国个人养老金制度

1. 1986年，通过《社会保障法》，引入个人养老金计划（Personal Pension Plan/Scheme，PPP或PPS）。

2. 1999年，《福利改革和养老金法案》引入了存托养老金计划（SHPs）。

3. 2004年，《养老金法案》成立养老金监管局、个人养老金计划登记处、养老金权益保护基金，增强对个人养老金监管和保护。

三、德国个人养老金制度

1. 2001年，通过《老年财产法》（AVmG）及其修正案（AVmEG），建立里斯特养老金计划（Riester-Rente），为个人和家庭提供多类型的养老产品（里斯特养老产品），并享有政府补贴和税收优惠政策。

2. 2001年，通过《养老金认证法案》（AltZertG），由德国联邦中央税务局制定明确标准对里斯特养老产品进行认证。

3. 2004年，《老年收入法》（AltEinkG）允许养老金缴纳阶段免缴个人所得税，待领取阶段统一缴纳。

4. 2004年，《养老保险可持续法案》（RVNG），修改养老金待遇水平计算公式，增加可持续因子。

5. 2007年，《退休年龄法》（RV-AltAnpG），将部分人群法定退休年龄延长至67岁。

6. 2009年，《养老金权利平等改革法案》（VAStrRefG），分阶段将养老金缴费比例降低至较低水平。

7. 2013年，《养老金完善法案》（AltvVerbG），规范化养老产品信息表。

8. 2017年，草拟《职业养老金改善法》（BetrAVG），提高部分低收入人群的税收优惠比例，增加里斯特计划补贴，该法案自2018年开始正式实施。

四、意大利个人养老金制度

1. 1993年，颁布124号法规，建立个人养老金计划及其监管框架。

2. 1995年，颁布335号法规，通过税收优惠政策促进个人养老金计划发展。

3. 2005年，颁布252号法规，代替124号文进一步明确个人养老金规则，并提高税收优惠比例。

4. 2017年，推出泛欧个人养老金计划（PEPP）细则，为个人投资者提供参与跨境投资的退休储蓄投资工具。

五、日本个人养老金制度

2001年，通过《缴费确定型养老金法案》，建立个人型DC年金计划（Individual Defined Contribution），简称iDeCo计划。

六、澳大利亚个人养老金制度

2009年,《澳大利亚未来税收系统和退休收入政策》(Australia's Future tax system Retirement Income Strategic Issue Paper 2009),推出"自愿的超级年金储蓄"(Voluntary Superannuation Saving),作为第三支柱个人养老储蓄。

第十章
各类个人养老产品汇编

第一节　公募基金产品

2018年3月，中国证监会发布《养老目标证券投资基金指引（试行）》。同年8月，第一批养老目标基金正式获批。养老目标基金正式是指以追求养老资产的长期稳健增值为目的，鼓励投资人长期持有，采用成熟的资产配置策略，合理控制投资组合波动风险的公开募集证券投资基金。养老目标基金涵盖目标日期与目标风险两类产品。目标日期类产品应当设定动态资产配置比例策略，随着所设定目标日期的临近，逐步降低权益类资产的配置比例，增加非权益类资产的配置比例。目标风险类产品应当根据投资策略和风险偏好设定权益类资产、非权益类资产的基准配置比例，采用波动率等方法管控组合风险。2022年11月，中国证监会发布《个人养老金投资公开募集证券投资基金业务管理暂行规定》规定，试行阶段优先纳入最近4个季度末规模不低于5 000万元或最后一个季度末规模不低于2亿元的养老目标基金，待个人养老金制度全面推开后逐步纳入其他符合条件的各类基金，中国证监会将在每季度末更新符合条件的个人养老基金名录；对基金管理人的考核与评价周期不得短于5年，不得进行短期收益或规模排名；针对个人养老金投资基金业务设立单独的份额类别，给予投资者豁免申购费及优惠管理费和托管费等鼓励机制。

截至2022年9月末，市场上已成立运作的养老目标基金共计188只，发行机构50家，规模合计1 083.90亿元。其中，养老目标风险基金106只，规模为

892.34亿元；养老目标日期基金82只，规模为191.56亿元。已发行成立的养老目标基金以目标风险策略为主，发行数量占养老目标基金整体数量的一半以上，而规模占到整体已发行规模80%以上。在已发行的养老目标风险基金中，稳健型基金数量最多，共68只，规模占目标风险基金总规模的90%；其次是平衡型基金，数量32只，规模占比约8%；积极型基金仅6只，规模占比不足2%。目前，稳健型目标风险基金是机构主要布局方向见图10-1及图10-2和表10-1。

图10-1 目标日期基金与目标风险基金对比

	目标日期基金	目标风险基金
定义	随着投资者所处生周期阶段的变化而动态调整权益类资产配置比例	让资产组合始终处于事先设定好的风险暴露下，并根据风险目标确定组合中的各类资产配置权重
核心	下滑曲线设计	风险管理
资产配置策略	根据下滑曲线进行资产配置	固定股债比或精确控制组合风险指标
业绩比较基准	简单跟踪指数/指标和主动定制指数	简单跟踪指数/指标和主动定制指数

资料来源：华泰证券研究所。

图10-2 养老目标风险基金、养老目标日期基金发行数量及规模对比

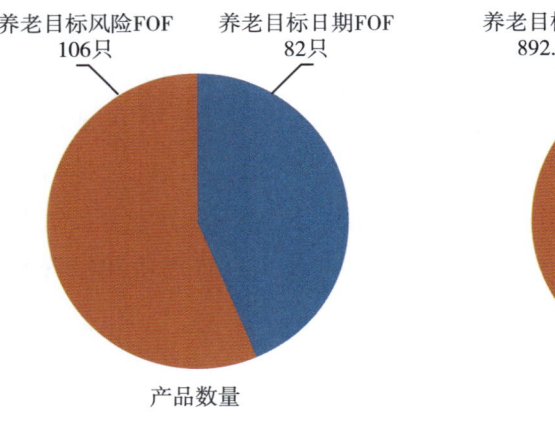
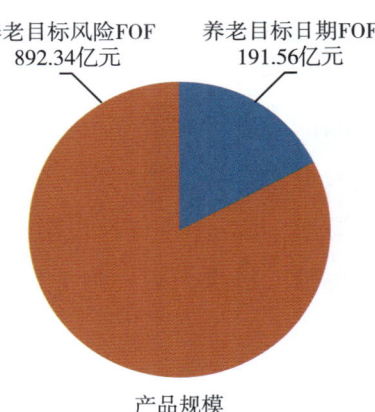

第十章 各类个人养老产品汇编 **409**

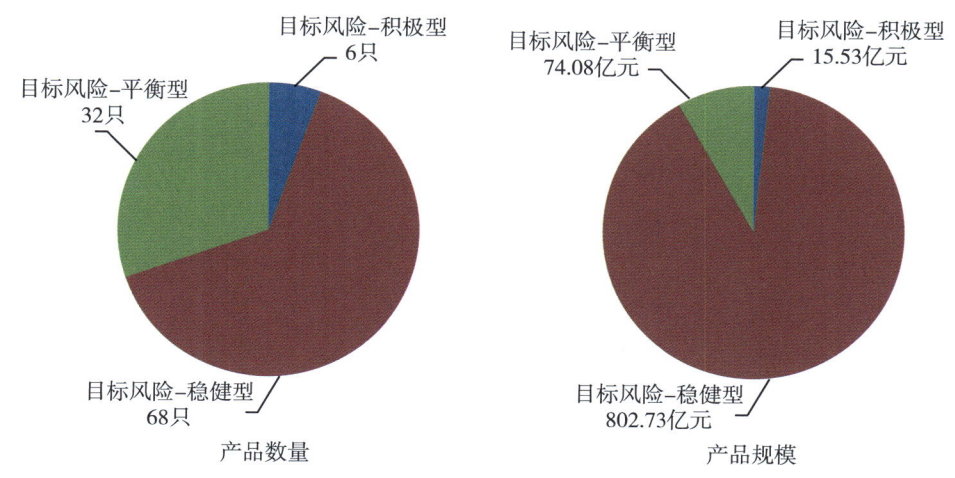

表10-1 各基金公司产品数量、产品规模

基金公司	产品数量（只）	产品规模（亿元）
交银施罗德基金	2	208.70
兴证全球基金	4	113.60
汇添富基金	8	88.28
南方基金	9	71.65
浦银安盛基金	3	56.94
嘉实基金	8	52.50
华安基金	7	47.16
华夏基金	11	45.50
民生加银基金	3	43.97
招商基金	3	41.41
广发基金	7	36.91
易方达基金	7	26.28
中欧基金	4	25.07
泰康资产	3	22.13
建信基金	4	20.20
富国基金	4	17.58
平安基金	5	17.31
银华基金	7	17.01

续表

基金公司	产品数量（只）	产品规模（亿元）
华商基金	3	14.65
万家基金	4	12.18
工银瑞信基金	8	11.99
鹏华基金	4	10.80
泰达宏利基金	5	10.74
长信基金	3	8.85
东证资管	4	8.26
天弘基金	4	6.15
银河基金	2	6.02
中银基金	5	4.53
上投摩根基金	3	3.95
博时基金	6	3.88
海富通基金	3	3.85
兴业基金	1	3.39
大成基金	3	3.09
景顺长城基金	5	2.86
农银汇理基金	2	2.76
华宝基金	1	2.26
国泰基金	2	1.98
申万菱信基金	2	1.56
国投瑞银基金	2	1.52
长城基金	2	1.14
中信保诚基金	2	0.99
中加基金	2	0.87
上银基金	2	0.74
前海开源基金	1	0.66
国海富兰克林基金	1	0.61
安信基金	1	0.55
国寿安保基金	2	0.41
创金合信基金	2	0.20
摩根士丹利华鑫基金	1	0.11
永赢基金	1	0.11
总计	188	1 083.90

从《个人养老金投资公开募集证券投资基金业务管理暂行规定（征求意见稿）》中提到的纳入标准来看，截至2022年9月末，符合最近4个季度末规模不低于5 000万元纳入标准的养老目标基金约113只，其中目标风险基金69只，合计规模807.02亿元，目标日期基金约44只，合计规模153.91亿元（见表10-2）。

表10-2 截至2022年9月末，最近4个季度规模不低于5 000万元的养老目标风险基金名单

基金全称	基金公司	成立日期	基金规模（亿元）
交银施罗德安享稳健养老目标一年持有期混合型基金中基金（FOF）	交银施罗德基金	2019-05-30	198.62
兴证全球安悦稳健养老目标一年持有期混合型基金中基金（FOF）	兴证全球基金	2021-09-17	63.76
汇添富添福盈和稳健养老目标一年持有期混合型基金中基金（FOF）	汇添富基金	2021-09-13	43.77
浦银安盛颐和稳健养老目标一年持有期混合型基金中基金（FOF）	浦银安盛基金	2019-11-26	41.91
南方富誉稳健养老目标一年持有期混合型基金中基金（FOF）	南方基金	2021-09-29	40.21
招商和悦稳健养老目标一年持有期混合型基金中基金（FOF）	招商基金	2019-04-26	38.41
民生加银康宁稳健养老目标一年持有期混合型基金中基金（FOF）	民生加银基金	2019-04-26	36.80
嘉实民安添岁稳健养老目标一年持有期混合型基金中基金（FOF）	嘉实基金	2021-01-13	32.53
兴全安泰稳健养老目标一年持有期混合型基金中基金（FOF）	兴证全球基金	2020-11-26	21.57
华安民享稳健养老目标一年持有期混合型发起式基金中基金（FOF）	华安基金	2021-10-22	20.53
兴全安泰平衡养老目标三年持有期混合型基金中基金（FOF）	兴证全球基金	2019-01-25	17.70
建信优享稳健养老目标一年持有期混合型基金中基金（FOF）	建信基金	2019-01-31	17.09
华安稳健养老目标一年持有期混合型发起式基金中基金（FOF）	华安基金	2019-11-26	15.58

续表1

基金全称	基金公司	成立日期	基金规模（亿元）
浦银安盛颐享稳健养老目标一年持有期混合型基金中基金（FOF）	浦银安盛基金	2021-12-09	14.88
富国鑫旺稳健养老目标一年持有期混合型基金中基金（FOF）	富国基金	2018-12-13	14.43
南方富瑞稳健养老目标一年持有期混合型基金中基金（FOF）	南方基金	2021-07-27	13.07
汇添富添福睿选稳健养老目标一年持有期混合型基金中基金（FOF）	汇添富基金	2021-08-20	11.55
华商嘉悦稳健养老目标一年持有期混合型发起式基金中基金（FOF）	华商基金	2021-09-23	11.44
泰康福泰平衡养老目标三年持有期混合型基金中基金（FOF）	泰康资产	2021-04-28	10.67
兴全安泰积极养老目标五年持有期混合型发起式基金中基金（FOF）	兴证全球基金	2020-12-16	10.56
泰康福安稳健养老目标一年持有期混合型基金中基金（FOF）	泰康资产	2021-07-20	10.30
广发安泰稳健养老目标一年持有期混合型发起式基金中基金（FOF）	广发基金	2021-07-20	8.70
汇添富添福增长稳健养老目标一年持有期混合型基金中基金（FOF）	汇添富基金	2021-11-09	7.94
华安优享稳健养老目标一年持有期混合型发起式基金中基金（FOF）	华安基金	2021-12-07	6.65
银河颐年稳健养老目标一年持有期混合型基金中基金（FOF）	银河基金	2021-07-28	5.92
万家稳健养老目标三年持有期混合型基金中基金（FOF）	万家基金	2018-12-13	5.38
广发均衡养老目标三年持有期混合型基金中基金（FOF）	广发基金	2019-09-24	4.87
民生加银康宁平衡养老目标三年持有期混合型基金中基金（FOF）	民生加银基金	2020-09-09	4.84
平安稳健养老目标一年持有期混合型基金中基金（FOF）	平安基金	2021-05-07	4.11
长信颐天平衡养老目标三年持有期混合型基金中基金（FOF）	长信基金	2019-09-26	3.96
汇添富添福汇盈稳健养老目标一年持有期混合型基金中基金（FOF）	汇添富基金	2021-10-15	3.64

续表2

基金全称	基金公司	成立日期	基金规模（亿元）
华夏安盈稳健养老目标一年持有期混合型基金中基金（FOF）	华夏基金	2021-10-15	3.38
泰达宏利泰和稳健养老目标一年持有期混合型基金中基金（FOF）	泰达宏利基金	2020-06-02	3.12
东方红颐和平衡养老目标三年持有期混合型基金中基金（FOF）	东证资管	2020-06-11	3.08
南方富元稳健养老目标一年持有期混合型基金中基金（FOF）	南方基金	2019-05-10	3.06
广发稳健养老目标一年持有期混合型基金中基金（FOF）	广发基金	2018-12-25	2.85
上投摩根锦程均衡养老目标三年持有期混合型基金中基金（FOF）	上投摩根基金	2019-09-02	2.80
海富通稳健养老目标一年持有期混合型发起式基金中基金（FOF）	海富通基金	2019-04-25	2.69
东方红颐和积极养老目标五年持有期混合型基金中基金（FOF）	东证资管	2020-06-23	2.65
工银瑞信稳健养老目标一年持有期混合型发起式基金中基金（FOF）	工银瑞信基金	2020-09-30	2.60
天弘永丰稳健养老目标一年持有期混合型基金中基金（FOF）	天弘基金	2021-11-26	2.53
嘉实安康稳健养老目标一年持有期混合型基金中基金（FOF）	嘉实基金	2021-10-15	2.51
易方达汇智平衡养老目标三年持有期混合型基金中基金（FOF）	易方达基金	2021-11-04	2.42
中银添禧丰禄稳健养老目标一年持有期混合型基金中基金（FOF）	中银基金	2021-11-23	2.25
鹏华长治稳健养老目标一年持有期混合型基金中基金（FOF）	鹏华基金	2021-08-11	2.21
长信颐和平衡养老目标三年持有期混合型基金中基金（FOF）	长信基金	2021-12-07	1.96
博时颐泽稳健养老目标一年持有期混合型基金中基金（FOF）	博时基金	2019-03-20	1.83
东方红颐和稳健养老目标两年持有期混合型基金中基金（FOF）	东证资管	2020-06-24	1.77
华商嘉悦平衡养老目标三年持有期混合型发起式基金中基金（FOF）	华商基金	2021-05-28	1.61

续表3

基金全称	基金公司	成立日期	基金规模（亿元）
泰达宏利泰和平衡养老目标三年持有期混合型基金中基金（FOF）	泰达宏利基金	2018-10-25	1.56
博时颐泽平衡养老目标三年持有期混合型发起式基金中基金（FOF）	博时基金	2019-08-28	1.53
华夏保守养老目标一年持有期混合型发起式基金中基金（FOF）	华夏基金	2021-03-12	1.42
申万菱信稳健养老目标一年持有期混合型发起式基金中基金（FOF）	申万菱信基金	2020-12-30	1.34
易方达汇智稳健养老目标一年持有期混合型基金中基金（FOF）	易方达基金	2019-11-05	1.24
中银安康稳健养老目标一年持有期混合型基金中基金（FOF）	中银基金	2019-05-08	1.24
天弘永裕平衡养老目标三年持有期混合型发起式基金中基金（FOF）	天弘基金	2020-08-26	1.20
国投瑞银稳健养老目标一年持有期混合型基金中基金（FOF）	国投瑞银基金	2019-03-25	1.19
泰康福泽积极养老目标五年持有期混合型发起式基金中基金（FOF）	泰康资产	2021-06-29	1.16
天弘永裕稳健养老目标一年持有期混合型基金中基金（FOF）	天弘基金	2020-05-18	1.07
景顺长城稳健养老目标三年持有期混合型发起式基金中基金（FOF）	景顺长城基金	2019-09-26	0.92
华安平衡养老目标三年持有期混合型发起式基金中基金（FOF）	华安基金	2020-12-01	0.90
长城恒康稳健养老目标一年持有期混合型发起式基金中基金（FOF）	长城基金	2020-06-03	0.88
上投摩根锦程稳健养老目标一年持有期混合型基金中基金（FOF）	上投摩根基金	2020-04-23	0.85
中加安瑞稳健养老目标一年持有期混合型基金中基金（FOF）	中加基金	2020-03-20	0.76
前海开源康颐平衡养老目标三年持有期混合型发起式基金中基金（FOF）	前海开源基金	2019-11-13	0.66

续表4

基金全称	基金公司	成立日期	基金规模（亿元）
上银恒泰稳健养老目标一年持有期混合型发起式基金中基金（FOF）	上银基金	2021-09-17	0.62
富兰克林国海平衡养老目标三年持有期混合型发起式基金中基金（FOF）	国海富兰克林基金	2020-06-03	0.61
海富通平衡养老目标三年持有期混合型发起式基金中基金（FOF）	海富通基金	2020-02-19	0.59
中银安康平衡养老目标三年持有期混合型发起式基金中基金（FOF）	中银基金	2020-03-27	0.56

表10-3　截至2022年9月末，最近4个季度规模不低于5 000万元的养老目标日期基金名单

基金全称	基金公司	成立日期	基金规模（亿元）
中欧预见养老目标日期2035三年持有期混合型基金中基金（FOF）	中欧基金	2018-10-10	13.27
华夏养老目标日期2040三年持有期混合型基金中基金（FOF）	华夏基金	2018-09-13	11.73
华夏养老目标日期2045三年持有期混合型基金中基金（FOF）	华夏基金	2019-04-09	11.34
交银施罗德养老目标日期2035三年持有期混合型基金中基金（FOF）	交银施罗德基金	2020-04-29	10.08
南方养老目标日期2035三年持有期混合型基金中基金（FOF）	南方基金	2018-11-06	9.63
平安养老目标日期2035三年持有期混合型基金中基金（FOF）	平安基金	2019-06-19	8.65
汇添富养老目标日期2040五年持有期混合型基金中基金（FOF）	汇添富基金	2019-04-29	8.54
易方达汇诚养老目标日期2043三年持有期混合型基金中基金（FOF）	易方达基金	2018-12-26	5.62
工银瑞信养老目标日期2035三年持有期混合型基金中基金（FOF）	工银瑞信基金	2018-10-31	4.83
汇添富养老目标日期2030三年持有期混合型基金中基金（FOF）	汇添富基金	2018-12-27	4.34

续表1

基金全称	基金公司	成立日期	基金规模（亿元）
嘉实养老目标日期2030三年持有期混合型基金中基金（FOF）	嘉实基金	2019-08-05	4.06
兴业养老目标日期2035三年持有期混合型发起式基金中基金（FOF）	兴业基金	2019-05-06	3.39
鹏华养老目标日期2035三年持有期混合型基金中基金（FOF）	鹏华基金	2018-12-05	3.22
泰达宏利悠然养老目标日期2025一年持有期混合型基金中基金（FOF）	泰达宏利基金	2021-10-18	3.11
鹏华养老目标日期2045三年持有期混合型发起式基金中基金（FOF）	鹏华基金	2019-04-22	3.00
银华尊和养老目标日期2035三年持有期混合型基金中基金（FOF）	银华基金	2018-12-13	2.85
嘉实养老目标日期2050五年持有期混合型发起式基金中基金（FOF）	嘉实基金	2019-04-25	2.71
中欧预见养老目标日期2050五年持有期混合型发起式基金中基金（FOF）	中欧基金	2019-05-10	2.57
嘉实养老目标日期2040五年持有期混合型发起式基金中基金（FOF）	嘉实基金	2019-03-06	2.51
汇添富养老目标日期2050五年持有期混合型发起式基金中基金（FOF）	汇添富基金	2019-05-17	2.49
华夏养老目标日期2050五年持有期混合型发起式基金中基金（FOF）	华夏基金	2019-03-26	2.43
广发养老目标日期2050五年持有期混合型发起式基金中基金（FOF）	广发基金	2019-04-26	2.42
华夏养老目标日期2035三年持有期混合型发起式基金中基金（FOF）	华夏基金	2019-04-24	2.38
建信普泽养老目标日期2040三年持有期混合型发起式基金中基金（FOF）	建信基金	2021-07-14	2.35
民生加银康泰养老目标日期2040三年持有期混合型基金中基金（FOF）	民生加银基金	2021-09-23	2.33
工银瑞信养老目标日期2050五年持有期混合型发起式基金中基金（FOF）	工银瑞信基金	2019-03-28	2.29

续表2

基金全称	基金公司	成立日期	基金规模（亿元）
平安养老目标日期2025一年持有期混合型发起式基金中基金（FOF）	平安基金	2020-12-30	2.20
农银养老目标日期2035三年持有期混合型发起式基金中基金（FOF）	农银汇理基金	2019-08-28	2.20
华安养老目标日期2030三年持有期混合型发起式基金中基金（FOF）	华安基金	2019-04-26	2.02
大成养老目标日期2040三年持有期混合型基金中基金（FOF）	大成基金	2019-06-27	1.98
华商嘉逸养老目标日期2040三年持有期混合型发起式基金中基金（FOF）	华商基金	2021-10-15	1.61
国泰民安养老目标日期2040三年持有期混合型基金中基金（FOF）	国泰基金	2019-07-16	1.46
南方养老目标日期2030三年持有期混合型发起式基金中基金（FOF）	南方基金	2019-12-03	1.43
天弘养老目标日期2035三年持有期混合型发起式基金中基金（FOF）	天弘基金	2019-09-19	1.35
南方养老目标日期2040三年持有期混合型发起式基金中基金（FOF）	南方基金	2020-07-29	1.05
万家养老目标日期2035三年持有期混合型发起式基金中基金（FOF）	万家基金	2020-06-24	0.99
华安养老目标日期2040三年持有期混合型发起式基金中基金（FOF）	华安基金	2021-05-13	0.95
工银瑞信养老目标日期2045三年持有期混合型发起式基金中基金（FOF）	工银瑞信基金	2020-01-21	0.93
中信保诚养老目标日期2035三年持有期混合型发起式基金中基金（FOF）	中信保诚基金	2021-03-16	0.70
广发养老目标日期2040三年持有期混合型发起式基金中基金（FOF）	广发基金	2020-05-22	0.66
工银瑞信养老目标日期2040三年持有期混合型发起式基金中基金（FOF）	工银瑞信基金	2019-09-17	0.63
农银养老目标日期2045五年持有期混合型发起式基金中基金（FOF）	农银汇理基金	2020-11-05	0.56

续表3

基金全称	基金公司	成立日期	基金规模（亿元）
中欧预见养老目标日期2025一年持有期混合型基金中基金（FOF）	中欧基金	2020-04-15	0.53
南方养老目标日期2045三年持有期混合型发起式基金中基金（FOF）	南方基金	2020-07-22	0.52

第二节　银行养老产品

一、养老理财产品

2021年9月，中国银保监会下发《关于开展养老理财产品试点的通知》，试点范围为武汉、成都、深圳、青岛四个地区，试点机构为工银理财、招银理财、建信理财、光大理财四家机构，每家机构募集规模上限为100亿元。2022年2月，中国银保监会先后发布《关于贝莱德建信理财有限责任公司开展养老理财产品试点的通知》及《关于扩大养老理财产品试点范围的通知》，将试点范围扩大至武汉、成都、深圳、青岛、北京、沈阳、长春、上海、广州、重庆10地，试点机构范围扩大至工银理财、招银理财、建信理财、光大理财、贝莱德建信理财、交银理财、中银理财、农银理财、中邮理财、兴银理财、信银理财11家机构，首批试点4家机构的募集上限提升至500亿元，增加7家试点机构募集上限为100亿元。

养老理财产品具有准入门槛低、费率优惠、信息披露透明等普惠的共性，产品设计以中低风险、期限5年及以上的封闭式固收类产品为主。在风控机制方面，养老理财产品引入了平滑基金、风险准备金、减值准备等方式，减少产品净值波动，增强风险抵御能力。在业绩比较基准方面，养老理财产品较传统理财产品有明显提高，除个别产品外，已发行的大部分产品业绩比较基准下限及上限设定在5%~8%之间。此外，部分产品针对重大疾病或购房等事项设计特殊的提前赎回条款，进一步体现对客户的关爱及保障。

截至2022年9月30日，全市场已发行的养老理财产品共计48只，发行机构9家（获批试点机构中信银理财、兴银理财两家机构暂未发行养老理财产品），累计募集产品规模约950亿元（见表10-4）。

表10-4　已发行养老理财产品名单

产品名称	发行机构	产品类型	业绩比较基准下限（%）	业绩比较基准上限（%）	产品存续期
中银理财"福"固收增强（封闭式）养老理财产品2022年03期	中银理财	固收类	—	—	2022-09-14—2027-09-22
农银理财"农银顺心·灵珑"2022年第2期固定收益类养老理财产品	农银理财	固收类	—	—	2022-09-14—2027-09-16
交银理财稳享添福5年封闭式2号养老理财产品	交银理财	固收类	5.0	7.0	2022-09-02—2027-09-01
中银理财"福"固收增强（封闭式）养老理财产品2022年02期	中银理财	固收类	—	—	2022-09-05—2027-09-08
中银理财"福"固收增强（封闭式）养老理财产品2022年01期	中银理财	固收类	5.8	8.0	2022-08-22—2027-08-26
交银理财稳享添福5年封闭式1号养老理财产品	交银理财	固收类	5.0	7.0	2022-08-19—2027-08-18
工银理财·颐享安泰固定收益类封闭净值型养老理财产品（22GS5600）	工银理财	固收类	—	—	2022-07-21—2027-07-22
建信理财安享固收类封闭式养老理财产品2022年第11期	建信理财	固收类	5.5	7.5	2022-06-21—2027-06-25
建信理财安享固收类封闭式养老理财产品2022年第5期	建信理财	固收类	5.8	8.0	2022-06-08—2027-06-14
招银理财招睿颐养睿远稳健五年封闭3号固定收益类养老理财产品	招银理财	固收类	5.8	8.0	2022-03-22—2027-03-22
建信理财安享固收类封闭式养老理财产品2022年第2期	建信理财	固收类	5.8	8.0	2022-03-15—2027-03-17
光大理财颐享阳光养老理财产品橙2027第8期	光大理财	混合类	5.5	7.5	2022-09-15—2027-09-15
工银理财·颐享安泰固定收益类封闭净值型养老理财产品（22GS5100）	工银理财	固收类	—	—	2022-09-15—2027-10-11
工银理财·颐享安泰固定收益类封闭净值型养老理财产品（22GS5988）	工银理财	固收类	5.5	7.5	2022-09-01—2027-09-20
工银理财·颐享安泰固定收益类封闭净值型养老理财产品（22GS5655）	工银理财	固收类	—	—	2022-06-24—2027-06-25
工银理财·颐享安泰固定收益类封闭净值型养老理财产品（22GS5666）	工银理财	固收类	5.8	8.0	2022-06-09—2027-06-14

续表1

产品名称	发行机构	产品类型	业绩比较基准下限（%）	业绩比较基准上限（%）	产品存续期
招银理财招睿颐养睿远稳健五年封闭4号固定收益类养老理财产品	招银理财	固收类	5.8	8.0	2022-06-02—2027-06-02
建信理财安享固收类封闭式养老理财产品2022年第6期	建信理财	固收类	5.8	8.0	2022-04-12—2027-04-16
工银理财·颐享安泰固定收益类封闭净值型养老理财产品（22GS5188）	工银理财	固收类	5.8	7.0	2022-03-23—2027-03-24
建信理财安享固收类按月定开式（最低持有5年）养老理财产品	建信理财	固收类	4.8	7.0	2022-01-14—2099-12-31
招银理财招睿颐养睿远稳健五年封闭1号固定收益类养老理财产品	招银理财	固收类	5.8	8.0	2021-12-16—2026-12-16
颐享阳光养老理财产品橙2026第1期	光大理财	混合类	5.8	5.8	2021-12-15—2026-12-15
建信理财安享固收类封闭式养老理财产品2021年第1期	建信理财	固收类	5.8	8.0	2021-12-16—2026-12-15
交银理财稳享添福5年封闭式3号养老理财产品	交银理财	固收类	5.0	7.0	2022-09-15—2027-09-14
光大理财颐享阳光养老理财产品橙2027第6期	光大理财	混合类	5.5	7.5	2022-08-30—2027-08-30
农银理财"农银顺心·灵珑"2022年第1期固定收益类养老理财产品	农银理财	固收类	—	—	2022-09-02—2027-09-02
招银理财招智无忧（五年持有）1号混合类养老理财产品	招银理财	混合类	4.0	9.0	2022-08-26—2067-08-26
邮银财富添颐·鸿锦封闭式系列2022年第2期养老理财产品	中邮理财	固收类	—	—	2022-08-25—2027-08-25
工银理财·颐享安泰固定收益类封闭净值型养老理财产品（22GS5678）	工银理财	固收类	5.5	7.5	2022-08-19—2027-08-23
邮银财富添颐·鸿锦封闭式系列2022年第1期养老理财产品	中邮理财	固收类	—	—	2022-08-19—2027-08-19
建信理财安享固收类封闭式养老理财产品2022年第13期	建信理财	固收类	5.5	7.5	2022-08-10—2027-08-11
工银理财·颐享安泰固定收益类封闭净值型养老理财产品（22GS5677）	工银理财	固收类	—	—	2022-08-04—2027-08-10
招银理财招睿颐养睿远稳健五年封闭5号固定收益类养老理财产品	招银理财	固收类	5.5	7.5	2022-07-26—2027-07-26
光大理财颐享阳光养老理财产品橙2027第7期	光大理财	混合类	5.5	7.5	2022-07-26—2027-07-26

续表2

产品名称	发行机构	产品类型	业绩比较基准下限（%）	业绩比较基准上限（%）	产品存续期
建信理财安享固收类封闭式养老理财产品2022年第12期	建信理财	固收类	5.5	7.5	2022-07-05—2027-07-09
工银理财·颐享安泰固定收益类封闭净值型养老理财产品（22GS5656）	工银理财	固收类	—	—	2022-07-07—2027-07-08
光大理财颐享阳光养老理财产品橙2027第5期	光大理财	混合类	5.5	7.5	2022-06-21—2027-06-21
建信理财安享固收类封闭式养老理财产品2022年第4期	建信理财	固收类	5.8	8.0	2022-05-24—2027-05-27
颐享阳光养老理财产品橙2027第4期	光大理财	混合类	5.8	8.0	2022-05-20—2027-05-20
贝莱德建信理财贝安心2032养老理财产品01期（封闭式）	贝莱德建信理财	混合类	5.0	10	2022-05-10—2032-05-10
颐享阳光养老理财产品橙2027第3期	光大理财	混合类	5.8	8.0	2022-04-12—2027-04-12
工银理财·颐享安泰固定收益类封闭净值型养老理财产品（22GS5699）	工银理财	固收类	5.8	8.0	2022-04-08—2027-04-09
建信理财安享固收类封闭式养老理财产品2022年第7期	建信理财	固收类	5.8	8.0	2022-04-07—2027-04-12
颐享阳光养老理财产品橙2027第2期	光大理财	混合类	5.8	8.0	2022-03-22—2027-03-22
颐享阳光养老理财产品橙2028	光大理财	混合类	5.8	8.0	2022-02-09—2028-02-09
建信理财安享固收类封闭式养老理财产品2022年第1期	建信理财	固收类	5.8	8.0	2022-02-08—2027-02-15
颐享阳光养老理财产品橙2027第1期	光大理财	混合类	5.8	5.8	2022-01-06—2027-01-06
工银理财·颐享安泰固定收益类封闭净值型养老理财产品（21GS5688）	工银理财	固收类	5.0	7.0	2021-12-23—2026-12-24

资料来源：中国理财网，统计时间截至2022年9月30日。

二、特定养老储蓄产品

2022年7月，中国银保监会、中国人民银行发布《关于开展特定养老储蓄试点工作的通知》，试点范围包括合肥、广州、成都、西安、青岛，试点机构为工商银行、农业银行、中国银行、建设银行，每家机构募集规模上限为100亿元。特定养老储蓄产品包括整存整取、零存整取和整存零取三种类型，产品期限分为5年、10年、15年和20年四档，产品利率略高于大型银行5年期定期存款的挂牌利率。储户在单家试点银行特定养老储蓄产品存款本金上限为50万元。

特定养老储蓄产品可以保本保收益，且约定利率后不再变更，在利率长期下行的趋势下提前锁定远端利率。但相比其他养老基金、理财及保险产品，期限设计更长，单利计息，收益相对较低。

特定养老储蓄产品将于2022年11月20日起开始试点。

第三节　保险产品

一、个人税收递延型商业养老保险

2018年4月，财政部、国家税务总局、人社部、中国银保监会、中国证监会发布《关于开展个人税收递延型商业养老保险试点的通知》，试点范围包括上海市、福建省（含厦门市）、苏州工业园区。2018年试点以来，中国银保监会共批准23家保险公司经营个人税收递延型商业养老保险，合计推出了66款产品。截至2021年底共实现保费收入6.3亿元，覆盖5万多名参保人。据统计，从2019年3月开始，个人税收递延型商业养老保险的新单件数和保费收入整体呈现下滑趋势。截至2020年底，累计保费收入为4.26亿元，参保人数不足5万人（相关资料见表10-5）。保费规模从2020年底到2021年底仅有2亿元左右增幅，覆盖人群亦未有扩大。产品的收益率多为3.5%或以下水平。保险公司主要通过企业团体保险方式直接销售个人税收递延型商业养老保险，该渠道实现的保费收入占比90%以上，产品的整体销售情况不及普通的商业养老年金类产品。

购买个人税收递延型商业养老保险产品的支出，允许在一定标准内税前扣除：缴纳保费准予税前扣除，月扣除限额为"min（6%月应税收入，1 000元）"，年扣除限额为"min（6%年应税收入，12 000元）"。但因投保过程涉及投保人、保险公司、中国银保信平台、当地税务局以及投保人所在企业人力部门等多方主体，整体流程烦琐复杂，且节税力度有限，降低了投保人参与意愿。

表10-5　全国个税递延型商业养老保险试点地区累计承保情况

试点地区	保费收入（万元）	保费占比	保单件数（件）	件数占比	件均保费（万元）
上海市	49 754.56	79.13%	33 232	63.75%	1.50
福建省（不含厦门市）	6 222.28	9.90%	10 477	20.10%	0.59
苏州工业园区	3 339.79	5.31%	2 497	4.79%	1.34
厦门市	3 564.02	5.67%	5 924	11.36%	0.60

资料来源：江苏银保监局副局长李金辉署名文章《税延养老保险试点经验与探索》，《中国金融》2022年第5期。

注：数据截至2021年12月末。

二、专属商业养老保险

2021年5月，中国银保监会发布《关于开展专属商业养老保险试点的通知》，试点范围包括浙江省（含宁波市）、重庆市，试点机构包括人保寿险、中国人寿、太平人寿、太平洋寿险、泰康人寿、新华保险。2022年2月，中国银保监会发布《关于扩大专属商业养老保险试点范围的通知》，将试点范围扩大至全国范围，试点机构增加养老保险公司。据统计，截至2022年7月末，专属商业养老保险累计投保件数近21万件，累计保费规模23.5亿元，其中新经济、新业态从业人员和灵活就业人员投保近3万件。

从产品设计角度来看，专属养老保险收益率符合预期、投保及领取方式更加灵活，还能叠加部分保障责任，配合账户制的税优政策，相当于年金险和税优险的融合升级。据统计，2021年试点险企的专属商业养老保险平均结算利率在5.2%左右。

在政策导向方面，专属商业养老保险积极探索服务新产业、新业态从业人员和各种灵活就业人员养老需求。以网约车司机、快递员、外卖员等为代表的灵活就业人员普遍存在着风险保障水平较弱的问题，相当一部分人员没有享受基本养老保险，或者仅享受退休待遇较低的居民养老保险。专属商业养老保险缴费灵活，起保金额较低，收益有一定保证，高度贴合灵活就业群体经济特点与养老规划需要。各地银保监局引导试点保险公司积极对接灵活就业人员的就业平台（企业），根据企业需求提供专属养老保险的咨询和服务，并在企事业单位为员工投保专属商业养老保险提供缴费支持方面探索可行性路径。在试点期间，保险机构普遍减免初始费用，让利投保人（见表10-6）。

表10-6　首批试点公司专属商业养老保险

产品	账户类型	保证利率	结算利率（2021年）	初始费用
国寿鑫享宝专属商业养老保险	稳健账户	2.0%	4.0%	不超过所交保险费的5%
	进取账户	0.0%	5.0%	
人保寿险福寿年年专属商业养老保险	稳健账户	3.0%	5.0%	不超过所交保险费的3%
	进取账户	0.5%	5.3%	
新华卓越优选专属商业养老保险	稳健账户	2.5%	5.0%	不超过所交保险费的3%
	进取账户	1.0%	5.5%	
泰康臻享百岁专属商业养老保险	稳健账户	2.9%	6.0%	不超过所交保险费的3%
	进取账户	0.5%	6.1%	
泰康臻享百岁B款专属商业养老保险	稳健账户	2.9%	2022年新产品，暂无披露	不超过所交保险费的5%
	进取账户	0.5%	2022年新产品，暂无披露	
太保易生福专属商业养老保险	稳健A账户	2.0%	4.8%	不超过所交保险费的2%
	进取A账户	0.5%	5.3%	
	稳健B账户	2.0%	5.0%	不超过所交保险费的5%
	进取B账户	0.5%	5.5%	
太平岁岁金生专属商业养老保险	稳健账户	2.0%	4.5%	不超过所交保险费的2%
	进取账户	0.0%	5.4%	

资料来源：各保险公司官网。